Bibliothèque d'Élite.

ŒUVRES COMPLÈTES
DE SHAKSPEARE

TRADUCTION NOUVELLE

PAR

BENJAMIN LAROCHE.

TOME SEPTIÈME.

PARIS.
LIBRAIRIE DE CHARLES GOSSELIN,
30, RUE JACOB.

1843

Y 6462.
D 6 a 7.

Yk 1300

OEUVRES COMPLÈTES

DE SHAKSPEARE.

IMPRIMERIE DE Vᶜ DONDEY-DUPRÉ,
rue Saint-Louis, 46, au Marais.

ŒUVRES COMPLÈTES
DE SHAKSPEARE

TRADUCTION NOUVELLE

PAR

BENJAMIN LAROCHE.

TOME SEPTIÈME.

PARIS.

LIBRAIRIE DE CHARLES GOSSELIN,
Éditeur de la Bibliothèque d'Élite.
30, RUE JACOB.

MDCCCXLIII

HENRI VI,

Ire PARTIE,

DRAME HISTORIQUE EN CINQ ACTES.

PERSONNAGES.

HENRI VI, roi d'Angleterre.
LE DUC DE GLOSTER, oncle du roi et protecteur du royaume pendant la minorité de Henri VI.
LE DUC DE BEDFORD, oncle du roi et régent de France.
THOMAS BEAUFORT, duc d'Exeter, grand-oncle du roi.
HENRI BEAUFORT, grand-oncle du roi, évêque de Winchester, depuis cardinal.
JEAN BEAUFORT, comte, et depuis duc de Somerset.
RICHARD PLANTAGENET, fils aîné de Richard, dernier comte de Cambridge, et depuis duc d'York.
LE COMTE DE WARWICK.
LE COMTE DE SALISBURY.
LE COMTE DE SUFFOLK.
LORD TALBOT, depuis comte de Shrewsbury.
JOHN TALBOT, son fils.
EDMOND MORTIMER, comte de la Marche.
DEUX GARDIENS.
UN HOMME DE LOI.
SIR JOHN FASTOLFE.
SIR WILLIAM LUCY.
SIR WILLIAM GLANSDALE.
SIR THOMAS GARGRAVE.
LE MAIRE DE LONDRES.
WOODVILLE, lieutenant de la tour de Londres.
VERNON, partisan de la rose blanche, ou faction d'York.
BASSET, partisan de la rose rouge, ou faction de Lancastre.
CHARLES, dauphin, depuis roi de France.
RÉNÉ, duc d'Anjou, et roi titulaire de Naples.
LE DUC DE BOURGOGNE.
LE DUC D'ALENÇON.
LE GOUVERNEUR DE PARIS.
LE BATARD D'ORLÉANS.
UN MAITRE CANONNIER d'Orléans et son fils.
LE GÉNÉRAL commandant les troupes françaises à Bordeaux.
UN SERGENT FRANÇAIS.
UN CONCIERGE.
UN VIEUX BERGER, père de Jeanne d'Arc.
MARGUERITE, fille de Réné, depuis femme de Henri VI, et reine d'Angleterre.
LA COMTESSE D'AUVERGNE.
JEANNE D'ARC, surnommée la Pucelle d'Orléans.
Démons qui apparaissent à la Pucelle, Lords, Gardes de la tour, Hérauts d'armes, Officiers, Soldats, Messagers, Serviteurs anglais et français.

La scène se passe tantôt en France, tantôt en Angleterre.

ACTE PREMIER.

SCÈNE I.

L'abbaye de Westminster.

Marche funèbre. On apperçoit le corps du feu roi HENRI V *sur un lit de parade, autour duquel sont rangés* LES DUCS DE BEDFORD, DE GLOSTER *et* D'EXETER, LE COMTE DE WARWICK, L'ÉVÊQUE DE WINCHESTER, *des Hérauts d'armes, etc.*

BEDFORD. Que le ciel soit tendu de noir ; que le jour fasse

place à la nuit! Comètes qui annoncez les révolutions des empires, secouez dans les airs votre chevelure radieuse, et châtiez les étoiles rebelles qui ont permis la mort de Henri V, ce roi trop illustre pour vivre longtemps! Jamais l'Angleterre n'a perdu un si grand roi.

GLOSTER. Avant lui, l'Angleterre n'avait jamais eu de roi. Il possédait des vertus dignes du commandement. La vue ne pouvait soutenir les éclairs de son épée flamboyante; il étendait ses bras plus loin que le dragon ses ailes. Ses ennemis éblouis reculaient devant ses yeux étincelants du feu de la colère comme devant les rayons ardents du soleil à son midi. Que dirai-je encore? La parole est impuissante à exprimer ses exploits : son bras ne s'est jamais levé que pour vaincre.

EXETER. Au lieu de la couleur noire, c'est la couleur du sang que devrait revêtir notre deuil. Henri est mort et ne revivra plus : rangés autour de son cercueil, nous venons décorer de notre présence ce triomphe de la mort, comme des captifs enchaînés au char du vainqueur. Eh quoi! nous en prendrons-nous aux planètes qui ont conspiré la ruine de notre gloire? ou faut-il croire que les rusés Français, dont il était l'effroi, sont des enchanteurs et des sorciers qui, par des vers magiques, ont accéléré sa fin?

WINCHESTER. C'était un roi chéri du roi des rois. Le jugement dernier sera moins terrible aux Français que ne l'était sa vue. Il a combattu au nom du Dieu des armées. C'est aux prières de l'Eglise qu'il a dû ses succès.

GLOSTER. L'Église! où est-elle? Si les ministres de l'Église n'avaient pas prié, la trame de ses jours n'aurait pas été sitôt coupée. Il ne vous faut pour roi qu'un prince efféminé, que vous puissiez conduire comme un écolier.

WINCHESTER. Gloster, quel que soit le roi qu'il nout faut, tu es protecteur, et tu aspires à gouverner le prince et le royaume. Tu as une femme hautaine, et tu la redoutes plus que tu ne crains Dieu et les ministres de la religion.

GLOSTER. Ne prononce pas le mot de religion; car tu aimes la chair, et jamais tu ne vas à l'église, si ce n'est pour prier contre tes ennemis.

BEDFORD. Laissez là, laissez là ces querelles, et restez en paix. Dirigeons-nous vers l'autel. Hérauts d'armes, suivez-nous; — au lieu d'or, nous offrirons à Dieu nos armes; car maintenant que Henri n'est plus, nos armes sont inutiles.

Que nos neveux s'attendent à des années malheureuses; les enfants au lieu de lait boiront les pleurs de leurs mères; notre île ne sera plus qu'un séjour d'amertume et de larmes; et pour pleurer les morts il ne restera plus que des femmes. Henri V, j'invoque ton ombre. Protége ce royaume; préserve-le des discordes civiles; combats dans les cieux l'influence des astres ennemis. Ton âme sera pour nous une constellation plus glorieuse que celle de Jules César, ou que, —

Entre UN MESSAGER.

LE MESSAGER. Mes honorables lords, salut à vous tous; je vous apporte de France de fâcheuses nouvelles; je viens vous annoncer des pertes, du carnage et des revers; la Guyenne, la Champagne, Reims, Orléans, Paris, Gisors, Poitiers, sont perdus pour nous.

BEDFORD. Qu'oses-tu dire, malheureux, devant la dépouille mortelle du roi Henri? Parle plus bas, ou à la nouvelle de ces désastres, il va briser son cercueil et quitter le séjour de la mort.

GLOSTER. Paris perdu? Rouen rendu? Si Henri était rappelé à la vie, ces nouvelles lui feraient derechef rendre l'âme.

EXETER. Comment avons-nous perdu ces villes? Quelle trahison nous les a enlevées?

LE MESSAGER. Ce n'est pas la trahison, mais le manque d'hommes et d'argent. S'il faut en croire ce que les soldats se disent tout bas, vous vous occupez ici à fomenter des dissensions, et lorsqu'il faudrait combattre, vous vous disputez sur le choix de vos généraux. L'un voudrait prolonger la guerre, sans qu'il en coûtât grand'chose; un autre voudrait voler d'un vol rapide, et pour cela, il ne lui manque que des ailes; un troisième pense que, sans aucuns frais et avec de belles paroles seulement, la paix peut être obtenue. Réveillez-vous, réveillez-vous, noblesse d'Angleterre! Ne laissez pas ternir dans l'oisiveté votre gloire récente : les fleurs de lis sont détachées de vos armoiries, et la moitié de l'écusson d'Angleterre est retranchée.

EXETER. Si les larmes manquaient à ce convoi funèbre, il suffirait de ces nouvelles pour en faire couler des flots.

BEDFORD. C'est moi qu'elles intéressent; je suis régent de France. — Qu'on me donne mon armure, je vais combattre pour conserver la France aux Anglais! Arrière ces vêtements d'un deuil pusillanime. C'est avec du sang et non avec des larmes que je veux que les Français pleurent leurs désastres un moment interrompus.

Entre UN AUTRE MESSAGER.

DEUXIÈME MESSAGER. Mylords, lisez ces lettres, qui ne vous annoncent que des malheurs. La France tout entière, à l'exception de quelques villes de peu d'importance, a secoué le joug des Anglais : le dauphin Charles a été couronné roi à Reims; le bâtard d'Orléans s'est joint à lui; René, duc d'Anjou, a embrassé son parti, le duc d'Alençon s'est rangé sous ses étendards.

EXETER. Le dauphin couronné roi! tous vont se réunir à lui! Où fuir? où cacher notre honte?

GLOSTER. Nous ne fuirons pas; nous marcherons droit à l'ennemi. — Bedford, si tu hésites, j'irai combattre pour toi.

BEDFORD. Gloster, pourquoi doutes-tu de mon empressement? Dans ma pensée j'ai déjà rassemblé une armée, et la France est déjà domptée.

Entre UN TROISIÈME MESSAGER.

TROISIÈME MESSAGER. Mes gracieux lords, pour ajouter encore à votre deuil et aux larmes dont vous arrosez le cercueil du roi Henri, j'ai l'ordre de vous instruire d'un combat malheureux livré entre le vaillant lord Talbot et les Français.

WINCHESTER. Un combat dans lequel Talbot a triomphé, n'est-ce pas?

TROISIÈME MESSAGER. Oh! non! mais dans lequel Talbot a été vaincu. Je vais vous en raconter les détails. Le dix août dernier, revenant du siége d'Orléans, avec six mille hommes de troupes au plus, ce guerrier redoutable a été entouré et attaqué par vingt-trois mille Français. Il n'a pas eu le temps de ranger son monde en bataille; il n'avait point de lances pour planter devant ses archers; il a fallu y suppléer par des pieux pointus arrachés des haies, et plantés en terre à la hâte, pour arrêter le choc de la cavalerie. Le combat a duré plus de trois heures. Talbot y a montré une valeur plus qu'humaine; son épée et sa lance ont fait des prodiges; il envoyait les ennemis par centaines aux enfers; nul n'osait l'attendre de pied ferme; ici, là, partout, il promenait sa fureur; les Français s'écriaient que c'était le diable en personne qui avait pris les armes contre eux; l'armée ennemie le contemplait, étonnée, immobile. Ses soldats, électrisés par son courage intrépide, s'élançaient dans la mêlée aux cris de : Talbot! Talbot! et il aurait remporté une victoire complète sans la lâcheté de sir John Faltofe, qui, placé à l'avant-garde avec ordre de couvrir et d'appuyer le corps de bataille, s'est mis à fuir lâchement sans avoir frappé un seul coup. Une déroute et un massacre général s'en sont suivis ; car l'ennemi nous entourait de toutes parts. Un misérable Wallon, pour se faire bien venir du dauphin, a frappé par derrière d'un coup de lance ce même Talbot que la France entière, avec toutes ses forces réunies, n'eût pas osé regarder en face.

BEDFORD. Talbot est tué? Que ne suis-je tué moi-même, au lieu de rester ici oisif, dans la pompe et la mollesse, pendant qu'un tel général, abandonné sans secours, est livré à ses lâches ennemis?

TROISIÈME MESSAGER. Oh! non; il vit; mais il est prisonnier, ainsi que lord Scales et lord Hungerford; les autres sont pour la plupart ou massacrés ou pris.

BEDFORD. Ce sera moi, moi seul qui payerai sa rançon. Je précipiterai le dauphin de son trône; sa couronne sera la rançon de mon ami : j'échangerai quatre de leurs seigneurs contre un des nôtres. — Adieu, messieurs. Je vais où mon devoir m'appelle. Je promets, dans peu, d'allumer en France des feux de joie pour célébrer la fête de notre grand saint George. J'emmènerai avec moi dix mille soldats dont les sanglants exploits feront trembler l'Europe entière.

TROISIÈME MESSAGER. Vous en avez besoin ; car Orléans est assiégé; l'armée anglaise s'affaiblit de jour en jour; le comte de Salisbury demande des renforts; et c'est avec peine qu'il empêche ses soldats de se mutiner à l'aspect de leur petit nombre devant une si grande multitude d'ennemis.

EXETER. Mylords, rappelez-vous le serment que vous avez fait à Henri d'écraser le dauphin, ou de le ramener sous votre joug.

BEDFORD. Je me le rappelle ; et je prends congé pour aller faire mes préparatifs.

Il sort.

GLOSTER. Je vais me rendre à la tour en diligence, pour y inspecter l'artillerie et les munitions; de là j'irai faire proclamer roi le jeune Henri.

Il sort.

EXETER. En ma qualité de gouverneur spécial du jeune roi, je vais à Eltham, où il fait sa résidence; là je prendrai pour sa sûreté les mesures les plus efficaces.
Il sort.

WINCHESTER, *seul.* Chacun ici a son poste et ses fonctions; on m'a oublié, il ne reste rien pour moi. Mais je ne demeurerai pas longtemps sans emploi; je me propose de faire quitter au roi le séjour d'Eltham, et de prendre en main le gouvernail de l'état.
Il sort.

SCÈNE II.

La France. — Devant Orléans.

Arrivent CHARLES, à la tête de ses troupes, ALENÇON, RÉNÉ et Autres.

CHARLES. Sur la terre, comme au ciel, la marche véritable de Mars est inconnue jusqu'à ce jour. Naguère encore il brillait sur les Anglais; maintenant nous sommes vainqueurs, et c'est à nous qu'il sourit. Quelles sont les villes de quelque importance que nous ne possédons pas? Nous sommes ici tranquillement campés près d'Orléans. Les Anglais affamés, ressemblant à de pâles spectres, nous attaquent mollement, et c'est à peine si dans un mois ils nous assiégent une heure.

ALENÇON. Ils n'ont point ici leur soupe et leur bœuf gras; il faut les nourrir comme des mulets, et leur attacher à la bouche le sac qui contient leur pitance, si l'on ne veut qu'ils aient l'air piteux comme des souris qui se noient.

RENÉ. Obligeons-les à lever le siége. Pourquoi restons-nous ici les bras croisés? Talbot, l'objet de notre terreur, est prisonnier. Il ne reste plus que cet écervelé de Salisbury; il peut exhaler sa bile en fureurs vaines : il n'a, pour faire la guerre, ni soldats ni argent.

CHARLES. Sonnez, sonnez la charge. Fondons sur eux. Il y va de l'honneur des Français, trop longtemps vaincus. Je pardonne ma mort à qui me tuera, s'il me voit fuir ou reculer d'un pas.
Il s'éloigne.

La charge sonne, le combat s'engage; puis on entend sonner la retraite et l'on voit revenir CHARLES, ALENÇON, RENÉ et Autres.

CHARLES. A-t-on jamais rien vu de pareil? Quels soldats ai-je donc? des misérables, des poltrons, des lâches! — Jamais je n'aurais fui, s'ils ne m'avaient laissé au milieu de nos ennemis.

RENÉ. Salisbury tué en désespéré. Il combat comme un homme las de vivre. Les autres lords, en vrais lions affamés, s'élancent sur nous comme sur une proie.

ALENÇON. Froissard, un de nos compatriotes, rapporte que sous le règne d'Édouard III l'Angleterre ne produisait que des Olivier et des Roland[1]. Cela est plus vrai que jamais en ce moment; car elle n'envoie pour nous combattre que des Samson et des Goliath. Un contre dix! des misérables qui n'ont que la peau et les os! Qui jamais eût pu croire qu'ils auraient tant de courage et d'audace?

CHARLES. Laissons là cette ville; ce sont des forcenés, et la faim ne fera qu'ajouter à leur acharnement. Je les connais de vieille date : plutôt que d'abandonner le siége, ils démoliront les remparts avec leurs dents.

RENÉ. On dirait que leurs bras sont mus par quelque ressort, pour frapper dans un moment donné, comme la batterie d'une horloge; c'est le seul moyen d'expliquer leur persistance. Je suis d'avis que nous les laissions là.

ALENÇON. Et moi aussi.

Arrive LE BATARD D'ORLÉANS.

LE BATARD. Où est le dauphin? J'ai des nouvelles à lui apprendre.

CHARLES. Bâtard d'Orléans, vous êtes le très-bien venu.

LE BATARD. Vous me paraissez triste; votre visage est pâle. Est-ce le dernier échec qui en est cause? Rassurez-vous, je vous annonce des renforts. J'amène avec moi une jeune fille qui, dans une vision que le ciel lui a envoyée, a reçu la mission de faire lever ce siége fastidieux et de chasser les Anglais hors des frontières de France. Elle est inspirée d'un esprit prophétique que n'ont point égalé les neuf Sibylles[2] de l'ancienne Rome. Elle évoque le passé, et lit dans l'avenir. Voulez-vous que je la fasse paraître devant vous? Croyez-en mes paroles; je vous parle avec une certitude infaillible.

CHARLES. Faites-la venir.

Le Bâtard s'éloigne.

CHARLES, *continuant*. Mais d'abord, pour mettre sa science

---

[1] Célèbres preux de Charlemagne.

[2] Il veut dire neuf livres de la sibylle. Cette méprise est fort naturelle dans un guerrier de ce temps-là.

à l'épreuve, René, prenez ma place, et représentez le dauphin. — Interrogez-la fièrement ; que vos regards soient sévères. — Nous connaîtrons par là jusqu'où va sa science.

Il se retire un peu à l'écart.

Arrivent LA PUCELLE, LE BATARD D'ORLÉANS et Autres.

RENÉ. Belle pucelle, est-ce toi qui promets d'accomplir ces prodiges ?

LA PUCELLE. René, est-ce toi qui t'imagines me mettre en défaut ? Où est le Dauphin ? — Allons, montre-toi. (*Le Dauphin s'avance.*) Je te connais sans t'avoir jamais vu. Que ton étonnement cesse ; rien ne m'est caché. Je désire avoir avec toi un entretien particulier. — Écartez-vous un peu, messeigneurs, et laissez-nous seuls un instant.

RENÉ. Voilà un début des plus hardis !

Ils se retirent tous à quelque distance.

LA PUCELLE. Dauphin, je suis la fille d'un berger, et nul maître jamais n'instruisit ma jeunesse. Il a plu au ciel et à Notre-Dame de jeter les yeux sur leur humble servante. Un jour que, le teint brûlé par un soleil ardent, je gardais mes tendres agneaux, la mère de Dieu daigna m'apparaître ; dans une vision pleine de majesté, elle m'ordonna de quitter mon humble condition, et de mettre un terme aux malheurs de mon pays. Elle me promit son aide et un succès certain : elle se révéla à moi dans toute sa gloire. Auparavant j'étais noire et basanée ; c'est elle qui, me pénétrant des rayons de sa pure lumière, m'a donné la beauté que tu me vois. Fais-moi toutes les questions que tu voudras ; j'y répondrai sans préparation. Si tu l'oses, éprouve mon courage les armes à la main, et tu verras que je suis supérieure à mon sexe. Sois assuré que la fortune te sourira, si tu permets que je sois la compagne de tes travaux guerriers.

CHARLES. La fierté de ton langage m'étonne. Voilà la seule épreuve à laquelle je mettrai ta valeur : tu te mesureras avec moi en combat singulier ; si tu as l'avantage, je crois à la vérité de tes paroles ; autrement, je te refuse ma confiance.

LA PUCELLE. Je suis prête ; voilà mon glaive à la lame affilée, ornée de chaque côté de cinq fleurs de lis. C'est dans le cimetière de Sainte-Catherine, en Touraine, que je l'ai choisi parmi un amas de vieilles armes.

CHARLES. Viens donc, au nom de Dieu ; je ne crains pas une femme.

LA PUCELLE. Et moi, tant que je vivrai, je ne fuirai jamais devant un homme.
Ils combattent.

CHARLES. Arrête; retiens ton bras; tu es une amazone, et tu combats avec le glaive de Déborah.

LA PUCELLE. La mère de Dieu me prête son secours; sans elle, je serais bien faible.

CHARLES. Qui que ce soit qui te prête son secours, il faut que tu me prêtes le tien. Je brûle pour toi d'un désir impatient; tu as subjugué à la fois et mon bras et mon cœur. Excellente Pucelle, si c'est là ton nom, permets que je sois ton serviteur, et non ton souverain; c'est le Dauphin de France qui t'en prie.

LA PUCELLE. Je ne dois point subir le pouvoir de l'amour; car ma mission sainte me vient d'en haut. Quand j'aurai chassé de France tous tes ennemis, alors je songerai à ma récompense.

CHARLES. En attendant, jette un gracieux regard sur ton humble esclave.

RENÉ, *à Alençon*. Mylord, il me semble que l'entretien se prolonge beaucoup.

ALENÇON. Sans doute qu'il confesse cette femme à fond; sans quoi, la conversation ne serait pas aussi longue.

RENÉ. Troublerons-nous leur conférence, puisqu'elle dure outre mesure?

ALENÇON. Il est possible qu'il porte ses intentions plus loin que notre bonhomie ne le soupçonne. Ce sont de rusées tentatrices que ces femmes, avec leur langue enchanteresse!
René et ses Compagnons s'avancent.

RENÉ. Monseigneur, où êtes-vous? Que résolvez-vous? abandonnerons-nous Orléans, oui ou non?

LA PUCELLE. Non, vous dis-je, hommes timides et sans foi! Combattez jusqu'au dernier soupir; je serai votre bouclier.

CHARLES. Ce qu'elle dit, je le confirme. Nous combattrons jusqu'au bout.

LA PUCELLE. Je suis prédestinée à être le fléau des Anglais. Je vous promets de faire lever le siége dès cette nuit. A dater du moment où je prends part à cette guerre, attendez-vous à voir luire des jours plus heureux[1]. La gloire est comme un cercle dans l'onde, qui va toujours s'élargissant, jusqu'à ce

---

[1] Il y a dans le texte : *attendez-vous à des jours heureux, à l'été après la Saint-Martin;* c'est-à-dire de beaux jours après que l'hiver a commencé.

qu'à force de s'étendre, il finisse par disparaître. A la mort de Henri, les Anglais ont vu s'évanouir le cercle de leurs prospérités, et leur gloire est éclipsée. Je suis maintenant cette barque fière et superbe qui portait César et sa fortune.

CHARLES. S'il est vrai qu'une colombe ait inspiré Mahomet, toi, c'est un aigle qui t'inspire. Ni Hélène, la mère du grand Constantin, ni les filles de saint Philippe [1], ne peuvent t'être comparées. Brillante étoile de Vénus, tombée sur notre terre, quelle adoration digne de toi puis-je t'offrir?

ALENÇON. Abrégeons les délais, et faisons lever le siége.

RENÉ. Femme, fais ce qui est en ton pouvoir pour sauver notre gloire. Chasse les Anglais loin d'Orléans, et tu seras immortelle.

CHARLES. Nous allons en faire l'essai. — Allons-y de ce pas; si elle trompe mon attente, je ne crois plus à aucun prophète.

Ils s'éloignent.

SCÈNE III.

Londres. — Devant la tour.

LE DUC DE GLOSTER s'approche des portes, suivi de ses Gens vêtus de bleu.

GLOSTER. Je viens pour visiter la tour; je crains que, depuis la mort de Henri, quelques soustractions n'aient eu lieu. Où sont donc les gardes? Pourquoi ne sont-ils pas à leur poste? (*Elevant la voix.*) Ouvrez les portes; c'est Gloster.

Les Domestiques frappent à la porte.

PREMIER GARDE, *de l'intérieur.* Quel est celui qui ose ainsi frapper en maître?

PREMIER DOMESTIQUE. C'est le noble duc de Gloster.

DEUXIÈME GARDE. Qui que vous soyez, vous ne pouvez entrer ici.

PREMIER DOMESTIQUE. Misérables, est-ce ainsi que vous répondez au lord protecteur?

PREMIER GARDE. Que le Seigneur le protége! voilà notre réponse. Nous ne faisons que ce qui nous est ordonné.

GLOSTER. Qui vous a donné des ordres? Quelle autre volonté que la mienne doit commander ici? Il n'y a pas d'autre protecteur du royaume que moi. Brisez les portes; je vous y autorise. De méchants valets se joueraient ainsi de moi!

Les Gens du duc se précipitent sur les portes pour les ouvrir de force. Le lieutenant Woodeville s'en approche à l'intérieur.

[1] Les quatre filles de saint Philippe, dont il est parlé dans les Actes des Apôtres, chap. XXI, vers. 9.

ACTE 1, SCÈNE III.

WOODVILLE, *de l'intérieur.* Que signifie ce bruit? Qels sont ces traîtres?

GLOSTER. Lieutenant, est-ce vous dont j'entends la voix? Ouvrez les portes; c'est Gloster qui demande à entrer.

WOODVILLE. Ne vous fâchez pas, noble duc; je ne puis vous ouvrir; le cardinal de Winchester le défend. Il m'a donné l'ordre exprès de ne laisser entrer ni vous ni aucun des vôtres.

GLOSTER. Pusillanime Woodville, tu lui obéis donc plutôt qu'à moi, à cet arrogant Winchester, à ce prélat hautain, que notre feu roi Henri ne pouvait souffrir? Tu n'es l'ami ni de Dieu ni du roi. Ouvre les portes, si tu ne veux bientôt être mis à la porte de la tour.

PREMIER DOMESTIQUE. Ouvrez les portes au lord protecteur; nous allons les enfoncer, si vous ne venez pas à l'instant.

Arrive L'ÉVÊQUE DE WINCHESTER, suivi de ses Gens, en habit brun [1].

WINCHESTER. Eh bien! ambitieux Homfroy, que veux dire ceci?

GLOSTER. Prêtre tondu [2], est-ce toi qui commandes que les portes me soient fermées?

WINCHESTER. C'est moi, perfide usurpateur, et non protecteur du roi ou du royaume.

GLOSTER. Arrière, audacieux conspirateur, toi qui as contribué à la mort du roi défunt; toi qui donnes aux prostituées leur brevet d'infamie [3]. Je te bernerai dans ton large chapeau de cardinal, si tu continues à te montrer insolent.

WINCHESTER. Arrière toi-même; je ne reculerai point d'un pas. Nous sommes à Damas [4]; sois Caïn le maudit, et tue ton frère Abel, si tu l'oses.

GLOSTER. Je ne veux pas te tuer, mais te chasser d'ici. Je t'emporterai dans ta robe rouge, comme un enfant dans ses langes.

WINCHESTER. Fais, si tu l'oses; je te défie à ta barbe.

GLOSTER. Eh quoi! je me laisserais braver et insulter en

---

[1] Les huissiers des cours ecclésiastiques étaient vêtus de brun. C'était aussi une couleur de deuil.

[2] Allusion à sa tonsure.

[3] Les prostituées étaient sous la juridiction de l'évêque de Winchester, comme elles sont de nos jours sous celle du préfet de police.

[4] La tradition place aux environs de Damas le théâtre du premier fratricide.

face? (*A ses Gens.*) Dégaînez, vous autres, en dépit des priviléges de ce lieu; les habits bleus contre les habits bruns. Prêtre, gare à ta barbe! (*Gloster et ses Gens s'avancent contre le Cardinal.*) Je vais te l'arracher et te houspiller d'importance. Tiens, vois, je foule aux pieds ton chapeau de cardinal. En dépit du pape et des dignités de l'Église, je vais te traîner sur le pavé.

WINCHESTER. Gloster, tu répondras de cela devant le pape.

GLOSTER. Stupide Winchester! — Qu'on me donne une corde!, expulsez-les d'ici! Pourquoi cela n'est-il pas déjà fait?— Je te chasserai d'ici, loup dévorant sous la peau d'un agneau! Hors d'ici, habits bruns! Hors d'ici, hypocrite en écarlate!

Les Gens de Gloster en viennent aux mains avec ceux de l'Évêque.

Au milieu du tumulte, arrive LE MAIRE DE LONDRES suivi de ses Officiers.

LE MAIRE. Quelle honte, mylords! vous, les magistrats suprêmes, troubler ainsi avec audace la paix publique!

GLOSTER. Maire, tais-toi; tu ne sais pas quels affronts on m'a faits. Ce Beaufort, qui ne respecte ni Dieu ni le roi, prétend disposer de la tour, et la garder pour lui.

WINCHESTER. Voilà Gloster, l'ennemi des citoyens, un homme qui pousse toujours à la gloire, jamais à la paix, qui met vos bourses à contribution par de larges impôts, qui marche au renversement de la religion, parce qu'il est protecteur de ce royaume, et voudrait s'emparer des armes qui sont dans la tour, pour se faire couronner roi et détrôner le prince.

GLOSTER. Je te répondrai par des coups, non par des paroles.

Le combat recommence.

LE MAIRE. Dans cette rixe tumultueuse, il ne me reste d'autre ressource que de faire la proclamation légale. — Officier, avance, et élève la voix le plus que tu pourras.

L'OFFICIER, *élevant la voix*. Gens de tous états, assemblés ici en armes contre la paix de Dieu et du roi, nous vous sommons et ordonnons, au nom de sa majesté, de vous rendre chacun dans vos domiciles respectifs, et de ne plus porter ou manier désormais épée, dague, ou poignard, sous peine de mort.

Le combat cesse.

GLOSTER. Cardinal, je ne veux point enfreindre la loi; mais nous nous reverrons, et nous nous expliquerons à loisir.

WINCHESTER. Gloster, nous nous reverrons: il t'en coûtera

cher, sois-en sûr : ton sang me payera ce que tu as fait aujourd'hui.

LE MAIRE. Je vais appeler les constables, si vous ne vous retirez pas. — Ce cardinal est plus hautain que le diable.

GLOSTER. Maire, adieu; tu n'as fait que ton devoir.

WINCHESTER, *à part*. Abominable Gloster, veille sur ta tête; car je prétends l'avoir avant peu.

LE MAIRE. Faites évacuer ces lieux, et après nous nous retirerons. Bon Dieu, quels hommes haineux et violents que ces nobles! Moi, il ne m'arrive pas de me battre une fois tous les quarante ans.

Ils s'éloignent.

SCÈNE IV.

La France. — Devant Orléans.

Arrivent sur les remparts UN MAITRE CANONNIER et SON FILS.

LE MAÎTRE CANONNIER. Écoute, mon garçon; tu sais comme quoi Orléans est assiégé, et comme quoi les Anglais ont emporté les faubourgs?

LE FILS. Je le sais, mon père, et j'ai souvent tiré sur eux; mais, malheureusement, j'ai bien des fois manqué mon coup.

LE MAÎTRE CANONNIER. A présent, tu ne le manqueras pas; écoute-moi bien : maître canonnier, préposé à la défense de cette ville, il faut que je me recommande par quelque service important. Les espions du prince m'ont appris que les Anglais, bien retranchés dans les faubourgs, pénètrent par une grille de fer secrète dans la tour que tu vois là-bas, pour de là dominer la ville, et reconnaître les points d'attaque les plus avantageux, soit pour leur artillerie, soit pour un assaut; afin de remédier à cet inconvénient, j'ai pointé contre cette tour une pièce de canon, et depuis trois jours, je veille et les guette. Veille à ton tour, car je ne puis rester ici plus longtemps; si tu vois paraître quelqu'un, viens m'en avertir; tu me trouveras chez le gouverneur.

Il s'éloigne.

LE FILS. Mon père, croyez-moi, soyez sans inquiétude; si je les vois, je n'irai pas vous déranger.

Sur la plate-forme d'une tourelle, on voit paraître LES LORDS SALISBURY, et TALBOT, SIR WILLIAM GLANSDALE, SIR THOMAS GARGRAVE et Autres.

SALISBURY. Talbot, ma vie, ma joie, te voilà donc de retour! Comment t'ont-ils traité pendant que tu étais prisonnier? et par quels moyens as-tu recouvré ta liberté? Causons, je te prie, sur la plate-forme de cette tourelle.

TALBOT. Le duc de Bedford avait parmi ses prisonniers un vaillant gentilhomme, nommé Ponton de Xaintrailles; c'est contre lui que j'ai été échangé : on avait voulu, par mépris, me troquer contre un homme d'armes d'une qualité bien inférieure; je n'y ai pas voulu consentir, et j'ai demandé qu'on me donnât la mort plutôt que de m'estimer à si bas prix; enfin, je me suis vu racheté comme je le désirais. Mais mon cœur saigne au souvenir de la trahison de Fastolfe! je le tuerais de mes propres mains, si je le tenais maintenant en ma puissance.

SALISBURY. Mais tu ne me dis pas comment on t'a traité.

TALBOT. On m'a prodigué l'insulte, l'outrage et l'injure; ils m'ont exposé sur la place publique, et m'ont offert en spectacle à tout le peuple. « Voilà, disaient-ils, la terreur des Français, l'épouvantail dont on effraye nos enfants. » Alors, je me suis dégagé avec violence des mains des gardes qui me conduisaient, et arrachant les pavés de terre, je me suis mis à les lancer aux spectateurs de mon opprobre. A mon aspect irrité, tout le monde s'est enfui; nul n'osait m'approcher, dans la crainte d'une mort immédiate. Ils ne me croyaient pas suffisamment gardé derrière des murs d'airain; mon nom leur inspirait une terreur si grande, qu'ils me croyaient capable de briser des barres d'acier, et de broyer des colonnes de diamant. On me donna donc une garde de fusiliers d'élite, qui ne cessaient de se promener auprès de moi, avec ordre, si je bougeais de mon lit, de me tirer une balle au cœur.

SALISBURY. Je souffre au récit des tourments que tu as endurés; mais nous serons suffisamment vengés. C'est maintenant à Orléans l'heure du souper; d'ici, à travers cette grille, je puis compter les forces des Français, et suivre des yeux leurs travaux de défense; regardons, cette vue te fera plaisir. — Sir Thomas Gargrave, — et vous, sir William Glansdale, veuillez nous donner votre opinion positive, et nous dire sur quel point vous croyez utile de diriger le feu de nos batteries.

GARGRAVE. Je pense que c'est à la porte du nord; car j'y aperçois plusieurs guerriers de distinction.

GLANSDALE. Et moi, ici, au parapet du pont.

TALBOT. Autant que je puis en juger, il faut affamer cette ville, ou l'affaiblir par une succession d'attaques partielles.

On entend un coup de canon, parti des remparts de la ville. Salisbury et sir Thomas Gargrave tombent.

ACTE I, SCÈNE IV.

SALISBURY. Mon Dieu, ayez pitié de nous, misérables pécheurs!

GARGRAVE. Mon Dieu, ayez pitié de moi, malheureux que je suis!

TALBOT. Quel soudain et fatal coup du sort vient traverser nos projets! — Parle, Salisbury, si tu peux parler encore. Comment te trouves-tu, modèle des guerriers? l'un de tes yeux et un côté de ta joue enlevés! — Tourelle maudite! abominable main qui a causé cette terrible catastrophe! Dans treize batailles Salisbury fut vainqueur; ce fut à son école que Henri V apprit le métier de la guerre. Jusqu'au dernier son de la trompette, au dernier roulement du tambour, son glaive ne cessait de frapper sur le champ de bataille. — Respires-tu encore, Salisbury? Bien que la voix te manque, l'œil qui te reste regarde le ciel en implorant sa miséricorde. Le soleil avec un œil unique embrasse l'univers! — Ciel, ne sois miséricordieux pour personne, si Salisbury n'éprouve pas ta merci! — Emportez d'ici son corps; je vous aiderai à l'ensevelir. — Sir Thomas Gargrave, as-tu encore un reste de vie? parle à Talbot; du moins, lève les yeux vers lui. — Salisbury, console-toi, tu ne mourras pas tant que, — il me fait signe de la main, et me sourit comme pour me dire : « Quand je serai mort, souviens-toi de me venger sur les Français. » Plantagenet, je te le promets; nouveau Néron, je jouerai du luth en contemplant l'incendie de leurs villes; je veux que mon nom fasse le désespoir de la France. (*Le tonnerre gronde, puis on entend un bruit de trompettes.*) Qu'entends-je? quel tumulte règne dans les cieux? Pourquoi ce bruit de trompettes?

Arrive UN MESSAGER.

LE MESSAGER. Mylord, mylord, les Français ont réuni leurs forces. Le Dauphin, secondé d'une certaine Jeanne la Pucelle, une prophétesse nouvellement parue, arrive à la tête d'une armée nombreuse, pour faire lever le siége.

Salisbury pousse un sourd gémissement.

TALBOT. Entendez-vous gémir Salisbury mourant? Il souffre de ne pouvoir être vengé. Français, je serai pour vous un autre Salisbury : pucelle ou non pucelle, dauphin ou requin, je briserai vos crânes sous le sabot de mon cheval, et je ferai jaillir votre cervelle sanglante. Portez Salisbury dans sa tente; et nous verrons ensuite ce que les Français oseront entreprendre.

Ils s'éloignent, emportant les deux morts.

SCÈNE V.

Devant l'une des portes d'Orléans.

Bruit de trompettes. Escarmouches. TALBOT poursuit LE DAUPHIN, et le chasse devant lui ; puis vient JEANNE LA PUCELLE, chassant les Anglais devant elle ; ensuite revient TALBOT.

TALBOT. Où est ma valeur, mon courage, ma force ? Nos Anglais se retirent ; je ne puis les arrêter : une femme guerrière les chasse devant elle.

Arrive LA PUCELLE.

TALBOT, *continuant.* La voici qui vient. — Il faut que je me mesure avec toi ; diable ou diablesse, je veux te conjurer ; tu es sorcière ; je vais te tirer du sang[1] et envoyer sur-le-champ ton âme à celui que tu sers.

LA PUCELLE. Viens, viens ; c'est à moi seule qu'il est réservé de ternir ta gloire.

Ils combattent.

TALBOT. Ciel, permettras-tu à l'enfer de prévaloir ainsi ? Dussé-je, dans un dernier effort, briser un vaisseau de ma poitrine, et me disloquer une épaule, il faut que je châtie cette femme insolente.

LA PUCELLE. Talbot, adieu ; ton heure n'est pas encore venue ; il faut que j'aille de ce pas ravitailler Orléans. Atteins-moi, si tu peux ; je me ris de ta force. Va ranimer tes soldats abattus par la faim ; va aider Salisbury à faire son testament. Cette victoire est à nous ; beaucoup d'autres nous attendent encore.

La Pucelle entre dans Orléans, suivie de ses soldats.

TALBOT. La tête me tourne comme la roue d'un potier ; je ne sais ni où je suis ni ce que je fais. Une sorcière, non par la force, mais par la terreur, comme un autre Annibal[2], met nos troupes en fuite, et triomphe sans peine. Ainsi l'on voit les abeilles devant la fumée, les colombes devant une odeur infecte, déserter la ruche et le colombier. Ils nous qualifient de dogues anglais à cause de notre acharnement ; et voilà que maintenant, semblables à de petits chiens, nous fuyons avec

[1] On croyait qu'en tirant du sang à une sorcière on se mettait à l'abri de ses sortiléges.

[2] On connaît la ruse d'Annibal, qui mit le désordre dans l'armée romaine en lâchant contre elle des bœufs, aux cornes desquels étaient attachés des fagots allumés. Voir Tite-Live, livre XXII, ch. 16.

des cris plaintifs. (*Bruit de trompettes.*) Compatriotes, écoutez : ou recommencez le combat, ou arrachez les lions des armes d'Angleterre ; renoncez au sol paternel ; remplacez les lions par des brebis. Les brebis fuient avec moins d'effroi devant le loup, le cheval ou le bœuf devant le léopard, que vous devant ces misérables par vous tant de fois vaincus. (*Bruit de trompettes. Nouvelle escarmouche.*) Il n'en sera point ainsi. — Retirez-vous dans vos retranchements : vous êtes tous complices de la mort de Salisbury ; car nul de vous n'a voulu combattre pour le venger. La Pucelle est entrée dans Orléans, malgré nous et tout ce que nous avons pu faire. Oh ! que ne puis-je mourir avec Salisbury ! Accablé de honte, je n'oserai jamais relever la tête.

Bruit de trompettes. La retraite sonne. Talbot s'éloigne avec ses troupes.

SCÈNE VI.

Même lieu.

Paraissent sur les remparts LA PUCELLE, CHARLES, RENÉ, ALENÇON et des Soldats.

LA PUCELLE. Arborons sur les murs nos étendards déployés ; Orléans est délivré des Anglais. — Ainsi Jeanne la Pucelle a tenu sa promesse.

CHARLES. Divine créature, fille d'Astrée, quels honneurs t'offrirai-je en retour de cette victoire ? Tes promesses ressemblent aux jardins d'Adonis, qui donnaient aujourd'hui des fleurs et le lendemain des fruits. France, enorgueillis-toi de ta glorieuse prophétesse ! — La ville d'Orléans est reconquise : jamais jour plus heureux n'a lui sur notre empire.

RENÉ. Pourquoi ne met-on pas en branle toutes les cloches de la ville ? Dauphin, ordonnez aux citoyens d'allumer des feux de joie et d'ouvrir des banquets en pleine rue, pour célébrer le triomphe que Dieu nous a donné.

ALENÇON. Toute la France sera enivrée de bonheur et de joie, quand elle apprendra quels hommes nous nous sommes montrés.

CHARLES. Ce n'est pas à nous, mais à Jeanne que cette victoire est due. Pour l'en récompenser, je veux partager ma couronne avec elle. Tous les prêtres et tous les moines de mon royaume iront en procession entonner ses louanges. Je lui élèverai une pyramide plus colossale que celle de Rodolphe ou de Memphis. Pour honorer sa mémoire, après sa mort, ses cendres renfermées dans une urne plus précieuse que la cassette de Darius, enrichie de diamants, seront portées, aux fêtes solennelles, devant les rois et les reines de France. Ce ne sera plus saint Denis que nous invoquerons; Jeanne la Pucelle sera le patron de la France; venez, et après ce beau jour de victoire, allons nous asseoir à un banquet splendide.

Fanfares. Ils s'éloignent.

ACTE DEUXIÈME.

SCÈNE I.

Même lieu.

Arrivent UN SERGENT FRANÇAIS et DEUX SENTINELLES.

LE SERGENT. Camarades, prenez vos postes, et soyez vigilants; si vous entendez du bruit, ou si vous voyez des militaires s'approcher des remparts, ayez soin, par quelque signal intelligible, de nous le faire savoir au corps de garde.

PREMIÈRE SENTINELLE. Sergent, nous n'y manquerons pas.

Le Sergent s'éloigne.

PREMIÈRE SENTINELLE, *continuant.* Ainsi, pendant que les autres dorment tranquillement dans leur lit, de pauvres diables sont obligés de veiller dans les ténèbres, exposés au froid et à la pluie.

Arrivent au pied des murailles TALBOT, BEDFORD, LE DUC DE BOURGOGNE et une troupe de Soldats portant des échelles; leurs tambours battent une marche sourde et voilée.

TALBOT. Lord régent, — et vous, duc redouté, dont l'alliance nous donne l'amitié de l'Artois, du pays wallon et de la Picardie, — cette nuit nous est favorable : les Français reposent sans défiance, après avoir consacré tout le jour à l'allégresse et aux festins. Mettons l'occasion à profit pour punir nos ennemis de leur imposture fondée sur la ruse et la sorcellerie.

BEDFORD. Lâche dauphin de France! — Combien il se déshonore en désespérant de la force de son bras, et en appelant à son aide des sorcières et les secours de l'enfer!

LE DUC DE BOURGOGNE. De tels associés conviennent à des traîtres. — Mais quelle est cette pucelle qu'on prétend si chaste et si pure?

TALBOT. C'est une jeune vierge, dit-on.

BEDFORD. Pour une jeune vierge, elle est bien martiale !

LE DUC DE BOURGOGNE. Je crains bien que dans cette prétendue femme on ne découvre un homme, si, continuant à porter les armes sous l'étendard de la France, elle poursuit comme elle a commencé.

TALBOT. Eh bien ! laissons-les comploter et se liguer avec les esprits infernaux ; Dieu fait notre force ; en son nom vainqueur, décidons-nous à escalader leurs remparts.

BEDFORD. Monte, brave Talbot ; nous te suivrons.

TALBOT. Pas tous à la fois ; il vaut mieux, selon moi, que nous entrions dans la ville par différents points, afin que si le malheur veut que l'un de nous échoue, les autres puissent tenir tête aux forces de l'ennemi.

BEDFORD. C'est convenu. Je vais monter par cet angle là-bas.

LE DUC DE BOURGOGNE. Et moi, par celui-ci.

TALBOT. Et c'est par ici que Talbot va monter, dût-il y trouver la mort. Maintenant, Salisbury, c'est pour toi et pour Henri d'Angleterre que je vais combattre ; cette nuit prouvera combien je vous suis dévoué à tous deux.

Les Anglais escaladent la muraille aux cris de Saint-Georges ! Talbot ! et tous pénètrent dans la ville.

UNE SENTINELLE *crie de l'intérieur*. Aux armes ! aux armes ! voilà l'ennemi !

Les Français accourent à demi vêtus et sautent en bas des remparts. Arrivent, par différents côtés, LE BATARD, ALENÇON et RENÉ ; les uns sont habillés, les autres ne le sont qu'à moitié.

ALENÇON. Comment, messieurs, à demi nus ?

LE BATARD. A demi nus ? oui, sans doute, et fort heureux encore d'avoir pu nous échapper ainsi.

RENÉ. Parbleu ! il était temps de nous réveiller et de quitter le lit ; l'ennemi était déjà à la porte de nos chambres.

ALENÇON. Depuis que je suis dans le métier des armes, je n'ai jamais ouï parler d'une attaque plus hardie et plus audacieuse que celle-ci.

LE BATARD. Il faut que ce Talbot soit un diable d'enfer.

RENÉ. Si ce n'est l'enfer, c'est assurément le ciel qui le protége.

ALENÇON. Voici Charles qui vient à nous ; je suis curieux de savoir comment il a pu s'en tirer.

Arrivent CHARLES et LA PUCELLE.

LE BATARD. Bah! Jeanne la sainte lui a servi de sauvegarde.

CHARLES. Est-ce donc là ton savoir-faire, femme trompeuse? N'as-tu d'abord flatté notre espoir en nous procurant un léger succès, que pour nous faire perdre ensuite dix fois plus que nous n'avions gagné?

LA PUCELLE. Pourquoi Charles se fâche-t-il contre moi? Voulez-vous qu'en tout temps ma puissance soit la même? Exigez-vous qu'éveillée ou endormie, je triomphe toujours? Est-ce sur moi que doivent être rejetées toutes les fautes? Guerriers sans prévoyance, si vous aviez fait meilleure garde, ce désastre inattendu ne serait pas arrivé.

CHARLES. Duc d'Alençon, c'est votre faute; cette nuit, le commandement de la garde vous était confié. Vous auriez dû mieux remplir cette charge importante.

ALENÇON. Si tous les quartiers avaient été aussi bien gardés que celui dont j'avais le commandement, nous n'aurions pas été aussi honteusement surpris.

LE BATARD. Le mien était bien gardé.

RENÉ. Et le mien aussi, monseigneur.

CHARLES. Quant à moi, j'ai passé la plus grande partie de la nuit à parcourir le quartier de la Pucelle et le mien, occupé à relever les sentinelles. Comment donc et par quel côté l'ennemi a-t-il pu pénétrer?

LA PUCELLE. Il est inutile, monseigneur, de s'enquérir comment la chose s'est faite. Ce qu'il y a de certain, c'est qu'ils auront trouvé quelque issue faiblement gardée; et c'est par là qu'ils seront entrés. Il ne nous reste plus maintenant qu'un parti à prendre; c'est de réunir nos soldats épars, et de concerter de nouveaux plans pour molester l'ennemi.

Bruit de trompettes. UN SOLDAT ANGLAIS *accourt en criant :*

Talbot! Talbot!

Ils fuient laissant derrière eux une partie de leurs vêtements que le soldat ramasse.

LE SOLDAT. Je prendrai la liberté de ramasser ce qu'ils ont laissé tomber. Le cri de *Talbot* me tient lieu d'épée; car je me suis déjà procuré une grande quantité de butin sans employer d'autre arme que son nom.

Il s'éloigne.

SCÈNE II.

Orléans. — L'intérieur de la ville.

Arrivent TALBOT, BEDFORD, LE DUC DE BOURGOGNE, UN CAPITAINE et Autres.

BEDFORD. Le jour commence à poindre et a chassé la nuit, dont le noir manteau couvrait la terre. Sonnons ici la retraite, et arrêtons notre poursuite acharnée.

On sonne la retraite.

TALBOT. Apportez le corps de Salisbury. Qu'on le dépose ici, sur cette place publique, au centre de cette ville maudite. Maintenant, j'ai accompli le serment que j'avais fait à ses mânes. Pour chaque goutte de sang qu'il a perdu, cinq Français au moins sont morts cette nuit. Pour transmettre aux générations futures le souvenir des désastres par lesquels nous l'avons vengé, je veux que dans leur temple principal une tombe soit élevée, qui contiendra son corps, et sur laquelle une inscription retracera à tous les yeux le sac d'Orléans, le coup perfide qui a causé sa mort déplorable, et la terreur qu'il inspirait à la France. Mais, mylords, dans ce sanglant carnage, je m'étonne que nous n'ayons rencontré ni son altesse le Dauphin, ni son nouveau champion, la vertueuse Jeanne d'Arc, ni aucun de ses perfides complices.

BEDFORD. On croit, lord Talbot, qu'au commencement du combat, réveillés en sursaut, ils se sont levés à la hâte, et que traversant les pelotons d'hommes armés, ils ont sauté en bas des remparts, et se sont sauvés dans les campagnes.

LE DUC DE BOURGOGNE. Autant que j'ai pu distinguer à travers la fumée et les sombres vapeurs de la nuit, je suis sûr d'avoir vu le Dauphin et sa belle s'enfuir bras dessus bras dessous, comme un couple de tourtereaux fidèles qui ne peuvent se quitter ni de jour ni de nuit. Quand nous aurons ici mis ordre à tout, nous nous mettrons à leur poursuite avec toutes nos forces.

Arrive UN MESSAGER.

LE MESSAGER. Salut, mylords! Quel est dans cette illustre assemblée celui qu'on nomme le valeureux Talbot, célèbre dans la France entière par ses exploits?

TALBOT. Je suis Talbot; qui veut lui parler?

LE MESSAGER. Une vertueuse dame, la comtesse d'Auvergne, éprise pour ta gloire d'une chaste admiration, te supplie par ma voix, illustre lord, de venir visiter l'humble château où elle réside, afin qu'elle puisse se vanter d'avoir vu l'homme qui remplit l'univers du bruit éclatant de sa renommée.

LE DUC DE BOURGOGNE. En vérité? Allons, je le vois, nos guerres vont se transformer en joyeux et pacifiques ébats, puisque voilà les dames qui demandent qu'on se mesure avec elles. — Il vous est impossible, mylord, de ne pas vous rendre à une aussi aimable requête.

TALBOT. Je me garderai bien de refuser. Ce que les hommes, avec toute leur éloquence, n'ont pu obtenir de moi, je l'accorde à la bienveillante politesse d'une femme. — (*Au Messager.*) Dites-lui que je lui fais mes remercîments, et que j'irai lui présenter mes hommages respectueux. — Vos seigneuries veulent-elles me tenir compagnie?

BEDFORD. Non, assurément; les convenances s'y opposent. J'ai toujours entendu dire qu'un hôte qui arrive sans être attendu nous oblige surtout lorsqu'il nous quitte.

TALBOT. Allons, puisqu'il le faut absolument, j'irai seul mettre à l'épreuve la courtoisie de cette dame. Capitaine, approchez. — (*Il lui parle à l'oreille.*) Vous me comprenez?

LE CAPITAINE. Oui, mylord; ce que vous désirez sera fait.

Ils s'éloignent.

SCÈNE III.

L'Auvergne. — La cour d'un château.

Arrivent LA COMTESSE et SON CONCIERGE.

LA COMTESSE. Concierge, souviens-toi de l'ordre que je t'ai donné; quand tu l'auras exécuté, rapporte-moi les clefs.

LE CONCIERGE. Madame, je vous obéis.

LA COMTESSE, *seule*. Mon plan est dressé : si tout réussit, je deviendrai aussi célèbre par cet exploit que Thomyris de Scythie par la mort de Cyrus. Grand est le renom de ce chevalier redoutable, et ses exploits ne sont pas moins grands. Il me tarde de le voir et de l'entendre, pour juger jusqu'à quel point il justifie ces merveilleux récits.

Arrivent LE MESSAGER et TALBOT.

LE MESSAGER. Madame, conformément au désir que vous avez exprimé, mandé par vous, lord Talbot vient vous voir.

LA COMTESSE. Il est le bien venu. Quoi donc! Est-ce là l'homme en question?

ACTE II, SCÈNE III.

LE MESSAGER. C'est lui, madame.

LA COMTESSE. Est-ce là le fléau de la France? est-ce là ce Talbot partout si redouté qu'en prononçant son nom les mères font taire leurs enfants? Je vois que la renommée est infidèle et fausse. Je m'attendais à voir un Hercule, un second Hector, à l'aspect farouche, aux formes colossales, aux membres vigoureux. Eh! mon Dieu, celui-ci n'est qu'un enfant, un nain ridicule. Il n'est pas possible que cet avorton exigu et débile ait inspiré à ses ennemis une telle terreur.

TALBOT. Madame, j'ai pris la liberté de vous importuner de ma présence; mais puisque vous n'avez pas le temps de me recevoir, je viendrai vous visiter une autre fois.

LA COMTESSE. Quelle est son intention? — (*Au Messager.*) Demande-lui où il va.

LE MESSAGER. Restez, mylord Talbot; madame désire savoir le motif de votre brusque départ.

TALBOT. Comme je la vois sous l'impression d'une idée erronée, je vais lui prouver que c'est bien Talbot qu'elle a devant elle.

Revient LE CONCIERGE, *tenant des clefs à la main.*

LA COMTESSE. Si tu es Talbot, tu es prisonnier.

TALBOT. Prisonnier? De qui?

LA COMTESSE. De moi, lord altéré de sang; et c'est pour cela que je t'ai attiré chez moi. Il y a longtemps que ton ombre m'est soumise; car ton portrait est appendu dans ma galerie; mais maintenant l'original subira le même sort; et je chargerai de chaînes les jambes et les bras du tyran farouche qui depuis tant d'années ravage notre pays, immole nos concitoyens, et réduit nos fils et nos époux en captivité.

TALBOT, *riant aux éclats.* Ha, ha, ha!

LA COMTESSE. Tu ris, misérable! ta gaieté se changera en gémissements.

TALBOT. Je ris de votre simplicité, de ne pas voir que vous n'avez ici pour but de vos rigueurs que l'ombre de Talbot.

LA COMTESSE. Quoi donc! Est-ce que tu n'es pas Talbot?

TALBOT. Je le suis en effet.

LA COMTESSE. Je n'en ai donc pas seulement l'ombre, mais la substance.

TALBOT. Non, non; je ne suis que l'ombre de moi-même: une illusion vous abuse; ce que vous voyez n'est que la moindre portion, qu'une fraction minime de moi-même. Je vous assure, madame, que si Talbot tout entier était ici, ses proportions sont si vastes, que votre demeure ne pourrait pas le contenir.

LA COMTESSE. Cet homme parle par énigmes : il est ici, et il n'y est pas. Comment concilier ces assertions contradictoires ?

TALBOT. Vous l'allez voir sur-le-champ, madame.

Il sonne du cor. Les tambours battent; une décharge d'artillerie se fait entendre; les portes sont enfoncées, et on voit paraître une troupe de soldats.

TALBOT, *continuant*. Qu'en dites-vous, madame? Êtes-vous convaincue maintenant que Talbot n'était tout à l'heure que l'ombre de lui-même? Voilà sa substance. Voilà les muscles, les bras, la force avec lesquels il courbe sous le joug vos têtes rebelles, rase vos villes, renverse vos places fortes, et les transforme en un moment en muettes solitudes.

LA COMTESSE. Victorieux Talbot, pardonne mes injures ; je vois que tu justifies ta renommée, et que tu es plus grand que ne l'annonce ta stature. Que ma présomption ne provoque pas ta colère ; je regrette de ne t'avoir pas traité avec le respect qui t'es dû.

TALBOT. Rassurez-vous, belle dame, et ne vous méprenez pas sur les sentiments de Talbot, comme vous vous êtes méprise sur ses formes extérieures. Ce que vous avez fait ne m'a point offensé ; la seule satisfaction que je vous demande, c'est de permettre que nous goûtions votre vin, et de voir quels morceaux friands vous avez à nous offrir ; car les soldats ont toujours bon appétit.

LA COMTESSE. De tout mon cœur, et ce m'est un honneur de traiter dans mon château un aussi grand guerrier.

Ils s'éloignent.

SCÈNE IV.

Londres. — Les jardins du Temple [1].

Arrivent LES COMTES DE SOMERSET, DE SUFFOLK et DE WARWICK, RICHARD PLANTAGENET, VERNON, et un autre HOMME DE LOI.

PLANTAGENET. Mylords et messieurs, pourquoi ce silence ? personne n'ose-t-il plaider la cause de la vérité ?

SUFFOLK. Dans la salle du Temple notre voix faisait trop de bruit ; ce jardin est un lieu plus convenable.

[1] Le Temple est une réunion d'édifices spécialement affectés au barreau de Londres, constitué en corporation, et dont les repas se font en commun. Un beau et magnifique jardin borde la Tamise.

PLANTAGENET. Décidez donc sur-le-champ si la vérité était de mon côté, et si l'obstiné Somerset était dans l'erreur.

SUFFOLK. Ma foi, j'ai fait de pitoyables études en droit; ne pouvant ployer ma volonté à la loi, j'ai pris le parti de ployer la loi à ma volonté.

SOMERSET. Jugez donc entre nous, mylord de Warwick.

WARWICK. S'il s'agit de décider de deux faucons, lequel vole le plus haut; de deux chiens, lequel a le plus fort aboiement; de deux lames, laquelle a la meilleure trempe; de deux chevaux, lequel est le mieux dressé; de deux jeunes filles, laquelle a les yeux les plus agaçants, je crois en savoir assez pour prononcer en ces matières : mais dans ces subtilités de la loi, je vous avoue que je ne suis qu'un âne.

PLANTAGENET. Bah! bah! c'est une excuse polie pour ne pas dire votre avis. De mon côté, la vérité est si patente, que l'œil le moins exercé peut la voir.

SOMERSET. Et de mon côté, elle se manifeste d'une manière si claire, si éclatante, si évidente, qu'elle frapperait les yeux même d'un aveugle.

PLANTAGENET. Puisque vos langues sont enchaînées, et que la parole vous répugne, exprimez votre avis par une manifestation muette. Quiconque d'entre vous est un vrai gentilhomme, est jaloux de soutenir l'honneur de sa naissance, et croit que j'ai raison, que celui-là cueille avec moi sur ce buisson une rose blanche.

SOMERSET. Quiconque n'est pas un lâche ni un flatteur, et ne craint pas de se ranger du parti de la vérité, que celui-là cueille avec moi sur ce buisson une rose rouge.

WARWICK. Je hais le mensonge, et repoussant l'insinuante et basse flatterie, je cueille une rose blanche avec Plantagenet.

SUFFOLK. Je cueille une rose rouge avec le jeune Somerset, et je déclare qu'à mon avis c'est lui qui a raison.

VERNON. Arrêtez, mylords et messieurs; et avant de poursuivre, convenons que celui des deux adversaires qui aura de son côté le moins de roses cueillies, aura tort, et baissera pavillon devant l'autre.

SOMERSET. Mon cher monsieur Vernon, votre proposition est raisonnable; si j'ai moins de roses que mon adversaire, je me soumets sans mot dire.

PLANTAGENET. Et moi pareillement.

VERNON. Eh bien donc, maintenant qu'il ne saurait plus y avoir d'équivoque, je cueille cette fleur pâle et virginale, et donne mon vote au parti de la rose blanche.

SOMERSET. Prenez garde, en la cueillant, de vous piquer les doigts, de peur que votre sang ne la colore, et ne vous range de mon parti contre votre gré.

VERNON. Mylord, si pour mon opinion mon sang vient à couler, elle guérira ma blessure, et me fera rester fidèle au parti que j'embrasse.

SOMERSET. Bien, bien : allons, qui cueille encore ?

L'HOMME DE LOI, *à Somerset*. A moins que ma science et mes livres ne me trompent, la thèse que vous avez soutenue est fausse ; en foi de quoi je cueille aussi une rose blanche.

PLANTAGENET. Maintenant, Somerset, où sont vos arguments ?

SOMERSET, *portant la main sur son épée*. Ils sont là, dans ce fourreau ; et leur discussion teindra votre rose blanche en rouge de sang.

PLANTAGENET. En attendant, vos joues ont pris la couleur de nos roses ; elles ont pâli d'effroi en voyant la vérité de notre côté.

SOMERSET. Non, Plantagenet ; ce n'est pas d'effroi qu'elles pâlissent, mais de colère, en voyant le rouge de la honte donner à vos joues la couleur de nos roses, tandis que votre bouche se refuse encore à confesser votre erreur.

PLANTAGENET. Somerset, n'y a-t-il pas un ver rongeur caché dans ta rose ?

SOMERSET. Plantagenet, ta rose n'a-t-elle pas une épine ?

PLANTAGENET. Oui, et une épine acérée et perçante pour défendre la vérité dont elle est l'emblème, tandis que le ver qui ronge la tienne se repaît de mensonge.

SOMERSET. Eh bien, je trouverai des amis qui porteront mes roses sanglantes, et qui soutiendront la vérité de mon dire, alors que l'imposteur Plantagenet n'osera pas se montrer.

PLANTAGENET. Par la fleur virginale que je tiens à la main, je te méprise toi et ton langage, présomptueux enfant.

SUFFOLK. N'adresse pas tes mépris de ce côté, Plantagenet.

PLANTAGENET. C'est au contraire mon intention, orgueilleux Poole ; et je te méprise ainsi que lui.

SUFFOLK. Pour ma part, je te renvoie tes mépris, et ton sang me le payera.

SOMERSET. Allons-nous-en, mon cher William de la Poole ! nous faisons trop d'honneur à un roturier en conversant avec lui.

WARWICK. Par le ciel, tu lui fais injure, Somerset ; il a eu pour aïeul Lionel, duc de Clarence, troisième fils d'Édouard III, roi d'Angleterre. Sort-il beaucoup de roturiers d'une telle souche ?

PLANTAGENET. Il se fie au privilége du lieu où nous sommes[1] ; sans cela, son cœur lâche n'eût jamais osé se permettre un tel langage.

SOMERSET. Par le Dieu qui m'a créé, je suis prêt à soutenir mon dire, en quelque lieu de la chrétienté que ce soit. Ton père, Richard, comte de Cambridge, ne fut-il pas, sous le règne du feu roi, exécuté pour crime de haute trahison ; et entaché de cette souillure, n'es-tu pas déchu de ton ancienne noblesse ? Avec son sang, il t'a transmis son crime, et jusqu'à ce que tu sois réhabilité, tu n'es qu'un roturier.

PLANTAGENET. Mon père fut accusé mais non convaincu ; il fut condamné à mort pour crime de trahison, mais il ne fut point un traître ; c'est ce que je soutiendrai contre des adversaires plus redoutables que Somerset, quand le moment de le faire sera venu. Quant à toi et à Poole, ton partisan, je vous noterai dans le registre de ma mémoire, pour vous châtier un jour de l'opinion que vous venez d'exprimer. Souvenez-vous-en, et tenez-vous pour avertis.

SOMERSET. Soit ! tu nous trouveras toujours prêts à te répondre, et tu nous reconnaîtras, à ces couleurs, pour tes ennemis ; mes amis les porteront en dépit de toi.

PLANTAGENET. Et je jure sur mon âme que mes partisans et moi nous porterons désormais cette rose pâle de courroux, symbole de ma haine altérée de ton sang. Nous la porterons jusqu'à ce qu'elle se soit flétrie avec moi dans la tombe, ou que sa tige ait atteint la hauteur à laquelle j'ai droit de prétendre.

SUFFOLK. Poursuis, et que l'ambition t'étouffe ! Adieu, jusqu'au moment où nous nous rejoindrons.

Il s'éloigne.

SOMERSET. Je te suis, Poole. — Adieu, ambitieux Richard.

Il s'éloigne.

[1] Le Temple était une maison religieuse et par conséquent un lieu d'asile contre la violence et le meurtre.

PLANTAGENET. A quel point on me brave ! et il me faut dévorer ces outrages !

WARWICK. La tache qu'ils allèguent contre votre maison sera effacée dans le prochain parlement convoqué pour arranger le différend survenu entre l'évêque de Winchester et Gloster ; et si alors vous n'êtes pas créé duc d'York, je veux ne plus être Warwick. D'ici là, en témoignage de mon affection pour vous, et de mon hostilité contre l'orgueilleux Somerset et William Poole, je veux porter cette rose et me ranger de votre parti. Et voilà ce que je prédis : cette querelle, née aujourd'hui dans les jardins du Temple, et qui nous a divisés en deux factions, armant la rose rouge contre la rose blanche, précipitera des milliers d'hommes dans la tombe.

PLANTAGENET. Mon cher monsieur Vernon, je vous remercie d'avoir bien voulu, dans la rose que vous avez cueillie, prendre parti pour moi.

VERNON. Et je veux toujours la porter au même titre.

L'HOMME DE LOI. Et moi aussi.

PLANTAGENET. Monsieur, je vous rends grâces. — Allons dîner tous les quatre. Un jour viendra, j'en suis convaincu, que cette querelle fera couler du sang.

Ils s'éloignent.

SCÈNE V.

Une salle dans la tour de Londres.

Entre le vieux MORTIMER, aveugle, porté dans un fauteuil par DEUX GARDIENS.

MORTIMER. Charitables gardiens de ma vieillesse défaillante, laissez reposer ici le mourant Mortimer. Un long emprisonnement a endormi mes membres comme ceux d'un homme qui sort de la torture ; aussi vieux que Nestor, arrivé aux soucis du vieil âge, ces cheveux blanchis, poursuivants[1] de la Mort, annoncent la fin prochaine de Mortimer ; ces yeux, — comme des lampes qui n'ont plus d'huile, — s'obscurcissent et sont prêts à s'éteindre ; mes débiles épaules fléchissent sous le poids des chagrins ; et mes bras sans force ressemblent à la vigne flétrie qui penche vers la terre ses branches où la sève est tarie ; et cependant ces pieds, engourdis, sans vigueur, incapables de soutenir cette masse grossière, redeviennent agiles

[1] On appelait poursuivants, certains officiers qui accompagnaient les hérauts d'armes.

pour marcher vers la tombe, comme pour m'indiquer que c'est le seul refuge qui me reste. — Mais dis-moi, gardien, mon neveu viendra-t-il?

PREMIER GARDIEN. Mylord Richard Plantagenet va venir. Nous avons envoyé au Temple, à son appartement, et on a répondu qu'il allait venir.

MORTIMER. Assez; mon âme alors sera satisfaite. Pauvre jeune homme! ses injures égalent les miennes. Depuis le commencement du règne de Henri Monmouth, dont ma renommée guerrière a précédé la gloire, j'ai subi cette odieuse réclusion; et depuis la même époque, Richard a vécu obscur, privé d'honneurs et d'héritage. Mais voilà que la mort équitable, ce bienfaisant arbitre qui met un terme à tous les désespoirs, qui clot toutes les misères, va m'élargir et me rendre à la liberté. Plût à Dieu que lui aussi il fût arrivé au terme de ses maux, et qu'il pût recouvrer ce qu'il a perdu!

Entre RICHARD PLANTAGENET.

PREMIER GARDIEN. Mylord, votre neveu bien-aimé est arrivé.

MORTIMER. Mon cher Richard Plantagenet? est-il ici?

PLANTAGENET. Oui, mon noble oncle, votre neveu, si indignement traité, abreuvé de récents outrages, votre Richard est devant vous.

MORTIMER. Conduisez mes mains; que je puisse le serrer dans mes bras et exhaler dans son sein mon dernier soupir. Oh! avertissez moi quand mes lèvres toucheront ses joues, afin que j'y imprime un débile et affectueux baiser. Et maintenant, dis-moi, cher rejeton de l'illustre famille d'York, que parlais-tu tout à l'heure de récents outrages?

PLANTAGENET. Commencez par appuyer sur mon bras votre âge vieillissant, et dans cette position plus commode, je vous ferai le récit de mes chagrins. Aujourd'hui, à propos d'une discussion légale, quelques paroles de colère ont été échangées entre Somerset et moi; dans la chaleur du débat, il a donné carrière à sa langue et m'a reproché la mort de mon père. Ce reproche m'a fermé la bouche et m'a empêché de repousser l'injure par l'injure. Veuillez donc, mon cher oncle, au nom de mon père et des liens de parenté qui nous unissent, par l'honneur d'un vrai Plantagenet, — veuillez m'apprendre pour quel motif mon père, le comte de Cambridge, a été décapité.

MORTIMER. Mon cher neveu, le même motif qui a causé mon

emprisonnement, qui a retenu ma jeunesse florissante dans les ennuis d'un hideux cachot, a été aussi la cause détestée de sa mort.

PLANTAGENET. Expliquez-moi ce motif plus en détail, car je l'ignore et ne puis le deviner.

MORTIMER. Je le veux bien, si le peu de souffle qui me reste me le permet, et si la mort ne vient pas avant que mon récit soit terminé. Henri IV, aïeul du roi actuel, déposa son cousin Richard, fils d'Édouard, le premier-né et le légitime héritier du roi Édouard troisième du nom. Pendant son règne, les Percy du Nord, trouvant son usurpation souverainement injuste, tentèrent de me porter au trône. Voici le motif qui faisait agir ces lords belliqueux : après la mort du jeune roi Richard, qui ne laissait point d'héritier, j'étais le plus rapproché du trône par ma naissance et ma parenté : car je descendais par ma mère de Lionel, duc de Clarence, troisième fils d'Édouard III; tandis que lui, Henri Bolingbroke, était fils de Jean de Gand, qui n'était que le quatrième rejeton de cette race héroïque. Mais suis-moi bien; dans cette grande et audacieuse entreprise où ils s'efforçaient de placer sur le trône l'héritier légitime, ils perdirent la vie, et moi ma liberté. Longtemps après, sous le règne de Henri V, qui succéda à son père Bolingbroke, ton père, le comte de Cambridge, qui descendait du fameux Edmond Langley, duc d'York, — épousa ma sœur qui fut ta mère; touché de mon sort déplorable, il leva une armée, dans l'intention de me délivrer et de placer la couronne sur ma tête; mais ce noble comte échoua comme les autres, et fut décapité. Ainsi ont été détruits les Mortimer, seuls légitimes héritiers du trône.

PLANTAGENET. Et vous êtes, mylord, le dernier de leur race?

MORTIMER. Il est vrai, et tu vois que je n'ai point de postérité, et ma voix défaillante t'annonce ma mort prochaine. Tu es mon héritier, je n'ai pas besoin de t'en dire davantage; mais sois circonspect dans tes efforts persévérants.

PLANTAGENET. Je me conformerai à vos graves conseils; mais il me semble que l'exécution de mon père n'a été qu'un acte de tyrannie sanglante.

MORTIMER. Mon neveu, sois silencieux et prudent. La maison de Lancastre est solidement établie : c'est une montagne qu'on ne peut déplacer. Mais maintenant ton oncle va quitter ce séjour, comme les princes, quand ils sont fatigués d'une résidence trop prolongée dans le même lieu, transportent ailleurs leur cour.

PLANTAGENET. O mon oncle! que ne puis-je, aux dépens d'une portion de mes jeunes années, prolonger vos vieux jours de quelque temps encore!

MORTIMER. Tu as tort: ton vœu est aussi cruel que le boucher qui donne au bœuf plusieurs coups, lorsqu'un seul suffirait pour lui infliger la mort. Ne t'afflige pas, à moins que tu ne t'affliges de ce qui m'est avantageux. Donne seulement des ordres pour mes obsèques; adieu; que tes espérances se réalisent, et que ta vie soit heureuse dans la paix comme dans la guerre!

Il meurt.

PLANTAGENET. Que la paix seule accompagne ton âme! Tu as passé en prison ton pèlerinage, et tes jours se sont écoulés comme ceux d'un ermite. Oui, enfermons son conseil dans mon sein, et laissons reposer mes projets. — Gardiens, emportez-le hors d'ici; je vais lui faire des funérailles plus brillantes que n'a été sa vie. (*Les gardiens emportent Mortimer.*) Ici s'éteint le pâle flambeau de Mortimer, qu'une égoïste et lâche ambition a étouffé. Quant aux outrages de Somerset, aux injures amères qu'il a déversées sur ma maison, je ne doute pas de les voir effacer avec honneur. Dans ce but, hâtons-nous de nous rendre au parlement; ou je serai rétabli dans les prérogatives de ma naissance, ou je ferai servir à mes vues le mal même qu'on m'aura infligé.

Il sort.

ACTE TROISIÈME.

SCÈNE I.

Londres. — La salle du parlement.

Le parlement est assemblé. Bruit de fanfares. Entrent LE ROI HENRI, EXETER, GLOSTER, WARWICK, SUFFOLK, L'ÉVÊQUE DE WINCHESTER, RICHARD PLANTAGENET et Autres.

Gloster se prépare à donner lecture d'un bill d'accusation; l'évêque de Winchester le lui arrache et le déchire.

WINCHESTER. Quoi donc, Homfroy de Gloster, tu viens avec des discours rédigés d'avance, des accusations écrites, préparées avec art? Si tu as quelque chose à me reprocher, quelque charge à produire contre moi, fais-le sur-le-champ, sans préparation ; de même que mon intention est de faire à tes accusations une réponse immédiate et spontanée.

GLOSTER. Prêtre présomptueux! le lieu où nous sommes m'impose la modération, sans quoi, je te ferais sentir que tu m'as outragé. Quoique j'aie mis par écrit l'exposé de tes lâches et scandaleux forfaits, ne crois pas que j'aie fait un tableau inventé, et que ma voix soit incapable de reproduire littéralement ce que ma plume a tracé. Non, prélat, tel est ton audacieuse scélératesse, ta licence impure et contagieuse, ton amour de la discorde, qu'il n'est pas jusqu'aux enfants au berceau qui ne parlent de ton orgueil. Tu es un infâme usurier, querelleur par nature, ennemi de la paix, impudique libertin, plus qu'il ne convient à un homme de ta profession et de ton rang. Quant à ta perfidie, quoi de plus notoire? Tu as voulu m'ôter la vie par un guet-apens, tant au pont de Londres qu'à la tour. En outre, si on sondait le fond de tes pensées, on trouverait, je le crains, que le roi ton souverain n'est pas lui-même à l'abri de l'envieuse perversité de ton cœur orgueilleux.

WINCHESTER. Gloster, je te brave. — Mylords, daignez entendre ma réponse. Si je suis avare, ambitieux ou pervers, comme il le prétend, comment se fait-il que je sois si pauvre? comment arrive-t-il que, ne recherchant ni les dignités ni les grandeurs, je me renferme dans les fonctions de mon ministère? Et quant à l'esprit de discorde, — est-il au monde un homme plus pacifique que moi, à moins que je ne sois provoqué? Non, mylords, ce n'est pas là ce qui offense le duc, ce n'est pas là ce qui l'irrite. Il voudrait qu'il n'y eût que lui qui gouvernât; que nul autre que lui n'approchât le roi. Voilà ce qui soulève dans son âme cette tempête, et lui fait fulminer ces accusations. Mais il saura qu'étant son égal, —

GLOSTER. Mon égal! toi, bâtard de mon aïeul[1]! —

WINCHESTER. Oui, lord insolent; car qu'es-tu, je te prie, sinon le dépositaire orgueilleux d'une grandeur empruntée?

GLOSTER. Eh! suis-je pas le protecteur, prêtre insolent?

WINCHESTER. Ne suis-je pas un prélat de l'Église?

GLOSTER. Oui, comme un brigand qui habite un château, et qui s'en sert pour abriter ses vols.

WINCHESTER. Irrespectueux Gloster!

---

[1] L'évêque de Winchester était un fils naturel de Jean de Gand, duc de Lancastre, qui l'avait eu de Catherine Swynford, qu'il épousa plus tard.

GLOSTER. Tu commandes le respect par tes fonctions spirituelles, non par ta conduite.

WINCHESTER. Rome me vengera.

WARWICK. Allez donc à Rome.

SOMERSET. Mylord, votre devoir serait de vous abstenir.

WARWICK. Oui, il faut baisser pavillon devant l'évêque, n'est-ce pas?

SOMERSET. Il me semble que mylord devrait être religieux, et connaître les devoirs que cette qualité impose.

WARWICK. Il me semble que son éminence devrait être plus humble : ce ton ne convient pas à un prélat.

SOMERSET. Ce ton lui convient quand on s'attaque ainsi à son caractère sacré.

WARWICK. Sacré ou profane, qu'importe? son altesse n'est-elle pas le protecteur du roi?

PLANTAGENET, *à part*. Plantagenet, je le vois, doit retenir sa langue, de peur qu'on ne lui dise : « Ne parlez que lorsque vous en aurez le droit : vous êtes bien hardi de vous mêler à la conversation des lords. » Sans cela, j'aurais déjà dit à Winchester son fait.

LE ROI HENRI. Gloster, — et vous Winchester, — mes chers oncles, spécialement préposés au maintien de la prospérité publique, si mes prières ont sur vous quelque empire, je vous prie de réunir vos cœurs dans un commun sentiment d'affection et d'amitié. Quel scandale pour notre couronne, que deux nobles pairs tels que vous soient divisés! Croyez-moi, mylords, permettez à ma jeunesse de vous le dire, la discorde civile est un serpent rongeur, qui dévore les entrailles de la patrie. (*On entend crier du dehors* : A bas les habits bruns!) — Quel est ce tumulte?

WARWICK. C'est une émeute soulevée sans doute par la malveillance des gens de l'évêque. (*On entend crier* : Des pierres! des pierres!)

Entre LE MAIRE DE LONDRES avec sa Suite.

LE MAIRE. O mes dignes lords, — et vous, vertueux Henri, — prenez pitié de la cité de Londres; prenez pitié de nous! Les gens de l'Évêque et du duc de Gloster, à qui le port d'armes avait été récemment interdit, ont rempli leurs poches de cailloux; et se divisant en deux partis contraires, ils se lancent ces projectiles à la tête avec un tel acharnement, que plusieurs crânes sont déjà fracassés. Dans toutes les rues les fenêtres sont brisées, et la peur nous a contraints de fermer nos boutiques.

Entrent en se battant et couverts de sang LES PARTISANS DE L'ÉVÊQUE et DE GLOSTER.

LE ROI HENRI. Nous vous ordonnons, au nom de l'obéissance que vous nous devez, de retenir vos mains homicides, et de rester en paix. — Mon oncle Gloster, apaisez, je vous prie, cette rixe.

PREMIER DOMESTIQUE. Si on nous interdit les pierres, nous combattrons avec les dents.

DEUXIÈME DOMESTIQUE. Faites ce qu'il vous plaira; notre parti est pris.

Le combat recommence.

GLOSTER. Vous tous, qui faites partie de ma maison, cessez cette indigne querelle, et mettez fin à ce combat indécent.

TROISIÈME DOMESTIQUE. Mylord, nous savons que votre altesse est un homme juste et loyal; et que pour la naissance vous ne le cédez qu'à sa majesté. Plutôt que de souffrir qu'un prince tel que vous, un homme aussi sincèrement dévoué au pays, soit déshonoré par un homme de plume [1], nous sommes prêts à combattre, nous, nos femmes et nos enfants, et nous nous ferons tous tuer jusqu'au dernier.

PREMIER DOMESTIQUE. Oui, et même après notre mort, nous creuserons encore la terre de nos ongles furieux.

Le combat recommence.

GLOSTER. Arrêtez, arrêtez, vous dis-je; si vous m'aimez comme vous le dites, écoutez ma voix, et suspendez un instant les hostilités.

LE ROI HENRI. Oh! combien ces dissensions affligent mon âme! — Pouvez-vous bien, mylord de Winchester, voir mes soupirs et mes larmes, et rester inflexible? Qui sera miséricordieux, si vous ne l'êtes pas? Qui voudra s'appliquer à établir la paix, si les hommes d'église se plaisent dans le trouble et la violence?

WARWICK. Cédez, mylord protecteur, — cédez, mylord de Winchester, — à moins que, par un refus obstiné, votre intention ne soit de causer la mort du roi et la ruine du royaume. Vous voyez tout le mal qu'a déjà produit votre inimitié; tout

---

[1] Dans un temps où la noblesse se vantait de ne savoir ni lire ni écrire, le nom d'homme de plume était un terme de mépris qui désignait les savants et les ecclésiastiques.

le sang qu'elle a fait répandre. Restez donc en paix, si vous n'êtes altérés de sang.

WINCHESTER. Qu'il commence par se soumettre, ou je ne céderai jamais.

GLOSTER, *à part*. Ma compassion pour le roi me fait un devoir de ployer ; sans quoi, plutôt que de permettre que ce prêtre pût se vanter d'avoir obtenu sur moi cet avantage, je lui arracherais le cœur.

WARWICK. Voyez, mylord de Winchester, le duc a banni toute colère et tout mécontentement ; la sérénité de son front vous l'annonce. Pourquoi conservez-vous cet air farouche et tragique ?

GLOSTER. Mylord de Winchester, voilà ma main.

LE ROI HENRI. Fi ! mon oncle Beaufort ! je vous ai entendu prêcher que l'esprit de haine était un grand et énorme péché. Voulez-vous donc ne pas pratiquer la morale que vous enseignez ? voulez-vous être le premier à l'enfreindre ?

WARWICK. Sire ! l'évêque est ému, — quelle honte, mylord de Winchester ! rendez-vous. Faut-il qu'un enfant vous apprenne votre devoir ?

WINCHESTER. Eh bien, duc de Gloster, je vous cède, et vous rends affection pour affection, et j'unis ma main à la vôtre.

GLOSTER, *à part*. Oui ; mais je crains bien que ce ne soit à contre-cœur. — (*Haut.*) Mes amis, mes chers compatriotes, voyez ; et que cet exemple vous serve de signal pour rétablir la paix entre nos partisans respectifs : comme il est vrai que je suis de bonne foi, que Dieu me soit en aide !

WINCHESTER, *à part*. Comme il est vrai que je dissimule, que Dieu me soit en aide !

LE ROI HENRI. O mon oncle bien aimé, mon bon duc de Gloster, combien cette réconciliation me comble de joie ! — Partez, braves gens ; ne nous importunez plus ; mais redevenez amis, à l'exemple de vos maîtres.

PREMIER DOMESTIQUE. Volontiers ; je vais chez le chirurgien.

DEUXIÈME DOMESTIQUE. Et moi aussi.

TROISIÈME DOMESTIQUE. Et moi, je vais recourir à la médecine du cabaret.

Le Maire ainsi que les Gens de l'Évêque et du Duc se retirent.

WARWICK, *présentant un papier au Roi*. Mon gracieux souverain, veuillez recevoir ce placet, que nous présentons à votre majesté, au nom de Richard Plantagenet.

GLOSTER. J'approuve votre démarche, mylord de Warwick; — en effet, sire, si votre majesté considère toutes les circonstances, de graves motifs militent en faveur de Richard, entre autres, ceux dont j'ai eu l'honneur, à Eltham, d'entretenir votre majesté.

LE ROI HENRI. Et ces motifs sont d'une grande force : c'est pourquoi, mylords, notre volonté est que Richard soit rétabli dans les prérogatives de sa naissance.

WARWICK. Que Richard soit rétabli dans les prérogatives de sa naissance; ainsi seront réparées les injures de son père.

WINCHESTER. Je me range à l'avis du reste de l'assemblée.

LE ROI HENRI, *à Plantagenet*. Si Richard nous est fidèle, là ne se borneront pas nos bienfaits. Nous lui donnerons encore tout l'héritage qui appartient à la maison d'York, dont il descend en ligne directe.

PLANTAGENET. Votre humble sujet vous dévoue son obéissance et ses humbles services jusqu'à son dernier soupir.

LE ROI HENRI. Baisse-toi donc et laisse-moi poser mon pied sur ton genou ; en retour de ton serment de foi et hommage, je te ceins la vaillante épée d'York ; Richard Plantagenet, relève-toi duc d'York.

PLANTAGENET. Que Richard prospère, et que vos ennemis succombent! Puissé-je croître en fidélité, et périssent tous ceux qui nourriraient contre votre majesté une pensée malveillante !

TOUS. Salut, noble prince, puissant duc d'York !

SOMERSET, *à part*. Périsse ce prince vil, l'ignoble duc d'York!

GLOSTER. Maintenant, il est nécessaire que votre majesté passe la mer et aille se faire couronner en France. La présence d'un roi, en même temps qu'elle décourage ses ennemis, éveille l'affection dans le cœur de ses sujets et de ses loyaux amis.

LE ROI HENRI. Quand Gloster a parlé, le roi Henri n'hésite plus ; car le conseil d'un ami détruit bien des ennemis.

GLOSTER. Vos vaisseaux sont prêts à mettre à la voile.

Tous sortent, à l'exception d'Exeter.

EXETER, *seul*. Que nous voyagions en Angleterre ou en France, nous ignorons les événements qui vont suivre. Cette dernière dissension allumée parmi les pairs, brûle sous la cendre cachée d'une amitié trompeuse, et finira par produire un incendie. Comme des membres gangrenés tombent graduellement en dissolution, jusqu'à ce que les os, les chairs et les muscles se détachent, ainsi germera sourdement cette vile et haineuse discorde. Je crains maintenant de voir se vérifier cette prophétie fatale, qui du temps de Henri V était dans la bouche de tous les enfants à la mamelle :

> Tout ce qu'Henri de Monmouth gagnera,
> Henri de Windsor le perdra.

Ce résultat est si probable, que le vœu d'Exeter est que ses jours finissent avant la venue de ces temps désastreux.

Il sort.

SCÈNE II.

La France. — Devant Rouen.

Arrivent LA PUCELLE, *déguisée, et* DES SOLDATS, *vêtus en paysans et portant des sacs sur le dos* [1].

LA PUCELLE. Voici les portes de la ville, les portes de Rouen, dont il faut que notre adresse nous ouvre l'entrée. Soyez prudents ; prenez garde à la manière dont vous placerez vos paroles. Parlez comme les paysans qui viennent au marché vendre leur blé. Si on nous laisse entrer, comme je l'espère, et si nous trouvons la garde négligente et faible, j'en avertirai nos amis par un signal, afin que le dauphin Charles vienne attaquer les Anglais.

PREMIER SOLDAT. Au moyen de nos sacs nous allons saccager la ville, et nous rendre maîtres de Rouen ; frappons donc.

Ils frappent aux portes.

LA SENTINELLE, *de l'intérieur. Qui va là?*

LA PUCELLE. *Paysans, pauvres gens de France* [2]. Nous venons au marché vendre notre blé.

LA SENTINELLE. Entrez, entrez ; la cloche du marché a sonné.

On ouvre les portes.

LA PUCELLE. Maintenant, Rouen, je vais ébranler tes remparts jusqu'en leurs fondements.

La Pucelle et ses soldats entrent dans la ville.

Arrivent CHARLES, LE BATARD D'ORLÉANS, ALENÇON, *à la tête des troupes françaises.*

CHARLES. Que saint Denis bénisse cet heureux stratagème ; et de nouveau nous dormirons tranquilles dans Rouen.

---

[1] Ce stratagème est historique.
[2] Les mots soulignés sont en français dans le texte.

LE BATARD. La Pucelle est entrée avec ses compagnons de ruse ; maintenant qu'elle est dans la ville, comment nous indiquera-t-elle l'endroit le plus facile et le plus sûr pour y pénétrer ?

ALENÇON. En faisant briller là-bas, du sommet de cette tour, une torche allumée ; ce qui signifiera que l'endroit le plus favorable est celui par lequel elle est entrée.

LA PUCELLE. Voyez, voici l'heureuse torche d'hyménée qui unit Rouen à ses compatriotes ; mais sa flamme sera fatale aux Talbotistes [1].

LE BATARD. Voyez, noble Charles, le phare de notre amie, la torche allumée, brille au haut de cette tour.

CHARLES. Elle resplendit comme une comète vengeresse, présage de la chute de tous nos ennemis !

ALENÇON. Ne perdons pas de temps ; les délais ont des résultats dangereux : Entrons sur-le-champ en criant : *Le Dauphin !* et faisons main basse sur la garde.

Ils entrent dans la ville.

Bruit de trompettes. Arrivent TALBOT *et des Soldats Anglais.*

TALBOT. France, tu payeras de tes larmes cette trahison, si Talbot survit à ta perfidie. La Pucelle, cette damnée sorcière, a préparé cette ruse infernale ; et pris à l'improviste, nous n'avons qu'à grand'peine échappé au glaive des Français.

Ils entrent dans la ville.

Bruit de trompettes ; escarmouches. Sortent de la ville BEDFORD *malade, porté dans une litière, suivi de* TALBOT, DU DUC DE BOURGOGNE *et des Troupes anglaises. Puis on voit paraître sur les remparts* LA PUCELLE, CHARLES, LE BATARD, ALENÇON *et Autres.*

LA PUCELLE. Bonjour, mes braves ! avez-vous besoin de blé pour faire du pain ? Si je ne me trompe, le duc de Bourgogne jeûnera longtemps avant d'en acheter encore à pareil prix. Il était plein d'ivraie ; comment le trouvez-vous ?

LE DUC DE BOURGOGNE. Poursuis tes railleries, démon femelle, courtisane effrontée ! J'espère avant peu te donner une indigestion de ton blé, et t'en faire maudire la récolte.

CHARLES. Vous pourriez bien mourir de faim avant ce temps-là.

BEDFORD. Ce n'est pas par des paroles, mais des actes, qu'il faut tirer vengeance de cette trahison.

[1] Aux partisans de Talbot.

LA PUCELLE. Que prétends-tu faire, barbe grise? Veux-tu rompre une lance, et combattre à mort couché dans ta litière?

TALBOT. Hideuse mégère de France, odieuse sorcière entourée de tes impudiques galants, il te sied bien d'insulter à sa glorieuse vieillesse, et de taxer de couardise un homme à demi mort! Ma belle, si je ne romps encore une lance avec toi, que Talbot meure dans l'ignominie!

LA PUCELLE. Vous êtes bien pressé, beau sire! — Mais tais-toi, Pucelle; si Talbot commence à tonner, la pluie suivra de près. (*Talbot et les Lords confèrent ensemble.*) Dieu soit en aide au parlement! Qui de vous sera l'orateur?

TALBOT. Venez à nous, si vous l'osez, et mesurons-nous en rase campagne.

LA PUCELLE. Votre seigneurie nous prend pour des sots, si elle croit que nous allons remettre en question ce qui est déjà décidé en notre faveur.

TALBOT. Je ne parle point à cette railleuse Hécate; mais à toi, Alençon, et à ceux qui t'accompagnent. Voulez-vous venir, en vrais guerriers, combattre contre nous?

ALENÇON. Non, seigneur.

TALBOT. Toi et ton seigneur, allez au diable! — Vils goujats de France! ils restent sur les remparts comme de lâches manants, et n'osent pas combattre en gentilshommes.

LA PUCELLE. Capitaine, partons; quittons les remparts; car les regards de Talbot ne nous présagent rien de bon. Dieu soit avec vous, mylord! Nous ne sommes venus que pour vous dire que nous sommes ici.

La Pucelle et les siens quittent les remparts.

TALBOT. Et nous, si nous n'y sommes aussi avant qu'il soit longtemps, que Talbot voie l'ignominie ternir sa gloire la plus pure! — Duc de Bourgogne, toi qui as à venger sur la France de publics affronts, jure par l'honneur de ta maison de reprendre la ville ou de périr. Et moi, — aussi vrai que Henri d'Angleterre est vivant, et que son père a parcouru ce pays en vainqueur, aussi vrai que dans cette ville, dont la trahison nous chasse, le cœur du grand Cœur-de-Lion repose, — je jure de reprendre la ville, ou de mourir.

LE DUC DE BOURGOGNE. Je m'associe à ton serment.

TALBOT. Mais avant de nous éloigner, songeons à ce héros mourant, au vaillant duc de Bedford. — (*A Bedford.*) Venez, mylord ; nous allons vous déposer dans un lieu plus convenable à votre état de maladie et à votre grand âge.

BEDFORD. Lord Talbot, ne me déshonorez pas. Je veux rester ici devant les murs de Rouen, et partager votre bonne ou mauvaise fortune.

LE DUC DE BOURGOGNE. Courageux Bedford, que nos conseils vous persuadent.

BEDFORD. Je ne bougerai pas d'ici. J'ai lu quelque part que le vaillant Pendragon[1], étant malade, se fit porter dans sa litière sur le champ de bataille, et triompha de l'ennemi. Mes soldats ont toujours sympathisé avec moi ; il me semble que ma vue les ranimerait encore.

TALBOT. Ame intrépide dans un corps mourant ! eh bien, soit ! — Que Dieu veille sur le vieux Bedford ! — Maintenant, trêve de paroles, brave duc de Bourgogne. Rassemblons nos soldats dispersés, et précipitons-nous sur notre insolent ennemi.

Le Duc de Bourgogne, Talbot et les Troupes s'éloignent, laissant Bedford et quelques Soldats.

Bruit de trompettes ; escarmouches. Arrivent SIR JOHN FASTOLFE *et* UN CAPITAINE.

LE CAPITAINE. Pourquoi vous en allez-vous si vite, sir John Fastolfe ?

FASTOLFE. Pourquoi je m'en vais ? Pour sauver mes jours par la fuite : tout annonce que nous aurons encore le dessous.

LE CAPITAINE. Quoi ! vous fuyez, et vous abandonnez lord Talbot ?

FASTOLFE. Oui, et tous les Talbot du monde, pour sauver ma vie.

Il s'éloigne.

LE CAPITAINE. Chevalier couard, que le malheur te suive !

Il s'éloigne. On sonne la retraite ; escarmouches. La Pucelle, Alençon, Charles, etc., quittent la ville et fuient.

BEDFORD. Maintenant, mon âme, tu peux partir en paix quand il plaira au ciel ; car j'ai vu la défaite de nos ennemis[2].

---

[1] Père du roi Arthur, et frère d'Aurélius. Bedford attribue à Pendragon une action d'Aurélius. Bossuet décrivant la bataille de Lens, parle de ce vaillant comte de Fontaine, qu'on voyait « aller de rang en rang, porté dans sa chaise, et montrer qu'une âme guerrière est maîtresse du corps qu'elle anime. » BOSSUET. *Oraison funèbre du prince de Condé.*

[2] Et mes derniers regards ont vu fuir les Romains.
RACINE (*Mithridate*).

Homme insensé! tout dans toi n'est qu'instabilité et faiblesse! Ceux qui tout à l'heure exhalaient la raillerie et l'insulte, s'estiment heureux maintenant de devoir leur salut à la fuite.

Il meurt, et on l'emporte dans sa litière.

Fanfare. Arrivent TALBOT, LE DUC DE BOURGOGNE *et Autres.*

TALBOT. Une ville perdue et recouvrée en un jour! c'est une double gloire, duc de Bourgogne. Mais laissons au ciel tout l'honneur de cette victoire.

LE DUC DE BOURGOGNE. Intrépide et belliqueux Talbot, le duc de Bourgogne te voue dans son cœur un sanctuaire où vivront tes exploits glorieux, monuments de ta valeur.

TALBOT. Merci, aimable duc. Mais où est la Pucelle maintenant? je pense que son démon familier est endormi. Que sont devenues les bravades du bâtard, les railleries de Charles? Eh quoi! tout est silencieux; Rouen baisse la tête, affligée qu'elle est d'avoir perdu des hôtes si braves. Maintenant, prenons dans la ville les dispositions nécessaires, mettons-y des officiers expérimentés, puis allons à Paris rejoindre le roi; c'est là qu'est le jeune Henri avec sa cour.

LE DUC DE BOURGOGNE. Tout ce que veut lord Talbot, le duc de Bourgogne y accède.

TALBOT. Cependant, avant notre départ, n'oublions pas le noble duc de Bedford, qui vient de mourir. Faisons-lui rendre à Rouen les honneurs funèbres. Jamais guerrier plus brave ne brandit une lance; jamais esprit plus aimable ne fascina la cour; mais les rois et les plus fiers potentats doivent mourir: c'est le terme commun des humaines misères.

Ils s'éloignent.

SCÈNE III.

Une plaine aux environs de Rouen.

On entend une marche française. Arrivent CHARLES, LE BATARD, ALENÇON, LA PUCELLE *et une portion des troupes françaises.*

LA PUCELLE. Princes, que ce revers ne vous décourage pas, et ne vous affligez point de voir Rouen retombé au pouvoir des Anglais. L'affliction ne remédie à rien; elle ne fait qu'envenimer les plaies incurables. Laissez le frénétique Talbot triompher un moment, et, comme un paon orgueilleux, étaler son plumage: nous lui arracherons ses plumes brillantes, et nous châtierons son orgueil, si le dauphin et vous tous vous voulez suivre mes conseils.

CHARLES. Jusqu'à présent nous avons été guidés par toi, et nous avons foi en tes lumières. Un échec imprévu n'ébranlera pas notre confiance.

LE BATARD. Cherche dans ton esprit quelque heureux expédient, et nous publierons au loin ta gloire.

ALENÇON. Nous t'élèverons une statue dans quelque saint lieu, et nous t'adorerons comme une sainte bienheureuse. Viens-nous donc en aide, vierge secourable !

LA PUCELLE. Voici ce qu'il faut faire, voici l'expédient que Jeanne propose. Par des discours persuasifs et de flatteuses paroles, il nous faut engager le duc de Bourgogne à quitter Talbot et à nous suivre.

CHARLES. Ah ! vierge bien-aimée, si nous pouvions obtenir un tel résultat, la France cesserait bientôt de voir les soldats de Henri ; la nation anglaise prendrait avec nous un ton moins fier, et nous l'extirperions de nos provinces.

ALENÇON. Les Anglais seraient pour jamais chassés de la France, et n'y conserveraient pas un seul comté.

LA PUCELLE. Vous allez être témoins de ce que je vais faire pour amener ce résultat désiré. (*Le tambour bat.*) Écoutez ! au son de ces tambours, vous pouvez reconnaître que leurs troupes se dirigent vers Paris. (*On entend une marche anglaise ; on voit passer à quelque distance Talbot et son armée.*) Voilà Talbot qui s'avance ; toutes les troupes anglaises le suivent, enseignes déployées.

On entend une marche française. Arrivent LE DUC DE BOURGOGNE et ses Troupes.

LA PUCELLE, *continuant*. Après eux viennent le duc et ses troupes ; heureusement pour nous, il reste un peu en arrière. Faites sonner en parlementaire ; nous allons entamer une conférence avec lui.

On sonne en parlementaire.

CHARLES, *élevant la voix*. Nous demandons à parler au duc de Bourgogne.

LE DUC DE BOURGOGNE. Qui demande à parler au duc de Bourgogne ?

LA PUCELLE. Le prince Charles de France, ton compatriote.

LE DUC DE BOURGOGNE. Charles, que me veux-tu ? Tu vois que je suis en marche pour quitter ces lieux.

CHARLES. Pucelle, parle-lui, et que tes paroles le captivent.

LA PUCELLE. Vaillant duc de Bourgogne, l'infaillible espoir de la France, arrête! permets que ton humble servante te parle.

LE DUC DE BOURGOGNE. Parle, mais abrége.

LA PUCELLE. Regarde ton pays, regarde la fertile France; vois ses bourgs et ses villes défigurés par les ravages destructeurs d'un ennemi cruel; jette sur la France malade et souffrante le coup d'œil d'une mère sur son enfant expirant, dont la mort va fermer les tendres paupières. Regarde les blessures dont la main dénaturée a déchiré son sein malheureux! Oh! tourne ailleurs la pointe de ton glaive : frappe ceux qui la blessent, ne blesse pas ceux qui la défendent. Une seule goutte de sang tirée du sein de ta patrie doit t'être plus douloureuse que des flots de sang étranger : reviens donc sur tes pas; et essuie avec tes larmes les taches qu'a laissées le sang de ton pays.

LE DUC DE BOURGOGNE. Ou elle m'a ensorcelé avec ses paroles, ou c'est la nature qui tout à coup m'attendrit.

LA PUCELLE. Et puis la France et tous les Français s'étonnent et mettent en doute la légitimité de ta naissance. Avec qui fais-tu cause commune? avec une nation altière, qui ne te continuera sa confiance qu'autant qu'elle y trouvera son profit. Quand Talbot sera solidement établi en France, et qu'il se sera servi de toi comme d'un instrument fatal, quel autre que Henri d'Angleterre sera maître? Quant à toi, tu seras proscrit comme un fugitif. Rappelle à ta mémoire un fait qui doit te convaincre. Le duc d'Orléans n'était-il pas ton ennemi? et n'était-il pas prisonnier en Angleterre? Eh bien, quand ils ont su qu'il était ton ennemi, ils l'ont mis en liberté sans rançon, en haine du duc de Bourgogne et de tous ses amis? Ainsi, tu le vois, c'est contre tes compatriotes que tu combats, et tu t'es joint à ceux qui un jour seront tes bourreaux. Reviens, reviens à nous, noble transfuge; Charles et les siens te tendent les bras.

LE DUC DE BOURGOGNE. Je suis vaincu; ses paroles irrésistibles m'ont foudroyé comme le canon bat les remparts d'une ville assiégée, et je sens sous moi fléchir mes genoux. Pardonne-moi, ô ma patrie; pardonne-moi, ô mes concitoyens. Seigneurs, recevez mes sincères et affectueux embrassements. Les forces dont je dispose sont à vous. — Adieu, Talbot; je romps désormais avec toi.

LA PUCELLE, *à part.* Je reconnais là nos Français. Ils tournent à tout vent.

CHARLES. Soit le bienvenu, duc vaillant! ton amitié nous réconforte!

LE BATARD. Et met dans nos cœurs un courage nouveau.

ALENÇON. La Pucelle a rempli admirablement son rôle, et mérite une couronne d'or.

CHARLES. Maintenant, mylords, marchons; allons rejoindre nos troupes, et cherchons tous les moyens de nuire à l'ennemi.

Ils s'éloignent.

SCÈNE IV.

Paris. — Une salle du palais.

Entrent d'un côté LE ROI HENRI, GLOSTER et autres Lords; VERNON, BASSET, etc.; de l'autre, TALBOT, suivi de quelques-uns de ses Officiers.

TALBOT. Mon gracieux prince, — et vous, honorables pairs, — ayant appris votre arrivée dans ce royaume, j'ai fait trêve un instant à mes travaux guerriers pour venir rendre hommage à mon souverain. Or donc, ce bras qui a remis sous votre autorité cinquante forteresses, douze cités et sept villes fortes, outre cinq cents prisonniers de marque, laisse tomber son glaive aux pieds de votre majesté; et moi, d'un cœur loyal et soumis, je rapporte la gloire de mes conquêtes à Dieu d'abord, puis à mon roi.

LE ROI HENRI. Mon oncle Gloster, est-ce là ce lord Talbot qui a si longtemps résidé en France?

GLOSTER. C'est lui-même, sire.

LE ROI HENRI. Soyez le bienvenu, brave capitaine, victorieux seigneur. Quand j'étais jeune, et je ne suis pas vieux encore, je me rappelle avoir entendu dire à mon père, que jamais champion plus brave ne mania l'épée. Nous connaissions depuis longtemps votre loyauté, vos fidèles services et vos travaux guerriers; et cependant vous n'avez jamais reçu de nous la moindre récompense, pas même un remercîment verbal, parce que nous vous voyons aujourd'hui pour la première fois: donc relevez-vous; en retour de vos bons services, nous vous créons ici comte de Shrewsbury; vous prendrez rang en cette qualité à notre couronnement.

Tous sortent, à l'exception de Vernon et Basset.

VERNON. Un mot, monsieur, vous qui, sur mer, faisiez le fanfaron, et vous moquiez de ces couleurs que je porte en l'honneur de mon noble lord d'York, — oserez-vous maintenir les propos que vous avez tenus?

BASSET. Oui, monsieur, si vous maintenez vous-même l'insultant langage que vous vous êtes permis sur le compte de mon noble lord, le duc de Somerset.

VERNON. Ton lord, je l'estime ce qu'il est.

BASSET. Et qu'est-il, s'il vous plaît? il vaut bien York.

VERNON. Non, il ne le vaut pas, entends-tu? En preuve, reçois cela.
Il le frappe.

BASSET. Misérable, tu sais qu'il nous est défendu de tirer l'épée sous peine de mort; autrement, le plus pur de ton sang m'aurait payé cet outrage. Mais je vais trouver le roi et lui demander de m'autoriser à tirer vengeance de cet affront; alors je te joindrai, et il t'en coûtera cher.

VERNON. Bien, mécréant; je serai auprès du roi aussitôt que toi, et ensuite je te joindrai plus tôt que tu ne le voudras.
Ils sortent.

ACTE QUATRIÈME.

SCÈNE I.

Même lieu. — Une salle d'apparat.

Entrent LE ROI HENRI, GLOSTER, EXETER, YORK, SUFFOLK, SOMERSET, L'ÉVÊQUE DE WINCHESTER, WARWICK, TALBOT, LE GOUVERNEUR DE PARIS et Autres.

GLOSTER. Monseigneur l'évêque, placez la couronne sur sa tête.

WINCHESTER. Dieu sauve Henri, le sixième du nom!

GLOSTER. Maintenant, gouverneur de Paris, prêtez votre serment. (*Le Gouverneur met un genou en terre.*) Vous jurez de ne reconnaître d'autre roi que lui, de n'avoir d'amis que ses amis, d'ennemis que ceux qui nourriraient de coupables projets contre son autorité. En agissant ainsi, que Dieu vous soit en aide!
Le Gouverneur sort avec sa Suite.

Entre SIR JOHN FASTOLFE.

FASTOLFE. Mon gracieux souverain, comme je venais de

Calais en toute hâte, pour assister à votre couronnement, on m'a remis en route une lettre du duc de Bourgogne pour votre majesté.

Il remet une lettre au Roi.

TALBOT. Opprobre sur le duc de Bourgogne et sur toi, lâche chevalier; j'ai juré, la première fois que je te rencontrerais, d'arracher la jarretière de ta jambe déshonorée, (*il lui arrache sa jarretière*) comme je fais en ce moment, parce que tu étais indigne d'être admis à cette haute distinction. — Pardonnez-moi, sire, et vous tous, nobles lords. — A la bataille de Patay, alors que je n'avais avec moi que six mille hommes, et que les Français étaient presque dix contre un, avant qu'on en vînt aux mains, avant qu'un seul coup eût été porté, ce misérable, ce chevalier félon s'est enfui; dans cette affaire, nous avons perdu douze cents hommes; moi-même, ainsi que plusieurs autres gentishommes, nous avons été surpris et faits prisonniers. Jugez maintenant, mylords, si j'ai eu tort de faire ce que j'ai fait, dites s'il doit être permis à de pareils lâches de porter les insignes de la chevalerie.

GLOSTER. A dire vrai, cette conduite est infâme; elle déshonorerait l'homme le plus vulgaire, à plus forte raison, un chevalier, un officier, un chef.

TALBOT. Mylords, à l'époque où cet ordre fut institué, les chevaliers de la Jarretière étaient de noble naissance, vaillants et vertueux, pleins d'un mâle courage; c'étaient des hommes qui s'étaient signalés à la guerre, ne craignant pas la mort, supportant d'un cœur ferme la mauvaise fortune, et inébranlables dans les extrémités les plus critiques. Celui donc qui n'a pas ces qualités usurpe le nom sacré de chevalier, profane cet ordre honorable, et si j'étais estimé digne d'être son juge, je le dégraderais, je l'assimilerais au manant né sur la glèbe qui se vanterait de sortir d'un sang illustre.

LE ROI HENRI. Opprobre de ton pays! tu viens d'entendre ton arrêt : sors donc d'ici, toi qui fus chevalier; nous te bannissons de notre présence, sous peine de mort.

Fastolfe sort.

LE ROI HENRI, *continuant*. Maintenant, mylord protecteur, voyez la lettre que nous adresse notre oncle le duc de Bourgogne.

GLOSTER, *lisant la souscription*. Que signifie sa seigneurie, qu'elle a changé son style? L'adresse ne porte que ces mots : *Au Roi*. A-t-il oublié que ce roi est son souverain? ou cette suscription impolie annonce-t-elle quelque changement dans ses dispositions à notre égard? Lisons: — (*Il lit.*) « Cédant à » des motifs spéciaux, ému des malheurs de mon pays et des » plaintes douloureuses de ceux qui portent le poids de votre » oppression, je me suis séparé de votre faction funeste, et me » suis réuni à Charles, le roi légitime de la France! » O monstrueuse trahison! Se peut-il que l'alliance, l'amitié, les serments, soient violés avec une mauvaise foi aussi insigne?

LE ROI HENRI. Est-ce que mon oncle le duc de Bourgogne se constitue en état de rébellion?

GLOSTER. Oui, sire, et il est devenu votre ennemi.

LE ROI HENRI. Est-ce là tout ce que sa lettre contient de désagréable?

GLOSTER. C'est tout, sire; sa lettre ne contient pas autre chose.

LE ROI HENRI. En ce cas, lord Talbot ira lui parler, et châtiera sa perfidie. — Qu'en dites-vous, mylord? cela vous convient-il?

TALBOT. Si cela me convient, sire? oui; si vous ne m'aviez prévenu, j'allais vous demander de me charger de cette tâche.

LE ROI HENRI. Rassemblez donc vos troupes, et marchez sur-le-champ contre lui; qu'il voie que nous ne sommes pas gens à endurer sa trahison et qu'on ne se joue pas impunément de ses amis.

TALBOT. J'y vais, sire; et je souhaite ardemment que vous puissiez bientôt voir vos ennemis confondus.

Il sort.

Entrent VERNON et BASSET.

VERNON, *un genou en terre.* Gracieux souverain, accordez-moi le combat.

BASSET, *dans la même attitude.* Sire, j'implore la même faveur.

YORK, *montrant Vernon.* Cet homme est de ma maison: veuillez l'entendre, noble prince.

SOMERSET, *montrant Basset.* Celui-ci est de la mienne: sire, soyez-lui favorable.

LE ROI HENRI. Un peu de patience, mylord, et laissez-les parler. — (*A Vernon et à Basset.*) Dites, messieurs, quel motif vous anime? Pourquoi et avec qui demandez-vous le combat?

VERNON. Avec lui, sire ; car il m'a outragé.

BASSET. Et moi avec lui ; car il m'a outragé.

LE ROI HENRI. Quel est l'outrage dont vous vous plaignez tous deux? Faites-le-moi connaître, et ensuite je vous répondrai.

BASSET. Pendant la traversée d'Angleterre en France, cet homme que vous voyez s'est mis à me railler avec une insultante amertume au sujet de la rose que je porte ; il a prétendu que la couleur sanguinolente de ses feuilles représentait le rouge qui était monté au visage de mon maître un jour qu'il s'était opiniâtré à plaider le faux dans certaine question légale débattue entre le duc d'York et lui ; il ajouta encore d'autres reproches offensants ; et c'est pour en avoir raison, ainsi que pour défendre l'honneur de mon maître attaqué par lui, que je réclame le bénéfice de la loi des armes.

VERNON. Et c'est aussi ce que je demande, sire ; car bien qu'il cherche adroitement à colorer son insulte, sachez, sire, que j'ai été provoqué par lui ; c'est lui qui le premier s'est formalisé de la rose que je porte, soutenant que sa pâleur était un indice de la pusillanimité de mon maître.

YORK. Somerset, ne mettrez-vous point un terme à cette malveillance?

SOMERSET. Mylord d'York, votre animosité cachée se fait jour, quelque adresse que vous mettiez à la dissimuler.

LE ROI HENRI. Bon Dieu! à quelle frénésie sont en proie ces hommes au cerveau malade! Se peut-il que pour des motifs aussi légers, aussi frivoles, surgissent des rivalités factieuses? — Mes chers cousins, — vous, York, — et vous, Somerset, calmez-vous, je vous prie, et vivez en paix.

YORK. Que ce différend soit d'abord vidé par les armes ; ensuite votre majesté nous commandera la paix.

SOMERSET. La querelle ne concerne que nous seuls ; permettez qu'elle soit vidée entre nous.

YORK. Voilà mon gage ; acceptez-le, Somerset.

VERNON, *à York*. Que la querelle reste où elle a commencé.

BASSET, *à Somerset*. Consentez-y, mon honorable lord.

GLOSTER. Qu'il y consente! Soyez maudits avec vos querelles et votre effronté bavardage! Vassaux présomptueux! n'avez-vous pas de honte de venir par vos violentes et indécentes clameurs importuner le roi et nous? — Et vous, mylords, vous avez grand tort, selon moi, d'encourager leurs coupables dispositions, et encore plus, de prendre occasion de leurs propos pour faire naître une querelle entre vous. Croyez-moi, adoptez une marche plus raisonnable.

EXETER. Ceci affligé sa majesté. Mylords, soyez amis.

LE ROI HENRI. Approchez, vous qui demandez le combat. Je vous ordonne, sous peine d'encourir notre déplaisir, d'oublier totalement cette querelle et le motif qui l'a suscitée. — Et vous, mylords, rappelez-vous où nous sommes; nous sommes au milieu d'une nation inconstante et mobile. Si les Français aperçoivent parmi vous la moindre dissension, s'ils voient que vous êtes divisés, doutez-vous que leur mécontentement ne se transforme bientôt en désobéissance formelle et en rébellion? Et puis, quelle honte pour vous, quand les princes étrangers apprendront que pour une bagatelle, un motif des plus futiles, les pairs du roi Henri et les principaux de sa noblesse se sont entre-détruits, et ont perdu le royaume de France! Oh! songez à la conquête de mon père et à ma tendre jeunesse, et ne perdons pas pour si peu ce qui a coûté tant de sang! Permettez que dans ce différend je sois votre arbitre. Si je porte cette rose (*il détache une rose rouge d'un vase qui sert d'ornement à la salle, et l'attache sur sa poitrine*), je ne vois pas pour quel motif on me soupçonnerait d'incliner vers Somerset plutôt que vers York. Tous deux sont mes parents, et tous deux me sont chers. C'est comme si on me reprochait de porter une couronne, parce que le roi d'Écosse en porte une. Mais vos propres lumières vous en diront plus ce point que je ne pourrais vous en apprendre. Nous sommes venus ici en paix; continuons à vivre en paix et à nous aimer. — Cousin d'York, nous vous nommons régent de nos possessions en France; — vous, mon cher lord de Somerset, joignez votre cavalerie à son infanterie; en sujets loyaux, dignes fils de vos pères, coopérez ensemble avec joie, et déchargez votre colère sur vos ennemis. Nous-même, le lord protecteur et le reste de notre cour, après un court séjour, nous retournerons à Calais, puis en Angleterre, où j'espère qu'avant peu vos victoires m'enverront Charles, Alençon, et toute cette bande de traîtres.

Fanfares. Le roi Henri, Gloster, Somerset, l'Évêque de Winchester, Suffolk et Basset sortent.

WARWICK. Mylord d'York, ne trouvez-vous pas que le roi vient de nous donner un fort joli échantillon de son talent d'orateur?

YORK. C'est vrai; mais une chose me déplaît; c'est de lui voir porter les insignes de Somerset.

WARWICK. Bah! c'est pure fantaisie. Ne lui en voulez pas; j'en suis sûr, le cher prince n'a pas songé à mal.

YORK. Si je croyais, — mais laissons cela; d'autres affaires maintenant nous réclament.

York, Warwick et Vernon sortent.

EXETER, *seul*. Tu as bien fait, Richard, de t'arrêter tout court; car si les ressentiments de ton cœur avaient éclaté au grand jour, on y aurait découvert, je le crains, plus de haine vindicative, plus de violence acharnée qu'il n'est possible de se l'imaginer. Quoi qu'il en soit, l'esprit le plus borné ne saurait voir ces discordes qui divisent la noblesse, la manière dont les seigneurs de la cour s'épaulent les uns les autres, cette protection factieuse qu'ils donnent à leurs favoris, sans y reconnaître le présage de quelque événement funeste. C'est un malheur quand le sceptre est aux mains d'un enfant; mais c'en est un plus grand quand la jalousie engendre des dissensions cruelles; alors vient la ruine, alors commence la confusion.

Il sort.

SCÈNE II.

La France. — Devant Bordeaux.

Arrive TALBOT, à la tête de ses troupes.

TALBOT. Trompette, présente-toi devant les portes de Bordeaux, et somme le général de paraître sur le rempart.

Une trompette sonne. Arrive sur le rempart LE GÉNÉRAL, *commandant les troupes françaises, suivi de quelques Officiers.*

TALBOT, *continuant*. Capitaines, celui qui vous appelle est l'Anglais John Talbot, homme d'armes au service de Henri, roi d'Angleterre, et voici ce qu'il vous dit: Ouvrez les portes de votre ville; fléchissez devant nous; reconnaissez mon roi pour votre souverain; prêtez-lui foi et hommage en sujets obéissants, et je m'éloignerai, moi et ma redoutable armée. Mais si vous refusez la paix que je vous offre, vous provoquerez la furie des trois fléaux qui m'accompagnent, la famine au corps maigre, le fer tranchant, et le feu qui dévore. Si vous repoussez mes propositions amies, tous trois vont en un moment renverser vos superbes tours.

LE GÉNÉRAL. Funèbre et redoutable messager de la mort,

terreur et fléau sanglant de notre nation, le terme de ta tyrannie approche. Tu ne peux arriver jusqu'à nous sans perdre la vie ; car, je te le déclare, nous sommes bien fortifiés et en état de sortir de nos murs pour te combattre. Si tu recules, le Dauphin, à la tête de troupes nombreuses, est prêt à t'envelopper dans les piéges de la guerre. De tous côtés autour de toi des escadrons sont échelonnés pour te couper la retraite ; tu ne peux faire aucun mouvement sans rencontrer la mort devant toi, sans se trouver face à face avec la pâle destruction. Dix mille Français se sont engagés, sur la foi du sacrement, à ne diriger leur feu homicide sur aucun autre chrétien que l'Anglais Talbot. Maintenant tu respires, tu vis, guerrier vaillant, fier de ta force invincible, de ton courage indompté ; c'est le dernier hommage que tu recevras de moi, ton ennemi ; car avant que dans ce sablier le sable qui commence à couler ait achevé la révolution d'une heure, mes yeux, qui te voient maintenant plein de vie, te verront flétri, sanglant, pâle et mort. (*On entend dans le lointain le bruit du tambour.*) Écoute, écoute, ce sont les tambours du dauphin ; c'est la cloche fatale qui sonne le glas funèbre à ton oreille épouvantée ; les miens vont leur répondre, et donner le signal de ton trépas.

Le Général et ses Officiers quittent le rempart.

TALBOT. Il dit vrai ; j'entends l'ennemi. — Qu'on envoie quelques cavaliers agiles en éclaireurs sur leurs ailes. O discipline négligente et imprévoyante ! Nous sommes coupés et cernés de toutes parts. Anglais, faible troupeau de daims timides, la meute aboyante des Français nous environne. Si nous sommes des daims anglais, soyons de la bonne espèce ; ne succombons pas en cerfs pusillanimes ; présentons aux chiens notre bois menaçant, et tenons ces lâches à distance. Que chacun vende sa vie aussi cher que je vendrai la mienne, et ils ne trouveront pas en nous, mes amis, une proie facile. Dieu et Saint Georges ! Talbot et les droits de l'Angleterre ! que de ce combat périlleux nos drapeaux sortent triomphants !

Ils s'éloignent.

SCÈNE III.

Une plaine de la Gascogne.

Arrivent d'un côté YORK, à la tête de ses troupes, de l'autre UN MESSAGER.

YORK. Les éclaireurs envoyés pour reconnaître la formidable armée du Dauphin sont-ils de retour ?

LE MESSAGER. Ils sont de retour, mylord, et ils annoncent que le Dauphin marche sur Bordeaux avec toutes ses troupes pour combattre Talbot. En route, deux armées plus nombreuses que la sienne ont effectué avec lui leur jonction, et toutes ces forces réunies se dirigent vers Bordeaux.

YORK. Malédiction sur ce scélérat de Somerset, qui-ne m'envoie pas le renfort de cavalerie levé tout exprès pour ce siége. L'illustre Talbot s'attend à être secouru par moi, et je suis joué par un traître, et je ne puis venir en aide au noble chevalier. Dieu veuille l'assister dans sa détresse! S'il vient à échouer, il nous faut renoncer à faire la guerre en France.

Arrive SIR WILLIAM LUCY.

LUCY. Illustre chef des guerriers anglais, jamais sur la terre de France votre coopération ne fut plus nécessaire; volez au secours du noble Talbot, qu'environne maintenant une ceinture de fer, et qu'assiége de toutes parts la destruction. A Bordeaux, duc belliqueux! à Bordeaux, York! sinon dites adieu à Talbot, à la France et à l'honneur de l'Angleterre.

YORK. O Dieu! ce Somerset, dont l'orgueil jaloux retient mes cornettes, — que n'est-il à la place de Talbot! nous sauverions un vaillant gentilhomme, en sacrifiant un traître et un lâche. Je pleure de colère et de rage, de voir que nous périssons ainsi pendant que des traîtres s'endorment dans une lâche inaction.

LUCY. Oh! envoyez des secours à ce général en détresse.

YORK, Il meurt; nous sommes vaincus; je manque à ma parole de guerrier; nous sommes dans le deuil; la France sourit; nous sommes vaincus; ils triomphent, et tout cela par la faute de ce lâche, de ce traître de Somerset.

LUCY. En ce cas, Dieu fasse miséricorde à l'âme du brave Tolbot, ainsi qu'à qu'à son jeune fils John, que j'ai rencontré il y a deux heures, allant rejoindre son père belliqueux! Voilà sept ans que Talbot n'a vu son fils, et maintenant ils ne vont se revoir que pour mourir tous deux.

YORK. Hélas! la triste joie qu'éprouvera Talbot à embrasser son jeune fils au bord de sa tombe! Partons! la colère m'ôte presque la parole. Faut-il que deux cœurs longtemps séparés ne se réunissent qu'à l'heure de leur mort! Lucy, adieu; tout ce que ma destinée me permet de faire, c'est de maudire la cause qui m'empêche de secourir Talbot. Le Maine, Blois, Poitiers et Tours, sont perdus pour nous, par la faute de Somerset et de son inaction.

Il s'éloigne avec ses troupes.

LUCY, *seul*. Ainsi, pendant que le vautour de la sédition dévore le cœur de nos généraux, l'inaction et la négligence nous font perdre les conquêtes d'un roi victorieux à peine refroidi dans sa tombe, de Henri V d'immortelle mémoire. Pendant qu'ils se traversent l'un l'autre, la vie de nos soldats, notre gloire, nos conquêtes, nous perdons tout à la fois.

Il s'éloigne.

SCÈNE IV.

Une autre partie de la Gascogne.

Arrive SOMERSET *avec ses troupes; un* DES OFFICIERS *de Talbot l'accompagne.*

SOMERSET. Il est trop tard ; je ne puis envoyer maintenant les troupes qu'il me demande ; cette expédition a été témérairement combinée par York et Talbot ; d'un moment à l'autre une sortie des assiégés peut compromettre le salut de toutes nos forces. Dans cette entreprise imprudente et désespérée, Talbot a, par un excès d'audace, terni tout l'éclat de ses premiers hauts faits. C'est York qui l'a envoyé combattre et mourir sans gloire, afin que Talbot mort, tout l'honneur de cette guerre lui revienne sans partage.

L'OFFICIER. Voila sir William Lucy, qui a quitté en même temps que moi notre armée compromise, pour aller chercher du renfort.

Arrive SIR WILLIAM LUCY.

SOMERSET. Eh bien! sir William, de quelle part venez-vous?

LUCY. De quelle part? De la part de Talbot abandonné et trahi : cerné de toutes parts, assailli par le malheur, il implore à grands cris le secours d'York et de Somerset, pour qu'ils repoussent la mort acharnée contre ses légions affaiblies ; et tandis que ce glorieux capitaine, couvert d'une sueur de sang, dispute le terrain pied à pied, jusqu'à l'arrivée des secours qu'il attend, — vous en qui il espère vainement, vous les dépositaires de l'honneur de l'Angleterre, cédant aux inspirations honteuses d'une haine jalouse, vous vous tenez à l'écart. Que vos dissentiments personnels ne le privent pas des secours dont il a besoin, au moment où ce guerrier illustre et généreux voit sa vie menacée par d'innombrables périls. Le bâtard d'Orléans,

Charles, le duc de Bourgogne, Alençon, René, le tiennent cerné; et Tabot va périr, victime de votre abandon.

SOMERSET. C'est York qui l'a engagé dans ce péril; c'est à York à le secourir.

LUCY. York, de son côté, rejette la faute sur vous; il prétend que vous lui retenez les troupes levées pour cette expédition.

SOMERSET. York ment; il n'avait qu'à envoyer chercher la cavalerie, il l'aurait eue. Je ne lui dois pas de déférence, encore moins d'affection; je n'ai pas voulu m'abaisser à lui envoyer ce renfort sans qu'il le demandât.

LUCY. C'est la perfidie de l'Angleterre et non le pouvoir de la France, qui a réduit à cette extrémité le généreux Talbot. L'Angleterre ne le reverra plus vivant; il meurt victime de vos discordes.

SOMERSET. Venez, je vais sur-le-champ envoyer la cavalerie: dans six heures il recevra ce renfort.

LUCY. Il sera trop tard : il est déjà pris ou tué; car il ne pouvait fuir, lors même qu'il l'eût voulu ; et quand il l'aurait pu, il n'y aurait jamais consenti.

SOMERSET. S'il est mort, adieu donc au brave Talbot.

LUCY. Sa victoire vivra autant que votre honte.

Ils s'éloignent.

SCÈNE V.

Le camp des Anglais près de Bordeaux.

Arrivent TALBOT et son fils JOHN.

TALBOT. O mon fils! je t'avais envoyé chercher pour te servir de maître dans l'art de la guerre, afin que le nom de Talbot pût revivre en toi, alors que l'âge, ayant tari la sève dans mes membres caducs et débiles, aurait confiné ton père dans son oisif fauteuil. Mais, ô destinée fatale et cruelle! tu n'es venu que pour être la proie du trépas, que pour tomber dans des périls terribles et inévitables. Va, mon fils, monte le plus agile de mes coursiers, et je t'enseignerai le moyen d'échapper par une fuite soudaine; allons, ne diffère plus, et pars.

JOHN. J'ai nom Talbot; je suis votre fils, et vous voulez que je fuie? Oh! si vous aimez ma mère, ne déshonorez pas sa réputation sans tache, en faisant de moi un bâtard et un misérable. Le monde dira : « Il n'est pas le fils de Talbot, celui qui a fui lâchement, quand le noble Talbot faisait face au péril. »

TALBOT. Fuis pour venger ma mort, si je suis tué.

JOHN. Pour qui fuit ainsi, il n'y a plus de retour.

TALBOT. Si nous restons tous deux, notre mort à tous deux est certaine.

JOHN. Eh bien! que ce soit moi qui reste, et vous, mon père, fuyez. Votre mort est une perte immense; le soin de votre conservation est pour vous un devoir. Mon mérite est inconnu, et on ne perd rien en moi. Les Français gagneront peu à ma mort, ils gagneront beaucoup à la vôtre; avec vous vont mourir toutes nos espérances. La fuite ne saurait ternir votre gloire; elle me déshonorerait, moi qu'aucun exploit n'a encore illustré. Tout le monde dira que vous n'avez fui que pour mieux vaincre; mais moi, on imputera ma fuite à la peur. On désespérera de me voir jamais tenir tête au péril, si, dès mon premier combat, je recule et je fuis. Mon père, je demande la mort à genoux, plutôt qu'une vie conservée au prix de l'infamie.

TALBOT. Tu veux donc qu'une même tombe ensevelisse toutes les espérances de ta mère?

JOHN. Oui, plutôt que de déshonorer les flancs qui m'ont porté.

TALBOT. Sous peine de forfaire ma bénédiction, je t'ordonne de partir.

JOHN. Oui, pour combattre l'ennemi, mais non pour le fuir.

TALBOT. En toi tu sauveras une portion de ton père.

JOHN. Je ne sauverais qu'une portion déshonorée.

TALBOT. Tu n'as point encore acquis de gloire; tu n'en as point à perdre.

JOHN. J'ai la vôtre; la flétrirai-je par ma fuite?

TALBOT. L'ordre de ton père sera ta justification.

JOHN. Une fois tué, vous ne serez pas là pour m'absoudre par votre témoignage. Si le trépas est inévitable, fuyons tous deux.

TALBOT. Que je laisse ici mes soldats combattre et mourir sans moi? Jamais pareille infamie ne souillera ma vieillesse.

JOHN. Et vous voulez que ma jeunesse s'en rende coupable? On ne pourra pas plus me séparer de vous que vous ne pourriez vous partager en deux : restez, partez; faites ce qu'il vous plaira; je ferai comme vous. Si mon père meurt, je ne veux pas lui survivre.

TALBOT. Eh bien, viens, reçois ici mes adieux, ô mon fils, dont la vie doit s'éteindre avant la fin du jour; viens, vivons ou mourons ensemble; et que des champs français nos deux âmes s'envolent ensemble vers les cieux [1].

Ils s'éloignent.

SCÈNE VI.

Un champ de bataille.

Bruit de trompettes. Combat. Dans une escarmouche, LE FILS DE TALBOT est enveloppé; TALBOT vient à son secours et le délivre.

TALBOT. Saint George et victoire! combattez, soldats, combattez: le régent a manqué de parole à Talbot, et nous abandonne au glaive de la France. Où est John Talbot? — Repose-toi et reprends haleine: je t'ai donné la vie, et je viens de te soustraire à la mort.

JOHN. Oh! tu es doublement mon père, et je suis deux fois ton fils. La vie que tu m'avais donnée était perdue, lorsque avec ton glaive valeureux, en dépit du destin, tu m'as donné une vie nouvelle.

TALBOT. Quand j'ai vu ton épée faire du casque du Dauphin jaillir des étincelles, le cœur de ton père s'est échauffé d'un noble désir de ressaisir hardiment la victoire. Alors, à la glace de l'âge j'ai senti succéder la bouillante furie et la belliqueuse ardeur de la jeunesse: j'ai abattu sous mes coups Alençon, Orléans, le duc de Bourgogne, et t'ai arraché à la fureur des Français. Je me suis mesuré avec le bâtard d'Orléans, qui avait fait couler ton sang, ô mon fils, et avait eu les prémices de ton premier combat; après quelques coups échangés, j'ai bientôt vu mon glaive teint de son sang bâtard, et d'un ton de mépris je lui ai dit : « Je viens de répandre ton sang vil, impur illégitime et méprisable, en retour du sang pur que tu as tiré de Talbot, de mon valeureux fils. » Ce disant, j'allais porter au bâtard le coup mortel, quand on est venu en force le délivrer. Parle, cher objet de la sollicitude de ton père, n'es-tu pas fatigué? comment te trouves-tu? Mon enfant, veux-tu quitter le champ de bataille et sauver tes jours, maintenant que tu as fait tes preuves de vaillance? Fuis pour venger ma mort quand je ne serai plus : un guerrier de plus ne saurait m'être d'une

---

[1] On s'étonne de trouver cette scène admirable dans un drame qui n'en contient guère que de médiocres; on reconnaît ici la main de Shakspeare; on croirait lire une des plus belles scènes de Corneille.

grande utilité. Insensé que je suis, d'avoir hasardé nos deux vies dans une seule et fragile nacelle! Si je ne meurs pas aujourd'hui sous la fureur des Français, je mourrai demain sous le fardeau de l'âge; ils ne gagneront rien à ma mort; ils n'auront fait qu'abréger d'un jour mon existence. Avec toi vont mourir et ta mère, et le nom de notre race, et ma vengeance, et ta jeunesse, et l'honneur de l'Angleterre. Nous hasardons tout cela, si tu restes; tout cela sera sauvé, si tu fuis.

JOHN. Le glaive d'Orléans m'a trouvé insensible; tes paroles me font saigner le cœur. Plutôt que de sauver une vie méprisable en immolant une gloire éclatante, plutôt que d'acheter un si faible avantage au prix d'une telle infamie, avant qu'on voie le jeune Talbot abandonner son père, que le cheval qui me porte s'abatte sous moi et meure! qu'on me ravale au niveau du dernier paysan de France, et que je sois pour tous un objet de risée et de mépris! J'en atteste ta gloire; si je fuyais, je ne serais pas le fils de Talbot; ne me parle donc plus de fuir, c'est inutile; si Talbot est mon père, c'est à ses pieds que je dois mourir.

TALBOT. Eh bien, nouvel Icare, suis ton père dans son périlleux essor; ta vie m'est chère : si tu veux combattre, combats à mes côtés, et guerriers sans reproche, mourons avec gloire.

Ils s'éloignent.

SCÈNE VII.

Une autre partie du champ de bataille.

Bruit de trompettes; escarmouches. Arrive TALBOT blessé, soutenu par un de ses Serviteurs.

TALBOT. Où est ma seconde vie?—C'en est fait de la mienne! Ah! où est le jeune Talbot? où est le vaillant John? Mourir prisonnier! N'importe; la valeur du jeune Talbot efface à mes yeux l'horreur d'une telle mort. Lorsqu'il m'a vu faiblir et mes genoux fléchir, il a brandi son glaive sanglant au-dessus de ma tête, et alors, semblable à un lion affamé, il s'est signalé par les plus terribles exploits; mais quand mon redoutable défenseur s'est vu seul, protégeant ma dernière heure et libre d'ennemis, alors, les yeux égarés par la fureur, et saisi d'une subite rage, il s'est élancé d'auprès de moi au milieu des rangs ennemis; et c'est dans cette mer de sang que mon fils a noyé son indomptable courage; c'est là que mon jeune, mon vaillant rejeton est mort dans sa gloire.

Arrivent DES SOLDATS, portant le corps de JOHN TALBOT.

LE SERVITEUR. Voyez, mylord ; voilà votre fils qu'ils apportent.

TALBOT. O mort! hideux bouffon qui nous regardes avec un rire insultant, bientôt nous serons affranchis de ta tyrannie insolente ; et unis par des liens éternels, les deux Talbot, en dépit de toi, fendant d'un vol léger les flots d'azur de l'empyrée, échapperont à la puissance du trépas. — (*A son fils*.) O toi, dont le corps est couvert de mortelles blessures, parle à ton père avant de rendre l'âme ; brave la mort en m'adressant la parole malgré elle. Suppose que c'est un Français et ton ennemi. — Pauvre enfant! on dirait qu'il sourit. Il semble me dire : « Si la mort avait été un Français, la mort serait morte aujourd'hui. » Allons, déposez-le dans les bras de son père. Je ne puis soutenir plus longtemps le poids de ces calamités. Soldats, adieu! J'ai obtenu ce que je demandais ; maintenant, qu'au jeune Talbot mes vieux bras servent de sépulture.

Il meurt.

Bruit de trompettes. Les Soldats et le Serviteur s'éloignent, laissant les deux cadavres. Arrivent CHARLES, ALENÇON, LE DUC DE BOURGOGNE, LE BATARD, LA PUCELLE et une portion des Troupes françaises.

CHARLES. Si York et Somerset avaient envoyé du renfort, nous aurions eu une journée bien sanglante.

LE BATARD. Avec quelle rage le fils de Talbot, ce jeune lionceau, abreuvait de sang français sa chétive épée !

LA PUCELLE. Je me suis trouvée face à face avec lui, et je lui ai dit : « Jeune homme, vierge encore, sois vaincu par une vierge. » Mais lui, d'un ton plein de fierté et de hauteur, il m'a répondu : « Le jeune Talbot n'est pas fait pour se mesurer avec une courtisane. » A ces mots, s'élançant au milieu des bataillons français, il m'a dédaigneusement quittée comme un adversaire indigne de lui.

LE DUC DE BOURGOGNE. Certes, il aurait fait un brave chevalier : voyez-le ici gisant, enseveli dans les bras de celui qui l'éleva à sa sanglante école.

LE BATARD. Mutilons les cadavres, brisons les os de ces hommes qui furent de leur vivant la gloire de l'Angleterre, la terreur de la France.

CHARLES. Oh ! non ; gardez-vous-en bien. N'insultez pas, après leur mort, ceux que nous avons fuis vivants.

ACTE IV, SCÈNE VII.

Arrive SIR WILLIAM LUCY, *accompagné d'une escorte ; un héraut français le précède.*

LUCY. Héraut d'armes, conduis-moi à la tente du dauphin; que je sache à qui est resté l'avantage de cette journée.

CHARLES. De quel message de soumission es-tu chargé?

LUCY. De soumission, Dauphin? C'est un mot français dont nous autres guerriers anglais nous ne connaissons pas le sens. Je viens savoir quels prisonniers tu as faits, et reconnaître nos morts.

CHARLES. Tu parles de prisonniers? L'enfer est leur prison. Mais dis-moi qui tu cherches.

LUCY. Où est le grand Alcide des combats, le vaillant lord Talbot, comte de Shrewsbury, créé, pour ses merveilleux faits d'armes, comte de Washford, Waterford et Valence, lord Talbot de Goodrig et Urchinfield, lord Strange de Blackmère, lord Verdun d'Alton, lord Cromwell de Wingfield, lord Furnival de Sheffield, le trois fois victorieux lord de Falconbridge, chevalier de l'ordre illustre de Saint-George, de Saint-Michel et de la Toison d'Or, grand maréchal des armées de Henri VI dans le royaume de France?

LA PUCELLE. Voilà, ma foi, un style bien sot et bien ampoulé. Le Turc, qui a cinquante-deux royaumes, n'écrit pas, à beaucoup près, en style aussi ennuyeux. — Celui que tu décores de tous ces titres, cadavre impur, est ici gisant à nos pieds.

LUCY. Il est donc tué ce Talbot, fléau des Français, Némésis vengeresse, terreur de ce royaume? Oh! que les prunelles de mes yeux ne sont-elles changées en balles! Je vous les lancerais au visage! Oh! que ne puis-je rendre la vie à ces morts! c'en serait assez pour jeter l'épouvante dans le royaume de France. Si vous aviez ici seulement son image, elle frapperait d'effroi le plus fier d'entre vous. Donnez-moi leurs corps; que je les emporte et leur donne une sépulture digne d'eux.

LA PUCELLE. On prendrait cet écervelé pour l'ombre de Talbot, tant son ton est fier et impérieux. Au nom du ciel, qu'il emporte ces cadavres; ils ne serviraient ici qu'à infecter l'air.

CHARLES. Va, tu peux enlever ces corps.

LUCY. Je vais les enlever; mais il naîtra de leurs cendres un phénix qui fera trembler la France.

CHARLES. Fais-en ce que tu voudras, pourvu que tu nous en débarrasses. Maintenant que nous sommes en veine de victoire, marchons sur Paris. Tout va fléchir devant nous, à présent que le redoutable Talbot n'est plus.

Ils s'éloignent.

ACTE CINQUIÈME.

SCÈNE I.

Londres. — Un appartement du palais.

Entrent LE ROI HENRI et sa Suite, GLOSTER et EXETER.

LE ROI HENRI. Avez-vous lu les lettres du pape, de l'empereur et du comte d'Armagnac?

GLOSTER. Je les ai lues, sire, et voici leur contenu en substance : elles supplient humblement votre majesté de faire en sorte qu'une paix solide soit conclue entre les royaumes d'Angleterre et de France.

LE ROI HENRI. Que pensez-vous de cette proposition?

GLOSTER. Je l'approuve, sire, comme le seul moyen d'arrêter l'effusion du sang chrétien, et de rendre le repos aux deux peuples.

LE ROI HENRI. Vous avez raison, mon oncle; j'ai toujours considéré comme impies et dénaturées ces luttes barbares et sanglantes entre des peuples qui professent la même foi.

GLOSTER. En outre, sire, pour atteindre ce but plus promptement et resserrer le nœud de cette alliance, le comte d'Armagnac, proche parent de Charles, et l'un des seigneurs les plus considérables de France, offre à votre majesté sa fille en mariage, avec une dot large et opulente.

LE ROI HENRI. En mariage, mon oncle? Hélas! je suis encore bien jeune : l'étude et les livres me conviendraient mieux que l'amour et la société d'une femme. Néanmoins, faites entrer les ambassadeurs; et qu'il leur soit répondu comme vous le jugerez convenable. Votre choix sera le mien, pourvu qu'il ait pour objet la gloire de Dieu et le bonheur de mon pays.

Entrent UN LÉGAT, DEUX AMBASSADEURS et WINCHESTER, en habit de cardinal.

EXETER. Eh quoi! mylord de Winchester est installé et

promu à la dignité de cardinal [1]? Je vois bien que ce qu'a prédit Henri V va se réaliser : « Si jamais, disait-il, cet homme devient cardinal, son chapeau sera l'égal de la couronne. »

LE ROI HENRI. Messieurs les ambassadeurs, vos demandes respectives ont été examinées et débattues. Vos propositions sont justes et raisonnables ; nous avons donc résolu de rédiger les conditions d'une paix durable, qui seront incessamment portées en France par mylord de Winchester.

GLOSTER, *à l'un des Ambassadeurs.* Et quant à l'offre de votre maître, — je l'ai communiquée à sa majesté ; le roi, considérant les vertus de la princesse, sa beauté et la dot qu'elle apporte, consent à ce qu'elle devienne reine d'Angleterre.

LE ROI HENRI, *à l'Ambassadeur.* A l'appui de cette assurance, remettez-lui ce joyau comme gage de mon affection. — Sur ce, mylord protecteur, faites-les conduire sains et saufs à Douvres ; là qu'on les embarque et qu'on les confie à la fortune de la mer.

Le roi Henri et sa Suite, Gloster, Exeter et les Ambassadeurs sortent.

WINCHESTER. Attendez un moment, seigneur légat : il faut que je vous remette la somme que j'ai promise à sa sainteté en échange de ces vénérables insignes dont elle m'a revêtu.

LE LÉGAT. Je suis aux ordres de votre éminence.

WINCHESTER. Maintenant, j'espère bien que Winchester ne fléchira pas et marchera l'égal du pair le plus fier. Homphroy de Gloster, tu apprendras bientôt que ni en naissance, ni en autorité, l'évêque ne se laissera primer par toi ; ou je t'obligerai à courber la tête et à fléchir le genou, ou je désolerai le pays par les discordes civiles.

Ils sortent.

SCÈNE II.

La France. — Une plaine dans l'Anjou.

Arrivent CHARLES, LE DUC DE BOURGOGNE, ALENÇON, LA PUCELLE
et une portion des Troupes françaises.

CHARLES. Ces nouvelles, messieurs, sont bien faites pour relever nos courages abattus. On dit que les braves Parisiens se révoltent et reviennent au parti des Français.

[1] Ceci est un oubli de l'auteur. Dans la scène III du premier acte, Gloster menace Winchester de le berner dans son large chapeau de cardinal.

ALENÇON. Cela étant, Charles de France, marchez sur Paris, et ne retenez point ici vos troupes dans l'inaction.

LA PUCELLE. Que la paix soit avec eux, s'ils prennent parti pour nous; sinon, que leurs palais s'écroulent!

Arrive UN MESSAGER.

LE MESSAGER. Succès à notre vaillant général, et prospérité à ses amis!

CHARLES. Quelles nouvelles donnent nos éclaireurs? Parle, je te prie.

LE MESSAGER. L'armée anglaise, qui s'était divisée en deux corps, n'en forme plus qu'un, et se prépare en ce moment à vous livrer bataille.

CHARLES. Cet avis nous prend un peu au dépourvu; mais nous allons nous préparer à les recevoir.

LE DUC DE BOURGOGNE. J'espère que l'ombre de Talbot n'est pas au milieu d'eux. Maintenant qu'il est mort, monseigneur, vous n'avez plus rien à craindre.

LA PUCELLE. De tous les sentiments vils, la peur est le plus maudit; Charles, commande à la victoire, et la victoire est à toi, en dépit de Henri et de tout l'univers conjuré.

CHARLES. En avant, messieurs, et que la France soit victorieuse!

Ils s'éloignent.

SCÈNE III.

Même pays. — Devant Angers.

Bruit de trompettes; escarmouches. Arrive LA PUCELLE.

LA PUCELLE. Le régent triomphe, et les Français sont en fuite. — A présent, venez à mon aide, magiques symboles, charmes mystérieux; et vous, esprits d'élite qui me conseillez et me dévoilez l'avenir. (*Le tonnerre gronde.*) Génies légers, ministres du puissant monarque du Nord[1], paraissez, et secondez-moi dans cette entreprise.

Les Esprits infernaux apparaissent.

LA PUCELLE, *continuant*. A cette prompte apparition, je reconnais votre obéissance accoutumée. Maintenant, démons familiers, choisis entre tous dans le redoutable empire des

[1] Le Nord était réputé la demeure des mauvais génies; c'est dans le Nord que Milton convoque ses anges rebelles.

régions souterraines, venez à mon secours, et faites que la France obtienne la victoire. (*Les Esprits se promènent dans un morne silence.*) Oh! rompez enfin ce trop long silence! Autrefois, je vous abreuvais de mon sang; je suis prête à me couper un membre et à vous le donner, si j'obtiens de vous une nouvelle assistance, et si vous daignez me venir en aide. (*Ils baissent la tête.*) Point d'espoir de secours? — Si vous m'accordez ma demande, je vous offrirai mon corps en tribut. (*Ils secouent la tête.*) Eh quoi! ni l'offre de mon corps, ni le sacrifice de mon sang, rien ne peut éveiller pour moi votre sollicitude habituelle? Prenez donc mon âme; je vous livre corps, âme, et tout, plutôt que de voir la France vaincue par l'Angleterre.

Les Esprits s'évanouissent.

LA PUCELLE, *continuant*. Hélas! ils m'abandonnent. Le moment est venu où la France doit courber son front orgueilleux et cacher sa tête dans le giron de l'Angleterre. Mes anciens sortiléges sont impuissants; l'enfer est trop fort; je ne puis lutter contre lui. Maintenant, ô France, ta gloire est dans la poussière.

Elle s'éloigne.

Bruit de trompettes. Les Français et les Anglais se mêlent et combattent. LA PUCELLE et YORK luttent corps à corps. La Pucelle est prise. Les Français fuient.

YORK. Damoiselle de France, je te tiens, et tu ne m'échapperas pas! Appelle maintenant la magie à ton aide; déchaîne tes esprits infernaux; essaye s'ils pourront te mettre en liberté. Brillante conquête, ma foi, et digne de tenter le démon! — Voyez comme cette hideuse sorcière jette sur moi des regards courroucés : on dirait que cette autre Circé veut métamorphoser ma personne.

LA PUCELLE. On ne saurait la rendre plus laide qu'elle n'est.

YORK. Oh! le dauphin Charles est un bel homme, lui; nulle autre figure ne saurait plaire à ton œil difficile.

LA PUCELLE. Malédiction sur Charles et sur toi! puissiez-vous tous deux, dans vos lits, être éveillés en sursaut par des mains sanglantes!

YORK. Tais-toi, sorcière infernale!

LA PUCELLE. Laisse-moi exhaler mes imprécations.

YORK. Tu les exhaleras sur le bûcher.

Ils s'éloignent.

Bruit de trompettes. Arrive SUFFOLK, tenant par la main la princesse MARGUERITE.

SUFFOLK. Qui que tu sois, tu es ma prisonnière. (*Il contemple ses traits.*) Oh! la plus belle des belles, ne crains rien; ne cherche point à fuir; mes mains ne te touchent qu'avec respect; et c'est à peine si elles osent se poser sur ta taille charmante. (*Il lui baise la main.*) Je baise ces doigts en signe d'une paix éternelle. Qui es-tu? dis-le-moi, afin que je te rende l'hommage qui t'est dû.

MARGUERITE. Marguerite est mon nom; et qui que tu sois, moi je suis fille d'un roi, le roi de Naples.

SUFFOLK. Et moi, je suis comte, et on me nomme Suffolk. Merveille de la nature, n'accuse pas le sort qui t'a faite ma captive. Je serai pour toi ce qu'est le cygne pour ses petits qu'il abrite sous son aile. Toutefois, si ce nom de captive t'offense, va, et sois libre comme l'amie de Suffolk. (*Elle fait quelques pas pour s'éloigner.*) Ah! reste! — Je n'ai pas la force de la laisser partir; ma main voudrait l'affranchir; mais mon cœur s'y refuse. Sa beauté ravissante fait sur mes yeux l'effet d'un rayon du soleil réfléchi dans le cristal d'un ruisseau limpide. Je voudrais lui dévoiler mon cœur; mais je n'ose. Je vais me procurer une plume et de l'encre et lui exprimer mes sentiments par écrit. Fi donc! De la Poole, aie meilleure opinion de toi! N'as-tu pas une langue? n'est-elle pas ta prisonnière? Tu laisseras-tu intimider par la vue d'une femme? Oui, telle est de la beauté la majesté souveraine, qu'elle rend la langue muette, et amortit nos sens.

MARGUERITE. Dites-moi, comte de Suffolk, — si tel est votre nom, — quelle rançon exigez-vous de moi pour m'affranchir? car, à ce que je vois, je suis votre prisonnière.

SUFFOLK, *à part*. Comment peux-tu être certain d'éprouver un refus avant d'avoir sondé son cœur?

MARGUERITE. Pourquoi ne me répondez-vous pas? Quelle rançon dois-je payer?

SUFFOLK, *à part*. Elle est belle, donc elle doit être aimée; elle est femme, donc on peut triompher d'elle.

MARGUERITE. Voulez-vous accepter ma rançon, oui ou non?

SUFFOLK, *à part*. Souviens-toi que tu as une épouse; comment donc peux-tu songer à être aimé de Marguerite?

MARGUERITE. Il vaut mieux que je le quitte, car il ne veut pas m'entendre.

ACTE V, SCÈNE III.

SUFFOLK, *à part*. Cela renverse tous mes projets ; c'est un obstacle insurmontable.

MARGUERITE. Il prononce des paroles en l'air ; sûrement, cet homme est fou.

SUFFOLK, *à part*. Et toutefois on pourrait obtenir une dispense.

MARGUERITE. Et toutefois je serais bien aise que vous voulussiez me répondre.

SUFFOLK, *à part*. Il faut que j'obtienne le cœur de cette belle Marguerite. Pour qui ? Pour mon roi. Impossible ; mon cœur est aux abois.

MARGUERITE. Il parle de bois ; c'est sans doute un charpentier.

SUFFOLK, *à part*. Pourtant ce serait le moyen de contenter mon amour et de rétablir la paix entre les deux royaumes ; mais j'y vois un obstacle : quoique son père soit roi de Naples, duc d'Anjou et du Maine, néanmoins il est pauvre, et notre noblesse dédaignera son alliance.

MARGUERITE. Écoutez-moi, capitaine ; n'avez-vous pas le loisir de m'entendre ?

SUFFOLK, *à part*. Cette union aura lieu, en dépit de leurs dédains. Henri est jeune ; il cédera facilement. — (*A Marguerite.*) Madame, j'ai un secret à vous confier.

MARGUERITE, *à part*. Qu'importe que je sois captive ? Il m'a l'air d'un chevalier, et je n'ai à craindre de lui aucune insulte.

SUFFOLK. Madame, veuillez entendre ce que j'ai à vous dire.

MARGUERITE, *à part*. Peut-être serai-je délivrée par les Français ; et dans ce cas, je n'ai pas besoin de sa courtoisie.

SUFFOLK. Madame, j'ai à vous entretenir d'un objet, —

MARGUERITE, *à part*. Bah ! je ne suis pas la première femme qui se soit vue captive.

SUFFOLK. Madame, pourquoi vous parlez-vous ainsi à vous-même ?

MARGUERITE. Je vous demande mille pardons ; c'est un *quid pro quo*.

SUFFOLK. Dites-moi, charmante princesse, ne béniriez-vous pas votre captivité, si vous deveniez reine ?

MARGUERITE. Être reine dans l'esclavage, c'est une destinée

4.

plus vile que celle du dernier des esclaves; car les princes doivent être libres.

SUFFOLK. Et vous le serez aussi, si le roi de l'heureuse Angleterre est libre.

MARGUERITE. Qu'il soit libre ou non, en quoi cela peut-il me toucher?

SUFFOLK. Je me fais fort de vous donner le roi Henri pour époux, de mettre dans vos mains un sceptre d'or, et sur votre tête une riche couronne, si vous daignez répondre à mon, —

MARGUERITE. A quoi?

SUFFOLK. A son amour.

MARGUERITE. Je suis indigne d'être l'épouse de Henri.

SUFFOLK. Non, madame, c'est moi qui suis indigne de lui servir d'interprète auprès d'une beauté si ravissante, et je ne suis personnellement pour rien dans ce choix. Qu'en dites-vous, madame? y consentez-vous?

MARGUERITE. Si mon père l'a pour agréable, j'y consens.

SUFFOLK, *à l'un de ses officiers*. Faites avancer nos guerriers et nos étendards. — (*A Marguerite.*) Madame, nous allons appeler votre père sur les remparts et entrer avec lui en pourparler.

Les troupes s'avancent.

Une trompette sonne. RENÉ paraît sur le rempart.

SUFFOLK. Vois, René; ta fille est prisonnière.

RENÉ. De qui?

SUFFOLK. De moi.

RENÉ. Suffolk, quel remède? je suis un soldat, incapable de verser des larmes et de m'emporter en plaintes vaines contre l'inconstance de la fortune.

SUFFOLK. Il y a un remède, seigneur: consens, je t'en conjure dans l'intérêt de ta gloire, consens au mariage de ta fille avec mon roi, que j'ai amené, non sans peine, à accepter ce parti; et ta fille, au prix d'une captivité bien douce, aura conquis un trône avec la liberté.

RENÉ. Suffolk parle-t-il comme il pense?

SUFFOLK. La belle Marguerite m'est témoin que Suffolk ne sait ni flatter, ni tromper, ni feindre.

RENÉ. Sur la foi de ta parole de comte, je descends, pour répondre à une demande aussi raisonnable.

Il quitte le rempart.

ACTE V, SCÈNE III.

SUFFOLK. Et moi, je t'attends ici.

Bruit de trompettes. Arrive RENÉ.

RENÉ. Brave comte, sois le bienvenu sur nos territoires. Tu peux dans l'Anjou commander en maître.

SUFFOLK. Je te rends grâces, René, heureux père d'une fille aussi charmante, faite pour devenir la compagne d'un roi. Quelle réponse fais-tu à ma demande?

RENÉ. Puisque, nonobstant ses faibles mérites, tu as daigné jeter les yeux sur elle pour en faire l'épouse d'un aussi grand monarque, qu'on me laisse posséder en paix ce qui m'appartient, les comtés du Maine et de l'Anjou, à l'abri de toute oppression et des ravages de la guerre; à ces conditions, ma fille sera l'épouse de Henri, si cela peut lui convenir.

SUFFOLK. Il ne lui faut pas d'autre rançon; dès ce moment, elle est libre, et je te garantis d'avance la jouissance paisible et entière de ces deux comtés.

RENÉ. Et moi, au nom du roi Henri et en ta qualité de représentant de sa gracieuse personne, je te donne la main de ma fille, pour gage de ta foi.

SUFFOLK. René de France, je te rends de royales actions de grâces; car en ce moment je représente un roi. — (*A part.*) J'aurais, je crois, préféré dans cette affaire agir pour mon compte. — (*A René.*) Je vais porter en Angleterre cette nouvelle, et hâter la célébration du mariage. Adieu donc, René; dépose ce diamant dans un palais d'or, seul digne de le recevoir.

RENÉ. Je t'embrasse comme j'embrasserais ce prince chrétien, le roi Henri, s'il était ici.

MARGUERITE. Adieu, mylord. L'estime, les vœux et les prières de Marguerite ne cesseront d'accompagner Suffolk.

SUFFOLK, *faisant quelques pas pour s'éloigner.* Adieu, madame. (*Revenant sur ses pas.*) Mais dites-moi, Marguerite, n'avez-vous rien à mander au roi?

MARGUERITE. Dites-lui de ma part tout ce que peut convenablement lui dire une jeune fille, une vierge et sa servante.

SUFFOLK. Langage enchanteur et que la modestie avoue! Mais, madame, il faut que je vous importune encore. N'envoyez-vous à sa majesté aucun gage d'amour?

MARGUERITE. Si fait, mylord; j'envoie au roi un cœur pur et sans tache que l'amour n'a jamais profané.

SUFFOLK. Et ceci par-dessus le marché.
Il l'embrasse.

MARGUERITE. Ceci est pour vous; je n'aurais pas l'impolitesse d'envoyer si peu de chose à un roi.
René et Marguerite s'éloignent.

SUFFOLK. Oh! que n'es-tu pour moi! — Mais arrête, Suffolk; ne va pas t'égarer dans ce labyrinthe : on y trouve des Minotaures et d'horribles trahisons. Éveille la passion de Henri par un pompeux éloge de la princesse; repasse dans ta mémoire ses qualités sans égales, sa grâce naturelle et naïve, bien au-dessus de l'art : retrace-toi souvent cette image en traversant les mers, afin qu'arrivé aux pieds de Henri, il soit émerveillé de tes récits au point d'en perdre la tête.
Il s'éloigne.

SCÈNE IV.

Le camp du duc d'York en Anjou.

Arrivent YORK, WARWICK et d'autres LORDS.

YORK. Qu'on amène cette sorcière condamnée au bûcher.

Des gardes amènent LA PUCELLE; UN VIEUX BERGER l'accompagne.

LE BERGER. Ah! ma fille, voilà qui porte au cœur de ton père le coup de la mort. Je te cherchais de contrée en contrée; faut-il que je ne t'aie retrouvée que pour être témoin de ta mort cruelle et prématurée! Jeanne, ma fille, ma chère enfant, je veux mourir avec toi.

LA PUCELLE. Malheureux vieillard! créature ignoble et vile! je suis issue d'un plus noble sang. Tu n'es ni mon père ni mon parent.

LE BERGER. Comment! — Ne la croyez pas, mylords; je suis son père; toute la paroisse le sait; sa mère est encore vivante et peut certifier qu'elle est le premier fruit de notre mariage.

WARWICK, *à la Pucelle.* Malheureuse! peux-tu bien renier ta famille!

YORK. On peut juger par-là de la vie qu'elle a menée, une vie de crime et de bassesse; elle finit comme elle a vécu.

LE BERGER. Fi donc, Jeanne! peux-tu bien pousser l'entêtement à ce point! Dieu sait que tu es un fragment de ma chair. J'ai pour toi versé bien des larmes; ne me renie pas, ma fille, je t'en conjure.

LA PUCELLE. Paysan, arrière! — Vous avez suborné cet homme dans le but de ravaler ma noble origine.

LE BERGER. Il est vrai que j'ai donné un *noble* au prêtre le jour où j'ai été marié à ta mère. Mets-toi à genoux, et reçois ma bénédiction, ma chère fille! Tu refuses? Eh bien, maudite soit l'heure où tu es née! je voudrais que le lait que tu as bu à la mamelle de ta mère eût été pour toi un poison! Je regrette que, lorsque tu gardais aux champs mes agneaux, quelque loup affamé ne t'ait pas dévorée! Tu renies ton père, misérable! Oh! brûlez-la, brûlez-la; la potence est pour elle un supplice trop doux.

Il s'éloigne.

YORK. Qu'on l'emmène! elle a trop longtemps vécu, pour donner en spectacle au monde son contagieux exemple.

LA PUCELLE. Laissez-moi auparavant vous faire connaître celle que vous condamnez. Je ne suis point la fille d'un berger; je suis issue de la race des rois. Vertueuse et sainte, élue par le ciel, inspirée par sa grâce pour accomplir sur la terre des actes surnaturels, je n'ai jamais eu commerce avec les esprits impurs. Mais vous, corrompus par la débauche, couverts d'un sang innocent, souillés d'innombrables vices, parce que vous n'avez pas la grâce que d'autres possèdent, vous jugez impossible d'opérer des miracles autrement que par le secours des démons. Désabusez-vous : Jeanne d'Arc est vierge depuis son enfance ; sa pensée est restée chaste et pure ; et la voix de son sang virginal que votre cruauté va répandre, montera jusqu'aux cieux et demandera vengeance.

YORK. Allons; — qu'on la conduise au supplice.

Les gardes emmènent la Pucelle[1].

Arrivent LE CARDINAL BEAUFORT et sa Suite.

LE CARDINAL. Lord régent, je salue votre excellence et vous remets des lettres du roi. Car sachez, mylords, que les états de la chrétienté, émus de compassion à l'aspect de ces sanglants démêlés, ont imploré avec instance une paix générale entre notre nation et l'ambitieuse France. Le dauphin et sa suite

---

[1] Nous avons dit ailleurs les raisons qui nous font croire que Shakspeare n'est pas l'auteur de cette première partie de *Henri VI*. A défaut d'autres preuves, nous n'en voudrions que la fin de cette scène, que nous avons omise à dessein, et qui n'est qu'une dégoûtante diatribe contre l'héroïne courageuse, qu'auraient dû protéger son sexe et son noble dévouement à sa patrie. Qu'il suffise de savoir que dans cette scène, Jeanne d'Arc déclare qu'elle est enceinte, et s'accuse d'avoir eu des relations coupables avec le Dauphin, Alençon et René. Nous respectons trop nos lecteurs pour leur donner de si dégoûtants détails. Nous pensons qu'on nous approuvera.

sont à deux pas d'ici, et viennent conférer avec vous sur cette matière.

YORK. Est-ce donc là le résultat de tous nos travaux? Après avoir vu périr tant de pairs, tant d'officiers, de gentilshommes et de soldats qui ont trouvé la mort dans cette querelle et qui ont sacrifié leur vie dans l'intérêt de leur patrie, finirons-nous par conclure une paix lâche et honteuse? N'avons-nous pas déjà perdu par la trahison et la fraude la plupart des villes que nos glorieux pères avaient conquises?—O Warwick, Warwick! je prévois avec douleur la perte complète de tout le royaume de France.

WARWICK. Calmez-vous, York : si nous signons la paix, ce sera à des conditions si étroites et si rigoureuses que les Français n'y gagneront pas grand'chose.

Arrivent CHARLES et sa Suite, ALENÇON, LA BATARD, RENÉ et Autres.

CHARLES. Lords d'Angleterre, puisqu'il est convenu qu'une paix durable sera proclamée en France, nous venons savoir de vous quelles doivent être les conditions de cette paix.

YORK. Parlez, Winchester : car à la vue de nos mortels ennemis, la bouillante colère me suffoque, et intercepte le passage à ma voix indignée.

WINCHESTER. Charles, et vous tous, voici les clauses du traité : Le roi Henri, mu par un sentiment de pure compassion et d'humanité, consent à délivrer votre pays du fléau de la guerre, et à vous laisser respirer au sein d'une paix féconde, à la condition que vous vous reconnaîtrez les vassaux fidèles de sa couronne, et que vous, Charles, vous lui payerez tribut, lui rendrez foi et hommage, et gouvernerez sous lui en qualité de vice-roi, en jouissant néanmoins de toutes les prérogatives attachées à la dignité royale.

ALENÇON. Veut-on qu'il ne soit plus que l'ombre de lui-même, qu'il porte une couronne sans avoir plus de puissance et d'autorité réelle qu'un simple particulier? Cette proposition est absurde et déraisonnable.

CHARLES. On sait que je possède déjà plus de la moitié du territoire de la France, et que j'y suis reconnu pour le souverain légitime. Veut-on que, pour obtenir la partie encore inconquise, j'abdique mes prérogatives au point de ne régner sur le tout qu'en qualité de vice-roi? Non, monsieur l'ambassadeur, j'aime mieux garder ce que j'ai que d'en convoiter davantage, en renonçant pour jamais à la chance d'obtenir le tout.

YORK. Présomptueux Charles, tu as, par de secrètes brigues, intercédé pour obtenir la paix ; et aujourd'hui qu'il s'agit d'en arrêter les bases, tu te prévaux de ta condition présente pour rejeter celle que nous t'offrons ! De deux choses, l'une : accepte le titre que tu usurpes en reconnaissant le tenir de notre roi, et non de ton droit propre, ou attends-toi à te voir harassé par nous de guerres éternelles.

RÉNÉ, *à Charles.* Monseigneur, vous avez tort de chicaner sur les clauses de ce traité. Cette occasion une fois perdue, il y a dix à parier contre un qu'il ne s'en représentera plus une semblable.

ALENÇON, *bas, à Charles.* S'il faut vous dire vrai, la politique vous fait un devoir d'épargner à vos sujets les massacres et le carnage inhumain que cette guerre enfante chaque jour ; acceptez donc ce traité, quitte à l'enfreindre quand il vous plaira.

WARWICK. Qu'en dites-vous, Charles ? Acceptez-vous nos conditions ?

CHARLES. Je les accepte ; je demande seulement que vous ne conserviez aucune prétention sur nos villes de guerre.

YORK. Fais donc serment d'allégeance à sa majesté ; jure de ne jamais désobéir, ni toi ni ta noblesse, et de n'être jamais rebelle à la couronne d'Angleterre.

<small>Charles et les siens lèvent la main en signe d'assentiment.</small>

YORK, *continuant.* A présent, licenciez votre armée quand il vous plaira ; appendez vos étendards, imposez silence à vos tambours ; car nous concluons ici une paix solennelle.

<small>Ils s'éloignent.</small>

SCÈNE V.

<small>Londres. — Un appartement du palais.
Arrive LE ROI HENRI, s'entretenant avec SUFFOLK ; GLOSTER et EXETER les suivent.</small>

LE ROI HENRI. Noble comte, le portrait enchanteur que vous m'avez fait de la belle Marguerite a excité mon étonnement. Ses vertus, rehaussées encore par les dons de la beauté extérieure, ont allumé dans mon cœur une passion réelle et durable. De même que par une tempête, les vents poussent un navire contre la marée ; de même, au récit de son mérite, je me sens entraîné malgré moi ; et je ferai naufrage, ou j'arriverai au port de son amour.

SUFFOLK. Eh bien, sire, le peu que je vous en ai dit n'est que la préface des louanges qu'elle mérite. Les hautes perfections de cette princesse charmante, si j'avais le talent de les décrire, formeraient un volume dont la lecture enchanteresse raviverait l'imagination la plus insensible. Mais il y a plus : à ces perfections divines, à cette profusion de qualités ravissantes, elle joint une modestie incomparable; elle n'a d'autre ambition que d'aimer et honorer Henri comme son époux, et de vous obéir en tout ce qui n'est pas contraire à la vertu et à la chasteté.

LE ROI HENRI. Jamais le roi Henri n'aura la présomption de l'entendre autrement : ainsi, mylord protecteur, consentez à ce que Marguerite soit la reine d'Angleterre.

GLOSTER. Ce serait consentir à flatter l'iniquité. Vous savez, sire, que votre majesté est fiancée à une autre princesse, pleine de mérite. Comment ferez-vous pour vous soustraire à cet engagement sans entacher votre caractère?

SUFFOLK. Comme un gouvernant se dégage d'un serment illégal, ou comme un homme qui, dans un tournoi, ayant promis de rompre une lance, abandonne la lice, en voyant l'infériorité de son adversaire. La fille d'un comte obscur n'est point un parti sortable, et un pareil engagement peut être rompu sans crime.

GLOSTER. Et qu'est de plus Marguerite, je vous prie? son père n'est pas plus qu'un comte, malgré les titres fastueux dont il se décore.

SUFFOLK. Pardonnez-moi, mylord : son père est roi; il est roi de Naples et de Jérusalem, et il jouit en France d'une si grande autorité, que son alliance affermira la paix et maintiendra les Français dans l'obéissance.

GLOSTER. Il en est de même du comte d'Armagnac, qui est proche parent de Charles.

EXETER. En outre, son opulence promet une dot libérale, tandis que René est plus prêt à recevoir qu'à donner.

SUFFOLK. Une dot, mylords? Ne déshonorez pas à ce point votre roi, ne le faites point si pauvre, si abject et si bas, qu'il lui faille se marier par intérêt, et non par amour. Henri est en état d'enrichir sa femme, et n'a pas besoin que sa femme l'enrichisse. Laissez de vils paysans marchander une femme comme on marchande à la foire un bœuf, un mouton ou un cheval. Le mariage est une chose trop importante pour qu'en cette matière on s'en rapporte à d'autres qu'à soi-même : le roi doit prendre pour compagne de son lit nuptial, non celle qui nous convient, mais celle qui lui plaît davantage; et puisqu'il préfère la fille de René, c'est une raison péremptoire pour que dans notre opinion elle soit préférée, car qu'est-ce qu'un mariage forcé, sinon un enfer, une vie de discorde et de querelles permanentes? tandis qu'une union d'un caractère opposé donne le bonheur, et offre une image de la paix des cieux. A Henri, à un roi, quelle femme convient mieux que Marguerite, que la fille d'un roi? Avec sa beauté sans égale et sa haute naissance, tout autre qu'un monarque serait indigne d'elle; son courage et son intrépidité, qui font d'elle une femme supérieure à son sexe, promettent de donner au roi une vaillante lignée. Henri, fils d'un héros, devra engendrer des héros, si l'amour l'unit à une femme d'une âme aussi haute que l'est Marguerite. Rendez-vous donc, mylords, et concluez avec moi que Marguerite, et Marguerite seule, sera notre reine.

LE ROI HENRI. J'ignore si c'est l'impression que m'a faite votre récit, mon noble lord de Suffolk, ou le résultat de ma tendre jeunesse qui n'a jamais éprouvé le sentiment de l'amour; mais ce qu'il y a de certain, c'est que je sens dans mon cœur des combats si douloureux, une si violente alternative d'espérances et de craintes, que je ne puis supporter le travail de ma pensée. Allez donc vous embarquer, mylord; rendez-vous en France; arrêtez les conventions; obtenez de la princesse Marguerite qu'elle traverse l'Océan, et vienne en Angleterre se faire couronner comme reine et comme épouse fidèle et sacrée de Henri. Pour défrayer vos dépenses, vous lèverez un décime sur le peuple. Partez, vous dis-je; jusqu'à votre retour, je vais être agité de mille inquiétudes. — Et vous, mon cher oncle, bannissez tout mécontentement : si vous me jugez d'après ce que vous avez été, non d'après ce que vous êtes, j'ai la certitude que vous excuserez la soudaineté de ma résolution. — Maintenant, conduisez-moi dans un lieu où seul, et sans témoin, je puisse librement ruminer ma peine et mes ennuis.

Il sort.

GLOSTER. Oui, ses peines commencent pour ne plus cesser, je le crains.

Gloster et Exeter sortent.

SUFFOLK, *seul.* Suffolk a triomphé; et maintenant il part pour la France, comme autrefois le jeune Pâris pour la Grèce. Je compte obtenir le même succès en amour; mais j'espère être plus heureux que ce Troyen. Marguerite sera reine, et gouvernera le roi; moi, je gouvernerai la reine, le roi et le royaume.

Il sort.

FIN DE HENRI VI (1re PARTIE).

HENRI VI,
II° PARTIE.
DRAME HISTORIQUE EN CINQ ACTES.

PERSONNAGES.

HENRI VI, roi d'Angleterre.
HOMFROY, duc de Gloster, son oncle.
LE CARDINAL DE BEAUFORT, évêque de Winchester, grand-oncle du roi.
RICHARD PLANTAGENET, duc d'York.
ÉDOUARD PLANTAGENET, } fils du duc
RICHARD PLANTAGENET, } d'York.
LE DUC DE SOMERSET,
LE DUC DE SUFFOLK,
LE DUC DE BUCKINGHAM, } partisans du roi.
LORD CLIFFORD,
Le jeune CLIFFORD, son fils,
LE COMTE DE SALISBURY, } de la faction
LE COMTE DE WARWICK, } d'York.
LORD SCALES, gouverneur de la tour de Londres.
LORD SAY.
SIR HOMFROY STAFFORD et son frère.
SIR JOHN STANLEY.
UN CAPITAINE DE NAVIRE,
UN PATRON,
UN CONTRE-MAÎTRE, } pirates.
WALTER WHITMORE,
DEUX GENTILSHOMMES, prisonniers avec Suffolk.
UN HÉRAUT D'ARMES.
DE VAUX.
HUME, } prêtres.
SOUTHWELL,
BOLINGBROKE, magicien.
UN ESPRIT, évoqué par lui.
THOMAS HORNER, armurier.
PIERRE, son apprenti.
LE MAÎTRE D'ÉCOLE DE CHATHAM.
LE MAIRE DE SAINT ALBANS.
SIMPCOX, imposteur.
DEUX ASSASSINS.
JACK CADE, chef de rebelles.
GEORGE,
JEAN,
RICHARD, } partisans de Jack Cade.
SMITH, le tisserand,
MICHEL,
ALEXANDRE IDEN, gentilhomme du comté de Kent.
MARGUERITE, femme de Henri VI, reine d'Angleterre.
ÉLÉONORE, duchesse de Gloster.
MARGUERITE JOURDAIN, sorcière.
LA FEMME DE SIMPCOX.
Seigneurs, Dames, Serviteurs, Pétitionnaires, Aldermen, un Justicier, un Schériff, Exempts, Bourgeois, Apprentis, Fauconniers, Gardes, Soldats, Messagers, etc.

La scène est transportée successivement dans différentes parties de l'Angleterre.

ACTE PREMIER.

SCÈNE I.

Londres. — Une salle du palais.

Bruit de trompettes, suivi du son des hautbois. Entrent d'un côté LE ROI HENRI, LE DUC DE GLOSTER, SALISBURY, WARWICK et LE CARDINAL DE BEAUFORT; de l'autre, LA REINE MARGUERITE, conduite par SUFFOLK; YORK, SOMERSET, BUCKINGHAM et Autres les suivent.

SUFFOLK. A mon départ pour la France, votre majesté impériale m'avait chargé d'épouser en son nom la princesse Marguerite ; en conséquence, dans l'ancienne et illustre ville de Tours, en présence des rois de France et de Sicile, des ducs d'Orléans, de Calabre, de Bretagne et d'Alençon, de sept comtes, douze barons, vingt vénérables évêques, j'ai accompli ma mission, et j'ai épousé la princesse. Maintenant, je fléchis humblement le genou (*il met un genou en terre*), et à la vue de l'Angleterre et de ses illustres pairs, je remets tous mes droits sur la reine à votre gracieuse majesté, qui est la substance dont je n'étais que l'ombre glorieuse ; je vous offre le don le plus précieux que marquis ait jamais fait, la plus belle reine que ro ait jamais reçue.

LE ROI HENRI. Suffolk, relevez-vous. — Reine Marguerite, soyez la bienvenue. (*Il l'embrasse.*) Je ne puis vous donner de mon amour un plus affectueux témoignage que ce tendre baiser. Grand Dieu qui m'as donné la vie, prête-moi un cœur plein de reconnaissance ! car, dans ces traits si beaux, tu m'as donné un monde de terrestres délices, si nos âmes sont unies par la sympathie de l'amour.

LA REINE MARGUERITE. Puissant roi d'Angleterre, mon gracieux seigneur, depuis longtemps une douce communion existe entre mon âme et vous ; le jour, la nuit, éveillée, dans mes rêves, dans les cercles de la cour, ou disant mon rosaire, toujours mon bien-aimé souverain a été présent à ma pensée ; c'est ce qui me donne la hardiesse de saluer mon roi en termes trop peu choisis, tels que me les fournissent ma faible intelligence et la joie dont mon cœur déborde.

LE ROI HENRI. Sa vue m'avait ravi ; mais la grâce de sa parole, la sagesse et la dignité de son langage, me font passer de l'étonnement aux larmes de la joie, tant dans mon cœur le bonheur surabonde. Mylords, que vos acclamations joyeuses et unanimes saluent l'objet de mon amour !

TOUS. Vive la reine Marguerite, la joie de l'Angleterre !

Bruit de fanfares.

LA REINE MARGUERITE. Nous vous rendons grâces à tous.

SUFFOLK. Mylord protecteur, avec la permission de votre altesse, voici les articles de la trêve conclue d'un commun accord, pour dix-huit mois, entre notre souverain et Charles, roi de France.

Il lui remet un papier.

GLOSTER, *lisant.* « Premièrement, il est convenu entre » Charles, roi de France, et William de la Poole, marquis de

» Suffolk, ambassadeur de Henri, roi d'Angleterre, — que le
» susdit Henri épousera la princesse Marguerite, fille de René,
» roi de Naples, de Sicile et de Jérusalem, et la couronnera
» reine d'Angleterre, le trente de mai prochain. — *Item*, —
» que le duché d'Anjou et le comté du Maine seront évacués
» et remis au roi son père, — »

Sa voix éprouve une altération, et il interrompt sa lecture.

LE ROI HENRI. Eh bien, mon oncle ?

GLOSTER. Veuillez m'excuser, mon gracieux souverain ; un malaise subit vient de me saisir ; mes yeux se troublent ; je ne puis en lire davantage.

LE ROI HENRI. Mon oncle de Winchester, lisez, je vous prie.

LE CARDINAL, *prenant le papier et lisant.* « *Item*, — Il est » en outre convenu entre eux, — que les duchés d'Anjou et du » Maine seront évacués et remis au roi son père, et que la prin- » cesse se rendra auprès du roi d'Angleterre, aux frais dudit roi, » qui devra la recevoir sans dot. »

LE ROI HENRI. Je suis satisfait de ces conditions. Marquis, mets un genou en terre ; nous te créons ici premier duc de Suffolk, et nous te ceignons l'épée. — Mon cousin d'York, nous vous déchargeons des fonctions de régent de France, jusqu'à ce que le terme de dix-huit mois soit pleinement expiré. — Recevez nos remercîments, mon oncle Winchester ; — Gloster, York, Buckingham, Somerset, Salisbury et Warwick ; nous vous remercions des honneurs et du gracieux accueil que notre royale épouse a reçus de vous. Allons presser les préparatifs de son couronnement.

Le Roi, la Reine et Suffolk sortent.

GLOSTER. Vaillants pairs d'Angleterre, colonnes de l'état, permettez que le duc Homfroy exhale devant vous sa douleur, la vôtre, celle du pays tout entier. Eh quoi ! mon frère Henri n'a-t-il donc prodigué dans les combats sa jeunesse, sa valeur, son or et le sang de ses peuples ; n'a-t-il si souvent couché en plein air, exposé aux rigueurs de l'hiver, aux brûlantes ardeurs de l'été, pour conquérir la France, son légitime héritage ; mon frère Bedford n'a-t-il épuisé les ressources de son esprit pour conserver par la politique les conquêtes de Henri ; vous-mêmes, Somerset, Buckingham, brave York, Salisbury, victorieux Warwick, n'avez-vous reçu en France et en Normandie tant de périlleuses blessures ; mon oncle Beaufort et moi, ainsi que tous les sages conseillers du royaume, n'avons-nous si longtemps siégé en conseil, depuis le lever de l'aurore jusque bien avant dans la nuit, pour débattre les mesures propres à retenir sous le joug la France et les Français; enfin le roi n'a-t-il été couronné à Paris, dans son enfance, en dépit des efforts de nos ennemis, que pour voir anéantir en un jour tant de travaux et de gloire? Quoi! nous verrions périr les fruits de la conquête de Henri, de la vigilance de Bedford, de vos nobles exploits? O pairs d'Angleterre, c'est une paix honteuse; c'est un mariage fatal que celui qui détruit votre gloire, qui efface vos noms du livre de mémoire, qui fait disparaître les titres de votre renommée, qui défigure les monuments de nos victoires sur la France, qui défait tout comme si rien n'avait été.

LE CARDINAL. Mon neveu, que signifie ce langage passionné, ce plaidoyer plein de violence? car enfin, la France est à nous, et nous la conserverons.

GLOSTER. Oui, mon oncle, nous la conserverons, si nous le pouvons; mais maintenant, c'est chose impossible. Suffolk, ce duc de nouvelle date, dont la volonté fait loi, a donné les duchés d'Anjou et du Maine au pauvre roi René, dont les titres pompeux ne répondent guère à la maigreur de sa bourse.

SALISBURY. Par la mort de celui qui est mort pour tous, ces comtés étaient les clefs de la Normandie.—Pourquoi pleure Warwick, mon valeureux fils?

WARWICK. Je pleure de douleur en voyant ces pays perdus pour nous sans retour; car s'il restait quelque espoir de les recouvrer, mon épée verserait du sang, mes yeux ne verseraient point de larmes. L'Anjou et le Maine! c'est moi qui ai conquis ces deux provinces; c'est ce bras qui les a domptées : eh quoi! ces villes dont la prise m'a coûté des blessures, faut-il que je les voie rendre avec des paroles de paix? Mort Dieu!

YORK. Périsse le duc de Suffolk, qui ternit l'honneur de cette île belliqueuse! La France m'aurait arraché le cœur avant de me faire souscrire à un pareil traité. L'histoire nous apprend que nos rois ont toujours reçu de leurs femmes de grosses sommes d'argent et des dots considérables; mais notre roi Henri donne ses propres domaines pour épouser une femme qui ne lui apporte rien en retour.

GLOSTER. N'est-ce pas une dérision, une chose inouïe, que Suffolk ose demander un quinzième, ni plus ni moins, pour s'indemniser des dépenses que lui a occasionnées le voyage de la reine? Je l'aurais laissée mourir de faim en France, plutôt que, —

LE CARDINAL. Mylord de Gloster, vous passez les bornes ! Ainsi l'a voulu notre seigneur le roi.

GLOSTER. Mylord de Winchester, je vous comprends ; ce ne sont pas mes paroles qui vous déplaisent ; c'est ma présence qui vous importune. Votre malveillance se trahit. Orgueilleux prélat, je lis ta fureur sur ton visage : si je reste ici plus longtemps, nous allons recommencer nos anciennes querelles. — Mylords, adieu. Quand je ne serai plus, dites que je vous ai prédit qu'avant peu la France serait perdue pour nous.

Il sort.

LE CARDINAL. Notre protecteur s'éloigne furieux ; vous savez qu'il est mon ennemi ; que dis-je, il est votre ennemi à tous ; et je crains bien que le roi n'ait en lui un ami fort équivoque. Songez, mylords, qu'il est, par sa naissance, le plus rapproché du trône, et l'héritier présomptif de la couronne d'Angleterre. Lors même que Henri aurait, par son mariage, gagné un empire, et tous les opulents royaumes de l'Occident, Gloster eût encore eu des raisons pour être mécontent. Prenez-y garde, mylords ; ne vous laissez pas séduire à son langage mielleux ; soyez prudents et circonspects. Qu'importe qu'il se soit concilié les bonnes grâces du menu peuple, qui ne l'appelle que *Homfroy, le bon duc de Gloster?* qu'importe qu'en le voyant ces gens-là battent des mains et s'écrient : *Dieu conserve notre bon duc Homfroy !* Je crains bien, mylords, qu'en dépit de ce vernis flatteur, nous ne trouvions en lui un protecteur fort dangereux.

BUCKINGAM. Pourquoi continuerait-il à protéger notre souverain, qui est d'âge à se gouverner lui-même ? — Mon cousin Somerset, joignez-vous à moi ; unissons-nous tous au duc de Suffolk, et je vous réponds que nous aurons bientôt renversé de son siége le duc Homfroy.

Il sort.

LE CARDINAL. La chose est trop importante pour souffrir le moindre délai ; je vais sur-le-champ trouver le duc de Suffolk.

SOMERSET. Mon cousin de Buckingham, bien que l'orgueil de Homfroy et l'éclat du haut rang qu'il occupe affligent nos regards, ne laissons pas d'épier les mouvements de ce cardinal hautain : son insolence est plus intolérable que tous les princes de l'Angleterre réunis. Si Gloster est renversé, c'est lui qui sera protecteur.

BUCKINGHAM. Ce sera vous ou moi, en dépit du duc Homfroy ou du cardinal.

Buckingham et Somerset sortent.

SALISBURY. L'orgueil vient de sortir; l'ambition le suit. Pendant que ces hommes travaillent dans l'intérêt de leur grandeur, il est de notre devoir de travailler dans l'intérêt du royaume. J'ai toujours vu Homfroy, duc de Gloster, se conduire en loyal gentilhomme; mais il m'est souvent arrivé de voir l'orgueilleux cardinal, plus semblable à un soldat qu'à un homme d'église, aussi vain, aussi fier que si tout lui était soumis, jurer comme un bandit et se conduire d'une manière peu digne de l'un des chefs de l'état. — Warwick, mon fils, consolation de ma vieillesse, tes exploits, ta franchisse, tes vertus domestiques, t'ont concilié l'estime du peuple. A l'exception du bon duc Homfroy, nul n'est plus avant que toi dans son affection. — Et vous, mon frère York, vos efforts en Irlande pour soumettre cette nation au joug des lois, et vos derniers faits d'armes au cœur de la France, alors que vous étiez régent de ce pays au nom de notre souverain, — vous ont mérité le respect et l'amour du peuple; réunissons-nous pour le bien public. Faisons tous nos efforts pour brider et contenir l'orgueil de Suffolk et du cardinal, l'ambition de Somerset et de Buckingham, en même temps que nous appuierons les actes du duc Homfroy, en tant qu'ils auront pour but le bien du pays.

WARWICK. Dieu m'est témoin que Warwick aime sa patrie et n'a d'autre objet en vue que le bien public.

YORK. York en dit autant, et avec bien plus de raison encore.

SALISBURY. Hâtons-nous de faire tout ce qui est possible à la prudence humaine.

WARWICK. Que parlez-vous du Maine? Il est perdu pour nous, le Maine, que le bras de Warwick avait conquis, et qu'il aurait conservé tant qu'il lui serait resté un souffle de vie. Je l'arracherai à la France, où je me ferai tuer.

Warwick et Salisbury sortent.

YORK, *seul*. L'Anjou et le Maine sont cédés aux Français; Paris est perdu; et maintenant le sort de la Normandie ne tient plus qu'à un fil; Suffolk a conclu ce traité; les pairs l'ont approuvé; et Henri, plein de joie, a échangé deux duchés contre la fille charmante d'un duc. Je ne saurais les blâmer: que leur importe, à eux? York, c'est ton bien qu'ils donnent, et non le leur. Des pirates font bon marché de leur butin; ils s'en servent pour se faire des amis, pour payer des courtisanes; et puis ils font bombance, jusqu'à ce qu'ils aient tout dépensé:

le propriétaire insensé pleure ses biens perdus, se tord les mains de désespoir, secoue la tête, se tient à l'écart tout tremblant, pendant qu'on se partage et qu'on emporte ses richesses, et se laisse mourir de faim sans oser toucher à ce qui est à lui. De même, il faut que York reste là, les bras croisés, qu'il se consume d'impatience, qu'il se morde les lèvres pendant que d'autres trafiquent de ses domaines. Il me semble que les royaumes d'Angleterre, de France et d'Irlande, exercent sur ma vie la même influence que le fatal tison d'Althée sur le destin de Méléagre [1]. L'Anjou et le Maine cédés aux Français! c'est pour moi une fâcheuse nouvelle; car j'avais l'espoir de posséder la France au même titre que le sol de la fertile Angleterre. Un jour viendra où York revendiquera ce qui lui appartient; embrassons donc le parti des Névils, et montrons un semblant d'amitié à l'orgueilleux duc Homfroy; puis, quand l'occasion sera propice, revendiquons la couronne; car c'est là le but brillant que j'ai en vue. Je ne souffrirai pas que l'orgueilleux Lancastre usurpe mes droits, qu'il porte le sceptre dans sa main d'enfant et le diadème sur sa tête; tiens-toi donc tranquille, York, jusqu'à ce que ton heure sonne, pendant que les autres dorment, veille et fais le guet pour surprendre les secrets de l'état; attends le moment où Homfroy et Henri, épris de sa nouvelle épouse, cette reine que l'Angleterre a payée si cher, seront brouillés avec les pairs du royaume. Alors tu arboreras la rose sans tache dont les suaves parfums embaumeront les airs; et tu déploieras ton étendard aux armes de York contre la bannière de la maison de Lancastre; et de gré ou de force, tu l'obligeras à te céder la couronne, ce roi pédant dont le règne a causé la ruine de la belle Angleterre.

Il sort.

SCÈNE II.

Même ville. — Un appartement dans la résidence du duc de Gloster.

Entrent GLOSTER et LA DUCHESSE.

LA DUCHESSE. Pourquoi mon seigneur penche-t-il la tête comme un épi surchargé des dons de Cérès? pourquoi fronce-t-il le sourcil, comme si les faveurs de la fortune n'excitaient que sa colère? pourquoi tes yeux sont-ils baissés vers la terre, occupés à fixer un objet qui semble échapper à ta vue troublée?

---

[1] La vie de Méléagre devait durer autant qu'un certain tison. Sa mère Altée ayant jeté le tison au feu, le jeune homme expira sur-le-champ.

ACTE 1, SCÈNE II.

Que vois-tu donc? est-ce le diadème de Henri, enchâssé dans tous les honneurs du monde? S'il en est ainsi, regarde et rampe, jusqu'à ce que ton front ait ceint la couronne. Étends la main, tâche d'atteindre au métal radieux. — Eh quoi! as-tu le bras trop court? j'y ajouterai le mien, et quand nos deux mains réunies auront soulevé ce diadème, tous deux nous relèverons fièrement la tête vers le ciel, et désormais nos yeux ne se ravaleront plus si bas que d'accorder un seul regard à la terre.

GLOSTER. Éléonore, ma chère Éléonore, si ton époux t'est cher, bannis le ver rongeur des pensées ambitieuses. Si jamais il m'arrive de concevoir une pensée hostile à mon neveu, à mon roi, le vertueux Henri, puisse ce moment être le dernier de ma vie mortelle! Mon rêve de la nuit dernière me trouble et m'attriste.

LA DUCHESSE. Qu'a rêvé mon époux? dis-le-moi, et je te dirai à mon tour mon rêve charmant de ce matin.

GLOSTER. Il m'a semblé que ce bâton, insigne de mon autorité, était brisé en deux, j'ai oublié par qui; mais je crois me souvenir que c'était pas le cardinal; sur chacun des deux fragments était fixée une tête, celle d'Edmond, duc de Somerset, et celle de William de la Poole, duc de Suffolk. Voilà mon rêve; Dieu sait ce qu'il présage.

LA DUCHESSE. Ce rêve annonce que quiconque rompra un seul rameau du pouvoir de Gloster, payera de sa tête son audace. Maintenant, mon cher duc, écoute ce que j'ai rêvé. Il m'a semblé que j'étais majestueusement assise dans l'église cathédrale de Westminster, sur le siége où les rois et les reines sont couronnés. Henri et la princesse Marguerite se sont prosternés devant moi, et ont déposé sur mon front le diadème.

GLOSTER. Éléonore, tu m'obliges à me fâcher tout de bon. Femme présomptueuse, coupable Éléonore, n'es-tu pas la seconde femme du royaume, l'épouse chérie du protecteur? N'as-tu pas à ta disposition tous les plaisirs du monde, au-delà même de tout ce que tu peux désirer? Et cependant tu médites des pensées de trahison, pour précipiter ton époux et toi du faîte des honneurs au dernier degré de l'opprobre! Laisse-moi; je ne veux plus t'entendre.

LA DUCHESSE. Eh quoi! mylord, tant de colère contre Éléonore pour un rêve qu'elle vous raconte! Désormais je garderai mes rêves pour moi, afin de ne pas m'attirer de réprimandes.

GLOSTER. Calme-toi ; je ne suis plus fâché.

Entre UN MESSAGER.

LE MESSAGER. Mylord protecteur, la volonté de sa majesté est que vous vous prépariez à partir pour Saint-Albans, où le roi et la reine se proposent de chasser au faucon.

GLOSTER. J'y vais. — Éléonore, veux-tu venir avec nous ?

LA DUCHESSE. Oui, mylord ; je vais vous suivre.

Gloster et le Messager sortent.

LA DUCHESSE, *seule, continuant.* Il faut bien que je suive ; je ne puis prendre le pas sur les autres, tant que Gloster conservera ces idées abjectes et serviles. Si j'étais homme, duc et premier du sang, je me débarrasserais des gens qui me font obstacle et j'aplanirais ma voie en abattant leurs têtes : toute femme que je suis, je ne serais pas la dernière à jouer mon rôle dans le drame de la fortune.—Ah ! te voilà, sir John [1] ; ne crains rien, mon ami ; nous sommes seuls ; il n'y a ici que toi et moi.

Entre HUME.

HUME. Jésus garde votre royale majesté !

LA DUCHESSE. Que dis-tu, majesté ? je ne suis que duchesse.

HUME. Il est vrai ; mais par la grâce de Dieu et les conseils de Hume, vous aurez bientôt un titre plus grand.

LA DUCHESSE. Que dis-tu, mon ami ? As-tu déjà conféré avec Marguerite Jourdain, cette habile sorcière, et avec le magicien Roger Bolingbroke ? Consentent-ils à me servir ?

HUME. Ils ont promis d'évoquer des profondeurs de la terre, et de faire paraître aux yeux de votre altesse un esprit qui répondra à toutes les questions qu'il vous plaira de lui adresser.

LA DUCHESSE. Il suffit. Je préparerai mes questions. A notre retour de Saint-Albans, nous verrons à leur faire accomplir leurs promesses. Tiens, Hume, voilà pour te récompenser. (*Elle lui donne une bourse.*) Va, mon ami, va te réjouir avec tes associés dans cette importante opération.

La Duchesse sort.

HUME, *seul.* On veut que Hume s'égaye avec l'or de la duchesse ; parbleu, il n'y manquera pas. Mais doucement, sir John. Mets un sceau sur tes lèvres, et que pas un mot ne sorte

---

[1] Le titre de *sir*, qui ne se donne aujourd'hui qu'aux baronnets, se donnait autrefois, en Angleterre, aux membres du clergé.

de ta bouche! L'affaire exige du silence et du secret. La duchesse Éléonore me donne de l'or pour lui amener la sorcière; quand elle serait un démon, son or n'en est pas moins le bienvenu. Et cependant il m'en arrive aussi d'une autre direction; il m'en vient du riche cardinal et du puissant Suffolk, ce duc de nouvelle date. C'est à peine si j'ose le dire, et pourtant rien n'est plus vrai; car, pour parler franchement, connaissant le caractère ambitieux de la duchesse Éléonore, ils m'emploient pour tramer sa ruine, et lui mettre en tête ces conjurations magiques. On dit qu'un fripon habile n'a pas besoin de compère; et pourtant je suis le compère de Suffolk et du cardinal. Hume, si tu n'y prends garde, tu cours risque de les appeler tous deux un couple de rusés scélérats. Allons, les choses en sont là; la scélératesse de Hume causera, je le crains, la ruine de la duchesse, dont l'opprobre amènera la chute de Homfroy : de quelque manière que les choses tournent, j'aurai toujours de l'or.

Il sort.

SCÈNE III.

Même ville. — Un appartement du palais.

Entrent PIERRE et PLUSIEURS HOMMES DU PEUPLE, tenant leurs pétitions à la main.

PREMIER PÉTITIONNAIRE. Messieurs, tenons-nous réunis; mylord le protecteur va passer par ici tout à l'heure, et nous pourrons alors lui remettre nos pétitions écrites.

DEUXIÈME PÉTITIONNAIRE. Ma foi, que le bon Dieu le protége; car c'est un brave homme. Que Jésus le bénisse!

Entrent SUFFOLK et LA REINE MARGUERITE.

PREMIER PÉTITIONNAIRE. Le voilà qui vient, je crois, et la reine avec lui. Parbleu, je veux être le premier.

DEUXIÈME PÉTITIONNAIRE. Reviens à ta place, imbécile; ce n'est pas mylord le protecteur.

SUFFOLK. Eh bien, qu'y a-t-il? Que me veux-tu?

PREMIER PÉTITIONNAIRE. Veuillez me pardonner, mylord! je vous prenais pour mylord le protecteur.

LA REINE MARGUERITE, *lui prenant sa supplique et lisant la suscription.* « A mylord le protecteur! — Est-ce à sa seigneurie que vos suppliques sont adressées? Laissez-moi les voir. — Quelle est la tienne?

PREMIER PÉTITIONNAIRE. La mienne est dirigée contre Jean

Bonhomme, intendant de mylord le cardinal, qui m'a pris ma maison, mes terres, ma femme et tout.

SUFFOLK. Et ta femme aussi? C'est fort mal à lui, en effet. — Quelle est la tienne? Que vois-je? (*Il lit.*) « Contre le duc » de Suffolk, pour avoir clos et fermé le terrain communal de » Melford. » — Qu'est-ce à dire, monsieur le drôle?

DEUXIÈME PÉTITIONNAIRE. Hélas! mylord, je suis un pauvre diable chargé de pétitionner au nom de la commune.

PIERRE, *présentant sa pétition.* Contre Thomas Horner, mon maître, pour avoir dit que le duc d'York était l'héritier légitime de la couronne.

LA REINE MARGUERITE. Que dis-tu là? Le duc d'York a-t-il dit qu'il était l'héritier légitime de la couronne?

PIERRE. Que mon maître l'était? non, parbleu; c'est mon maître qui a dit cela du duc d'York, ajoutant que le roi était un usurpateur.

SUFFOLK, *appelant.* Holà, quelqu'un!

DES DOMESTIQUES entrent.

SUFFOLK, *continuant.* Mettez cet homme en lieu sûr; et qu'un poursuivant aille sur-le-champ chercher son maître. — Nous approfondirons cette affaire en présence du roi.

Les Domestiques emmènent Pierre.

LA REINE MARGUERITE. Et quant à vous qui implorez l'appui du protecteur et lui demandez de vous abriter sous ses ailes, recommencez vos suppliques et adressez-vous à lui sur nouveaux frais. (*Elle déchire les pétitions.*) Hors de ma présence, drôles! — Suffolk, faites-les chasser.

TOUS LES PÉTITIONNAIRES. Allons-nous-en.

Ils sortent.

LA REINE MARGUERITE. Dites-moi, mylord de Suffolk, voilà donc comme les choses se passent à la cour d'Angleterre? C'est donc comme cela qu'on gouverne la Grande-Bretagne, c'est donc là la royauté des monarques d'Albion? Eh quoi! le roi Henri ne sera-t-il jamais qu'un écolier soumis à la férule du morose Gloster? Et moi, ne suis-je reine que de nom, et faut-il que je sois la sujette d'un duc? Je te le dis, Suffolk; lorsque, dans la ville de Tours, tu rompis une lance en mon honneur, et fascinas les cœurs de toutes les dames de France, je crus que le roi Henri te ressemblait en courage, en courtoisie et en beauté : mais son esprit est absorbé par la dévotion; il passe sa vie à compter des *Ave Maria* sur son rosaire. Ses champions, ce sont les prophètes et les apôtres; ses armes, des citations des saintes Écritures; l'étude est son carrousel; ses amours, ce sont les images des saints canonisés. Je voudrais que le collége des cardinaux l'élût pape, qu'on l'emmenât à Rome et qu'on lui mît sur la tête la triple couronne : voilà la place qui convient à sa piété.

SUFFOLK. Madame, prenez patience : c'est moi qui suis cause que votre majesté est venue en Angleterre, je ferai en sorte qu'en Angleterre tous vos vœux soient comblés.

LA REINE MARGUERITE. Outre l'orgueilleux protecteur, nous avons Beaufort, cet impérieux prélat, Somerset, Buckingham, et York qui toujours murmure; et le moindre de ces hommes est en Angleterre plus puissant que le roi.

SUFFOLK. Et les plus puissants d'entre eux, ce sont les Névils. Salisbury et Warwick ne sont pas des pairs ordinaires.

LA REINE MARGUERITE. Tous ces lords réunis ne blessent pas la moitié autant ma vue que cette femme arrogante, l'épouse du lord protecteur. A la voir se pavaner à la cour, suivie d'un cortége de dames d'honneur, on la prendrait pour une impératrice plutôt que pour la femme du duc Homfroy; les étrangers la prennent pour la reine : elle porte sur elle le revenu d'un duché, et au fond de son cœur, son orgueil insulte à notre indigence. L'impudente se vantait l'autre jour, au milieu de ses favorites, que la queue de la moindre de ses robes était d'un prix supérieur à toute la fortune de mon père, avant que Suffolk lui eût donné deux duchés en échange de sa fille.

SUFFOLK. Madame, j'ai tendu des lacs pour la prendre; j'y ai placé des oiseaux au chant séducteur : elle viendra pour les entendre, et une fois prise au piége, je vous réponds qu'elle ne vous importunera plus. Cessons donc de nous occuper d'elle : maintenant, madame, veuillez m'écouter, et permettez-moi de vous donner un conseil. Quoique nous n'aimions pas le cardinal, il faut néanmoins nous liguer avec lui et avec les lords, jusqu'à ce que nous ayons amené la disgrâce de Homfroy. Quant au duc d'York, l'accusation récente[1] n'avancera pas ses affaires; ainsi, nous les extirperons tous l'un après l'autre; et vous-même, vous prendrez en main le gouvernail.

---

[1] Celle de l'apprenti Pierre contre l'armurier, son maître.

Entrent LE ROI HENRI, s'entretenant avec YORK et SOMERSET; LE DUC et LA DUCHESSE DE GLOSTER, LE CARDINAL BEAUFORT, BUCKINGHAM, SALISBURY et WARWICK.

LE ROI HENRI. En ce qui me concerne, nobles lords, peu m'importe que ce soit York ou Somerset; tous deux sont égaux à mes yeux.

YORK. Si York a démérité en France, que la régence lui soit refusée.

SOMERSET. Si Somerset est indigne de cette place, qu'York soit régent; je me retire devant lui.

WARWICK. Que vous en soyez digne ou non, ce n'est pas de cela qu'il s'agit; York en est le plus digne.

LE CARDINAL. Ambitieux Warwick, laisse parler tes supérieurs.

WARWICK. Le cardinal n'est point mon supérieur sur les champs de bataille.

BUCKINGHAM. Tous ceux qui sont ici présents sont tes supérieurs, Warwick.

WARWICK. Un temps viendra peut-être où Warwick sera leur supérieur à tous.

SALISBURY. Silence, mon fils. — Vous, Buckingham, dites-nous pour quel motif Somerset doit obtenir la préférence en cette occasion.

LA REINE MARGUERITE. Parce que telle est la volonté du roi.

GLOSTER. Madame, le roi est d'âge à donner lui-même son avis; ces sortes d'affaires ne sont point de la compétence des femmes.

LA REINE MARGUERITE. Si le roi est d'un âge suffisant, qu'est-il besoin que vous soyez le protecteur de sa majesté?

GLOSTER. Madame, je suis le protecteur du royaume; et quand il l'ordonnera, je résignerai mes fonctions.

SUFFOLK. Résigne-les donc, et mets un terme à ton insolence. Depuis que tu es roi,—car n'est-ce pas toi qui règnes? l'état n'a cessé de marcher vers sa ruine; le dauphin a triomphé au delà des mers; les pairs et tous les nobles du royaume ont été asservis en esclaves à ta souveraineté.

LE CARDINAL. Tu as rançonné le peuple; tes exactions ont appauvri et vidé la bourse du clergé.

SOMERSET. Tes palais somptueux et le luxe de ta femme ont coûté des sommes énormes au trésor public.

BUCKINGHAM. Ta cruauté dans le supplice des criminels a dépassé les limites de la loi, et c'est à la loi que tu dois en répondre.

LA REINE MARGUERITE. En France, la vente des emplois et des villes, si la certitude égalait les soupçons, pourrait bien compromettre ta tête.

Gloster sort. La reine Marguerite laisse tomber son éventail.

LA REINE MARGUERITE, *continuant*. Donnez-moi mon éventail. — (*A la duchesse de Gloster.*) Eh bien, ma mignonne, ne m'entendez-vous pas? (*Elle lui donne un soufflet.*) Je vous demande pardon, madame. Quoi! c'est vous?

LA DUCHESSE. Oui, c'est moi, arrogante Française; si mes ongles pouvaient atteindre ta beauté, j'imprimerais mes dix commandements sur ton visage.

LE ROI HENRI. Chère tante, calmez-vous; elle ne l'a pas fait exprès.

LA DUCHESSE. Pas fait exprès? Roi trop bon, prends-y garde avant qu'il soit trop tard; elle te gouvernera, te fera mouvoir comme un enfant. Quoique ce soit une femme qui règne en ces lieux, elle n'aura pas frappé impunément la duchesse Éléonore.

Elle sort.

BUCKINGHAM. Lord cardinal, je vais suivre les pas d'Éléonore, et m'informer des mouvements de Homfroy. La voilà maintenant piquée au vif; elle n'a plus besoin de l'éperon; elle va courir d'elle-même à sa perte.

Buckingham sort.

Rentre GLOSTER.

GLOSTER. Maintenant, mylords, qu'un tour de promenade dans la quadrangle a fait passer ma colère, je reviens m'entretenir des affaires de l'état. Quant à vos accusations haineuses, prouvez-les, et je me soumets à la rigueur des lois; mais que Dieu fasse miséricorde à mon âme, comme il est vrai que j'ai servi fidèlement mon roi et mon pays! Revenons au sujet actuellement en délibération. Sire, je déclare qu'York est l'homme qui convient le mieux pour remplir les fonctions de régent dans le royaume de France.

SUFFOLK. Avant que nous procédions à ce choix, permettez-moi de prouver, par des raisons qui ne sont pas sans valeur, qu'York est l'individu le moins digne d'occuper ce poste.

YORK. Je vais te dire, Suffolk, pourquoi j'en suis indigne;

c'est, d'abord, parce que je ne saurais flatter ton orgueil; ensuite, parce que, si l'on me nomme à cette dignité, mylord de Somerset me laissera sans soldats, sans argent, sans munitions, jusqu'à ce que la France soit livrée au pouvoir du dauphin. La dernière fois, en attendant qu'il plût à sa volonté de se prononcer, Paris a eu le temps d'être assiégé, affamé et pris.

WARWICK. J'en ai été témoin; et jamais traître ne commit un acte plus abominable.

SUFFOLK. Tais-toi, intraitable Warwick.

WARWICK. Image de l'orgueil, pourquoi me tairais-je?

Entrent des Serviteurs de Suffolk, amenant avec eux HORNER et PIERRE.

SUFFOLK. Parce que voilà un homme accusé de trahison. Dieu veuille que le duc d'York parvienne à se justifier!

YORK. Y a-t-il ici quelqu'un qui accuse York d'être un traître?

LE ROI HENRI. Que veux-tu dire, Suffolk? Dis-moi qui sont ces hommes?

SUFFOLK. Sire, voilà l'homme qui accuse son maître de haute trahison. Il prétend lui avoir entendu dire « que Richard, duc d'York, était l'héritier légitime de la couronne d'Angleterre, et que votre majesté était un usurpateur. »

LE ROI HENRI, *à Horner*. Réponds, est-il vrai que tu aies dit cela?

HORNER. Sous le bon plaisir de votre majesté, je n'ai jamais dit ni pensé rien de semblable. Je prends Dieu à témoin que je suis faussement accusé par ce scélérat.

PIERRE, *levant les mains*. Par ces dix doigts, mylords, j'affirme qu'il a tenu le langage en question dans le grenier, un soir que nous étions occupés à polir l'armure du duc d'York.

YORK, *à Horner*. Vil coquin, misérable artisan, il faut que tu payes de ta tête tes coupables paroles. — Je demande à votre majesté que cet homme soit puni suivant toute la rigueur des lois.

HORNER. Hélas! mylord, je veux être pendu, si j'ai prononcé les paroles qu'on m'impute; mon accusateur est mon apprenti: un jour que je l'avais corrigé pour certaine faute, il a fait vœu, à genoux, de s'en venger; je puis le prouver par des témoins. Je supplie donc votre majesté de ne pas sacrifier un honnête homme sur l'accusation d'un scélérat.

LE ROI HENRI. Mon oncle, quelle est la décision que la loi nous prescrit en pareille circonstance?

GLOSTER. Sire, voilà mon avis. Que lord Somerset soit nommé régent de France, car cet incident fait planer sur York des soupçons. Que le jour et le lieu soient fixés pour un combat singulier entre ces deux hommes, attendu que l'accusé offre d'établir par des témoignages que son serviteur est guidé par des motifs de haine; ainsi le veut la loi, et telle est la sentence du duc Homfroy.

LE ROI HENRI. Qu'il en soit donc ainsi. — Mylord de Somerset, nous vous nommons régent de France.

SOMERSET. Je remercie humblement votre majesté.

PIERRE. Hélas! mylord, je ne sais pas me battre. Au nom du ciel, ayez pitié de moi! je suis victime de la méchanceté des hommes. O mon Dieu! ayez pitié de moi! jamais je ne serai en état de porter un coup. O mon Dieu, mon Dieu!

GLOSTER. Drôle, choisis de te battre, ou d'être pendu.

LE ROI HENRI. Qu'on les mène en prison; nous fixons le jour du combat au dernier du mois prochain. — Venez, Somerset: nous allons nous occuper de votre départ.

Ils sortent.

SCÈNE IV.

Même ville. — Les jardins du duc de Gloster.

Arrivent MARGUERITE JOURDAIN, HUME, SOUTHWELL et BOLINGBROKE.

HUME. Venez, messieurs! comme je vous l'ai dit, la duchesse attend l'accomplissement de vos promesses.

BOLINGBROKE. Messire Hume, nous sommes prêts. La duchesse veut-elle voir et entendre nos exorcismes[1]?

HUME. Oui; pourquoi pas? vous pouvez compter sur son courage.

BOLINGBROKE. J'ai entendu dire que c'était une femme d'un courage invincible. Mais il sera bon, messire Hume, que vous soyez là-haut avec elle, pendant qu'ici nous procéderons à notre œuvre; retirez-vous donc, au nom du ciel, et laissez-nous.

Hume s'éloigne.

BOLINGBROKE, *continuant.* Mère Jourdain, jetez-vous à plat

---

[1] On sait que par exorcismes, Shakspeare entend l'évocation des esprits.

ventre contre terre ! — John Southwell, lisez ; et mettons-nous à l'œuvre.

LA DUCHESSE paraît à son balcon.

LA DUCHESSE. Fort bien, messieurs ; soyez tous les bienvenus ; procédez, le plus tôt sera le mieux.

BOLINGBROKE. Patience, madame ; les magiciens savent prendre leur temps. La nuit règne, profonde, sombre et silencieuse. C'est l'heure où commença l'incendie de Troie, l'heure où l'on entend le cri de la chouette, le hurlement des chiens de garde, l'heure où les esprits errent librement, où les morts sortent de leur tombeau ; c'est l'heure qui convient le mieux à l'œuvre qui nous occupe. Asseyez-vous, madame, et ne craignez rien ; l'esprit que nous évoquerons, nous allons l'emprisonner dans un cercle magique.

Ils accomplissent les cérémonies de l'évocation, et tracent un cercle magique. Southwell lit la formule sacramentelle *conjuro te* [1], etc. L'éclair brille, le tonnerre gronde, l'Esprit s'élève au milieu des flammes.

L'ESPRIT. *Adsum* [2].

MARGUERITE JOURDAIN. Asmath, par le Dieu éternel dont le nom et le pouvoir te font trembler, réponds aux questions que je vais te faire ; car tu ne t'en iras pas d'ici que tu n'aies parlé.

L'ESPRIT. Demande-moi ce que tu voudras. — Que n'ai-je déjà dit et fini [3] !

BOLINGBROKE, *lisant*. « D'abord le roi. Qu'adviendra-t-il de lui ? »

L'ESPRIT. Le duc est vivant qui déposera Henri ; mais Henri lui survivra et mourra de mort violente.

A mesure que l'Esprit parle, Southwell écrit sa réponse.

BOLINGBROKE. « Quelle destinée attend le duc de Suffolk ? »

L'ESPRIT. Il périra par l'eau, c'est là qu'il trouvera sa fin.

BOLINGBROKE. « Quel sera le sort du duc de Somerset ? »

L'ESPRIT. Qu'il évite les châteaux ; il sera plus en sûreté dans les plaines que sur les hauteurs d'où les châteaux dominent. Finis ; car je n'en puis endurer davantage.

[1] Je te conjure, etc.
[2] Me voici.
[3] On croyait que les esprits évoqués par les magiciens ne se rendaient à leur appel qu'avec répugnance.

BOLINGBROKE. Descends dans les ténèbres et dans le lac brûlant ; démon imposteur, disparais.

L'Esprit rentre dans la terre, à la lueur des éclairs et au bruit du tonnerre.

Arrivent à la hâte YORK *et* BUCKINGHAM, *suivis d'autres Seigneurs et de plusieurs Gardes.*

YORK. Mettez la main sur ces traîtres et sur leur diabolique appareil. — (*A Marguerite Jourdain.*) Nous vous y prenons, la belle. — (*A la Duchesse.*) Quoi ! vous ici, madame ? Le roi et l'état vous ont beaucoup d'obligation des soins que vous prenez. Je ne doute pas que le lord protecteur ne vous récompense convenablement pour cette bonne œuvre.

LA DUCHESSE. Elle est moins menaçante que toi pour le roi d'Angleterre, duc insolent, qui m'accuses sans motif.

BUCKINGHAM. Sans le plus léger motif, en effet, madame. (*Lui montrant le papier qu'il a saisi.*) Comment qualifiez-vous ceci ? — Qu'on les emmène ; qu'on les mette en lieu sûr, et qu'ils soient enfermés séparément. — (*A la Duchesse.*) Vous, madame, vous viendrez avec nous. — Strafford, prenez-la sous votre garde. (*La Duchesse quitte le balcon.*) Qu'on emporte tout l'appareil de leurs diableries ; tout. — Allez.

Les Gardes sortent, emmenant Southwell, Bolingbroke, etc.

YORK. Lord Buckingham, vous l'avez épiée on ne peut mieux. C'est une excellente occasion que vous avez trouvée là ; on pourra en tirer un merveilleux parti. Permettez, mylord, que je voie l'écriture du diable. (*Buckingham lui remet le papier.*) Oh ! oh ! qu'est-ce que je vois ? (*Il lit.*) « Le duc est » vivant, qui déposera Henri ; mais Henri lui survivra et mourra » de mort violente. » Parbleu, c'est justement comme dit le poëte :

Aio te, Æacida, Romanos vincere posse[1].

« Dis-moi quelle destinée attend le duc de Suffolk ? — Il périra par l'eau ; c'est là qu'il trouvera sa fin. — Quel sera le sort du duc de Somerset ? — Qu'il évite les châteaux ; il sera plus en sûreté dans les plaines que sur les hauteurs d'où les châteaux dominent. » — Venez, venez, mylords ; ces oracles coûtent cher à obtenir ; et il n'est pas facile de les comprendre. Le roi est maintenant en route pour Saint-Albans, accompagné de l'époux de cette aimable dame ; que cette nouvelle y soit portée à franc étrier ; ce sera un triste régal pour mylord le protecteur.

[1] Vers à double sens, qui peut signifier : Je dis, fils des Æacides, que tu peux vaincre les Romains ; ou : Je dis, fils des Æacides, que les Romains peuvent te vaincre.

BUCKINGHAM. Permettez, mylord d'York, que j'en sois porteur, dans l'espoir d'être récompensé par lui.

YORK. Comme il vous plaira, mon cher lord. — (*Appelant.*) Holà! quelqu'un!

Arrive UN DOMESTIQUE.

YORK, *continuant*. Qu'on invite de ma part les lords Salisbury et Warvick à souper avec moi demain soir. — Partons!

Ils s'éloignent.

ACTE DEUXIÈME.

SCÈNE I.

Saint-Albans.

Arrivent LE ROI HENRI, LA REINE MARGUERITE, GLOSTER, LE CARDINAL et SUFFOLK, suivis de Fauconniers le faucon au poing.

LA REINE MARGUERITE. Croyez-moi, mylords, voilà bien des années que je ne me suis autant amusée qu'à cette chasse aux poules d'eau. Et cependant, le vent était très-fort, et il y avait dix à parier contre un que le vieux faucon John ne prendrait pas sa volée.

LE ROI HENRI, *à Gloster*. A quelle hauteur, mylord, votre faucon s'est élevé, et comme il a laissé bien loin derrière lui tous les autres! Que l'œuvre de Dieu est admirable dans toutes ses créatures! Il en est de l'homme comme de l'oiseau, tous deux aspirent à monter.

SUFFOLK. Sous le bon plaisir de votre majesté, il n'est pas étonnant que les faucons de mylord le protecteur montent si haut; ils savent que leur maître aime à s'élever, et que sa pensée va bien au delà du vol de son faucon.

GLOSTER. Celui-là aurait l'âme bien vile et bien vulgaire, dont la pensée n'irait pas plus loin que le vol d'un oiseau.

LE CARDINAL. Je le savais; il voudrait planer au-dessus des nuages.

GLOSTER. Il est vrai, mylord cardinal : que voulez-vous dire par là? Votre éminence ne serait-elle pas charmée de prendre son vol vers les cieux?

LE ROI HENRI. Vers le séjour de la félicité éternelle.

LE CARDINAL. Ton ciel à toi est sur la terre; tes yeux et ta pensée couvent une couronne; c'est le trésor qu'ambitionne ton cœur, funeste protecteur, prince dangereux qui fascines les yeux du monarque et du peuple.

GLOSTER. Eh quoi, cardinal! pour un prêtre vous le prenez bien haut!

Tantæne in animis cœlestibus iræ [1]

Tant d'emportement dans un homme d'église! Mon cher oncle, cachez mieux votre haine; elle s'accorde mal avec votre saint caractère.

SUFFOLK. Sa haine n'est que ce qu'elle doit être dans une querelle si juste, et avec un pair si odieux.

GLOSTER. Quel pair, mylord?

SUFFOLK. Vous-même, mylord, n'en déplaise à l'orgueil du protecteur.

GLOSTER. Suffolk, l'Angleterre connaît ton insolence.

LA REINE MARGUERITE. Et ton ambition, Gloster.

LE ROI HENRI. Cessez, de grâce, mon amie; n'attisez pas la fureur de ces pairs. Bénis sont sur la terre les pacificateurs.

LE CARDINAL. Dieu me bénisse! mais si je fais la paix avec cet arrogant protecteur, ce ne sera qu'avec mon épée.

GLOSTER, *bas, au Cardinal*. Plût à Dieu, mon vénérable oncle, que les choses en vinssent là!

LE CARDINAL, *bas, à Gloster*. Ce sera quand tu en auras le cœur.

GLOSTER, *bas, au Cardinal*. N'ameute pas pour cette querelle une troupe de factieux. Viens seul et de ta personne soutenir ton langage insolent.

LE CARDINAL, *bas, à Gloster*. Je viendrai alors que toi tu n'oseras pas te montrer; si tu l'oses, je te donne rendez-vous ce soir sur la lisière orientale du bois.

LE ROI HENRI. Qu'y a-t-il donc, mylords?

LE CARDINAL, *haut*. Croyez-moi, cousin Gloster, si votre fauconnier n'avait pas sitôt rappelé l'oiseau, notre amusement se serait prolongé. — (*Bas.*) Viens avec ta longue épée.

GLOSTER, *haut*. C'est vrai, mon oncle.

LE CARDINAL, *bas, à Gloster*. Tu m'entends? la lisière orientale du bois.

GLOSTER, *bas, au Cardinal*. Cardinal, je m'y trouverai.

[1] Tant de fiel entre-t-il dans les âmes célestes! Virgile, *Énéide*, ch. 1.

LE ROI HENRI. Que dites-vous donc là, mon oncle Gloster?

GLOSTER. Sire, nous parlons de chasse, voilà tout. — (*Bas, au Cardinal.*) Par la mère de Dieu, prêtre, j'élargirai ta tonsure, ou mon épée me fera défaut.

LE CARDINAL, *bas, à Gloster.* Medica teipsum[1]; protecteur, songe à te protéger toi-même.

LE ROI HENRI. Le vent devient plus fort, ainsi que votre colère, mylords. Combien cette musique est discordante! Quand de telles cordes détonnent, quelle harmonie peut-on espérer? Permettez, mylords, que j'apaise ce différend.

Accourt UN HABITANT de Saint-Albans.

L'HABITANT, *criant* : Miracle!

GLOSTER. Que signifie ce bruit?

L'HABITANT. Miracle! miracle!

SUFFOLK. Avance vers le roi, et dis-lui quel est ce miracle.

L'HABITANT. Il y a tout au plus une demi-heure qu'à la chapelle de Saint-Albans un aveugle a recouvré la vue, un homme qui n'y avait vu de sa vie.

LE ROI HENRI. Loué soit le Seigneur, qui, pour récompenser la foi, éclaire les ténèbres et console le désespoir!

Arrivent LE MAIRE et LES CONSEILLERS MUNICIPAUX de Saint-Albans; SIMPCOX, que deux personnes portent dans une chaise; SA FEMME le suit, accompagnée d'une foule de Peuple.

LE CARDINAL. Voilà les habitants de la ville qui viennent processionnellement présenter l'individu en question à votre majesté.

LE ROI HENRI. Grande est sa consolation dans cette vallée terrestre, bien que le don de la vue doive multiplier pour lui les occasions de péché.

GLOSTER. Arrêtez, messieurs; déposez cet homme auprès du roi; sa majesté désire lui parler.

LE ROI HENRI. Mon ami, raconte-nous les détails de ce miracle; afin que nous puissions, à ton sujet, glorifier le Seigneur. Est-il vrai que tu étais aveugle, et que maintenant tu y vois?

SIMPCOX. Aveugle de naissance, sous le bon plaisir de votre majesté.

---

[1] Guéris-toi toi-même.

LA FEMME. Oui, c'est vrai.

SUFFOLK. Quelle est cette femme?

LA FEMME. Je suis sa femme, sous le bon plaisir de votre seigneurie.

GLOSTER. Si tu étais sa mère, tu pourrais parler plus pertinemment.

LE ROI HENRI. Où es-tu né.

SIMPCOX. A Berwick du Nord, sire.

LE ROI HENRI. Infortuné! la miséricorde de Dieu a été grande à ton égard; ne laisse passer ni un jour ni une nuit sans le bénir, et n'oublie jamais ce que le Seigneur a fait pour toi.

LA REINE MARGUERITE. Dis-moi, mon ami, est-ce le hasard ou la dévotion qui t'a conduit à la sainte chapelle?

SIMPCOX. C'est la dévotion seule; car cent fois et plus, dans mon sommeil, j'avais entendu la voix de saint Albans qui m'appelait, en me disant : « Viens, Simpcox, viens à ma chapelle, et je te guérirai. »

LA FEMME. C'est très-vrai; j'ai entendu bien des fois cette voix l'appeler.

SUFFOLK. Quoi donc? est-ce que tu es boiteux?

SIMPCOX. Oui; que le Dieu tout-puissant ait pitié de moi.

SUFFOLK. A la suite de quel accident?

SIMPCOX. Je suis tombé d'un arbre.

LA FEMME. D'un prunier, mylord.

GLOSTER. Depuis combien de temps es-tu aveugle?

SIMPCOX. Oh! je suis aveugle de naissance, seigneur.

GLOSTER. Et l'envie t'a pris de monter sur un arbre?

SIMPCOX. Cela ne m'est arrivé qu'une fois dans ma vie, lorsque j'étais enfant.

LA FEMME. C'est vrai, et il a payé cher son imprudence.

GLOSTER. Il fallait que tu aimasses diantrement les prunes, pour t'exposer ainsi.

SIMPCOX. Hélas! mylord, ma femme voulait absolument manger des reine-claudes, et m'a prié de monter sur l'arbre, au risque de me tuer.

GLOSTER. Voilà un rusé coquin! Mais toute son astuce ne lui servira de rien. — Laisse-moi voir tes yeux, — ferme-les, — maintenant ouvre-les; — Je ne crois pas que tu aies la vue parfaitement claire.

SIMPCOX. Aussi claire que le jour, grâce à Dieu et à saint Albans.

GLOSTER. En vérité? De quelle couleur est ce manteau?

SIMPCOX. Il est rouge, mylord, rouge comme du sang.

GLOSTER. Fort bien ; et de quelle couleur est mon vêtement ?

SIMPCOX. Noir comme du charbon, noir comme du jais.

GLOSTER. Tu sais donc de quelle couleur est le jais!

SUFFOLK. Et pourtant, j'imagine qu'il n'en a jamais vu.

GLOSTER. Mais il a déjà vu bien des manteaux et bien des vêtements.

LA FEMME. Il n'en a vu de sa vie.

GLOSTER. Dis-moi, mon ami, quel est mon nom?

SIMPCOX. Hélas! mylord, je n'en sais rien.

GLOSTER. Quel est le nom de ce lord?

SIMPCOX. Je ne sais pas.

GLOSTER. Et le nom de celui-ci?

SIMPCOX. Je ne sais pas, en vérité.

GLOSTER. Et quel est ton nom à toi?

SIMPCOX. Saunder Simpcox, plaise à votre seigneurie.

GLOSTER. Eh bien, Saunder, tu es le plus fieffé imposteur de la chrétienté. Si tu étais né aveugle, il ne t'aurait pas été plus difficile de nous désigner par nos noms, tous tant que nous sommes, que de nommer les diverses couleurs de nos vêtements. La vue peut distinguer les couleurs ; mais les nommer ainsi toutes, immédiatement, c'est chose impossible. —Mylords, saint Albans a fait là un miracle. Et que diriez-vous de mon savoir-faire si je rendais à cet estropié l'usage de ses jambes ?

SIMPCOX. Oh! plût à Dieu que cela vous fût possible, mylord!

GLOSTER. Messieurs de Saint-Albans, n'avez-vous pas des justiciers dans votre ville, ainsi que certains instruments qu'on nomme fouets?

LE MAIRE. Nous en avons, mylord.

GLOSTER. Qu'on nous en procure à l'instant.

LE MAIRE, *à un de ses officiers.* Va sur-le-champ chercher le justicier.

L'Officier s'éloigne.

GLOSTER. Qu'on me donne un escabeau. —(*On apporte un escabeau.*) Maintenant, drôle, si tu veux éviter le fouet, saute par dessus cet escabeau, et décampe au plus vite.

SIMPCOX. Hélas, mylord, je ne saurais me tenir debout; vous allez me mettre inutilement à la torture.

Revient L'OFFICIER, accompagné du JUSTICIER, tenant un fouet à la main.

GLOSTER. Drôle, il faut absolument que tu retrouves l'usage de tes jambes. — Justicier, fouettez-le jusqu'à ce qu'il ait sauté par-dessus cet escabeau.

LE JUSTICIER. Je vais vous obéir, mylord. — (*A Simpcox.*) Allons, ôte vite ton pourpoint.

SIMPCOX. Hélas! que vais-je devenir? je ne puis me tenir sur mes jambes.

Après le premier coup de fouet, il saute par-dessus l'escabeau et se sauve; la foule court après lui en criant : *Miracle!*

LE ROI HENRI. O Dieu, tu le vois et tu le souffres?

LA REINE MARGUERITE. Je n'ai pu m'empêcher de rire en voyant déguerpir ce coquin-là.

GLOSTER. Qu'on se mette à sa poursuite, et qu'on emmène cette misérable.
Il montre la femme de Simpcox.

LA FEMME. Hélas, sire, c'est la misère qui nous a fait agir.

GLOSTER. Qu'on les reconduise à Berwick, d'où ils sont venus; et que dans tous les villages qu'ils traverseront ils soient fouettés en place publique.

Le Maire, le Justicier, la Femme de Simpcox, etc., s'éloignent.

LE CARDINAL. Le duc Homfroy a fait aujourd'hui un miracle.

SUFFOLK. C'est vrai, il a fait sauter et courir un boiteux.

GLOSTER. Vous avez fait des miracles plus grands, mylord. En un jour, à votre voix, des villes entières ont pris leur volée.

LE ROI HENRI. Quelles nouvelles nous apporte notre cousin Buckingham?

Arrive BUCKINGHAM.

BUCKINGHAM. Des nouvelles que je ne puis vous annoncer sans frémir. Un ramas d'individus pervers et impies, sous la protection de la duchesse Éléonore, la femme du protecteur, le chef de cette bande, ont tramé de dangereux complots contre votre autorité. Nous les avons surpris avec des sorcières et des magiciens, évoquant de l'abîme des esprits impurs, les interrogeant sur la vie et la mort du roi Henri et d'autres personnages, membres du conseil privé de votre majesté, ainsi qu'on vous l'exposera plus en détail.

LE CARDINAL. A ces causes, mylord le protecteur, votre femme est en ce moment détenue à Londres. (*A voix basse.*) Cette nouvelle, sans doute, aura émoussé votre épée; il est probable, mylord, que vous ne viendrez pas au rendez-vous.

GLOSTER. Ambitieux prélat, cesse de contrister mon cœur. Les chagrins et la douleur ont attéré mon courage ; accablé et vaincu, je baisse pavillon devant toi, comme je ferais devant le dernier des esclaves.

LE ROI HENRI. Grand Dieu, que d'iniquités trament les pervers, attirant par là le châtiment sur leur propre tête !

LA REINE MARGUERITE. Gloster, tu vois que le crime est entré dans ta propre maison ; aie soin d'être toi-même irréprochable, — je te le conseille.

GLOSTER. Pour ce qui est de moi, madame, je prends le ciel à témoin de mon dévouement au roi et à l'état ; quant à ma femme, j'ignore ce qu'on peut avoir à lui reprocher. Je suis affligé de ce que je viens d'entendre. Elle sort d'un sang illustre ; mais s'il est vrai qu'elle ait mis en oubli l'honneur et la vertu, et lié commerce avec des êtres dont le contact, pareil à la poix, est une souillure pour la noblesse, je la bannis de mon lit et de ma société, et je livre à la rigueur des lois et à l'opprobre celle qui a déshonoré le nom sans tache de Gloster.

LE ROI HENRI. Allons, nous coucherons ici cette nuit ; demain nous retournerons à Londres pour examiner à fond cette affaire, interroger les coupables, et peser leur cause dans la balance de la justice, dont les décisions sont impartiales, et qui fait triompher le bon droit.

Bruit de fanfares. Ils s'éloignent.

SCÈNE II.

Londres. — Les jardins du duc d'York.

Arrivent YORK, SALISBURY et WARWICK.

YORK. Maintenant, mylords de Salisbury et de Warwick, puisque votre souper frugal est terminé, permettez-moi, dans cette promenade solitaire, et pour ma propre satisfaction, de consulter votre opinion sur la validité de mon titre à la couronne d'Angleterre, titre que je crois incontestable.

SALISBURY. Mylord, il me tarde d'entendre cet exposé dans tous ses détails.

WARWICK. Mon cher York, commence, et si tes droits sont fondés, les Névil se soumettront à tes ordres.

YORK. Écoutez-moi donc : Édouard III, mylords, eut sept fils : le premier fut Édouard, prince de Galles, surnommé le prince Noir ; le second Guillaume de Hatfield ; le troisième Lionel, duc de Clarence ; le quatrième Jean de Gand, duc de Lancastre ; le cinquième Edmond Langley, duc d'York ; le sixième fut Thomas de Woodstock, duc de Gloster ; Guillaume de Windsor fut le septième et dernier. Édouard, le prince Noir, mourut avant son père, et laissa un fils unique, Richard, qui, après la mort d'Édouard III, régna sur l'Angleterre jusqu'au jour où Henri Bolingbroke, duc de Lancastre, le fils aîné et l'héritier de Jean de Gand, s'empara du royaume, se fit couronner sous le nom de Henri IV, déposa le roi légitime, renvoya la malheureuse reine en France, d'où elle était venue, et enferma Richard au château de Pomfret, où vous savez tous que cet infortuné monarque fut traîtreusement assassiné.

WARWICK. Mon père, c'est la vérité que le duc vient de nous dire ; c'est ainsi que la maison de Lancastre a obtenu la couronne.

YORK. Elle la retient aujourd'hui par la force, mais sans droit ; car l'héritier du premier fils d'Édouard III, Richard étant mort, c'est à la postérité du second fils que devait revenir la couronne.

SALISBURY. Mais Guillaume de Hatfield était mort sans enfants.

YORK. Le troisième fils, du chef duquel je revendique la couronne, eut une fille, du nom de Philippe, qui épousa Edmond Mortimer, comte de la Marche. Edmond eut un fils, Roger, comte de la Marche. Roger eut un fils, Edmond, et deux filles, Anne et Éléonore.

SALISBURY. J'ai lu que, sous le règne de Bolingbroke, cet Edmond revendiqua la couronne ; et il fût devenu roi, si Owen Glendower ne l'avait retenu captif jusqu'à sa mort. Mais passons aux autres.

YORK. Anne, sa sœur et ma mère, étant l'héritière de la couronne, épousa Richard, comte de Cambridge, qui était fils d'Edmond Langley, cinquième fils d'Édouard III ; et c'est de son chef que je réclame la couronne. Elle était fille de Roger, comte de la Marche, fils d'Edmond Mortimer, lequel avait épousé Philippe, fille unique de Lionel, duc de Clarence ; si donc la postérité de l'aîné doit succéder avant celle du cadet, je suis roi.

WARWICK. Il n'y a rien de plus évident que cela. Henri réclame la couronne du chef de Jean de Gand, quatrième fils d'Édouard III ; York la réclame du chef du troisième ; jusqu'à ce que la branche de Lionel soit éteinte, celle de Jean de Gand ne doit pas régner ; or, elle n'est pas éteinte ; elle fleurit dans toi et dans tes fils, superbes rejetons d'une si belle tige. Ainsi, Salisbury, mon père, fléchissons ensemble le genou, et dans ce lieu solitaire, soyons les premiers à saluer notre légitime souverain, à proclamer ses droits à la couronne.

TOUS DEUX. Vive notre souverain Richard, roi d'Angleterre!

YORK. Mylords, je vous rends grâces ; mais je ne serai votre roi que lorsque je serai couronné et que mon épée sera teinte du sang de la maison de Lancastre ; et cette tâche n'est pas l'œuvre d'un jour ; elle veut de la réflexion et le silence du secret. Imitez mon exemple dans ces temps de périls. Fermez les yeux sur l'insolence de Suffolk, l'orgueil de Beaufort, l'ambition de Somerset, sur Buckingham et sur toute leur bande, jusqu'à ce qu'ils aient fait tomber dans le piège le pasteur du troupeau, ce vertueux prince, le bon duc Homfroy : c'est ce résultat qu'ils cherchent, et en le cherchant, ils trouveront la mort, si l'avenir ne trompe pas mes prévisions.

SALISBURY. Mylord, restons-en là ; nous connaissons pleinement vos intentions.

WARWICK. Mon cœur me dit qu'un jour viendra où le comte de Warwick fera du duc d'York un roi.

YORK. Et moi, Névil, il y a une chose dont je suis certain, c'est que Richard, si Dieu lui prête vie, fera du comte de Warwick le premier personnage de l'Angleterre, après le roi.

SCÈNE III.

Même ville. — Une cour de justice.

Bruit de fanfares. Entrent LE ROI HENRI, LA REINE MARGUERITE, GLOSTER, YORK, SUFFOLK et SALISBURY ; LA DUCHESSE DE GLOSTER, MARGUERITE JOURDAIN, SOUTHWELL, HUME et BOLINGBROKE, entrent conduits par des Gardes.

LE ROI HENRI. Levez-vous, dame Éléonore Cobham, épouse de Gloster ; aux yeux de Dieu et aux nôtres, votre crime est grand : recevez la sentence de la loi pour des attentats auxquels le livre de Dieu a attaché la peine de mort. — (*A Marguerite Jourdain et à ses complices.*) Vous quatre, vous allez retourner en prison, d'où vous serez conduits au lieu du supplice. La sorcière sera brûlée vive sur la place de Smithfield ; les trois autres seront pendus au gibet jusqu'à ce que mort s'ensuive. — (*A la*

Duchesse.) Vous, madame, en considération de votre naissance, vous serez dépouillée de tous vos honneurs pendant votre vie, et après une pénitence publique de trois jours, vous vivrez exilée, dans votre patrie, sous la garde de Stanley : je vous assigne l'île de Man pour votre résidence.

LA DUCHESSE. J'accepte l'exil avec joie, j'eusse de même accepté la mort.

GLOSTER. Éléonore, tu le vois, la loi t'a jugée; je ne puis justifier ce que la loi condamne.

Des gardes emmènent la Duchesse et les autres prisonniers.

GLOSTER, *continuant.* Mes yeux sont pleins de larmes et mon âme de douleur. Ah! Homfroy, cet opprobre, au déclin de ton âge, va remplir d'amertume tes derniers jours et hâter ton trépas! — Je demande à votre majesté la permission de me retirer ; ma douleur veut du soulagement, et ma vieillesse du repos.

LE ROI HENRI. Arrête, Homfroy, duc de Gloster; avant de me quitter, donne-moi ton bâton de commandement : Henri n'aura désormais d'autre protecteur que lui-même : c'est en Dieu que je mets mon espérance ; il sera mon appui, mon guide et le flambeau qui éclairera mes pas. Sur ce, va en paix, Homfroy, non moins chéri que lorsque tu étais le protecteur de ton roi.

LA REINE MARGUERITE. Je ne vois pas pourquoi un roi de votre âge aurait besoin d'être protégé comme un enfant. — Que Dieu et le roi Henri tiennent le gouvernail de l'Angleterre. — (*A Gloster.*) Résignez, mylord, le bâton de commandement, et rendez au roi son royaume.

GLOSTER. Mon bâton de commandement? Noble Henri, le voilà. Je le résigne aussi volontiers que je l'acceptai des mains de votre père Henri ; et je le dépose à vos pieds avec autant de joie que d'autres, plus ambitieux, en mettraient à le recevoir. Quand je ne serai plus, puissent la gloire et la paix environner votre trône!

Il sort.

LA REINE MARGUERITE. Enfin, Henri est roi, et Marguerite est reine ; et Gloster n'est plus que l'ombre de lui-même, après cette mutilation douloureuse : deux blessures lui sont infligées à la fois ; sa femme est bannie, et le bras de sa puissance est coupé. Le sceptre est enfin recouvré ; — qu'il reste à la place où il doit être, dans la main de Henri.

SUFFOLK. Ainsi ce pin orgueilleux s'affaisse en inclinant ses rameaux, ainsi l'orgueil d'Éléonore expire dans sa fleur.

YORK. Mylords, occupons-nous d'autre chose. — Sire, voici le jour fixé pour le combat; l'appelant et le défendeur, l'armurier et son apprenti, sont prêts à entrer dans la lice, si votre majesté consent à assister au spectacle de ce combat.

LA REINE MARGUERITE. Oui, sans doute, mylord; j'ai quitté la cour tout exprès pour voir vider ce différend.

LE ROI HENRI. Au nom du ciel, visitez la lice, et veillez à ce que toutes choses se passent comme elles le doivent. Qu'ils vident ici leur querelle, et que Dieu défende le bon droit.

YORK. Je n'ai jamais vu, mylords, un drôle plus embarrassé et ayant plus peur de se battre que l'appelant, l'apprenti de cet armurier.

Entrent dans la lice, d'un côté, HORNER, précédé d'un Tambour et portant sur son épaule un bâton auquel est attaché un sac de sable [1]; ses VOISINS l'accompagnent, boivent à sa santé et le font boire au point qu'il en est ivre. Entrent, d'un autre côté, PIERRE, précédé d'un Tambour et portant un bâton pareil; DES APPRENTIS, ses camarades, l'accompagnent et boivent à sa santé.

PREMIER VOISIN. Allons, voisin Horner, je bois à toi une coupe de vin; va, voisin, ne crains rien, tu t'en acquitteras à merveille.

DEUXIÈME VOISIN. Tiens, voisin, voilà une coupe de Charneco [2].

TROISIÈME VOISIN. Et voici un pot d'excellente double bière, voisin : bois, et ne crains pas ton adversaire.

HORNER. Donnez, je vous ferai raison à tous, et je me moque de Pierre.

PREMIER APPRENTI. Tiens, Pierre, je bois à toi; va, n'aie pas peur.

DEUXIÈME APPRENTI. Du courage, Pierre; et ne crains pas ton maître : soutiens l'honneur des apprentis.

PIERRE. Je vous rends grâce à tous : buvez, et priez pour moi, je vous prie, car je crois bien que j'ai bu ma dernière rasade. — Tiens, Robin, si je meurs, je te donne mon tablier; toi, Guillaume, tu auras mon marteau; et toi, Tom, tiens

---

[1] D'après les lois du duel, les chevaliers seuls combattaient avec l'épée et la lance; les manants devaient combattre avec un bâton d'ébène, à l'extrémité duquel était fixé un sac de sable.

[2] Sorte de vin doux, fait dans un village de ce nom, aux environs de Lisbonne.

prends tout l'argent que j'ai. O mon Dieu, assistez-moi! je ne viendrai jamais à bout de mon maître; il est trop exercé.

SALISBURY. Allons, cessez de boire, et battez-vous. — Toi, quel est ton nom?

PIERRE. Pierre.

SALISBURY. Pierre! et ton nom de famille?

PIERRE. Poucet.

SALISBURY. Eh bien, Poucet! pousse-moi à ton maître des bottes solides.

HORNER. Messieurs, je suis venu ici, comme qui dirait, à l'instigation de mon apprenti, pour prouver qu'il est un gueux, et que je suis un honnête homme. Et pour ce qui regarde le duc d'York, que je meure si je lui ai jamais voulu aucun mal, non plus qu'au roi ou à la reine! En conséquence, Pierre, je vais t'asséner un coup terrible comme celui que Bevis de Southampton asséna au géant Ascapart.

YORK. Qu'on se dépêche; — ce drôle commence à avoir la langue épaisse. Trompettes, donnez le signal aux combattants.

Les trompettes sonnent; le combat commence; du premier coup, Pierre étend son maître à terre.

HORNER. Arrête, Pierre, arrête! je confesse, je confesse ma trahison.

Il meurt.

YORK, *montrant Pierre.* Qu'on lui enlève son arme. — L'ami, remercie Dieu et le vin qu'avait bu ton maître.

PIERRE. Grand Dieu! ai-je donc terrassé mon ennemi en présence de cette assemblée? O Pierre, le bon droit a triomphé.

LE ROI HENRI. Allez; qu'on emporte d'ici le corps de ce traître; sa mort nous prouve qu'il était coupable; et Dieu dans sa justice nous a révélé la sincérité et l'innocence de ce pauvre diable, que l'autre espérait immoler injustement. Viens, mon ami, viens recevoir ta récompense.

Ils sortent.

SCÈNE IV.

Même ville. — Une rue.

Arrivent en habits de deuil, GLOSTER *et plusieurs de ses Serviteurs.*

GLOSTER. Ainsi parfois un nuage voile la splendeur du plus beau jour; ainsi après l'été vient invariablement l'hiver stérile avec ses rigoureux frimas et sa piquante froidure. Les douleurs et les joies se succèdent comme les saisons. — Amis, quelle heure est-il?

UN SERVITEUR. Dix heures, mylord.

GLOSTER. C'est l'heure qui m'a été indiquée pour attendre au passage mon épouse condamnée. Les cailloux du chemin doivent blesser ses pieds délicats. Chère Éléonore, que ta fierté doit souffrir, lorsqu'il te faut subir les insolents regards et les rires moqueurs d'une foule abjecte qui aujourd'hui insulte à ta honte, elle qui naguère suivait la roue de ton char triomphal! Mais, la voilà qui s'approche; préparons mes yeux humides de pleurs à contempler ses misères.

Arrive **LA DUCHESSE DE GLOSTER**, nu-pieds, couverte d'un linceul blanc, tenant à la main une torche allumée, et portant un écriteau sur son dos; **SIR JOHN STANLEY, UN SHÉRIFF** et **DES GARDES** l'accompagnent.

LE SERVITEUR. Si votre seigneurie le permet, nous allons l'arracher aux mains du schériff.

GLOSTER. Ne bougez pas, si vous tenez à la vie; laissez-la passer.

LA DUCHESSE. Viens-tu, Gloster, pour être témoin de ma honte publique? Maintenant, toi aussi tu fais pénitence avec moi. Vois comme ils te regardent; vois la multitude insensée te montrer du doigt en secouant la tête, et tous les yeux se fixer sur toi! Ah! Gloster, dérobe-toi à tous ces regards haineux; et, renfermé chez toi, va pleurer mon opprobre et maudire mes ennemis et les tiens.

GLOSTER. Résigne-toi, ma chère Éléonore; oublie cette douloureuse épreuve.

LA DUCHESSE. Ah! Gloster, apprends-moi à m'oublier moi-même; tant que je me rappelle que je suis ta légitime épouse, et que toi, tu es prince, le protecteur de ce royaume, il me semble que je ne devrais pas être ainsi conduite, enveloppée dans l'opprobre, avec un écriteau sur mon dos, et suivie par une lâche populace qui s'applaudit de voir couler mes larmes et d'entendre mes profonds gémissements; les cailloux cruels blessent mes pieds endoloris; et quand je tressaille, la foule malveillante se met à rire, et m'avertit de prendre garde où je pose mes pas. Ah! Homfroy, puis-je supporter tant d'opprobre? crois-tu que je veuille jamais revoir le monde, ou estimer heureux ceux qui jouissent de la lumière du soleil? Non, les ténèbres seront ma lumière, et mes jours des nuits; le souvenir de ma splendeur passée sera mon enfer. Je me dirai quelquefois : « Je suis la femme du duc Homfroy ; et lui, il est prince ; il gouverne le pays ; et cependant, tout prince qu'il était, il est resté spectateur immobile, tandis que moi, sa malheureuse épouse, j'étais montrée au doigt par la populace la plus vile. » Mais résigne-toi, et ne rougis pas de ma honte ; que rien ne t'émeuve jusqu'au moment où tu verras la hache de la mort se lever sur ta tête, ce qui ne se fera pas attendre ; car Suffolk, à qui tout obéit, ligué avec celle qui te hait et nous hait tous, et York, et l'impie Beaufort, ce pontife imposteur, ont tendu leurs lacs autour de toi, et tu chercherais vainement à leur échapper. Mais ne crains rien, jusqu'à ce que tu sois pris au piége, et ne cherche jamais à te précautionner contre tes ennemis.

GLOSTER. Ah ! ne parle point ainsi, Éléonore ; tu t'abuses. Il faut que je sois coupable avant qu'on puisse me condamner ; et quand j'aurais vingt fois plus d'ennemis, et que chacun d'eux aurait vingt fois plus de puissance, ils ne peuvent rien contre moi, tant que je resterai loyal, fidèle et sans reproche. Voudrais-tu donc que je t'arrachasse à cet opprobre ? Je n'effacerais pas ta honte, et je me mettrais en péril en violant la loi. La résignation, Éléonore, est le seul parti que tu aies à prendre. Que ton âme se résigne, je t'en conjure : ces quelques jours de scandale seront bientôt oubliés.

Arrive UN HÉRAUT D'ARMES.

LE HÉRAUT. Je somme votre altesse de se rendre au parlement de sa majesté, convoqué à Bury pour le premier du mois prochain.

GLOSTER. Et mon assentiment préalable à cette mesure n'a point été demandé ! il y a quelque chose là-dessous. — (*Au Héraut.*) C'est bien ; je m'y rendrai.

Le Héraut s'éloigne.

GLOSTER, *continuant.* Éléonore, je te quitte. — Monsieur le schériff, que la pénitence n'excède pas l'ordre du roi.

LE SCHÉRIFF. Mylord, ici se terminent mes fonctions ; maintenant sir John Stanley est chargé de conduire la duchesse à l'île de Man.

GLOSTER. Est-ce vous, sir John, qui êtes chargé de veiller sur elle ?

STANLEY. J'en ai reçu l'ordre, mylord.

GLOSTER. Je vous supplie de la bien traiter ; que ma demande ne soit pas un motif pour aggraver son sort : la fortune peut de nouveau nous sourire ; et je pourrai reconnaître les bontés que vous aurez eues pour elle ; sur ce, sir John, recevez mes adieux.

LA DUCHESSE. Eh quoi, mylord, vous partez sans me dire adieu ?

GLOSTER. Tu vois mes pleurs ; je ne puis t'en dire davantage.

Gloster et ses Serviteurs s'éloignent.

LA DUCHESSE. Te voilà donc parti ? — Toute consolation est disparue avec toi ; il ne m'en reste plus ; tout mon espoir est dans la mort, la mort, dont naguère je ne pouvais entendre le nom sans effroi, parce que je souhaitais que cette vie fût éternelle. Stanley, je t'en conjure, emmène-moi d'ici ! peu m'importe en quel lieu ; je ne demande point de faveur ; conduis-moi où tu as ordre de me conduire.

STANLEY. Madame, c'est à l'île de Man ; là vous serez traitée conformément à votre rang et à votre position.

LA DUCHESSE. Je serai donc traitée bien mal ; car ma position est cruelle ; je suis dans l'opprobre : serai-je donc traitée avec opprobre ?

STANLEY. Non, mais comme il convient à une duchesse, à l'épouse du duc Homfroy.

LA DUCHESSE. Adieu, schériff, je te souhaite plus de bonheur que je n'en ai, bien que tu aies été chargé de présider à ma honte.

LE SCHÉRIFF. Je n'ai fait que mon devoir ; veuillez m'excuser, madame.

LA DUCHESSE. Adieu ; ton office est rempli. — Allons, Stanley, partons-nous ?

STANLEY. Madame, votre pénitence étant terminée, vous allez quitter ce linceul, et prendre des habits de voyage.

LA DUCHESSE. Je ne dépouillerai pas mon opprobre avec ce linceul. De quelque manière que je sois vêtue, il percera à travers mes plus riches parures. Allons, montre-moi le chemin ; il me tarde de voir ma prison.

Ils s'éloignent.

ACTE TROISIÈME.

SCÈNE I.

L'Abbaye de Bury.

Le parlement est assemblé. Entrent LE ROI HENRI, LA REINE MARGUE-
RITE, LE CARDINAL BEAUFORT, SUFFOLK, YORK, BUCKINGHAM et
Autres.

LE ROI HENRI. Je m'étonne que mylord de Gloster ne soit pas encore venu. Quels que soient les motifs qui le retiennent, il n'a pas pour habitude de se présenter le dernier.

LA REINE MARGUERITE. Ne voyez-vous donc pas et n'avez-vous pas observé le changement qui s'est opéré dans ses manières, quelle fierté il affiche, combien depuis quelque temps il est devenu insolent, orgueilleux, impérieux, tout différent de ce qu'il était? Il fut un temps où il était doux et affable. Au moindre coup d'œil que nous lui jetions, à l'instant il était à nos genoux, si bien que toute la cour admirait son humble déférence. Maintenant, si nous le rencontrons le matin, au lieu de nous donner comme tout le monde le salut d'usage, il fronce le sourcil, il nous fixe d'un œil de colère, et passe roide et fier sans daigner nous rendre les respects qui nous sont dus. On ne fait pas attention aux grognements d'un petit chien; mais le rugissement du lion fait trembler l'homme le plus hardi, et Homfroy est un homme important en Angleterre. Songez qu'il est après vous le premier par la naissance, et que, si vous veniez à mourir, il serait votre successeur immédiat. Considérant donc ces dispositions hostiles à votre égard, et les avantages qui résulteraient pour lui de votre mort, je pense qu'il est impolitique de le laisser approcher de votre royale personne, et de l'admettre dans les conseils de votre majesté. En flattant le peuple, il a conquis son affection, et le jour où il lui plaira de provoquer un soulèvement, il est à craindre que tous ne le suivent. Nous sommes au printemps, et les herbes nuisibles n'ont poussé encore que de faibles racines; mais si vous leur donnez le temps de croître, grâce à votre négligence, elles couvriront entièrement le sol, et étoufferont les plantes utiles. Ma respectueuse affection pour mon époux me fait apercevoir dans le duc tous ces périls. Si je m'abuse, appelez mes craintes une faiblesse de femme ; qu'on leur oppose des raisons meilleures que les miennes, je suis prête à me rendre, et à reconnaître mon injustice envers le duc. — Mylords de Suffolk, de Buckingham et d'York, réfutez mes allégations, si vous le pouvez ; sinon, approuvez ce que je viens de dire.

SUFFOLK. Votre majesté a parfaitement jugé le duc de Gloster, et si j'avais été le premier à exprimer mon avis, j'aurais tenu précisément le langage que vous venez de tenir. J'ai la conviction intime que c'est à son instigation que la duchesse s'est livrée à ses pratiques infernales ; en supposant même qu'il y fût étranger, c'est en se vantant sans cesse de sa royale descendance, de sa qualité d'héritier présomptif de la couronne, c'est en exaltant à tout propos sa noblesse, qu'il a égaré la raison de cette femme fanatique, et l'a poussée à de criminels complots contre la vie de notre souverain. C'est à l'endroit où l'eau est le plus profonde qu'elle est le plus calme, et sous un semblant de loyauté il cache sa trahison. Le loup ne hurle pas quand il se prépare à enlever l'agneau. Non, non, mon souverain, Gloster est un homme que nul n'a sondé encore, et plein d'une hypocrisie profonde.

LE CARDINAL. N'a-t-il pas, contrairement aux lois, infligé la mort au milieu des tortures, à des hommes coupables de délits peu graves ?

YORK. N'a-t-il pas dans le cours de son protectorat, levé dans le royaume d'énormes subsides destinés à la solde de notre armée en France, et qu'il n'a jamais envoyés ; ce qui amenait chaque jour la révolte de quelque ville nouvelle ?

BUCKINGHAM. Bah ! ce sont là, dans ce duc hypocrite, des peccadilles, comparées aux attentats que nous ignorons encore, et que le temps nous révélera.

LE ROI HENRI. Mylords, un mot : votre sollicitude pour nous, le soin que vous prenez d'écarter de notre voie les épines qui pourraient nous blesser, sont on ne peut plus louables ; mais voulez-vous que je vous parle avec franchise ? notre oncle le duc de Gloster est aussi innocent de toute pensée de trahison envers notre royale personne que l'est l'agneau à la mamelle, ou la colombe inoffensive. Le duc est vertueux et doux, et trop honnête homme pour songer à mal faire, ou tramer ma ruine.

LA REINE MARGUERITE. Ah ! le dévouement qu'il affecte n'en est que plus dangereux. Il a l'air d'une colombe, mais son plumage est emprunté, et il a le cœur d'un odieux vautour. C'est un agneau, dites-vous; mais sa peau est empruntée, car ses penchants sont ceux d'un loup dévorant. Quel est le fourbe qui ne sache pas se travestir? Prenez-y garde, sire, il importe qu'on se débarrasse de cet hypocrite; notre salut à tous en dépend.

Entre SOMERSET.

SOMERSET. Santé et longs jours à mon gracieux souverain !

LE ROI HENRI. Vous êtes le bienvenu, lord Somerset. Quelles nouvelles nous apportez-vous de France?

SOMERSET. Vous ne possédez plus rien sur ces territoires : tout est perdu.

LE ROI HENRI. Voilà de fâcheuses nouvelles, lord Somerset; mais la volonté de Dieu soit faite !

YORK, *à part*. C'est pour moi que ces nouvelles sont douloureuses; car j'espérais aussi fermement posséder la France que je compte régner sur la fertile Angleterre. Ainsi, mes fruits périssent dans leur germe, et les chenilles dévorent mon feuillage. Mais je veux avant peu porter remède à cet état de choses, ou j'échangerai mon titre contre un glorieux tombeau.

Entre GLOSTER.

GLOSTER. Que le bonheur soit le partage de mon seigneur le roi ! Pardonnez-moi, sire, d'être arrivé si tard.

SUFFOLK. Non, Gloster; sache que tu es arrivé trop tôt; pour qu'il en fût autrement, il faudrait que tu fusses plus loyal que tu n'es. Je t'arrête ici comme coupable de haute trahison.

GLOSTER. Fort bien, duc de Suffolk; tu ne me verras pas pour cela rougir ou changer de visage : un cœur sans tache n'est pas facile à intimider. La source la plus limpide n'est pas plus pure de fange que je ne suis pur de trahison envers mon souverain. Qui peut m'accuser? En quoi suis-je coupable?

YORK. On vous soupçonne, mylord, de vous être laissé corrompre par le dauphin pendant votre protectorat, et d'avoir retenu la solde de l'armée, ce qui est cause que sa majesté a perdu la France.

GLOSTER. Voilà ce dont on me soupçonne? Qui sont ceux qui le croient? Je n'ai jamais frustré l'armée de sa solde; je n'ai jamais rien reçu du dauphin. Dieu m'est témoin que j'ai passé bien des nuits à travailler dans l'intérêt de l'Angleterre ; si jamais j'ai frustré le roi de la moindre somme, si j'ai approprié une obole à mon usage, que cette obole soit produite contre moi au jour de mon jugement! Non ; ne voulant pas taxer les communes appauvries, j'ai maintes fois, pour solder les garnisons, avancé de ma bourse des sommes considérables dont je n'ai jamais demandé la restitution.

LE CARDINAL. Il est dans votre intérêt, mylord, de parler ainsi.

GLOSTER. Je ne dis rien que de vrai ; j'en prends Dieu à témoin.

YORK. Pendant votre protectorat, vous avez fait infliger aux condamnés des tortures inouïes qui ont donné à l'Angleterre un renom de cruauté tyrannique.

GLOSTER. Loin de là, c'est un fait bien connu que tant que j'ai été protecteur je n'ai péché que par un excès d'indulgence : je me laissais attendrir aux larmes des coupables, et pour obtenir leur pardon, il leur suffisait de l'implorer avec des paroles de repentir. A moins que ce ne fût pour meurtre sanglant ou pour vol commis avec violence sur le voyageur inoffensif, je n'ai jamais appliqué le châtiment prononcé par la loi. Il est vrai que j'ai puni le meurtre plus rigoureusement que la félonie ou que tout autre délit.

SUFFOLK. Mylord, il vous est aisé de répondre à ces accusations ; mais il existe contre vous des charges plus graves et dont il ne vous sera pas facile de vous disculper. Je vous arrête au nom de sa majesté, et je vous remets à la garde de monseigneur le cardinal jusqu'au jour de votre mise en jugement.

LE ROI HENRI. Mylord de Gloster, j'ai la ferme espérance que vous vous justifierez pleinement. Ma conscience me dit que vous êtes innocent.

GLOSTER. Ah! mon gracieux souverain, nous vivons dans des jours périlleux : la vertu est étouffée par l'ambition impure, et la haine chasse l'humanité. Partout domine le mensonge suborneur, et l'équité est exilée de ce royaume. Je sais qu'ils en veulent à ma vie, et si ma mort pouvait assurer le bonheur du pays et marquer le terme de leur tyrannie, je me sacrifierais avec joie. Mais ma mort ne serait que le prologue de leur drame ; des milliers d'autres victimes, qui ne redoutent rien encore, ne cloront pas la tragédie qu'ils préparent. Je lis dans les yeux enflammés de Beaufort la haine que son cœur recèle, et les nuages dont le front de Suffolk est rembruni couvent les tempêtes de sa haine; le mordant Buckingham se soulage dans ses paroles du poids jaloux qui pèse sur son cœur; et York, que dévore son ambition lunatique, York, dont j'ai rabattu le bras présomptueux, attaque ma vie par de fausses accusations. — (*A la Reine.*) Et vous, madame, faisant cause commune avec eux, vous avez sans motif accumulé les disgrâces sur ma tête; vous n'avez rien épargné pour soulever contre moi l'inimitié de mon souverain bien aimé. — Vous vous êtes tous ligués contre moi, et je n'ignorais pas vos complots. Pour me condamner, les faux témoins ne manqueront pas, et vous avez des trahisons en réserve pour augmenter ma culpabilité; on verra se vérifier le vieil adage : Quand on veut battre un chien, on a bientôt trouvé un bâton.

LE CARDINAL. Sire, ses invectives sont intolérables. Si les hommes qui ont à cœur d'écarter de votre royale personne les poignards de la trahison et la fureur des traîtres sont ainsi en butte aux outrages et aux injures, et qu'une licence effrénée soit accordée à la langue du coupable, il y a là de quoi attiédir leur dévouement pour votre majesté.

SUFFOLK. N'a-t-il pas adressé à notre souveraine des paroles injurieuses, bien qu'artistement combinées, donnant à entendre qu'elle avait suborné contre lui de faux témoins pour amener sa ruine?

LA REINE MARGUERITE. A qui perd la partie, la mauvaise humeur est permise.

GLOSTER. Vous venez de dire plus vrai que vous n'en aviez l'intention; je perds en effet la partie. — Malheur aux gagnants; car ils ont joué de mauvaise foi, et il est permis au perdant de se plaindre!

BUCKINGHAM. Il va épiloguer et nous retenir ici tout le jour. — Lord cardinal, il est votre prisonnier.

LE CARDINAL. Gardes, emmenez le duc, et ne le perdez pas de vue.

GLOSTER. Ainsi le roi Henri rejette sa béquille avant que ses jambes soient assez fortes pour le soutenir. (*Au Roi.*) On chasse le berger loin de toi, pendant que les loups se disputent à qui te dévorera le premier. Ah! puissent mes craintes ne point se vérifier! Combien je le souhaite! Henry, vertueux monarque, j'appréhende ta chute.

Les Gardes emmènent Gloster.

LE ROI HENRI. Mylords, adoptez les mesures que votre sagesse jugera convenables. Faites et défaites comme si nous étions ici en personne.

LA REINE MARGUERITE. Eh quoi! votre majesté veut-elle donc quitter le parlement?

LE ROI HENRI. Ah! Marguerite, dans mon cœur la douleur déborde et commence à inonder mes yeux. Ma vie est assiégée de misère; car qu'y a-t-il de plus misérable qu'un esprit troublé et mécontent? O cher oncle, cher Homfroy! je lis empreints dans tes traits l'honneur, l'intégrité, la loyauté; et jamais il ne m'est arrivé de te trouver perfide, ou de mettre en doute ta fidélité. Quelle destinée ennemie en veut donc à ta fortune, pour que ces puissants lords et Marguerite, mon épouse, s'arment ainsi contre ton innocente vie? Tu ne leur as jamais fait de mal, ni à eux ni à personne au monde. De même que le boucher enlève l'agneau, lie le malheureux, et, le conduisant à l'abattoir, le frappe pour peu qu'il s'écarte du chemin, ainsi ces hommes cruels t'ont emmené d'ici; et de même que la mère erre çà et là dans la direction qu'a prise son cher petit, et ne peut rien, si ce n'est pleurer sa perte, ainsi je donne au malheur de Gloster des larmes impuissantes; mes yeux humides suivent sa trace, et je ne puis rien faire pour lui, tant sont puissants ses ennemis conjurés. Je veux pleurer son triste sort; et d'une voix entrecoupée de sanglots, je ne cesserai de redire : « Qui donc ici est un traître? Gloster ne l'est pas. »

Il sort.

LA REINE MARGUERITE. Mylords, hommes sans préjugés, la froide neige se fond aux chauds rayons du soleil. Henri, mon royal époux, est de glace dans les grandes affaires; il se laisse prendre à une sotte pitié. L'apparente vertu de Gloster le fascine, comme le crocodile attire par ses cris plaintifs le voyageur attendri; ou comme la vipère qui, roulée sur les fleurs, étalant les couleurs bigarrées de sa peau brillante, blesse de son dard mortel l'enfant imprudent qui la voyant si belle la croyait inoffensive. Je vous le proteste, mylords, si nul n'était plus sage que moi, et en cette occasion, néanmoins, je pense que j'émets un avis salutaire, le monde serait bientôt débarrassé de Gloster, et nous ne le craindrions plus.

LE CARDINAL. Sa mort serait un acte de saine politique; mais nous manquons de prétextes pour le faire mourir. Il faut qu'il soit condamné dans les formes légales.

SUFFOLK. Ce serait là, selon moi, une grande imprudence. Le roi fera tout au monde pour lui sauver la vie ; peut-être les communes se soulèveront-elles pour sa défense ; et puis, nous n'avons pour appuyer sa condamnation que des motifs assez faibles, que de simples soupçons.

YORK. En sorte que votre intention n'est pas de le faire mourir ?

SUFFOLK. Ah! York, nul homme vivant ne le désire autant que moi.

YORK. C'est York qui a le plus grand intérêt à sa mort. — Mais, monseigneur le cardinal,—et vous, mylord de Somerset, parlez-moi franchement, et dans toute la sincérité de vos âmes ; ne vaudrait-il pas autant confier à un aigle à jeun le soin de protéger des poulets contre un vautour affamé, que de faire du duc Homfroy le protecteur du roi ?

LA REINE MARGUERITE. Les pauvres poulets seraient bien sûrs d'être dévorés.

SUFFOLK. Il est vrai, madame : et par la même raison, ne serait-ce pas folie que de faire du loup le gardien du troupeau ? Et si quelqu'un l'accusait de n'être qu'un rusé meurtrier, suffirait-il pour le faire absoudre de dire qu'il n'a pas encore mis à exécution son criminel dessein ? non, sans attendre que sa gueule soit teinte de sang, qu'il meure en sa qualité de loup et d'ennemi naturel du troupeau, comme Homfroy, tout nous le prouve, est l'ennemi naturel du roi ; et quant au genre de mort, ne perdons point le temps en combinaisons inutiles. Qu'il meure par la ruse ou le guet-apens, endormi ou éveillé, n'importe, pourvu qu'il meure : la fraude est permise quand il s'agit de prévenir un fourbe.

LA REINE MARGUERITE. Trois fois noble Suffolk, c'est parler en homme résolu.

SUFFOLK. Il n'y a point de résolution si l'action ne suit les paroles ; souvent on dit ce qu'on n'a pas l'intention de faire : mais moi, mon cœur s'accorde avec mon langage. — Heureux d'accomplir un acte méritoire, et voulant mettre mon souverain à l'abri de son ennemi, dites un mot, et je suis prêt à administrer Gloster et à lui servir de prêtre.

LE CARDINAL. Fort bien, mylord de Suffolk ; mais pour qu'il meure, je ne suis pas d'avis d'attendre que vous soyez dûment entré dans les ordres ; dites que vous consentez, et approuvez la chose, et je me charge de pourvoir au choix de l'exécuteur, tant j'ai à cœur la sûreté de mon souverain.

SUFFOLK. Voici ma main; c'est une action qui mérite d'être faite.

LA REINE MARGUERITE. J'en dis autant.

YORK. Et moi aussi : et maintenant que tous trois nous avons prononcé cet arrêt, peu importe à qui il pourrait déplaire.

Entre UN MESSAGER.

LE MESSAGER. Puissants lords, j'arrive d'Irlande pour vous annoncer que la population de ce pays s'est révoltée, et a passé les Anglais au fil de l'épée. Envoyez des renforts, mylords, et arrêtez à temps la violence du mal, avant que la blessure devienne incurable; car elle est récente encore, et vous pouvez espérer la guérir.

LE CARDINAL. Voilà une brèche qui demande à être promptement réparée. Quel conseil donnez-vous dans cette grave occurrence?

YORK. Je suis d'avis qu'on envoie Somerset dans ce pays. Il convient d'employer un général aussi heureux; témoin le succès qu'il a obtenu en France.

SOMERSET. Si York, avec sa politique tortueuse, avait été régent à ma place, il n'eût jamais tenu en France aussi longtemps que moi.

YORK. Non, assurément, pour finir par tout perdre comme tu as fait. J'aurais mieux aimé mourir que de rapporter dans ma patrie le poids d'un tel déshonneur, que de ne rester si longtemps en France que pour voir ce royaume perdu pour nous sans retour. Montre-moi sur ta poitrine une seule cicatrice : il est rare que la victoire soit le partage de ceux qui prennent tant de soin de conserver leur personne intacte.

LA REINE MARGUERITE. Que le vent souffle, qu'on donne au feu des aliments, et cette étincelle deviendra un jour un incendie. Assez, duc d'York. — Cher Somerset, contenez-vous. — York, si vous aviez été régent de France, peut-être auriez-vous été encore plus malheureux que lui.

YORK. Faire pire que lui! En ce cas, opprobre sur nous tous!

SOMERSET. Et sur toi d'abord, toi qui appelles de tes vœux notre opprobre!

LE CARDINAL. Mylord d'York, éprouvez votre fortune. Les

grossiers Irlandais sont en armes, et abreuvent le sol de sang anglais. Voulez-vous conduire en Irlande une armée d'hommes d'élite, pris dans tous les comtés, et tenter les hasards contre les Irlandais ?

YORK. Je le veux bien, mylord, si le roi y consent.

SUFFOLK. Ce que nous ordonnons, il le veut ; ce que nous faisons, il l'approuve. Ainsi, noble York, prenez en main cette tâche.

YORK. Je l'accepte : mylords, levez-moi des soldats, pendant que je mettrai ordre à mes affaires particulières.

SUFFOLK. C'est un soin dont je me charge, lord York. Mais revenons à l'hypocrite Homfroy.

LE CARDINAL. Qu'il n'en soit plus question ; je prendrai des mesures pour qu'il ne nous importune plus. Maintenant, séparons-nous. Le jour touche à sa fin. Lord Suffolk, vous et moi, nous avons à causer sur ce chapitre.

YORK. Mylord de Suffolk, dans quinze jours je compte que mes soldats seront réunis à Bristol ; c'est là que je les embarquerai pour l'Irlande.

SUFFOLK. Je donnerai pour cela les ordres nécessaires, mylord d'York.

Tous sortent, à l'exception d'York.

YORK, *seul*. Maintenant, York, voilà l'instant, ou jamais, d'affermir tes résolutions craintives et de remplacer le doute par l'intrépidité. Sois ce que tu espères être, ou consigne à la tombe ce que tu es ; c'est une existence qui ne vaut pas la peine d'être conservée. Que la crainte au front pâle soit le partage de l'homme obscur ; elle ne doit pas trouver place dans une âme royale. Plus pressées qu'une pluie du printemps, mes pensées se succèdent, et il n'en est pas une qui n'ait la royauté pour objet. Mon cerveau, plus actif que l'araignée laborieuse, ourdit péniblement des trames pour envelopper mes ennemis. Fort bien, mylords, c'est politiquement agir, que de m'envoyer au loin avec une armée. Je crains bien que vous n'ayez fait que réchauffer le serpent mourant de faim, qui, recueilli dans votre sein, vous percera le cœur. C'étaient des soldats qu'il me fallait, et vous m'en donnez ; je vous en suis reconnaissant ; toutefois, croyez-moi, vous mettez des armes dangereuses aux mains d'un homme à craindre. Pendant qu'en Irlande j'entretiendrai une armée redoutable, j'aurai soin de fomenter en Angleterre quelque noire tempête, qui enverra bien des milliers d'âmes au ciel ou en enfer; et cette tempête fatale ne cessera de mugir que lorsqu'un cercle d'or ceindra ma tête, et que son éclat radieux, pareil aux rayons transparents du soleil, calmera la fureur de cet ouragan. Déjà pour exécuter mes projets, j'ai mis dans mes intérêts un homme résolu du comté de Kent, John Cade d'Ashford. Sous le nom de John Mortimer, il doit provoquer un soulèvement, et il est homme à bien s'acquitter de ce rôle. J'ai vu en Irlande cet indomptable Cade tenir tête, à lui seul, à toute une troupe d'Irlandais. Il avait combattu si longtemps que ses cuisses étaient hérissées de dards comme la peau d'un porc-épic : lorsqu'on fut venu à son secours, je le vis, alerte et agile, bondir et secouer gaîment ses dards ensanglantés, comme un danseur moresque ses grelots. Plus d'une fois déguisé sous l'épaisse chevelure de l'Irlandais, il s'est introduit parmi les ennemis pour s'entretenir avec eux; et, sans être découvert, il est revenu me rendre compte de leurs coupables projets. Ce démon sera ici mon substitut; car dans ses traits, dans son port, dans le son de sa voix, il ressemble au défunt Mortimer. Je sonderai par là les dispositions du peuple; je verrai de quel œil il voit la maison d'York et ses prétentions. Si Cade est pris et livré aux tortures, je sais que tous les tourments qu'on pourra lui infliger ne pourront lui faire avouer que c'est moi qui lui ai mis les armes à la main. Si, au contraire, il réussit, comme cela est très-probable, alors j'arrive d'Irlande avec mon armée, et je recueille la moisson que le coquin aura semée : car Homfroy une fois mort, comme il le sera bientôt, et Henri mis de côté, mon rôle, à moi, commence.

Il sort.

SCÈNE II.

Bury. — Un appartement du palais.

Entrent d'un air égaré DEUX ASSASSINS.

PREMIER ASSASSIN. Va sur-le-champ trouver mylord de Suffolk; dis-lui que nous avons expédié le duc, ainsi qu'il l'a commandé.

DEUXIÈME ASSASSIN. Oh! que la chose n'est-elle encore à faire!... Qu'avons-nous fait?... As-tu jamais entendu un homme aussi pénitent?

Entre SUFFOLK.

PREMIER ASSASSIN. Voici mylord.

SUFFOLK. Eh bien! messieurs, avez-vous terminé cette besogne?

PREMIER ASSASSIN. Oui, monseigneur; il est mort.

SUFFOLK. Allons, voilà qui est bien. Rendez-vous chez moi, je vous récompenserai de cet acte périlleux. Le roi et tous les pairs vont venir à l'instant... Avez-vous réparé le désordre du lit? Tout est-il disposé comme je l'avais ordonné?

PREMIER ASSASSIN. Oui, mylord.

SUFFOLK. Allez, partez!

Les Assassins sortent.

Entrent LE ROI HENRI, LA REINE MARGUERITE, LE CARDINAL BEAUFORT, SOMERSET et plusieurs autres LORDS.

LE ROI HENRI. Allez dire à notre oncle de venir ici sur-le-champ. Dites-lui que mon intention est de juger aujourd'hui sa cause, et de m'assurer par moi-même s'il est coupable, comme on le publie.

SUFFOLK. Sire, je vais le chercher.

LE ROI HENRI. Mylords, prenez vos places. — Je vous en conjure tous, ne procédez avec rigueur contre notre oncle Gloster qu'autant que des témoignages évidents, des preuves suffisantes déposeront de sa culpabilité.

LA REINE MARGUERITE. A Dieu ne plaise qu'aucun sentiment de haine s'interpose pour faire condamner injustement un gentilhomme!

LE ROI HENRI. Je vous remercie, Marguerite; je suis heureux de vous entendre tenir ce langage.

Rentre SUFFOLK.

LE ROI HENRI, *continuant*. Qu'y a-t-il? Pourquoi cette pâleur? pourquoi trembles-tu? Où est notre oncle? Qu'as-tu, Suffolk?

SUFFOLK. Mort dans son lit, sire; Gloster est mort.

LA REINE MARGUERITE. Le ciel nous en préserve!

LE CARDINAL. O mystérieux jugement de Dieu! — J'ai rêvé cette nuit que le duc était muet, et ne pouvait prononcer une parole.

Le Roi s'évanouit.

LA REINE MARGUERITE. Qu'avez-vous, monseigneur? Du secours, mylords! le roi est mort.

SOMERSET. Soulevez-le; pincez-lui le nez!

LA REINE MARGUERITE. Courez, courez chercher des secours ! — O Henri, ouvre les yeux !

SUFFOLK. Il revient à lui. — Madame, calmez-vous.

LE ROI HENRI, *reprenant peu à peu ses sens.* O Dieu du ciel !

LA REINE MARGUERITE. Comment se trouve mon gracieux seigneur ?

SUFFOLK. Remettez-vous, mon souverain ! gracieux Henri, remettez-vous !

LE ROI HENRI. Qu'entends-je ? est-ce bien mylord de Suffolk qui entreprend de me consoler ? Tout à l'heure il vient de me faire entendre le cri funèbre du hibou, et ce cri effrayant a suspendu en moi les sources de la vie ; et il s'imagine qu'il suffira du gazouillement d'un sansonnet sifflant à mon oreille le mot de consolation pour effacer de ma mémoire l'impression que le premier son y a laissée ! Ne déguise pas ton poison sous des paroles mielleuses. Ne pose point tes mains sur moi, je te le défends ; leur contact m'épouvante comme le ferait le dard d'un serpent... Hors de ma vue, messager de mort ! Dans tes regards farouches siégent le meurtre et la tyrannie, et de là, leur hideuse majesté répand au loin l'effroi. Ne me regarde pas ; tes regards assassinent : — mais non, ne t'en va pas. — Approche, basilic, et que tes yeux donnent le trépas à l'imprudent qui te regarde : c'est à l'ombre de la mort que je trouverai la joie ; ma vie ne sera qu'une double mort, maintenant que Gloster n'est plus.

LA REINE MARGUERITE. Pourquoi maltraiter ainsi mylord de Suffolk ? Bien que le duc fût son ennemi, il ne laisse pas, en bon chrétien, de déplorer sa mort ; et moi, tout hostile qu'il m'était, si des larmes versées à flots, si des gémissements à fendre le cœur, si des soupirs à tarir le sang dans les veines, pouvaient le rappeler à la lumière, je deviendrais aveugle à force de pleurer, malade à force de gémir, pâle comme la primevère à force de soupirer, et tout cela pour rendre la vie au noble duc. Qui sait ce que le monde pensera de moi ? car on savait que nous n'étions que médiocrement amis ; on pourra croire que c'est moi qui ai fait périr le duc. Ainsi mon nom sera en butte aux morsures de la calomnie, et les cours des princes retentiront de reproches dirigés contre moi. Voilà ce que je gagne à sa mort ! Malheureuse que je suis d'être reine, et d'avoir l'infamie pour couronne !

LE ROI HENRI. Ah! malheureux Gloster!

LA REINE MARGUERITE. C'est moi qui suis malheureuse ; je suis plus à plaindre que lui! Pourquoi détournes-tu de moi ton visage? je ne suis point un lépreux infect ; regarde-moi. Quoi donc! Es-tu sourd comme la couleuvre? Sois venimeux comme elle, et tue ton épouse infortunée. Tout ton bonheur est-il donc descendu avec Gloster dans la tombe? S'il en était ainsi, Marguerite ne fut jamais ta joie. Élève-lui une statue, que tu adoreras, et moi, fais de mon image l'enseigne d'un cabaret. Était-ce donc pour en venir là que j'ai failli faire naufrage, et que deux fois les vents contraires m'ont repoussée des rivages de l'Angleterre vers mon pays natal? Ah! c'était un avertissement du ciel; le vent prophétique semblait me dire : « Ne va pas chercher un nid de scorpion, et garde-toi de poser le pied sur ce sol inhospitalier. » Et moi, que faisais-je alors? Je maudissais ces vents amis, et celui qui les avait déchaînés de leurs cavernes d'airain. Je les suppliais de pousser mon navire vers les fortunés rivages de l'Angleterre, ou de le briser contre les écueils. Mais Éole ne voulut pas être un meurtrier; il te laissa cet office inhumain. La mer secourable refusa de m'engloutir sous ses vagues bondissantes, sachant que ta cruauté devait plus tard me noyer dans un océan de larmes amères. Les rochers s'affaissèrent dans les sables, ne voulant pas que je me brisasse sur leurs flancs escarpés, et sachant que ton cœur de marbre, plus dur que leur granit, ferait périr Marguerite dans l'enceinte de ton palais. Pendant que la tempête nous repoussait loin de la côte, aussi longtemps que je pus distinguer vos blanches falaises, je me tins sur le tillac, au milieu de l'orage ; et quand, à l'horizon brumeux, ton île disparut à mes avides regards, je détachai de mon cou un joyau précieux (c'était un cœur entouré de diamants), et je le jetai dans la direction de la terre; la mer le reçut, et je souhaitai que ton sein pût de même recevoir bientôt mon cœur; puis, n'apercevant plus la belle Angleterre, j'ordonnai à mes yeux de partir avec mon cœur ; je les accusai de cécité et d'impuissance, pour n'avoir pu conserver plus longtemps la vue d'Albion et de son rivage tant désiré. Combien de fois j'ai prié Suffolk, le fidèle agent de ta coupable inconstance, de s'asseoir auprès de moi, et d'enchanter mon oreille par ses récits, comme autrefois le jeune Ascagne, alors qu'à Didon éperdue d'amour il racontait l'histoire de son père, depuis sa sortie de Troie en flammes! Ne suis-je pas ensorcelée comme elle?

N'es-tu pas perfide comme lui? Hélas! je n'en puis dire davantage! Meurs, Marguerite! Henri pleure de te voir vivre si longtemps.

On entend un grand bruit à l'extérieur. Entrent **WARWICK** *et* **SALISBURY**. *Le peuple se presse aux portes de la salle.*

WARWICK. Puissant souverain, le bruit court que le noble duc Homfroy a été traîtreusement assassiné; on accuse de ce meurtre Suffolk et le cardinal de Beaufort. Le peuple, semblable à un essaim d'abeilles irritées qui ont perdu leur chef, se répand çà et là, prêt à immoler le premier venu à sa vengeance. J'ai calmé momentanément sa colère, et il attend qu'on lui fasse connaître les circonstances de la mort de Gloster.

LE ROI HENRI. Sa mort n'est que trop réelle, mon cher Warwick; mais comment il est mort, Dieu le sait, Henri l'ignore. Entrez dans sa chambre; examinez sa dépouille inanimée, et cherchez l'explication de sa mort soudaine.

WARWICK. J'y vais, sire. — Salisbury, restez avec la multitude jusqu'à mon retour.

Warwick entre dans une chambre intérieure, et Salisbury se retire.

LE ROI HENRI. O toi, qui juges toutes choses, arrête mes pensées, mes pensées, qui cherchent à persuader à mon âme que des mains violentes ont attenté à la vie d'Homfroy! Si mes conjectures sont fausses, pardonne-les-moi, ô mon Dieu! car l'infaillibilité n'appartient qu'à toi. Oh! je voudrais réchauffer par d'innombrables baisers ses lèvres pâlissantes, arroser son visage d'un océan de larmes amères; entretenir de mon affection son cadavre muet et sourd; presser dans mes mains ses mains insensibles. Mais à quoi serviraient ces vains témoignages? Le spectacle de son argile inanimée ne ferait qu'accroître ma douleur!

Les portes d'une chambre intérieure s'ouvrent, on aperçoit **GLOSTER** *étendu mort sur son lit, autour duquel sont rangés* **WARWICK** *et quelques autres.*

WARWICK. Approchez, gracieux souverain, jetez les yeux sur ce corps.

LE ROI HENRI. C'est me demander de mesurer des yeux la profondeur de ma tombe; car avec son âme sont parties toutes mes espérances de bonheur ici-bas; et, en le voyant, je vois ma vie compromise par sa mort.

WARWICK. Aussi vrai que mon âme espère vivre avec ce roi

redoutable qui revêtit la condition humaine pour nous racheter de l'indignation de son père, je crois que des mains violentes ont attenté à la vie de l'illustre duc.

SUFFOLK. Voilà un serment terrible, articulé d'une voix solennelle! De quelles preuves Warwick appuie-t-il son allégation?

WARWICK. Voyez comme le sang s'est porté à la face. J'ai toujours vu que le visage de ceux qui meurent de mort naturelle est livide, blême, pâle, décoloré; car dans ce moment suprême tout le sang reflue vers le cœur, qui, dans sa lutte désespérée contre la mort, l'appelle à son aide pour combattre l'ennemi. Là il se fige en même temps que le cœur se glace, et ne remonte plus colorer et embellir la joue. Mais ici, voyez, son visage est noir, et le sang y abonde; ses prunelles se projettent bien plus saillantes que lorsqu'il vivait; ses yeux ont un aspect convulsif et hagard comme ceux d'un homme qu'on aurait étranglé : ses cheveux sont hérissés, ses narines fortement dilatées, ses mains ouvertes et tendues comme celles d'un homme qui a lutté avec effort, et que la violence a vaincu; voyez encore sur le drap des mèches de ses cheveux; sa barbe, si régulière, maintenant emmêlée et en désordre, comme les blés après un orage. Il est impossible qu'il n'ait pas été assassiné; le moindre de ces signes suffit pour l'attester[1].

SUFFOLK. Qui donc, Warwick, aurait donné la mort au duc? Il était placé sous ma protection et sous celle de Beaufort, et j'espère, mylord, que vous ne nous prenez pas pour des assassins.

WARWICK. Vous étiez l'un et l'autre ennemis déclarés d'Homfroy, et il était confié à votre garde. Il est probable que votre intention n'était pas de le traiter en ami; et vous voyez qu'il a trouvé un ennemi.

LA REINE MARGUERITE. Ainsi vous donnez à entendre que vous soupçonnez ces deux lords d'être les auteurs de cette mort soudaine?

WARWICK. Quand on trouve la génisse égorgée et saignante encore, et, à deux pas de là, le boucher, sa hache à la main, n'est-il pas naturel de croire que c'est lui qui l'a tuée? En voyant la perdrix sans vie dans le nid du milan, bien que l'oi-

---

[1] Cette description est d'une effrayante vérité; on n'y trouve pas la plus légère trace de travail littéraire; l'auteur s'efface complétement pour laisser parler le personnage.

7.

seau de proie s'envole, le bec dégagé de toutes traces de sang, est-il si difficile de deviner comment la perdrix est morte ? Ce tragique spectacle fait naître des soupçons semblables.

LA REINE MARGUERITE. Est-ce vous qui êtes le boucher, Suffolk ? où est votre couteau ? Beaufort est-il un milan ? où sont donc ses serres ?

SUFFOLK. Je n'ai point de couteau pour égorger les gens dans leur sommeil ; mais je porte une épée vengeresse, rouillée dans l'oisiveté, et dont je ferai reluire la lame en la plongeant dans le cœur du calomniateur qui voudrait imprimer sur moi le sanglant stigmate de l'assassinat. Ose soutenir, orgueilleux Warwick, que je suis coupable de la mort d'Homfroy.

Le Cardinal et Somerset sortent.

WARWICK. Que n'osera pas Warwick, si le perfide Suffolk le défie ?

LA REINE MARGUERITE. Il ne calmera pas sa fureur de calomnie ; il ne mettra pas un terme à ses accusations insolentes, dût Suffolk le défier mille fois.

WARWICK. Madame, gardez le silence, je vous en donne respectueusement le conseil ; car chacune des paroles que vous articulez en sa faveur est une offense que vous faites à votre royale dignité.

SUFFOLK. Lord stupide et grossier, nul doute que ta mère, si jamais femme outragea son époux à ce point, n'ait reçu dans son lit coupable quelque manant brutal, et greffé un sauvageon sur une noble tige ; tu es le fruit de son adultère, et tu n'appartiens pas à la noble race des Névil.

WARWICK. Si tu n'étais marqué du sceau des assassins, si je ne craignais de voler au bourreau sa victime, et de t'affranchir de l'infamie qui t'attend ; si la présence de mon souverain ne m'obligeait à me contenir, je te forcerais, perfide et lâche meurtrier, à me demander pardon à genoux de ce que tu viens de dire, à me déclarer que c'est de ta mère que tu as entendu parler, que c'est toi qui es un bâtard ; et après t'avoir fait, tout tremblant, rendre ce témoignage, je te donnerais ton salaire, et j'enverrais ton âme en enfer, monstre qui te repais du sang des hommes endormis.

SUFFOLK. Tu seras éveillé quand je répandrai le tien, si tu as le courage de me suivre.

WARWICK. Viens donc à l'instant même, ou je te fais sortir de force ; tout indigne que tu es que je me mesure avec toi,

je donnerai cette satisfaction aux mânes du duc Homfroy.
Suffolk et Warwick sortent.

LE ROI HENRI. Quelle cuirasse plus forte qu'un cœur irréprochable ! Il est triplement armé, celui dont la cause est juste ; et quoique bardé d'acier, celui-là est sans défense dont la conscience est souillée par l'iniquité.
On entend du bruit à l'extérieur.

LA REINE MARGUERITE. Quel est ce bruit ?
Rentrent SUFFOLK et WARWICK, l'épée nue.

LE ROI HENRI. Eh quoi, mylords, vous osez tirer l'épée en notre présence ? D'où vous vient tant d'audace ?—Quelles sont ces clameurs tumultueuses que j'entends ?

SUFFOLK. Puissant souverain, les habitants de Bury, le traître Warwick à leur tête, m'attaquent et me poursuivent.
On entend le bruit que fait à l'extérieur la multitude. Rentre SALISBURY.

SALISBURY, *au peuple.* Mes amis, restez là ; le roi connaîtra vos intentions. — (*Au roi.*) Sire, je suis député par le peuple pour vous déclarer que, si le perfide Suffolk n'est pas immédiatement mis à mort ou banni du territoire de l'Angleterre, on viendra l'arracher par force de ce palais, et lui infliger une mort lente au milieu des tortures. Ils disent que c'est lui qui a fait périr le digne duc Homfroy ; ils prétendent qu'avec lui la vie de votre majesté n'est pas en sûreté. Ce n'est pas l'entêtement d'une aveugle opposition, ce n'est pas l'intention de contrarier les désirs de votre majesté, c'est l'instinct de leur affection et de leur loyauté qui leur fait demander avec tant d'instance son bannissement. C'est la sécurité de votre royale personne qui les préoccupe. Lors même que votre majesté, disent-ils, voulant reposer, aurait défendu qu'on troublât son sommeil, sous peine d'encourir votre déplaisir, ou sous peine de mort, si cependant on voyait un serpent, dardant sa langue fourchue, se glisser en silence vers votre majesté, malgré une défense aussi formelle, il faudrait bien vous réveiller, de peur que, si on vous laissait dormir, le dangereux reptile ne rendît ce sommeil éternel. Ils disent donc qu'en dépit de votre défense, ils vous protégeront, que vous le vouliez ou non, contre d'abominables serpents tels que Suffolk, dont le dard envenimé et fatal a lâchement immolé votre oncle bien aimé, dont la mort de vingt Suffolk ne rachèterait pas la perte.

LE PEUPLE, *de l'extérieur.* La réponse du roi, mylord de Salisbury !

SUFFOLK. Ce message d'une populace ignorante et grossière à son souverain n'a rien qui m'étonne; mais vous, dans cette circonstance, mylord, vous n'avez pas été fâché de faire montre de votre talent d'orateur; quoi qu'il en soit, Salisbury n'aura retiré de cette mission d'autre fruit que la gloire d'avoir paru devant son roi en qualité d'ambassadeur d'une tourbe de manants.

LE PEUPLE, *de l'extérieur.* La réponse du roi, ou nous allons forcer les portes.

LE ROI HENRI. Allez, Salisbury, et dites-leur de ma part que je les remercie de leur affectueuse sollicitude : avant d'avoir entendu l'expression de leurs vœux, je me proposais de faire ce qu'ils me demandent; car un secret pressentiment m'avertit à toute heure que Suffolk doit attirer des malheurs sur mon royaume. En conséquence, je jure par la majesté de celui dont je ne suis ici-bas que le représentant indigne, qu'il ne souillera pas plus de trois jours encore l'air que nous respirons, et cela sous peine de mort.

Salisbury sort.

LA REINE MARGUERITE. O Henri! permettez que j'intercède en faveur du digne Suffolk.

LE ROI HENRI. Indigne épouse, d'oser appeler digne un homme tel que Suffolk! N'ajoute plus un mot : en plaidant sa cause, tu ne feras qu'accroître ma colère. Si je n'avais fait qu'une simple déclaration, je tiendrais ma parole ; mais quand je jure, l'arrêt est irrévocable. — (*A Suffolk.*) Si, passé le terme de trois jours, on te trouve sur l'un des territoires soumis à mon sceptre, le monde entier ne rachètera pas ta vie. — Venez, Warwick ; venez, mon cher Warwick : j'ai d'importantes communications à vous faire.

Le Roi sort avec sa Suite, Warwick l'accompagne.

LA REINE MARGUERITE. Que l'infortune et la douleur vous accompagnent! que les chagrins de l'âme et l'affliction amère vous suivent et ne vous quittent pas! Vous êtes deux : que le diable fasse le troisième, et qu'une triple vengeance s'attache à tous vos pas!

SUFFOLK. Cesse, ô reine bien aimée, ces imprécations, et laisse ton Suffolk te dire un douloureux adieu.

LA REINE MARGUERITE. Fi donc, âme lâche et efféminée! tu n'as donc pas le courage de maudire tes ennemis?

SUFFOLK. Malédiction sur eux! Pourquoi les maudirais-je?

Si les imprécations pouvaient tuer, comme le gémissement de la mandragore [1], j'inventerais les expressions les plus amères, les plus infernales, les plus dures, les plus horribles à entendre; je les exhalerais avec les grincements de dents et la mortelle rage de l'envie au teint hâve, dans sa caverne infecte. Ma langue ne pourrait suffire à la violence de mes paroles; mes yeux étincelleraient comme le caillou sous l'acier; mes cheveux se hérisseraient comme ceux d'un frénétique; tous mes muscles se contracteraient pour mieux maudire : et en ce moment même, je sens que mon cœur se gonfle et va se briser, si je ne le soulage par des imprécations. Qu'ils soient donc maudits! Que le poison soit leur breuvage! Le fiel, pis que le fiel, leur mets le plus succulent! leur plus délicieux ombrage, un berceau de cyprès! leur spectacle habituel, des basilics homicides! Que leur toucher le plus doux soit aussi cuisant que la piqûre du lézard [2]! leur musique aussi effrayante que le sifflement du serpent, et que le cri sinistre du hibou complète le concert! Que les plus épouvantables terreurs de l'enfer, —

LA REINE MARGUERITE. Assez, mon cher Suffolk; tu te déchires de tes propres mains; toutes ces imprécations, comme les rayons du soleil reflété par une glace, ou comme un mousquet trop chargé, se répercutent, et toute leur force se tourne contre toi.

SUFFOLK. Tu m'ordonnais de maudire, et tu me dis maintenant de me taire! Oh! j'en atteste cette patrie dont on m'exile, je pourrais maudire sans interruption toute une nuit d'hiver, nu et debout au sommet d'une montagne, par un froid glacial qui ne permettrait pas au moindre brin d'herbe de croître; et cette nuit-là s'écoulerait pour moi aussi vite qu'une minute passée dans le plaisir.

LA REINE MARGUERITE. Oh! cesse, je t'en conjure! donne-moi ta main, que je l'arrose de mes pleurs douloureux. Que la pluie du ciel n'efface jamais ces larmes, monument de mon affliction! (*Elle baise sa main.*) Oh! je voudrais que ces baisers laissassent sur ta main leur empreinte, afin que ce cachet te rappelât ces lèvres d'où s'exhalent pour toi des milliers de soupirs. Pars, afin que je connaisse mon malheur; je me l'i-

[1] Plante fabuleuse qu'on croyait douée d'une sorte de vie animale. Quand on l'arrachait, elle exhalait, disait-on, un sourd gémissement fatal à l'audacieux qui s'était permis cet acte sacrilége. Cette superstition est fort ancienne; on en retrouve des traces dans l'Énéide.

[2] Un lézard n'a point de dard; c'est un animal tout à fait inoffensif.

imaginé à peine, tant que tu es auprès de moi, pareille à l'homme qui se fait illusion et savoure en idée les biens qu'il n'a pas. Je ferai révoquer ton exil; sinon, sois assuré que je m'exposerai à être exilée moi-même; et c'est l'être déjà que de vivre loin de toi. Va-t'en; ne me parle point; pars à l'instant. — Oh! non, pas encore! Ainsi deux amis condamnés s'embrassent, se couvrent de baisers et se disent mille fois adieu, trouvant cent fois plus pénible de se quitter que de mourir; et cependant, adieu, adieu à toi et à la vie!

SUFFOLK. Ainsi le malheureux Suffolk est dix fois banni : une fois par le roi, et les neuf autres par toi. Ce n'est pas l'Angleterre, c'est toi que je regrette. Un désert pour Suffolk serait assez peuplé, s'il y jouissait de ta céleste présence; car là où tu es, là est pour moi le monde avec toutes ses délices; et là où tu n'es pas, il n'y a plus qu'une affreuse solitude. Je n'en puis dire davantage. — Vis et sois heureuse; pour moi, mon seul bonheur sera de savoir que tu respires.

Entre DE VAUX.

LA REINE MARGUERITE. De Vaux, où allez-vous donc si vite? Quelles nouvelles, de grâce?

DE VAUX. Je cours annoncer à sa majesté que le cardinal Beaufort est à l'article de la mort : un mal soudain vient de le saisir; ses yeux sont égarés; il aspire l'air avec effort, blasphémant Dieu et maudissant les hommes. Quelquefois il parle comme si le spectre du duc Homfroy était à ses côtés; d'autres fois il appelle le roi, et croyant lui parler, révèle tout bas à son oreiller les secrets de son âme surchargée. On m'envoie auprès de sa majesté pour lui dire qu'en ce moment même il la demande à grands cris.

LA REINE MARGUERITE. Allez porter au roi ce douloureux message.

De Vaux sort.

LA REINE, *continuant.* Hélas! qu'est-ce que ce monde? Quelles nouvelles! Mais quoi! j'irais m'affliger pour un vieillard qui perd tout au plus une heure de vie, et j'oublierais l'exil de Suffolk, ce trésor de mon âme! Ah! Suffolk, je ne veux pleurer que pour toi; pour toi, je veux lutter de larmes avec le vent du midi : les siennes féconderont la terre, les miennes ma douleur. Maintenant, pars. Le roi, tu le sais, va venir : si l'on te trouve auprès de moi, tu es mort.

SUFFOLK. Si je pars, je ne saurais vivre; mourir sous tes

yeux, ce serait m'endormir délicieusement dans tes bras. Ici, j'exhalerais mon âme dans les airs, aussi paisiblement que le petit enfant qui meurt en pressant de ses lèvres la mamelle de sa mère ; mais loin de toi, mon agonie serait celle du désespoir ; je te demanderais à grands cris pour me fermer les yeux, pour imprimer tes lèvres sur ma bouche mourante ; alors, ou tu rappellerais mon âme fugitive, ou tu l'aspirerais dans ton sein, et ce serait pour elle le plus doux Élysée. Mourir auprès de toi, ce ne serait pas mourir ; mais la mort loin de toi serait le plus affreux des supplices.

LA REINE MARGUERITE. Éloigne-toi ! Bien que notre séparation soit un corrosif douloureux, c'est un remède appliqué à une blessure mortelle. En France, cher Suffolk. Donne-moi de tes nouvelles. Où que tu sois sur ce globe, j'aurai une Iris[1] qui saura te découvrir.

SUFFOLK. Je pars.

LA REINE MARGUERITE. Prends et emporte avec toi mon cœur.

SUFFOLK. Jamais joyau plus précieux ne fut enfermé dans une cassette plus lugubre. Nous nous séparons comme les deux moitiés d'une barque qui se brise. Je tombe dans l'abîme de ce côté.

LA REINE MARGUERITE. Et moi de celui-ci.

Ils sortent par deux portes opposées.

SCÈNE III.

Londres. — La chambre à coucher du cardinal Beaufort.

Entrent LE ROI HENRI, SALISBURY, WARWICK et d'autres Lords. LE CARDINAL est au lit ; quelques Serviteurs sont auprès de lui.

LE ROI HENRI. Comment vous trouvez-vous, mylord ? Parlez, Beaufort, à votre souverain.

LE CARDINAL. Si tu es la Mort, je te donnerai des trésors de l'Angleterre assez pour acheter une autre île pareille, pourvu que tu me laisses vivre, et que je ne souffre point.

LE ROI HENRI. Ah ! quel signe d'une vie pécheresse, quand l'approche de la mort paraît si redoutable !

WARWICK. Beaufort, c'est votre souverain qui vous parle.

LE CARDINAL. Qu'on me mette en jugement quand on vou-

[1] Iris était la messagère de Junon.

dra. N'est-il pas mort dans son lit? où fallait-il donc qu'il mourût? Puis-je faire vivre les gens malgré eux? — Oh! ne me torturez plus; je confesserai. Il est ressuscité, dites-vous? Oh! montrez-moi où il est. Je donnerai mille livres sterling pour le voir. — Il n'a point d'yeux; la poussière l'a aveuglé.— Rabattez ses cheveux; voyez! voyez! Ils sont dressés comme des lacs tendus pour prendre mon âme qui s'envole! Donnez-moi à boire; et dites à l'apothicaire d'apporter le poison violent que je lui ai acheté.

LE ROI HENRI. O moteur éternel des cieux, daigne jeter un regard de compassion sur ce malheureux! chasse le démon importun et acharné qui assiége son âme, et affranchis son cœur de ce noir désespoir.

WARWICK. Voyez comme les angoisses de la mort le font grincer des dents.

SALISBURY. Ne le troublons pas; laissons-le passer paisiblement.

LE ROI HENRI. Paix à son âme, si c'est la volonté de Dieu. Lord cardinal, si vous pensez aux joies du ciel, soulevez la main; donnez quelque signe de votre espérance. — Il meurt et ne donne aucun signe. O Dieu, pardonnez-lui!

WARWICK. Une fin aussi horrible annonce une vie monstrueuse.

LE ROI HENRI. Abstenons-nous de juger, car nous sommes tous pécheurs. — Fermez ses yeux, tirez les rideaux sur lui, et allons tous méditer [1].

---

[1] Voilà, dit le docteur Johnson, une de ces scènes qui seront toujours admirées. Ce sont là des beautés dont la nature et la vérité ont fait tous les frais; le lecteur superficiel les comprend : les esprits profonds et supérieurs ne peuvent rien imaginer au delà. Ici la tâche du traducteur consiste à ne point affaiblir par des traits énervés la vigueur d'un tel burin.

ACTE QUATRIÈME.

SCÈNE I.

Le comté de Kent. — Le rivage de la mer aux environs de Douvres.

On entend plusieurs coups de canon. Puis une chaloupe s'approche, et on en voit sortir UN CAPITAINE DE PIRATES, LE PATRON du navire, son Contremaître, WALTER WHITMORE et plusieurs Pirates, conduisant prisonniers SUFFOLK et DEUX GENTILSHOMMES. Il fait nuit.

LE CAPITAINE. Le jour éclatant, indiscret et favorable à la pitié, est rentré dans le sein de l'Océan; voici l'heure où les hurlements des loups éveillent les coursiers indolents qui traînent le char de la nuit tragique et sombre, frappent de leurs ailes somnifères, traînantes, et débiles [1], les tombeaux des morts, et de leurs gueules humides exhalent dans l'air des ténèbres empestées et contagieuses; amenez donc les prisonniers que nous venons de faire. Pendant que notre pinasse [2] est à l'ancre dans les dunes, ces hommes régleront avec nous le prix de leur rançon, ou leur sang rougira ce rivage. — Patron, je te donne ce prisonnier pour ta part; — et toi, son contremaître, tu t'accommoderas de celui-ci. — L'autre (*montrant Suffolk*), Walter Whitmore, sera ton partage.

PREMIER GENTILHOMME. Patron, dites-moi quelle sera ma rançon.

LE PATRON. Mille écus, ou je te couperai la tête.

LE CONTRE-MAITRE, *au deuxième Gentilhomme*. Tu en donneras autant, ou je ferai sauter la tienne.

LE CAPITAINE. Eh quoi! vous vous donnez le titre et les allures de gentilhomme, et deux mille écus vous semblent une somme trop forte? Coupez-leur la gorge à tous deux; il faut qu'ils meurent; la mort des hommes que nous avons perdus dans le combat ne saurait être contre-balancée par une aussi faible somme.

PREMIER GENTILHOMME. Je consens à la payer; épargnez donc ma vie.

---
[1] Le char de la nuit était traîné par des dragons ailés.
[2] Ce mot désignait alors un navire d'un faible tonnage.

DEUXIÈME GENTILHOMME. Et moi également; et je vais écrire sur-le-champ pour qu'on m'envoie la somme.

WHITMORE, *à Suffolk.* J'ai perdu un œil à l'abordage de la prise; pour venger cette perte, tu mourras; et il en serait de même de tes compagnons, si l'on m'en croyait.

LE CAPITAINE. Ne sois pas aussi intraitable; accepte une rançon; laisse-le vivre.

SUFFOLK, *montrant l'ordre dont il est décoré.* Regarde mon saint Georges; je suis gentilhomme; évalue-moi au prix que tu voudras; tu seras payé.

WHITMORE. Et moi aussi je suis gentilhomme; je me nomme Walter Whitmore. Quoi donc! qu'as-tu à tressaillir? Est-ce que la mort te fait peur?

SUFFOLK. C'est de ton nom que j'ai peur; il contient mon arrêt de mort. Un savant a fait mon horoscope et m'a prédit que je mourrais par l'eau; que cette circonstance ne te rende pas impitoyable; ton nom devrait se prononcer Gualtier [1].

WHITMORE. Que ce soit Gualtier ou Walter, peu importe. Jamais le déshonneur n'a terni notre nom qu'aussitôt notre épée n'ait effacé la souillure. Quand donc on me verra, comme un marchand, vendre ma vengeance, que mon épée soit rompue, mon armure brisée et mutilée, et que je sois proclamé lâche à la face du monde.

SUFFOLK. Arrête, Whitmore; ton prisonnier est un prince, le duc de Suffolk, William de la Poole.

WHITMORE. Le duc de Suffolk sous cet habit grossier!

SUFFOLK. Oui; mais cet habit ne fait pas partie du duc : Jupiter s'est quelquefois travesti; pourquoi pas moi?

LE CAPITAINE. Mais Jupiter ne fut pas tué, et toi tu vas l'être.

SUFFOLK. Obscur et vil manant, le glorieux sang de Lancastre ne doit pas être versé par un drôle tel que toi. Combien de fois tu as baisé ta main devant moi et tenu mon étrier! Je t'ai vu marcher nu-tête à côté de la housse de mon palefroi, et tu t'estimais heureux quand je te faisais un léger salut. Combien de fois, lorsque j'étais à table avec la reine Marguerite, je

---

[1] *Water*, eau, a presque la même consonance que *Walter*, dont nous avons fait *Gualtier*, puis *Gautier*. C'est sur ce jeu de mots que roule l'horoscope de Suffolk. Nous avons dû le conserver, quoiqu'il fût intraduisible. Les oracles de l'antiquité roulaient fréquemment sur des équivoques de même force.

t'ai vu tendre le bras pour prendre ma coupe, te nourrir de mes restes, et attendre à genoux mes ordres! Que ce souvenir te rende plus humble et rabatte un peu ton orgueil. Combien de fois tu t'es tenu dans mon antichambre, attendant respectueusement ma sortie! Il suffira de cette main qui a signé des grâces en ta faveur pour enchaîner ta langue téméraire.

WHITMORE. Parlez, capitaine, poignarderai-je ce misérable?

LE CAPITAINE. Laisse d'abord ma parole le poignarder, comme vient de faire la sienne.

SUFFOLK. Malheureux! tes paroles sont impuissantes comme toi.

LE CAPITAINE. Emmenez-le d'ici, et sur l'arrière de notre grande chaloupe qu'on lui tranche la tête.

SUFFOLK. Tu n'oserais; car il y va de la tienne.

LE CAPITAINE. Je l'oserai, Poole.

SUFFOLK. Poole?

LE CAPITAINE. Oui, Poole; sir Poole, mylord; oui, mare infecte¹, égout, sentine, eau bourbeuse, qui as troublé de ta fange la source limpide à laquelle s'abreuve l'Angleterre. Je vais clore cette bouche affamée qui a dévoré la substance de l'état; tes lèvres, qui se sont unies à celles de la reine, balayeront la poussière; et toi, que la mort du vertueux duc Homfroy a fait sourire, tu exhaleras en vain ta rage aux vents, qui, pour toute réponse, te siffleront aux oreilles. Va, sois marié aux sorcières de l'enfer, pour avoir fiancé un puissant monarque à la fille d'un roitelet sans sujets, sans richesse ni couronne. Tu as grandi à la faveur d'une politique infernale, et, comme l'ambitieux Sylla, tu t'es gorgé du sang de ta patrie!... Par toi l'Anjou et le Maine ont été vendus à la France; grâce à toi, les perfides et rebelles Normands ne veulent plus de nous pour maîtres; la Picardie a égorgé ses gouverneurs, surpris nos forteresses, et renvoyé dans leur pays nos soldats nus et mutilés. L'illustre Warwick, et tous les Névil, dont la redoutable épée ne fut jamais tirée en vain, en haine de toi courent aux armes; et la maison d'York, écartée du trône par l'indigne assassinat d'un roi innocent, et par une tyrannie orgueilleuse, insolente et usurpatrice, brûle des feux de la vengeance; déjà s'avancent ses drapeaux pleins d'espoir, portant le croissant d'un soleil qui aspire à briller, et sous lequel on lit: *Invitis nubibus*².

---

¹ *Poole*, nom patrimonial de Suffolk, se prononce comme *pool*, mare, étang.
² En dépit des nuages.

Ici, dans le comté de Kent, le peuple a pris les armes. Pour conclure enfin, l'opprobre et l'indigence sont entrés dans le palais de notre roi ; et tout cela est ton ouvrage ! — Allons ! qu'on l'emmène.

SUFFOLK. Oh ! que ne suis-je un dieu, pour darder mon tonnerre sur ces êtres vils, abjects et méprisables ! il faut peu de chose pour enfler d'orgueil des gens de bas étage ; ce scélérat que voici, parce qu'il est capitaine d'une pinasse, parle plus haut que Bargulus, ce fameux pirate d'Illyrie. Les frelons ne sucent pas le sang des aigles, mais pillent les ruches des abeilles. Il est impossible que je meure par l'ordre d'un vassal aussi infime que toi. Tes paroles m'indignent et ne m'effrayent pas : je vais en France, chargé d'un message de la reine ; je te somme de me transporter de l'autre côté du détroit.

LE CAPITAINE. Walter ?

WHITMORE. Viens, Suffolk, je vais t'expédier au rivage des morts.

SUFFOLK, *à part. Penè gelidus timor occupat artus*[1]. — C'est toi que je crains.

WHITMORE. Tu auras sujet de me craindre avant que je te quitte. Eh bien ! maintenant, as-tu peur ? Es-tu disposé à fléchir ?

PREMIER GENTILHOMME. Mon gracieux lord, intercédez ; parlez-lui avec douceur.

SUFFOLK. La voix souveraine de Suffolk est inflexible et rude ; habituée au commandement, elle ne sait pas prier. A Dieu ne plaise que nous honorions de pareils gens de nos intercessions ! Plutôt courber la tête sur le billot que de fléchir le genou devant qui que ce soit, le Dieu du ciel et mon roi exceptés. J'aime mieux que ma tête figure au haut d'une pique sanglante que de la découvrir devant un vil esclave. La vraie noblesse est exempte de peur. J'en puis supporter plus que vous n'oserez en exécuter.

LE CAPITAINE. Emmenez-le, et faites cesser son babil.

SUFFOLK. Venez, soldats, et montrez jusqu'à quel point peut aller votre cruauté, afin que mon trépas soit à jamais mémorable. Plus d'un grand homme est tombé sous les coups d'un assassin vulgaire ; un soldat romain et un lâche brigand[2] égor-

---

[1] Une peur glaciale court dans tous mes membres.

[2] Cicéron fut tué par Herennius, centurion, et Popilius Lœnas, tribun militaire.

gèrent l'harmonieux Tullius; le bras bâtard de Brutus poignarda Jules César; de sauvages insulaires [1] tuèrent Pompée; et Suffolk est immolé par des pirates.

Suffolk est emmené par Whitmore et quelques-uns des Pirates.

LE CAPITAINE. Quant à ceux dont nous avons fixé la rançon, nous ordonnons que l'un d'eux soit délivré sur parole. Que celui-ci parte donc; — (*au deuxième Gentilhomme*) et vous, suivez-moi.

Tous s'éloignent, à l'exception du premier Gentilhomme. Revient WITHMORE, portant le cadavre de Suffolk.

WHITMORE. Que sa tête et son corps restent ici gisants, jusqu'à ce que la reine, sa maîtresse, lui donne la sépulture.

Il s'éloigne.

PREMIER GENTILHOMME. O barbare et sanglant spectacle! Je vais porter son corps au roi; s'il ne le venge pas, ses amis le vengeront, ainsi que la reine, à qui il était si cher de son vivant.

Il s'éloigne emportant le cadavre.

SCÈNE II.

Blackheath.

Arrivent GEORGE BEVIS et JOHN HOLLAND.

GEORGE. Allons, procure-toi une épée, fût-elle de bois; voilà deux jours que nos gens sont sur pied.

JOHN. Ils n'en ont que plus besoin de dormir.

GEORGE. Tu sauras que Jack Cade, le drapier, se propose de remettre à neuf le manteau de l'état, de le retourner, et de lui donner un nouveau poil.

JOHN. Il en a grand besoin; car il montre terriblement la corde. Parbleu, il n'y a plus eu de bonheur en Angleterre depuis qu'il y a eu des gens comme il faut.

GEORGE. O malheureux siècle! la vertu n'est plus considérée dans les artisans.

JOHN. La noblesse regarde comme au-dessous d'elle de porter le tablier de cuir.

GEORGE. Il y a plus, c'est que les conseillers du roi sont de fort mauvais ouvriers.

---

[1] Pompée fut tué en Égypte, et non dans une île; à moins que notre auteur n'ait considéré le Delta comme une île formée par les deux principales branches du fleuve.

JOHN. C'est vrai; et cependant il est écrit, *travaille selon ta vocation;* ce qui veut dire, que les magistrats soient des ouvriers; donc c'est nous qui devrions être les magistrats.

GEORGE. C'est juste; car la meilleure preuve d'un esprit habile, c'est une main calleuse.

JOHN. Je les vois! je les vois! je reconnais le fils de Best, le tanneur de Wingham.

GEORGE. Il aura le cuir de nos ennemis pour en faire de la peau de chien.

JOHN. Et Richard le boucher.

GEORGE. Oh! en ce cas, nous allons assommer la tyrannie comme un bœuf, et égorger l'iniquité comme un veau.

JOHN. Et Smith le tisserand.

GEORGE. Alors, la trame de leur vie touche à sa fin.

JOHN. Viens, viens; allons nous joindre à eux.

Bruit de tambours. Arrivent CADE, le boucher RICHARD, le tisserand SMITH, suivis d'une foule de peuple.

CADE. Nous, John Cade, ainsi nommé de notre père putatif,—

RICHARD, *à part.* Ou plutôt pour avoir volé une caque[1] de harengs.

CADE. Car nos ennemis tomberont[2] devant nous; ayant reçu du ciel la mission de jeter bas les rois et les princes, nous ordonnons qu'on fasse silence.

RICHARD. Silence!

CADE. Mon père était un Mortimer.

RICHARD, *à part.* C'était un honnête homme, et un excellent maçon.

CADE. Ma mère une Plantagenet.

RICHARD, *à part.* Je l'ai parfaitement connue; elle était sage-femme.

CADE. Ma femme descendait des Lacys.

RICHARD, *à part.* En effet, elle était fille d'un colporteur, et vendait beaucoup de lacets.

SMITH, *à part.* Mais depuis quelque temps, n'étant plus en état de voyager avec sa balle, elle fait la lessive dans son village.

---

[1] *Cade* est un vieux mot anglais qui signifie baril.

[2] Il fait allusion à son nom de *Cade,* du mot latin *cado, cadere,* tomber. Peut-être pousse-t-il un peu loin, pour son rôle, la science des étymologies.

CADE. Ainsi, vous voyez que je suis d'une honorable maison.

RICHARD, *à part*. Rien de plus honorable qu'une maison en plein air, avec le ciel pour abri; c'est là qu'il est né, sous une haie; car son père n'a jamais eu d'autre domicile que la prison.

CADE. Je suis vaillant.

SMITH, *à part*. Cela va sans dire; ceux qui n'ont rien sont vaillants.

CADE. Je suis dur à la peine.

RICHARD, *à part*. Je n'en doute pas; je l'ai vu fouetter trois jours de marché consécutifs.

CADE. Je ne crains ni le fer ni le feu.

SMITH, *à part*. Il ne doit pas craindre le fer; car il porte un habit à l'épreuve, et qui n'a rien à craindre.

RICHARD, *à part*. Il me semble pourtant qu'il doit craindre le feu; car il a eu la main marquée d'un fer chaud pour avoir volé du bétail.

CADE. Soyez donc vaillants, car votre général est vaillant, et il est résolu d'effectuer des réformes radicales dans le pays. Je veux que désormais en Angleterre sept petits pains d'un sou soient vendus pour un sou; la pinte aura trois demi-setiers, et ce sera un crime de félonie que de boire de la petite bière : tout le royaume sera possédé en commun ; je ferai paître mon palefroi dans Cheapside[1]; et quand je serai roi, car je le serai, —

TOUS. Dieu conserve votre majesté !

CADE. Je vous remercie, braves gens. — Il n'y aura plus d'argent : tout le monde boira et mangera à mes frais, et tous mes sujets porteront la même livrée, afin qu'ils vivent en frères, et m'honorent comme leur seigneur et maître.

RICHARD. Que la première chose que nous ferons soit de tuer tous les gens de loi.

CADE. C'est bien mon intention. N'est-il pas déplorable que de la peau d'un innocent agneau on fasse du parchemin, et que ce parchemin, sur lequel on aura griffonné quelque chose, suffise pour consommer la ruine d'un homme? Il y en a qui disent que l'abeille pique, et moi je dis que c'est la cire de l'abeille. Pour mon compte, je n'ai jamais qu'une seule fois en ma vie attaché un sceau à un acte, et depuis cette époque je ne

[1] Une des rues principales de la cité de Londres.

me suis plus appartenu. Eh bien! qu'y a-t-il? Quel est cet homme?

Arrive une troupe de gens du peuple, conduisant LE MAITRE D'ÉCOLE *de Chatam.*

SMITH. C'est le maître d'école de Chatam : il sait lire, écrire, et compter.

CADE. Quelle abomination!

SMITH. Nous l'avons surpris écrivant des modèles pour les enfants.

CADE. En voilà un scélérat!

SMITH. Il a dans sa poche un livre dans lequel il y a des lettres rouges.

CADE. C'est, à coup sûr, un sorcier.

RICHARD. Il sait faire des contrats et écrire par abréviation.

CADE. J'en suis fâché pour lui : il m'a l'air d'un honnête homme, sur ma parole. A moins que je ne le trouve coupable, il ne mourra pas. Approche, mon ami, je veux t'interroger. Quel est ton nom?

LE MAÎTRE D'ÉCOLE. Emmanuel.

RICHARD. Il a coutume de l'écrire au bas des lettres. — Tes affaires vont mal.

CADE. Qu'on me laisse lui parler. Est-ce que tu écris ton nom? ou bien as-tu ta marque particulière, comme doit l'avoir tout homme honnête et loyal?

LE MAÎTRE D'ÉCOLE. Je remercie Dieu d'avoir été assez bien élevé pour savoir écrire mon nom.

TOUS. Il a avoué; qu'on l'expédie; c'est un scélérat, un traître.

CADE. Qu'on l'emmène, et qu'il soit pendu avec sa plume et son écritoire au cou.

Quelques-uns des gens du peuple emmènent le Maître d'école.

Arrive MICHEL.

MICHEL. Où est notre général?

CADE. Me voici, singulier personnage.

MICHEL. Fuyez! fuyez! fuyez! sir Homfroy Stafford et son frère sont à deux pas d'ici, avec les troupes du roi.

CADE. Reste, coquin, reste, ou je t'assomme. Il aura affaire à un homme qui le vaut bien. Ce n'est qu'un chevalier, n'est-ce pas?

MICHEL. Comme vous dites.

CADE. Pour m'égaler à lui, je vais à l'instant même me créer chevalier. (*Il met un genou en terre.*) Lève-toi, sir John Mortimer. (*Il se relève.*) Maintenant il trouvera à qui parler.

Arrivent au son du tambour et à la tête de leurs troupes, SIR HOMFROY STAFFORD et WILLIAM, son frère.

STAFFORD. Manants rebelles, la fange et l'écume de Kent, marqués pour la potence, — mettez bas les armes; retournez dans vos chaumières; abandonnez ce misérable; le roi sera miséricordieux si vous rentrez dans le devoir.

WILLIAM STAFFORD. Mais il sera irrité, inexorable et sanguinaire, si vous persistez dans la révolte; ainsi, la soumission ou la mort.

CADE. Pour ce qui est de ces esclaves en habit de soie, je n'ai rien à leur dire; c'est à vous que je parle, bonnes gens sur qui j'espère bien régner un jour; car je suis le légitime héritier du trône.

STAFFORD. Scélérat, ton père était maçon ! et toi, tu n'es qu'un tondeur de draps ; n'est-ce pas vrai?

CADE. Adam était jardinier.

WILLIAM STAFFORD. Et que veux-tu en conclure?

CADE. Ceci. — Edmond Mortimer, comte de la Marche, épousa la fille du duc de Clarence. Est-ce vrai?

STAFFORD. Oui.

CADE. Il eut d'elle deux enfants jumeaux.

WILLIAM STAFFORD. C'est faux.

CADE. C'est là la question : mais moi, je dis que c'est vrai. — L'aîné, ayant été mis en nourrice, fut dérobé par une mendiante; et ignorant sa naissance et sa famille, quand il fut devenu grand, il se fit maçon : je suis son fils; nie-le, si tu le peux.

RICHARD. Oui, c'est la vérité; en conséquence, il sera roi.

SMITH. Mylord, il a bâti une cheminée dans la maison de mon père, et les briques sont encore là pour l'attester; ne le niez donc pas.

STAFFORD. Ajouterez-vous foi aux paroles d'un vil manant qui ne sait ce qu'il dit?

TOUS. Nous le croyons ; ainsi, allez-vous-en.

8.

WILLIAM STAFFORD. Jack Cade, c'est le duc d'York qui t'a soufflé ton rôle.

CADE, *à part.* Il ment; car c'est moi qui en suis l'inventeur. — (*Haut.*) Va dire au roi, de ma part, qu'en considération de son père Henri V, sous le règne duquel les petits garçons jouaient à la fossette avec des écus français, je consens à le laisser régner; mais je veillerai sur lui en qualité de protecteur.

RICHARD. Et, en outre, nous voulons avoir la tête de lord Say, qui a vendu le duché du Maine.

CADE. Rien de plus juste; car par là l'Angleterre a perdu un membre, et elle ne pourrait marcher sans bâton, si ma puissance ne lui servait d'appui. Rois, mes confrères, sachez que lord Say a mutilé l'état, et l'a fait eunuque. Il y a plus; il parle français; donc c'est un traître.

STAFFORD. O grossière et pitoyable ignorance!

CADE. Réfutez ce raisonnement, si vous pouvez. Les Français sont nos ennemis; eh bien! je vous le demande, celui qui parle le langage d'un ennemi peut-il être un loyal conseiller, oui, ou non?

TOUS. Non, non; il nous faut sa tête.

WILLIAM STAFFORD. Allons, puisque les paroles de douceur sont inutiles, attaquons-les avec les troupes du roi.

STAFFORD. Héraut d'armes, allez dans toutes les villes proclamer traîtres Cade et ses adhérents; annoncez que tous ceux qui seront pris les armes à la main seront pendus, pour l'exemple, à leur porte, à la vue de leurs femmes et de leurs enfants. — Vous tous, qui aimez le roi, suivez-moi.

Les deux Stafford s'éloignent avec leurs troupes.

CADE. Et vous, qui aimez le peuple, suivez-moi. Montrez maintenant que vous êtes des hommes; c'est pour la liberté. Ne laissons pas vivant un seul noble, un seul gentilhomme; n'épargnons personne, hormis ceux qui ont des souliers ferrés; car ceux-là sont d'honnêtes gens qui, s'ils l'osaient, feraient cause commune avec nous.

RICHARD. Les voilà rangés en bon ordre, et ils marchent contre nous.

CADE. Le meilleur ordre pour nous, c'est le désordre. Allons, marchons.

Ils s'éloignent.

SCÈNE III.

Une autre partie de Blackheath.

Bruit de trompettes. Combat. Les deux partis en viennent aux mains; les deux Stafford sont tués.

CADE. Où est Richard, le boucher d'Ashford?

RICHARD. Me voilà.

CADE. Ils sont tombés devant toi comme des bœufs et des moutons, et tu as travaillé comme si tu avais été dans ton abattoir. En conséquence, voici la récompense que je t'accorde : le carême sera une fois plus long qu'il ne l'est à présent, et pendant toute sa durée tu auras seul, et à l'exclusion de tous autres, le privilége de tuer.

RICHARD. Je n'en désire pas davantage.

CADE. Et, à dire vrai, tu le mérites. (*Il ramasse l'épée de Stafford.*) Je veux porter ce monument de notre victoire; je traînerai ces deux cadavres, attachés à la queue de mon cheval, jusqu'à ce que j'arrive à Londres, où je veux que l'épée du lord maire soit portée devant moi.

RICHARD. Si nous voulons prospérer et bien faire, il nous faut ouvrir les prisons et mettre en liberté les prisonniers.

CADE. Nous le ferons, sois tranquille. Allons, marchons sur Londres.

Ils s'éloignent.

SCÈNE IV.

Londres. — Un appartement du palais.

On aperçoit LA REINE MARGUERITE, assise éplorée auprès d'une table, sur laquelle est placée la tête de Suffolk. Entre LE ROI HENRI, lisant une supplique; LE DUC DE BUCKINGHAM et LORD SAY l'accompagnent.

LA REINE MARGUERITE. J'ai souvent ouï dire que la douleur énerve l'âme, qu'elle la rend pusillanime et la fait dégénérer. Songeons donc à la vengeance, et cessons de pleurer. Mais qui pourrait retenir ses pleurs en contemplant ceci? Je puis appuyer sa tête sur mon sein palpitant; mais qui me rendra son corps pour le presser dans mes bras?

BUCKINGHAM, *au Roi.* Quelle réponse fait votre majesté à la supplique des rebelles?

LE ROI HENRI. J'enverrai quelque saint évêque parlementer avec eux; car à Dieu ne plaise que je fasse périr par le glaive tant de pauvres créatures égarées! Plutôt que de les laisser moissonner par la guerre sanglante, j'irai moi-même m'aboucher avec Jack Cade, leur général.—Mais, attendez; je veux la relire encore.

LA REINE MARGUERITE. Ah! scélérats inhumains! ce visage enchanteur était pour moi comme une planète dont l'influence toute-puissante me dominait, et il n'a pas eu le pouvoir de désarmer ces barbares indignes de le regarder?

LE ROI HENRI. Lord Say, Jack Cade veut absolument avoir votre tête.

SAY. Oui, mais j'espère qu'auparavant votre majesté aura la sienne.

LE ROI HENRI. Eh bien, madame? Toujours désolée, toujours pleurant la mort de Suffolk? Si je mourais, ma bien-aimée, vous ne me pleureriez pas tant, je le crains.

LA REINE MARGUERITE. Non, mon ami, je ne vous pleurerais pas, je mourrais pour vous.

Entre UN MESSAGER.

LE ROI HENRI. Eh bien! quelles nouvelles? Quel motif te fait ainsi accourir à la hâte?

LE MESSAGER. Les rebelles sont dans Southwark[1]. Fuyez, sire. Jack Cade se proclame lord Mortimer, issu de la maison du duc de Clarence; il traite votre majesté d'usurpateur, et jure de se couronner lui-même dans Westminster. Son armée est une multitude déguenillée, un ramas de paysans grossiers et féroces. La mort de sir Homfroy Stafford et de son frère leur a enflé le cœur et donné le courage de poursuivre : ils traitent de chenilles perfides et jurent d'exterminer tous les lettrés, les gens de loi, les courtisans et les gentilshommes.

LE ROI HENRI. O pécheurs ignorants! ils ne savent ce qu'ils font.

BUCKINGHAM. Mon gracieux souverain, retirez-vous à Kenelworth, jusqu'à ce qu'on ait réuni des troupes suffisantes pour les écraser.

LA REINE MARGUERITE. Ah! si le duc de Suffolk vivait, ces rebelles de Kent seraient bientôt mis à la raison!

LE ROI HENRI. Lord Say, les traîtres vous haïssent; partez donc avec nous pour Kenelworth.

SAY. J'exposerais par là votre royale personne : ma vue leur

---

[1] L'un des faubourgs de Londres, séparé de la cité par la Tamise.

est odieuse ; je préfère rester dans cette ville, et y vivre seul et le plus secrètement que je pourrai.

Entre UN DEUXIÈME MESSAGER.

DEUXIÈME MESSAGER. Jack Cade est arrivé au pont de Londres ; les bourgeois fuient et désertent leurs maisons ; la populace, altérée de butin, se réunit à ce traître ; et de concert ils jurent de mettre au pillage la ville et votre royale cour.

BUCKINGHAM. Ne perdez pas un moment, sire ; montez à cheval et partez.

LE ROI HENRI. Venez, Marguerite ; Dieu, notre espoir, viendra à notre aide.

LA REINE MARGUERITE. Tout espoir est mort pour moi, maintenant que Suffolk n'est plus.

LE ROI HENRI, *à lord Say*. Adieu, mylord ; ne vous fiez pas aux rebelles de Kent.

BUCKINGHAM. Ne vous fiez à personne, de peur d'être trahi.

SAY. Je me confie en mon innocence ; c'est ce qui me rend hardi et résolu.

Ils sortent.

SCÈNE V.

Même ville. — La Tour.

On voit paraître sur les remparts LORD SCALES et quelques Autres. Plusieurs Bourgeois s'approchent des murailles.

SCALES. Eh bien ! Jack Cade est-il tué ?

PREMIER BOURGEOIS. Non, mylord, et il n'y a pas apparence qu'il le soit ; ils ont pris possession du pont, immolant tout ce qui leur résistait. Le lord-maire vous prie de lui envoyer de la Tour des renforts pour défendre la cité contre les rebelles.

SCALES. J'enverrai tous les secours dont je pourrai disposer ; mais les rebelles me donnent à moi-même des inquiétudes ; ils ont tenté de s'emparer de la Tour. Gagnez Smithfield ; rassemblez-y toutes vos forces ; j'enverrai Mathieu Gough[1] vous y rejoindre. Combattez pour défendre votre roi, votre patrie et votre propre vie : sur ce, adieu ; car il faut que je vous quitte.

Ils s'éloignent.

---

[1] Prononcez *Goffe*.

SCÈNE VI.

Même ville. — Canon-Street.

Arrivent JACK CADE et ses Partisans. Il frappe de son bâton de commandement sur la borne milliaire de Londres.

CADE. Mortimer est maintenant le seul souverain de cette ville. Ici même, assis sur la borne milliaire de Londres, j'entends et j'ordonne qu'aux frais de la ville, il ne coule des fontaines que du vin de Bordeaux, pendant toute cette année, la première de mon règne; et à l'avenir, ce sera un crime de haute trahison que de m'appeler autrement que lord Mortimer.

UN SOLDAT arrive en courant.

LE SOLDAT. Jack Cade! Jack Cade!

CADE. Qu'on l'assomme!

Le soldat est massacré.

SMITH. Si ce drôle est sage, il ne vous appellera plus Jack Cade : il vient de recevoir un avertissement salutaire.

RICHARD. Mylord, une armée se rassemble à Smithfield.

CADE. Eh bien, marchons, et allons la combattre. Mais commencez d'abord par mettre le feu au pont de Londres, et si vous pouvez, brûlez aussi la Tour jusqu'en ses fondements. Allons, partons!

Ils s'éloignent.

SCÈNE VII.

Même ville. — Smithfield.

Bruit de trompettes. Arrivent d'un côté CADE et les Rebelles; de l'autre les Bourgeois et les troupes du roi commandées par MATHIEU GOUGH. Le combat s'engage; les Bourgeois sont mis en déroute, et Mathieu Gough est tué.

CADE. Fort bien, messieurs! Maintenant que quelques-uns se détachent, et aillent tout détruire au quartier de Savoie; que d'autres se rendent aux collèges de droit, et qu'on jette tout à bas.

RICHARD. J'ai une demande à faire à votre seigneurie.

CADE. Quand tu me demanderais une seigneurie, je te l'accorde pour ce mot-là.

RICHARD. Je demande seulement qu'à l'avenir les lois de l'Angleterre émanent de votre bouche.

JOHN, *à part*. Ce seront des lois bien sanglantes; car il a reçu un coup de pique dans la bouche, et elle saigne encore.

SMITH, *à part.* Dis donc, John, que ce seront des lois puantes; car à force de manger du fromage grillé, son haleine s'en ressent.

JOHN, *à part.* Et nous pouvons compter aussi sur des lois mordantes, à moins qu'on ne lui arrache les dents.

CADE. Je veux qu'à l'avenir tous les biens soient en commun.

Arrive UN MESSAGER.

LE MESSAGER. Mylord, une prise, une prise! Voici lord Say, qui a vendu les villes de France, et qui, lors du dernier subside, nous a fait payer vingt et un quinzièmes [1], et un schelling par livre sterling [2].

Arrive GEORGES BÉVIS conduisant LORD SAY.

CADE. Eh bien! pour cela, il sera décapité dix fois! — Te voilà donc, Saye[3], vil casaquin de serge, ou plutôt de bougran; te voilà maintenant face à face avec notre royale juridiction. Comment t'excuseras-tu auprès de ma majesté, d'avoir livré la Normandie au dauphin de France? Apprends de ma bouche, de la bouche de lord Mortimer, que je suis le balai destiné à nettoyer la cour d'immondices tels que toi. Tu as traîtreusement perverti la jeunesse de ce royaume, en érigeant une école de grammaire; au rebours de nos pères qui n'avaient d'autres livres de compte que la marque et la taille, tu as propagé l'imprimerie[4], et, contrairement aux intérêts du roi, de sa couronne, et de sa dignité, tu as fait bâtir une papeterie. Il sera prouvé à ta face que tu as à ta suite des gens qui parlent habituellement de noms, de verbes, et autres mots abominables, qu'aucune oreille chrétienne ne saurait entendre sans frémir. Tu as établi des juges de paix pour faire comparaître devant eux les pauvres gens, à propos de matières sur lesquelles ils n'étaient pas en état de répondre: il y a plus, tu les as envoyés en prison, parce que qu'ils ne savaient pas lire[5], tu

---

[1] Un quinzième était la quinzième partie de la propriété mobilière ou personnelle de chaque contribuable.

[2] Une livre sterling contenant vingt schellings, un schelling par livre était le sou pour livre, ou cinq pour cent.

[3] Il joue sur le mot saye, sorte d'étoffe grossière.

[4] Cette accusation est un peu anticipée. C'est un anachronisme; l'imprimerie n'était pas encore inventée.

[5] C'est-à-dire parce qu'ils ne pouvaient pas réclamer le privilège du clergé, comme faisaient les clercs.

les as fait pendre, tandis que c'était justement pour cela qu'ils méritaient de vivre. Tu montes un cheval revêtu d'une housse, n'est-il pas vrai ?

SAY. Qu'importe ?

CADE. N'as-tu pas de honte de faire porter à ton cheval un manteau, pendant que tant d'honnêtes gens vont en chausses et en pourpoint ?

RICHARD. Et travaillent même en manches de chemise, comme moi, par exemple, qui suis boucher.

SAY. Hommes de Kent, —

RICHARD. Que dis-tu de Kent ?

SAY. J'en dis seulement ceci : *Bona terra, mala gens* [1].

CADE. Qu'on l'expédie, qu'on l'expédie ! il parle latin.

SAY. Écoutez-moi ; puis vous ferez de moi ce que vous voudrez. César, dans ses Commentaires, désigne le pays de Kent comme le plus policé de notre île. Ses campagnes sont belles et fertiles ; ses habitants généreux, vaillants, laborieux et riches ; ce qui me fait espérer que vous n'êtes pas dénués de pitié. Je n'ai pas vendu le Maine, je n'ai pas perdu la Normandie ; mais, pour les recouvrer, je donnerais ma vie ; j'ai toujours tempéré la justice par l'indulgence ; les prières et les larmes ont pu me fléchir, les présents jamais. Vous ai-je jamais accablés d'impôts pour subvenir aux dépenses du comté, du roi et du royaume ? J'ai répandu de grandes largesses sur les hommes de savoir, parce que c'était à ma science que j'avais dû la faveur du roi ; et comme l'ignorance est la malédiction de Dieu, la science l'aile propice avec laquelle nous prenons notre essor vers les cieux, à moins que vous ne soyez possédés d'une perversité infernale, je ne puis concevoir que ce soit pour vous un motif pour m'assassiner. Ma bouche a traité de vos intérêts avec les monarques étrangers.

CADE. Bah ! t'a-t-on jamais vu frapper un seul coup sur le champ de bataille ?

SAY. L'homme supérieur a le bras long ; il m'est souvent arrivé de frapper un ennemi que je ne voyais pas, et je l'ai étendu mort.

GEORGE. O monstre de lâcheté ! Quoi ! frapper les gens par derrière !

---

[1] Bon pays et mauvaises gens.

SAY. Les veilles que je vous ai consacrées ont pâli mon visage.

CADE. Qu'on lui applique un vigoureux soufflet ; cela lui donnera des couleurs.

SAY. Les longues séances que j'ai passées à juger les causes des pauvres gens m'ont valu des souffrances et des infirmités.

CADE. On va t'administrer une potion de chanvre, et une saignée pratiquée à la hache.

RICHARD. Est-ce que tu trembles?

SAY. Oui ; mais c'est de paralysie, et non de peur [1].

CADE. Il hoche la tête en nous regardant, comme s'il voulait nous dire : « Je prendrai ma revanche sur vous. » Nous allons voir si sa tête sera plus stable au bout d'une pique. Emmenez-le, et tranchez-lui la tête.

SAY. Dites-moi en quoi je suis coupable. Ai-je recherché les richesses ou les honneurs? Parlez. Mes coffres sont-ils remplis d'un or acquis à force d'exactions? Le faste brille-t-il dans mes vêtements? A qui de vous ai-je fait tort, pour que vous demandiez ma mort? Ces mains sont pures de sang innocent : jamais une pensée déloyale n'est entrée dans mon cœur. Oh! laissez-moi la vie.

CADE. Ses paroles éveillent la pitié dans mon âme ; mais je veux la comprimer. Il mourra, ne fût-ce que pour avoir si habilement défendu sa vie. Qu'on l'emmène ! un démon familier dicte ses paroles ; son langage ne lui vient pas de Dieu. Emmenez-le, vous dis-je ; tranchez-lui la tête sur-le-champ ; entrez de force dans la maison de son gendre, sir James Cromer ; tranchez-lui aussi la tête, et qu'on me les apporte au bout de deux piques.

TOUS. Ce sera fait.

SAY. Oh mes concitoyens ! si lorsque vous adressez à Dieu vos prières, s'il se montrait aussi inexorable que vous, quelle serait, après la mort, la condition de vos âmes ? Laissez-vous donc fléchir, et épargnez ma vie.

CADE. Qu'on l'emmène, et que mes ordres soient exécutés.

On emmène lord Say.

CADE, *continuant.* Le pair le plus fier du royaume ne gardera pas sa tête sur ses épaules, s'il ne me paye tribut; il ne

[1] Il est curieux de trouver dans Shakspeare cette célèbre réponse de Bailly, marchant au supplice : « Tu trembles? — Oui, mais de froid. »

se mariera pas une seule jeune fille, que je n'aie ses prémices avant son mari ; les hommes me payeront la capitation ; et j'entends et j'ordonne que les femmes soient aussi libérales de leur personne que le cœur peut le souhaiter ou la langue l'exprimer.

RICHARD. Mylord, quand irons-nous à Cheapside faire provision de vivres au bout de nos pertuisanes ?

CADE. Tout à l'heure.

TOUS. C'est magnifique.

Reviennent LES REBELLES, avec les têtes de lord Say et de son gendre.

CADE. Voici quelque chose de plus magnifique encore. — Rapprochez-les, et qu'ils s'embrassent ; car ils s'aimaient de leur vivant. Bien ! séparez-les maintenant, de peur qu'ils ne complotent la reddition de quelque nouvelle ville de France. Soldats, différez jusqu'à la nuit le pillage de la ville ; nous allons parcourir les rues à cheval, avec ces têtes portées devant nous, en guise de masses d'armes, et à tous les carrefours nous les ferons s'embrasser. — Marchons !

Ils s'éloignent.

SCÈNE VIII.

Southwark.

Bruit de trompettes. Arrivent CADE et sa bande.

CADE. Remontez Fish-Street ! longez l'angle de Saint-Magnus ! Tuez-moi ces coquins-là ! Assommez-les ! jetez-les à la Tamise ! (*On entend sonner la chamade, puis la retraite.*) Qu'est-ce que j'entends ? Qui est assez hardi pour sonner la chamade ou la retraite, quand je commande le carnage ?

Arrivent BUCKINGHAM et CLIFFORD, suivis de leurs Troupes.

BUCKINGHAM. C'est nous qui avons cette hardiesse, et qui venons t'importuner de notre présence ; Cade, apprends que nous sommes députés par le roi auprès du peuple que tu as égaré ; nous proclamons ici amnistie pleine et entière pour tous ceux qui se sépareront de toi et retourneront paisiblement chez eux.

CLIFFORD. Qu'en dites-vous, mes concitoyens ? Voulez-vous rentrer dans le devoir, et accepter le pardon qui vous est offert, ou permettre qu'une poignée de misérables vous conduisent à la mort ? Que ceux qui aiment le roi et veulent profiter de sa clémence jettent leur bonnet en l'air et crient : « Dieu

ACTE IV, SCÈNE VIII.

garde sa majesté! » Que ceux qui le haïssent et n'honorent pas son père Henri V, qui fit trembler la France, brandissent leurs armes contre nous, et passent de ce côté.

TOUS. Vive le roi! vive le roi!

CADE. Eh quoi! Buckingham et Clifford, où prenez-vous tant d'assurance? — Et vous, manants stupides, est-ce que vous croyez ce qu'il vous dit? Voulez-vous être pendus avec votre grâce attachée au cou? Mon épée ne m'a-t-elle ouvert les portes de Londres que pour que vous m'abandonniez au Cerf-Blanc, au beau milieu de Southwark? Je pensais que vous ne déposeriez les armes qu'après avoir recouvré vos vieilles franchises; mais vous n'êtes que des misérables et des lâches, et vous courbez la tête avec joie sous le joug des nobles. Qu'ils vous écrasent de fardeaux, s'emparent de vos maisons, violent sous vos yeux vos femmes et vos filles. Pour moi, — je saurai me tirer d'affaire; et que la malédiction de Dieu descende sur vous tous!

TOUS. Nous suivrons Cade, nous suivrons Cade!

CLIFFORD. Cade est-il donc le fils de Henri V, que vous vous écriez que vous voulez le suivre? Vous conduira-t-il au cœur de la France? Fera-t-il des derniers d'entre vous des ducs et des comtes? Hélas! il n'a ni foyer ni asile; il ne peut vivre que de rapine, qu'en volant vos amis et nous. Pendant que vous êtes ainsi divisés, ne serait-ce pas une honte pour vous que de voir les Français tant de fois vaincus par vous, passer les mers et venir vous donner des lois? A la faveur de nos discordes civiles, il me semble déjà les voir, se pavanant en maîtres dans les rues de Londres, et criant, « *Villageois!* » à tous ceux qu'ils rencontrent. Ah! périssent dix mille misérables comme Cade, plutôt que vous vous abaissiez à demander grâce à des Français! En France! en France! et regagnez ce que vous avez perdu; épargnez l'Angleterre; c'est votre pays natal. Henri a de l'argent; vous êtes forts et braves : Dieu est pour nous; ne doutez pas de la victoire.

TOUS. Vive Clifford! Nous suivrons le roi et Clifford!

CADE. Multitude inconstante, plume légère, qui cède au moindre souffle! Le nom de Henri V les pousse à mille résolutions fatales; et me voilà seul et sans appui. Je les vois qui se consultent pour s'emparer de moi. En dépit des démons et de l'enfer, je me frayerai un chemin au milieu de vous! Et je prends le ciel et l'honneur à témoin que ce n'est pas le manque de résolution, mais la honteuse et lâche trahison des miens, qui m'oblige à tourner les talons.

Il s'enfuit.

BUCKINGHAM. Eh quoi! il se sauve! Que quelques-uns se détachent et se mettent à sa poursuite : celui qui apportera sa tête au roi recevra mille écus de récompense.

Quelques-uns s'éloignent.

BUCKINGHAM, *continuant*. Vous autres, suivez-moi : nous allons prendre des mesures pour vous faire tous rentrer en grâce avec le roi.

Ils s'éloignent.

SCÈNE IX.

La terrasse du château de Kenelworth.

Arrivent LE ROI HENRI, LA REINE MARGUERITE et SOMERSET.

LE ROI HENRI. Jamais monarque assis sur un trône terrestre goûta-t-il moins de bonheur que moi? A l'âge de neuf mois, à peine sorti du berceau, je fus fait roi. Jamais sujet ne souhaita de devenir roi aussi ardemment que j'aspire à la condition de sujet.

Arrivent BUCKINGHAM et CLIFFORD.

BUCKINGHAM. Santé et bonnes nouvelles à votre majesté!

LE ROI HENRI. Eh bien! Buckingham, le traître Cade est-il pris, ou ne s'est-il retiré que pour réunir de nouvelles forces?

On voit arriver devant le château, au-dessous de la terrasse, un grand nombre de partisans de Cade, qui s'avancent l'air suppliant et la corde au cou.

CLIFFORD. Sire, il est en fuite; tous ses partisans ont fait leur soumission, et ils viennent humblement, et la corde au cou, entendre de la bouche de votre majesté leur arrêt de vie ou de mort.

LE ROI HENRI. Ouvre donc, ô ciel, tes portes éternelles pour accueillir mes actions de grâce et le tribut de ma reconnaissance! — Mes amis, vous avez dans ce jour racheté votre vie, et montré combien vous sont chers votre prince et votre pays. Persévérez dans de si bons sentiments, et soyez sûrs que Henri, bien qu'il soit malheureux, ne sera jamais ingrat. Recevez tous mes remercîments et votre pardon, et retournez dans vos cantons respectifs.

TOUS. Vive le roi! vive le roi!

Arrive UN MESSAGER.

LE MESSAGER. Sire, j'ai l'honneur d'informer votre majesté

ACTE IV, SCÈNE X.

que le duc d'York est récemment arrivé d'Irlande, et qu'à la tête d'une armée nombreuse et aguerrie, il s'avance vers ces lieux, publiant sur sa route qu'il n'a d'autre objet en vue que d'éloigner de votre personne le duc de Somerset, qu'il qualifie de traître.

LE ROI HENRI. Me voilà placé entre deux calamités, entre Cade et York, pareil à un navire qui, au sortir d'une tempête, est surpris par un calme et abordé par des pirates. A peine Cade est-il repoussé et son monde dispersé, et voilà qu'York paraît en armes pour le soutenir. — Veuillez, Buckingham, aller au-devant de lui; demandez-lui les motifs de cette levée de boucliers. Dites-lui que le duc Edmond sera envoyé à la Tour. — Somerset, notre intention est de vous y enfermer jusqu'à ce qu'il ait licencié son armée.

SOMERSET. Mylord, j'irai volontiers en prison, et même à la mort, si le bonheur de mon pays l'exige.

LE ROI HENRI, *à Buckingham.* En tout cas, parlez-lui avec ménagement; il est très-irritable, et ne supporterait pas un langage peu mesuré.

BUCKINGHAM. Je me conformerai aux ordres de sa majesté, et je ne doute pas que je ne réussisse à donner aux événements la tournure la plus favorable à vos intérêts.

LE ROI HENRI, *à la Reine.* Venez, madame, rentrons; et apprenons à mieux gouverner; car, jusqu'à ce jour, l'Angleterre peut, à bon droit, maudire mon malheureux règne.

Ils s'éloignent.

SCÈNE X.

Le comté de Kent. — Le jardin d'Iden.

Arrive CADE.

CADE. Je maudis l'ambition! je me maudis moi-même, qui ai une épée, et me vois prêt à mourir de faim. Je suis resté cinq jours caché dans ces bois, sans oser en sortir; car tout le pays est sur pied et à ma recherche. Mais à présent je me sens si affamé, que l'on m'offrirait à bail mille ans de vie, qu'il me serait impossible de rester dans ma retraite un instant de plus: j'ai donc escaladé un mur de brique, et pénétré dans ce jardin, pour voir si j'y trouverai à manger de l'herbe ou de la salade; c'est un repas merveilleusement propre à rafraîchir l'estomac par ce temps chaud [1].

---

[1] Nous passons ici quelques lignes dans lesquelles le mot *sallet*, salade,

Arrive IDEN, suivi de quelques Domestiques.

IDEN. O Dieu! qui voudrait, pouvant jouir de ces paisibles ombrages, vivre au milieu du tumulte des cours? Ce modeste héritage, que m'a laissé mon père, suffit à mes désirs et vaut une monarchie. Je ne cherche point à m'agrandir aux dépens d'autrui; je ne suis pas dévoré de la soif des richesses; il me suffit que j'aie de quoi maintenir mon rang, et que le pauvre qui heurte à ma porte s'en éloigne satisfait.

CADE. Voici le propriétaire du sol qui vient m'arrêter, pour m'être introduit dans son domaine sans sa permission. — Ah! scélérat, tu veux me vendre et gagner mille écus, en portant ma tête au roi; mais je te ferai manger du fer comme une autruche, et avaler mon épée comme une épingle longue, avant que toi et moi nous nous séparions.

IDEN. Qui que tu sois, grossier personnage, je ne te connais pas : pourquoi donc te vendrais-je? Ne te suffit-il pas de t'être introduit furtivement dans mon jardin, d'en avoir escaladé les murs, comme un voleur, pour dérober les produits de mon domaine? Veux-tu encore me braver par ton insultant langage?

CADE. Te braver? Oui, par le meilleur sang qui fut jamais versé, et t'insulter en face. Regarde-moi bien. Je n'ai pas mangé de viande depuis cinq jours; et cependant, viens, toi et tes cinq satellites, et si je ne vous étends tous roides morts, je veux ne plus manger d'herbe de ma vie.

IDEN. Tant qu'il y aura une Angleterre au monde, il ne sera pas dit qu'Alexandre Iden, écuyer de Kent, s'est mesuré avec un pauvre diable affamé. Regarde-moi fixement; vois si tes yeux feront baisser les miens; membre contre membre, tu es loin de me valoir; ta main n'est qu'un doigt, comparée à mon poignet; ta jambe est à la mienne ce qu'est une badine à un gourdin; et si je lève le bras en l'air pour te frapper, ta fosse est déjà creusée en terre; quant à te tenir tête dans un combat de paroles, que cette épée supplée à ma langue.

CADE. Par ma valeur, voilà le plus ferme champion que j'aie entendu de ma vie. — (*A son épée.*) Acier, si ton fil s'émousse, si avant de dormir dans le fourreau, tu ne découpes

rappelle à Cade le casque qui a protégé sa tête contre le fer des lances ennemies, et dans les marches militaires, lui a servi à puiser de l'eau pour étancher sa soif. C'est qu'en effet *sallet* signifie tout à la fois, en anglais, salade et casque.

pas en tranches l'échine de ce grand butor, puisses-tu être changé en clou. (*Ils combattent; Cade tombe.*) Oh! je suis mort! La faim seule m'a tué; quand dix mille diables viendraient m'attaquer, qu'on me donne seulement les dix repas que j'ai perdus, et je les défie tous. Jardin, flétris-toi; et sois désormais un lieu de sépulture pour tous les habitants de cette maison, puisqu'ici l'âme indomptée de Cade s'est envolée.

IDEN. Est-ce donc Cade que j'ai tué, Cade, ce traître infâme? O mon épée, cet exploit te sanctifie à mes yeux; quand je serai mort, tu seras suspendue sur ma tombe; je ne veux point effacer le sang dont ta lame est rougie; tu le garderas comme un glorieux écusson, emblème de l'honneur que ton maître vient d'acquérir.

CADE. Iden, adieu, et sois fier de ta victoire. Dis de ma part au pays de Kent qu'il a perdu le meilleur de ses fils; recommande à tous les hommes d'être des lâches; car moi, qui n'ai jamais eu peur de personne, je suis vaincu par la faim et non par la valeur.

Il meurt.

IDEN. Tu me fais injure [1], le ciel m'en est témoin. Meurs, infernal scélérat, la malédiction de celle qui te porta dans ses flancs; de même que j'enfonce mon épée dans ton corps, que ne puis-je précipiter ton âme en enfer! Je vais te traîner par les talons sur un fumier qui te servira de sépulture; là, je couperai ta tête odieuse et la porterai en triomphe au roi, laissant ton corps servir de pâture aux corbeaux.

Il s'éloigne avec ses domestiques, traînant après lui le cadavre.

ACTE CINQUIÈME.

SCÈNE I.

Les plaines situées entre Darfort et Blackheath.

D'un côté est le camp du roi; de l'autre arrive YORK; le tambour bat, les enseignes sont déployées; ses troupes sont à quelque distance.

YORK. York est enfin de retour; il a quitté l'Irlande; il vient revendiquer ses droits et arracher la couronne de la tête

---

[1] En me supposant sur ton compte une opinion aussi avantageuse.

du faible Henri. Cloches, sonnez à triple carillon! feux de joie, brûlez clairs et brillants, pour annoncer le roi légitime de l'Angleterre. Ah! majesté sacrée, qui ne t'achèterait pas à tout prix! Que ceux-là obéissent qui ne savent pas commander! cette main ne saurait manier autre chose qu'un sceptre d'or. Pour donner à mes paroles le ton et l'action convenables, il faut que j'aie à la main un sceptre ou une épée. Si Dieu me prête vie, je porterai un sceptre avec lequel je ferai voler en l'air les fleurs de lis de France.

Arrive BUCKINGHAM.

YORK, *continuant.* Qui s'avance vers moi? c'est Buckingham. Viendrait-il s'opposer à ma marche? C'est le roi qui l'envoie sans doute. Dissimulons.

BUCKINGHAM. York, si tu te présentes en ami, c'est en ami aussi que je te salue.

YORK. Homfroy de Buckingham, j'accepte ton salut. M'apportes-tu un message, ou est-ce de ton propre mouvement que tu viens?

BUCKINGHAM. Je viens de la part de Henri, notre auguste maître, pour connaître les motifs de ces armements en pleine paix, et te demander pourquoi toi, sujet comme moi, infidèle à tes serments et à tes devoirs de sujet, tu as levé sans sa permission des troupes aussi nombreuses, et oses les conduire dans un rayon si rapproché de la cour.

YORK, *à part.* Je puis à peine parler, tant ma colère est grande. Oh! je me sens capable de soulever des rocs, de combattre la pierre, tant je suis indigné de ce langage servile! Je pourrais, comme Ajax, fils de Télamon, décharger ma fureur sur des bœufs et des moutons! Je suis beaucoup mieux né que le roi; je ressemble plus à un roi que lui; j'ai des pensées plus royales; mais il me faut montrer un visage serein, jusqu'à ce que Henri soit plus faible et moi plus fort. — (*Haut.*) O Buckingham! pardonne-moi, je te prie, d'être resté si longtemps sans te répondre; une mélancolie profonde absorbait ma pensée. Le but que je me suis proposé en conduisant ici cette armée, c'est d'éloigner de la personne du roi l'orgueilleux Somerset, traître à sa majesté et à l'état.

BUCKINGHAM. C'est de ta part un acte de présomption bien grande. Mais si tes armements n'ont pas d'autre objet, le roi a fait droit à ta demande; le duc de Somerset est à la Tour.

ACTE V, SCÈNE I.

YORK. Sur ton honneur, est-il prisonnier?

BUCKINGHAM. Sur mon honneur, il est prisonnier.

YORK. En ce cas, Buckingham, je vais licencier mes troupes. — (*Faisant quelques pas vers son armée.*) Soldats, je vous rends grâces de vos services; dispersez-vous; venez me retrouver demain aux prés de Saint-Georges; là vous recevrez votre solde, et tout ce que vous demanderez vous sera accordé. —(*A Buckingham.*) Dites à mon souverain, au vertueux Henri, que je mets à sa disposition l'aîné de mes fils, — que dis-je, tous mes fils, comme gages de ma fidélité et de mon affection, sans plus de répugnance que je n'en ai à vivre. Terres, biens, chevaux, armures, tout ce que je possède, qu'il en dispose, pourvu que Somerset meure.

BUCKINGHAM. York, je loue cette affectueuse soumission; allons tous deux à la tente du roi.

Il lui donne le bras.

Arrivent LE ROI HENRI et sa Suite.

LE ROI HENRI. Buckingham, York n'a donc aucun dessein de nous nuire, que je le vois marcher ainsi avec toi, dans une attitude amicale?

YORK. En toute humilité et soumission, York se présente à votre majesté.

LE ROI HENRI. Dans quelle intention as-tu amené ces troupes?

YORK. Pour chasser d'ici le traître Somerset, et pour combattre Cade, cet infâme rebelle qui, ainsi que je viens de l'apprendre, a vu échouer ses projets.

Arrive IDEN, portant la tête de Cade.

IDEN. S'il est permis à un homme aussi étranger aux usages des cours, d'une condition aussi obscure, de paraître en la présence d'un roi, permettez que j'offre à votre majesté la tête de Cade, que j'ai tué les armes à la main.

LE ROI HENRI. La tête de Cade! — Grand Dieu! que tu es juste! — Maintenant qu'il est mort, que je voie son visage, lui qui, vivant, m'a causé tant d'inquiétudes. Dis-moi, mon ami, est-ce toi qui l'as tué?

IDEN. Oui, sire.

LE ROI HENRI. Comment te nommes-tu? et quelle est ta condition?

IDEN. Je me nomme Alexandre Iden ; je suis un pauvre écuyer de Kent, dévoué à son roi.

BUCKINGHAM. Avec la permission de votre majesté, il conviendrait, je crois, de le créer chevalier, en récompense d'un si important service.

LE ROI HENRI. Iden, mets un genou en terre; (*Iden fléchit le genou*) maintenant, relève-toi chevalier. (*Il se relève.*) Je te donne mille marcs pour récompense, et veux qu'à dater de ce jour tu sois attaché à notre personne.

IDEN. Puisse Iden se rendre digne d'une faveur si grande, et rester toujours fidèle à son souverain !

LE ROI HENRI. Vois, Buckingham ! Somerset s'approche avec la reine ; va lui dire de se soustraire en toute hâte aux regards du duc.

Arrivent LA REINE MARGUERITE et SOMERSET.

LA REINE MARGUERITE. Pour mille York, il ne cachera pas sa tête ; mais il le regardera face à face et sans crainte.

YORK. Quoi donc? Somerset en liberté ! Eh bien ! York, donne l'essor à tes pensées longtemps comprimées, et que ta bouche soit l'interprète de ton cœur. Endurerai-je la vue de Somerset? Roi déloyal, pourquoi as-tu violé avec moi ta parole, toi qui sais que je ne puis endurer un outrage? J'ai tort de t'appeler roi ; non, tu n'es pas un roi ; tu n'es pas fait pour gouverner des peuples, toi qui n'oses ni ne peux maîtriser un traître. Ta tête n'est pas formée pour une couronne ; ta main est faite pour tenir le bâton du pèlerin, et non un sceptre auguste et redoutable. C'est à moi à ceindre mon front de ce cercle d'or, moi dont le sourire et la menace, comme la lance d'Achille, peuvent blesser et guérir tour à tour. Voilà une main capable de porter le sceptre et d'imposer des lois fortes et respectées. Fais-moi place : par le ciel, tu ne régneras plus sur celui que le ciel créa pour régner sur toi.

SOMERSET. O traître infâme ! — York, je t'arrête pour crime de haute trahison au premier chef envers le roi et la couronne. Obéis, traître audacieux ; demande grâce à genoux.

YORK. Tu veux que je m'agenouille? (*Montrant du doigt son armée.*) Permets d'abord que je demande à ces hommes s'ils sont gens à souffrir que je ploie le genou devant un homme. — (*A l'un de ses officiers.*) Va chercher mes fils pour qu'ils soient ma caution.

L'Officier s'éloigne.

YORK, *continuant.* Je sais que plutôt que de me laisser aller en prison, ils mettront leurs épées en gage pour me racheter.

LA REINE MARGUERITE. Allez chercher Clifford ; qu'il vienne nous dire s'il entend que les fils bâtards d'York servent de caution au traître leur père.
Buckingham s'éloigne.

YORK. Napolitaine au sang impur, rebut de Naples, sanglant fléau de l'Angleterre, les fils d'York, tes supérieurs en naissance, seront la caution de leur père ; malheur à ceux qui la refuseront !

Arrivent, d'un côté, ÉDOUARD et RICHARD PLANTAGENET, à la tête de leurs troupes ; de l'autre, CLIFFORD et SON FILS, à la tête des leurs.

YORK, *continuant.* Tenez, les voilà qui viennent ; je réponds qu'ils ne me démentiront pas.

LA REINE MARGUERITE. Et voici Clifford qui arrive pour refuser leur caution.

CLIFFORD. Santé et heureux jours à mon seigneur le roi !
Il met un genou en terre.

YORK. Je te remercie, Clifford. Eh bien ! quelles nouvelles ? Pourquoi ce regard irrité que tu nous lances ? Nous sommes ton souverain, Clifford ; fléchis de nouveau le genou ; nous te pardonnons ta méprise.

CLIFFORD. Voici mon roi, York ; je ne me méprends point. C'est t'abuser étrangement que de le croire. Qu'on le conduise à Bedlam[1] ! Est-ce qu'il est devenu fou ?

LE ROI HENRI. Oui, Clifford ; une folle et ambitieuse frénésie le porte à se poser l'adversaire de son roi.

CLIFFORD. C'est un traître : qu'on le mène à la Tour, et que sa tête séditieuse soit tranchée.

LA REINE MARGUERITE. On lui a signifié son arrestation ; mais il refuse d'obéir : ses fils, dit-il, lui serviront de caution.

YORK. Le voulez-vous, mes fils ?

ÉDOUARD. Oui, mon noble père, si notre parole suffit.

RICHARD. Et ce que notre parole ne pourrait faire, nos épées le feront.

CLIFFORD. Quoi donc ? Quelle nichée de traîtres avons-nous ici ?

---

[1] Hôpital des fous.

YORK. Regarde dans un miroir, et tu y verras l'image d'un traître. Je suis ton roi, et toi, tu es un imposteur et un rebelle. Qu'on aille chercher mes deux ours vaillants, afin qu'ils soient de la partie, et que le seul bruit de leur chaîne frappe d'épouvante ces dogues hideux autant que lâches. — Dites à Salisbury et à Warwick de venir me trouver.

Bruit de tambours. Arrivent WARWICK *et* SALISBURY, *à la tête de leurs troupes.*

CLIFFORD. Sont-ce là tes ours[1]? Si tu oses les amener dans la lice, nous les harcèlerons jusqu'à ce que mort s'ensuive, et avec leur chaîne nous garrotterons leur gardien.

RICHARD. J'ai vu souvent des dogues présomptueux mordre l'ours par derrière; mais lorsqu'ils se trouvaient sous sa patte redoutable, aussitôt ils mettaient la queue entre les jambes, et jetaient les hauts cris. Vous en ferez tout autant, si jamais il vous arrive de vous mesurer avec lord Warwick.

CLIFFORD. Arrière, amas de laideur et de rage, masse indigeste et hideuse, dont l'âme est aussi difforme que le corps!

YORK. Tout à l'heure nous te frotterons de la belle manière.

CLIFFORD. Prenez garde de vous endommager les doigts à cet exercice.

LE ROI HENRI. Quoi donc, Warwick, tes genoux ne savent-ils plus fléchir? — Vieux Salisbury, honte à tes cheveux blancs, guide insensé d'un fils sans cervelle! — Eh quoi! tu veux sur ton lit de mort jouer le rôle d'un scélérat, et vieillard en lunettes, te chercher des douleurs? Où est donc la foi? Où est la loyauté? Si elles sont bannies de ta tête glacée, où trouveront-elles un refuge sur la terre? Veux-tu creuser le sol pour y trouver la guerre, et souiller de sang ta vieillesse vénérable? Comment, à ton âge, manques-tu d'expérience? ou si tu en as, pourquoi en fais-tu un si mauvais usage? Quelle honte! Rentre dans le devoir, et fléchis le genou devant moi, toi qui fléchis déjà sous le fardeau de l'âge.

SALISBURY. Mylord, j'ai attentivement examiné les titres de cet illustre duc; et dans ma conscience, je le regarde comme le légitime héritier du trône d'Angleterre.

LE ROI HENRI. Ne m'as-tu pas juré fidélité?

---

[1] Les Névil, comtes de Warwick, avaient sur leur écu un ours rampant enchaîné à un rameau dépouillé.

SALISBURY. Oui.

LE ROI HENRI. Peux-tu te dégager avec le ciel d'un tel serment?

SALISBURY. C'est un grand crime de faire un serment coupable, mais c'est un crime plus grand de le tenir. Quel serment solennel peut obliger un homme à commettre un meurtre ou un vol; à violer la chasteté d'une vierge pure et sans tache; à frustrer l'orphelin de son patrimoine; à dépouiller la veuve de ses droits légitimes? Lui suffirait-il, pour excuser ces actes, de dire qu'il s'y était engagé sous la foi du serment?

LA REINE MARGUERITE. La trahison n'a pas besoin d'être étayée du sophisme.

LE ROI HENRI. Qu'on aille dire à Buckingham de s'armer.

YORK. Appelle à ton aide Buckingham et tous les amis qui te restent; ma résolution est prise; je veux la mort ou la royauté.

CLIFFORD. Je te garantis la première, si mon rêve de la nuit dernière s'accomplit.

WARWICK. Tu ferais mieux d'aller au lit et de rêver encore que de venir affronter la tempête du champ de bataille.

CLIFFORD. Je suis homme à soutenir de plus terribles orages que tu ne pourras en soulever aujourd'hui : c'est ce que mon épée se propose d'écrire sur ton casque, si je puis te reconnaître à l'emblème de ta maison.

WARWICK. J'en jure par les armoiries de mon père, je porterai aujourd'hui sur mon casque l'antique emblème des Névil, l'ours rampant enchaîné à un rameau dépouillé; et pareil au cèdre de la montagne qui conserve son feuillage en dépit des antans, je le porterai si haut et si fier, que tu n'en pourras soutenir la vue.

CLIFFORD. J'arracherai ton ours de dessus ton casque, et en dépit de son gardien, je le foulerai sous mes pieds avec mépris.

LE JEUNE CLIFFORD. Aux armes, donc, mon victorieux père; écrasons les rebelles et leurs complices.

RICHARD. Un peu plus de charité, jeune homme; laisse là les paroles de colère; car tu souperas ce soir avec Jésus-Christ.

LE JEUNE CLIFFORD. Monstre de laideur, c'est plus que tu n'en saurais dire.

RICHARD. Si ce n'est au ciel, tu souperas très-certainement en enfer.

Les deux partis s'éloignent dans des sens opposés.

SCÈNE II.

Le champ de bataille de Saint-Albans. Sur le premier plan, on aperçoit une hôtellerie, à l'enseigne du Château de Saint-Albans.

Bruit de trompettes; escarmouches. Arrive **WARWICK**.

WARWICK. Clifford de Cumberland, c'est Warwick qui t'appelle! et si tu n'as pas peur de rencontrer l'ours, maintenant que la trompette irritée sonne l'alarme, et que les cris des mourants retentissent dans les airs, — Clifford, viens te mesurer avec moi! Prince orgueilleux du Nord, Clifford de Cumberland, Warwick s'enroue à t'appeler au combat.

Arrive YORK.

WARWICK, *continuant*. Eh bien, mon noble lord? quoi, à pied!

YORK. Le terrible Clifford a tué mon cheval sous moi; mais je lui ai rendu la pareille, et j'ai livré en pâture aux vautours et aux corbeaux le noble coursier qu'il aimait tant.

Arrive CLIFFORD.

WARWICK. Voici la dernière heure de l'un de nous ou de tous deux.

YORK. Arrête, Warwick; cherche une autre proie; laisse-moi m'acharner à la poursuite de ce daim, jusqu'à ce que je l'aie tué.

WARWICK. Eh bien, York, songe à t'en acquitter noblement; c'est pour une couronne que tu combats. — Clifford, aussi vrai que j'ai à cœur de prospérer aujourd'hui, c'est avec douleur que je te quitte sans combattre.

Warwick s'éloigne.

CLIFFORD. Que vois-tu donc en moi, York? pourquoi demeures-tu immobile?

YORK. Ta fière contenance me plaît, et tu aurais toutes mes sympathies, si tu n'étais pas autant mon ennemi.

CLIFFORD. Ta vaillance obtiendrait pareillement mon approbation et mon estime, si elle ne s'alliait à l'infamie et à la trahison.

YORK. Qu'elle me défende aujourd'hui contre ton épée, comme il est vrai qu'elle soutient la justice et le bon droit!

CLIFFORD. Appelons à ce combat toute mon énergie, corps et âme!

ACTE V, SCÈNE II.

YORK. C'est un terrible enjeu ! — Défends-toi.

Ils combattent, Clifford tombe.

CLIFFORD. La fin couronne les œuvres [1].

Il meurt.

YORK. Ainsi la guerre t'a donné la paix ; car te voilà immobile. Paix à ton âme, si c'est la volonté du ciel !

Il s'éloigne.

Arrive LE JEUNE CLIFFORD.

LE JEUNE CLIFFORD. Honte et confusion ! tout est en déroute ; la peur crée le désordre, et le désordre frappe ceux qu'il faudrait défendre. O guerre, fille de l'enfer, dont le ciel fait l'instrument de sa colère, allume dans les cœurs glacés de nos soldats les feux de la vengeance ! — Qu'aucun ne fuie. Le véritable guerrier doit faire abnégation de son être ; celui qui s'aime lui-même n'est pas courageux par essence ; il ne l'est qu'accidentellement. (*Apercevant le cadavre de son père.*) Oh ! que ce monde abject prenne fin ! que les flammes du dernier jour viennent avant le temps confondre le ciel et la terre embrasés ! que la trompette universelle résonne et fasse taire tous les autres bruits ! O père bien aimé, après avoir coulé en paix ta jeunesse, avoir atteint les cheveux blancs et la sagesse du vieillard, devais-tu donc, à l'âge du respect et du repos, périr sous le fer brutal des batailles ! Ce spectacle endurcit mon cœur, et tant que je vivrai il restera de marbre. York n'épargne pas nos vieillards ; et moi, je n'épargnerai pas leurs enfants au berceau. Les larmes des jeunes vierges ne feront pas plus d'effet sur moi que la rosée sur le feu ; et la beauté, qui souvent désarme le tyran, ne fera que doubler la violence de mon courroux, comme l'huile et la cire jetées sur la flamme. Je dis pour jamais adieu à la pitié. Qu'un enfant de la maison d'York s'offre à moi, je le couperai en autant de morceaux que Médée en fureur coupa le jeune Absyrte [2]. Je veux me rendre fameux par ma cruauté. (*Relevant le corps de son père, et le chargeant sur son épaule.*) Viens, nouveau débris de l'antique maison des Clifford, viens, que je te porte sur mes mâles épaules, comme autrefois Énée le vieil Anchise. Mais la charge d'Énée était vivante et bien légère comparée à ce douloureux fardeau.

Il s'éloigne.

[1] Ces mots sont en français dans le texte.
[2] Médée en fuyant de Colchos avec Jason, égorgea son frère Absyrte, et coupa son corps par morceaux, afin que ce spectacle ralentît pour quelque temps la poursuite de son père.

RICHARD PLANTAGENET et **SOMERSET** arrivent en combattant. Somerset blessé à mort va tomber à deux pas de l'hôtellerie.

RICHARD. Toi, reste ici, auprès de cette chétive hôtellerie qui a pour enseigne le *Château de Saint-Albans;* ainsi tu auras vérifié, par ta mort, la prédiction de la sorcière[1]. — Que mon épée garde sa trempe, et mon cœur sa colère : les prêtres prient pour leurs ennemis ; mais les princes les tuent.

Il s'éloigne.

Bruit de trompettes. Escarmouches. Arrivent LE ROI HENRI et LA REINE MARGUERITE, avec quelques troupes qui battent en retraite.

LA REINE MARGUERITE. Fuyez, monseigneur ! que vous êtes lent ! Au nom du ciel, fuyez !

LE ROI HENRI. La fuite peut-elle nous soustraire au courroux du ciel? Ma chère Marguerite, arrêtons-nous ici.

LA REINE MARGUERITE. De quelle nature êtes-vous donc ? Vous ne voulez ni combattre ni fuir. Il y a maintenant fermeté, sagesse et prudence à éviter l'ennemi ; et puisque la fuite est le seul moyen de salut qui nous reste, ayons-y recours. (*Le bruit du combat s'approche.*) Si vous êtes pris, notre fortune est à sec ; mais si nous échappons, comme nous le pouvons encore, si votre apathie n'y met obstacle, nous tâcherons de gagner Londres, où l'on vous aime encore, et où nous pourrons réparer promptement le dommage fait à notre fortune.

Arrivent LE JEUNE CLIFFORD.

LE JEUNE CLIFFORD. Si je n'étais fermement résolu à tirer de nos désastres une prompte vengeance, je regarderais comme un blasphème de vous conseiller la fuite ; mais il le faut, un découragement incurable a saisi le cœur de tous nos partisans. Fuyez ; votre salut l'exige. Plus tard nos ennemis auront leur tour, et nous leur renverrons les désastres qu'ils nous infligent.

Ils s'éloignent.

SCÈNE III.

Une plaine aux environs de Saint-Albans.

On continue à entendre le bruit du combat ; puis la retraite sonne, mêlée au bruit des fanfares. On voit arriver, tambours battant, enseignes déployées, l'armée victorieuse, que précèdent YORK, RICHARD PLANTAGENET et WARWICK.

YORK. Qui peut nous donner des nouvelles de Salisbury, ce

[1] Il fait allusion à la prophétie de Marguerite Jourdain, acte I, scène IV.

vieux lion qui, dans sa colère, oublie les ravages du temps et les injures de la vieillesse? On le dirait à la fleur de l'âge, et cette journée semble le rajeunir; nous n'avons rien gagné aujourd'hui, et notre fortune n'a pas fait un pas, si nous avons perdu Salisbury.

RICHARD. Mon noble père, trois fois aujourd'hui je l'ai aidé à remonter à cheval; trois fois, le couvrant de mes armes, je l'ai conduit hors de la mêlée, en le suppliant de n'y plus revenir; mais bientôt, au plus fort du danger je le retrouvais encore; et comme une riche tapisserie dans une cabane indigente, une volonté forte animait son corps débile. Mais ce noble guerrier, le voilà qui s'avance.

Arrive SALISBURY.

SALISBURY, *à York*. Par mon épée, tu as bravement combattu aujourd'hui, et nous en avons tous fait autant. — Je te remercie, Richard : Dieu sait ce que j'ai encore à vivre. Il a permis que trois fois dans cette journée je fusse sauvé par toi d'une mort imminente. — Mylords, il faut assurer les fruits de notre victoire; ce n'est pas assez pour nous que nos ennemis soient en fuite; ils ne tarderont pas à réparer leurs désastres.

YORK. Nous devons les poursuivre; il y va de notre sûreté; j'apprends que le roi a fui vers Londres, pour y convoquer sans délai la cour du parlement. Allons l'y rejoindre avant que les lettres de convocation soient parties. Qu'en dit lord Warwick? Est-il d'avis que nous devons les suivre?

WARWICK. Les suivre? Devançons-les plutôt, si nous pouvons! Sur ma parole, mylords, voilà une journée glorieuse. La bataille de Saint-Albans, gagnée par l'illustre York, vivra éternellement dans la mémoire des siècles à venir. Battez, tambours! sonnez, trompettes! — Marchons tous vers Londres; et puissent d'autres journées semblables à celle-ci nous échoir en partage.

Ils s'éloignent.

FIN DE HENRI VI (IIe PARTIE).

HENRI VI,

IIIe PARTIE,

DRAME HISTORIQUE EN CINQ ACTES.

PERSONNAGES.

HENRI VI, roi d'Angleterre.
ÉDOUARD, prince de Galles, son fils.
LOUIS XI, roi de France.
LE DUC DE SOMERSET,
LE DUC D'EXETER,
LE COMTE D'OXFORD,
LE COMTE DE NORTHUMBER-
LAND,
LE COMTE DE WESTMORELAND,
LORD CLIFFORD, } partisans du roi.

RICHARD PLANTAGENET, duc d'York.
ÉDOUARD, comte de la Marche, depuis Édouard IV,
EDMOND, comte de Rutland,
GEORGE, plus tard duc de Clarence,
RICHARD, plus tard duc de Gloster, } ses fils.

LE DUC DE NORFOLK,
LE MARQUIS DE MONTAIGU,
LE COMTE DE WARWICK,
LE COMTE DE PEMBROKE,
LORD HASTINGS,
LORD STAFFORD, } partisans du duc d'York.

SIR JOHN MORTIMER,
SIR HUGUES MORTIMER, } oncles du duc d'York.
LE JEUNE HENRI, comte de Richemond, depuis Henri VII.
LORD RIVERS, frère de lady Grey.
SIR WILLIAM STANLEY.
SIR JOHN MONTGOMERY.
SIR JOHN SOMERVILLE.
LE GOUVERNEUR DU COMTE DE RUTLAND.
LE MAIRE D'YORK.
LE LIEUTENANT DE LA TOUR.
UN LORD.
DEUX GARDES-CHASSE.
UN CHASSEUR.
UN FILS QUI A TUÉ SON PÈRE.
UN PÈRE QUI A TUÉ SON FILS.
LA REINE MARGUERITE, femme de Henri VI.
LADY GREY, plus tard reine d'Angleterre et femme d'Édouard IV.
BONA, sœur de la reine de France.
Soldats.
Suite des rois Henri et Édouard.
Messagers, Gardes, etc.

Dans une partie du troisième acte, la scène est en France; dans le reste de la pièce, elle est en Angleterre.

ACTE PREMIER.

SCÈNE I.

Londres. — La salle du parlement.

Bruit de tambours. Quelques Soldats du parti d'York se précipitent dans la salle ; puis, entrent LE DUC D'YORK, ÉDOUARD, RICHARD, NORFOLK, MONTAIGU, WARWICK et Autres, portant des roses blanches à leurs chapeaux.

WARWICK. Je ne conçois pas comment le roi a pu nous échapper.

YORK. Pendant que nous poursuivions la cavalerie du Nord, il s'est adroitement esquivé, abandonnant son armée, et laissant le grand lord de Northumberland, dont la fierté guerrière s'est toujours révoltée au mot de retraite, encourager de la voix les troupes démoralisées ; lord Clifford, lord Stafford et lui, ont attaqué de front notre corps de bataille, et pénétrant au milieu de nos rangs, sont tombés sous l'épée de nos soldats [1].

ÉDOUARD. Le père de lord Stafford, le duc de Buckingham, doit être ou tué ou dangereusement blessé. Je lui ai fendu le casque d'un coup d'épée ; et pour preuve, mon père, voilà son sang.

Il montre son épée sanglante.

MONTAIGU, *à York, en lui montrant la sienne*. Et voilà, mon frère, le sang du comte de Whitshire, avec qui je me suis mesuré au commencement de la bataille.

RICHARD. Toi, parle pour moi, et dis ce que j'ai fait.

Il entr'ouvre son manteau, et jette à terre la tête de Somerset.

YORK. De tous mes fils, c'est Richard qui a mérité la palme. — Eh quoi ! vous êtes donc mort, mylord de Somerset ?

NORFOLK. Ainsi périsse toute la postérité de Jean de Gand !

RICHARD. J'espère abattre de même la tête du roi Henri.

WARWICK. Et moi aussi. — Victorieux prince d'York, jusqu'à ce que je t'aie vu assis sur ce trône qu'usurpe maintenant la maison de Lancastre, je jure, par le ciel, que ces yeux ne se fermeront pas. Voici le palais de ce peureux monarque, et voici le siége royal : York, prends-en possession ; il est à toi, et non aux héritiers de Henri.

YORK. Soutiens-moi, Warwick, et je ne demande pas mieux ; car nous sommes entrés ici de force.

NORFOLK. Nous vous soutiendrons tous ; le premier qui recule est mort.

YORK. Merci, mon cher Norfolk. — Rangez-vous auprès de moi, mylords. — Et vous, soldats, restez, et ne me quittez pas de la nuit.

WARWICK. Quand le roi viendra, ne lui faites aucune violence, à moins qu'il ne veuille vous expulser de vive de force.

Les soldats se retirent dans une pièce voisine.

---

[1] Notre auteur semble avoir oublié que, dans le drame précédent, il a fait périr Clifford par la main du duc d'York ; du reste, le récit actuel est conforme à l'histoire.

YORK. Ici la reine doit tenir aujourd'hui son parlement ; elle ne se doute pas que nous aurons voix délibérative : par la force ou par la persuasion, il faut que notre droit triomphe.

RICHARD. Armés comme nous sommes, restons dans cette enceinte.

WARWICK. Ce parlement s'appellera le parlement de sang, à moins que Plantagenet, duc d'York, ne soit roi, et que nous ne déposions ce timide Henri, dont la lâcheté nous a rendus la risée de nos ennemis.

YORK. Ne me quittez donc pas, mylords. De la résolution ; je prétends entrer en possession de mes droits.

WARWICK. Ni le roi, ni son plus dévoué défenseur, le plus fier des partisans de Lancastre n'osera remuer l'aile, si Warwick agite son grelot [1] ; Plantagenet une fois planté par moi, qu'on ose le déraciner ! De la résolution, Richard ; revendique la couronne d'Angleterre.

Conduit par Warwick, York monte sur le trône et s'y place.

Fanfares. Entrent LE ROI HENRI, CLIFFORD, NORTHUMBERLAND, WESTMORELAND, EXETER et Autres, portant des roses rouges à leurs chapeaux.

LE ROI HENRI. Mylords, le voyez-vous cet audacieux rebelle assis sur le trône royal? Sans doute qu'appuyé sur la puissance de Warwick, ce pair parjure, il prétend porter la couronne et régner ! Comte de Northumberland, il a tué ton père ; — et le tien aussi, lord Clifford : et tous deux vous avez juré de venger leur mort sur lui, ses fils, ses partisans et ses amis.

NORTHUMBERLAND. Si je ne l'en punis, me punisse le ciel !

CLIFFORD. C'est dans cet espoir que j'ai pris une armure pour vêtement de deuil.

WESTMORELAND. Eh quoi ! souffrirons-nous tant d'audace? arrachons-le du trône ; mon cœur bout de colère, je ne puis y tenir !

LE ROI HENRI. Patientez un peu, mon cher comte de Westmoreland.

CLIFFORD. La patience est faite pour les poltrons comme lui ; il n'oserait pas s'asseoir sur ce trône, si votre père vivait.

---

[1] Allusion à la fauconnerie. On attachait au cou du faucon des grelots dont le bruit ajoutait à l'effroi des oiseaux.

Mon gracieux souverain, permettez qu'ici, en plein parlement, nous attaquions la famille d'York.

NORTHUMBERLAND. C'est bien parlé, mon cousin; procédons.

LE ROI HENRI. Ne savez-vous pas que Londres est pour eux, et qu'ils ont des troupes à leurs ordres?

EXETER. Le duc une fois tué, vous les verrez fuir.

LE ROI HENRI. Loin du cœur de Henri la pensée de faire du parlement un champ de bataille! Cousin Exeter, la réprimande, les paroles et la menace, sont les seules armes dont Henri veuille faire usage. (*Ils s'avancent vers le Duc.*) York, duc séditieux, descends de mon trône, et implore à genoux ta grâce et ma merci; je suis ton souverain.

YORK. Tu te trompes, c'est moi qui suis le tien.

EXETER. Par pudeur, descends; c'est lui qui t'a fait duc d'York.

YORK. C'est un titre que m'avaient transmis mes ancêtres, tout aussi bien que celui de comte [1].

EXETER. Ton père fut traître à la couronne.

WARWICK. Exeter, tu es traître à la couronne en embrassant la cause de l'usurpateur Henri.

CLIFFORD. Ne doit-il pas embrasser la cause de son roi légitime?

WARWICK. C'est vrai, Clifford, et ce roi légitime, c'est Richard, duc d'York.

LE ROI HENRI. Et je resterai debout pendant que tu seras assis sur mon trône!

YORK. Il le faut; résigne-toi.

WARWICK. Sois duc de Lancastre, et lui roi.

WESTMORELAND. Il est tout à la fois et roi et duc de Lancastre, et c'est ce que Westmoreland est prêt à soutenir.

WARWICK. Et Warwick soutient le contraire. Vous oubliez que c'est nous qui vous avons chassé du champ de bataille, qui avons tué vos pères, et qui avons traversé Londres, enseignes déployées, pour arriver à ce palais.

NORTHUMBERLAND. Oui, Warwick, je me le rappelle avec douleur, et je jure par l'âme de mon père de m'en venger sur toi et ta maison.

---

[1] York était comte de la Marche avant d'être créé duc d'York. Il était fils de Richard, comte de Cambridge. Voir Henri VI, première partie.

WESTMORELAND. Plantagenet, toi, tes fils, tes partisans et tes amis, vous me payerez la mort de mon père, et j'immolerai plus de victimes à ses mânes qu'il n'avait de gouttes de sang dans les veines.

CLIFFORD. Trêve sur cette matière, de peur qu'avant de sortir d'ici, Warwick, je ne t'envoie un messager homicide qui vengera la mort de mon père.

WARWICK. Pauvre Clifford! combien je méprise tes impuissantes menaces!

YORK. Voulez-vous que je démontre mes titres à la couronne? Sinon nos épées plaideront ma cause sur le champ de bataille.

LE ROI HENRI. Réponds, traître, quels titres as-tu à la couronne? Ton père était, comme toi, duc d'York. Ton aïeul était Roger Mortimer, comte de la Marche : moi, je suis le fils de Henri V, qui fit ployer sous son joug le dauphin et les Français, et conquit leurs villes et leurs provinces.

WARWICK. Ne parle pas de la France; car c'est toi qui l'as perdue tout entière.

LE ROI HENRI. C'est le lord protecteur qui l'a perdue, et non pas moi. Quand je fus couronné, je n'avais que neuf mois.

RICHARD. Aujourd'hui tu es d'un âge raisonnable, et pourtant tu continues à perdre, ce me semble. — Mon père, arrachez la couronne de la tête de l'usurpateur.

ÉDOUARD. Prenez-la, mon père, et ceignez-en votre front.

MONTAIGU, *à York*. Mon frère, pour votre honneur de guerrier, vidons la question par les armes, et cessons un parlage inutile.

RICHARD. Que le tambour batte, que la trompette sonne, et le roi va fuir.

YORK. Mes fils, silence!

LE ROI HENRI. Silence, toi-même, et laisse parler le roi Henri.

WARWICK. Plantagenet parlera le premier. — Écoutez-le, mylords; restez silencieux et attentifs; que nul ne l'interrompe; il y va de la vie.

LE ROI HENRI. Crois-tu donc que je consente à céder ce trône royal où se sont assis mon aïeul et mon père? Avant que pareille chose arrive, la guerre aura dépeuplé ce royaume; et

ACTE I, SCÈNE I.

leur drapeau, que la France vit autrefois flotter, et qui, à ma grande douleur, n'est plus arboré maintenant qu'en Angleterre, leur drapeau sera mon linceul. Pourquoi cette froideur, mylords? Mon titre est légitime, et meilleur que le sien.

WARWICK. Prouve-le, Henri, et tu seras roi.

LE ROI HENRI. Henri IV conquit la couronne.

YORK. En s'insurgeant contre son roi.

LE ROI HENRI, *à part.* Je ne sais plus que dire; mon titre est faible. (*Haut.*) Dites-moi, un roi ne peut-il pas adopter un héritier?

YORK. Eh bien, après?

LE ROI HENRI. S'il le peut, je suis roi légitime : car Richard, en présence d'un grand nombre de lords, a résigné sa couronne en faveur de Henri IV, dont mon père fut l'héritier, comme je suis celui de mon père.

YORK. Il se révolta contre son souverain, et l'obligea par force à résigner sa couronne.

WARWICK. En supposant même qu'il eût agi de son plein gré, pensez-vous, mylords, qu'un tel acte ait pu invalider le droit héréditaire de la couronne?

EXETER. Non; car, lorsqu'il résigna sa couronne, le plus proche héritier devait lui succéder et régner.

LE ROI HENRI. Êtes-vous contre nous, duc d'Exeter?

EXETER. Veuillez m'excuser; mais le droit est pour lui.

YORK. Pourquoi vous parlez-vous à l'oreille, mylords, et ne répondez-vous point?

EXETER. Ma conscience me dit qu'il est le roi légitime.

LE ROI HENRI. Tous vont m'abandonner et embrasser son parti.

NORTHUMBERLAND. Plantagenet, en dépit des prétentions que tu affiches, n'espère pas que Henri soit déposé.

WARWICK. Il le sera, malgré vous tous.

NORTHUMBERLAND. Tu te trompes; ce ne sont pas tes bataillons du midi, tes guerriers d'Essex, de Norfolk, de Suffolk et de Kent, quels que soient la présomption et l'orgueil qu'ils t'inspirent, qui mettront le duc sur le trône, si je m'y oppose.

CLIFFORD. Roi Henri, que ton titre soit légitime ou non, lord Clifford jure de combattre pour ta défense. Que la terre s'entr'ouvre et m'engloutisse vivant, lorsqu'il m'arrivera de fléchir le genou devant le meurtrier de mon père!

LE ROI HENRI. O Clifford! combien tes paroles ont ravivé mon courage!

YORK. Henri de Lancastre, résigne ta couronne. — Que chuchottez-vous, mylords? que complotez-vous ensemble?

WARWICK. Reconnaissez les droits de l'illustre duc d'York, ou je vais remplir cette salle d'hommes armés, et sur ce trône même où il est assis, j'écrirai son titre avec le sang de l'usurpateur.

Il frappe du pied, et les Soldats se montrent.

LE ROI HENRI. Mylord de Warwick, un mot seulement. — Laissez-moi régner ma vie durant.

YORK. Garantis-moi la couronne ainsi qu'à mes héritiers, et tu régneras en paix le reste de tes jours.

LE ROI HENRI. J'y consens. Richard Plantagenet, possède la couronne après ma mort.

CLIFFORD. Pouvez-vous sacrifier ainsi les intérêts du prince votre fils?

WARWICK. Il sert ses propres intérêts et ceux de l'Angleterre.

WESTMORELAND. Roi lâche et timide, prompt à désespérer!

CLIFFORD. Quelle injure tu te fais à toi-même et à nous!

WESTMORELAND. Je n'assisterai point à la conclusion d'un pareil traité.

NORTHUMBERLAND. Ni moi.

CLIFFORD. Venez, mon cousin; allons apprendre à la reine ces nouvelles.

WESTMORELAND. Adieu, monarque faible et dégénéré, dont le sang glacé ne recèle pas une seule étincelle d'honneur.

NORTHUMBERLAND. Puisses-tu, en punition de cet acte de lâcheté, devenir la proie de la maison d'York et mourir dans les fers!

CLIFFORD. Puisses-tu mourir vaincu dans une guerre sanglante, ou vivre en paix dans l'abandon et le mépris!

Northumberland, Clifford et Westmoreland sortent.

WARWICK. Tournez-vous de notre côté, Henri, et ne faites pas attention à eux.

EXETER. Ils n'ont pour but que la vengeance; c'est ce qui leur donne cette opiniâtre inflexibilité.

ACTE I, SCÈNE I.

LE ROI HENRI. Ah! Exeter!

WARWICK. Sire, pourquoi ce soupir?

LE ROI HENRI. Il n'est pas pour moi, Warwick, mais pour mon fils, qu'en père dénaturé je vais déshériter; mais que les destinées s'accomplissent. (*A York.*) Je proclame ici pour mes successeurs toi et tes héritiers, à condition que tu jureras de mettre fin à la guerre civile, de m'honorer, tant que je vivrai, comme ton roi et ton souverain, et de ne jamais chercher, par trahison ou par violence, à me renverser du trône pour t'y placer toi-même.

YORK, *descendant du trône.* Je fais volontiers ce serment, et je le tiendrai.

WARWICK. Vive le roi Henri! — Plantagenet, embrasse-le.

York et le Roi s'embrassent.

LE ROI HENRI. Toi et tes enfants, si riches d'espérances, puissiez-vous vivre de longs jours!

YORK. Maintenant York et Lancastre sont réconciliés.

EXETER. Maudits soient ceux qui chercheraient à les rendre ennemis!

Fanfare. Les Lords s'avancent.

YORK. Adieu, mon gracieux souverain; je retourne à mon château.

WARWICK. Et moi, je vais à Londres avec mes soldats.

NORFLOK. Et moi, dans le comté de Norfolk avec mes partisans.

MONTAIGU. Et moi aux bords de la mer, d'où je suis venu.

York et ses Fils, Warwick, Norfolk, Montaigu et les Soldats sortent.

LE ROI HENRI. Et moi, je retourne à mon palais, le chagrin et la douleur dans l'âme.

Entrent LA REINE MARGUERITE et LE PRINCE DE GALLES.

EXETER. Voici la reine; la colère se peint sur son visage. Je vais me retirer.

LE ROI HENRI. J'en vais faire autant.

Il fait quelques pas pour s'éloigner.

LA REINE MARGUERITE. Ne cherche pas à m'éviter: je m'attache à tes pas.

LE ROI HENRI. Modérez-vous, Marguerite, et je resterai.

LA REINE MARGUERITE. Qui peut se modérer en de telles extrémités? Malheureux roi! plût à Dieu que je fusse restée fille, que je ne t'eusse jamais vu, et n'eusse point donné un fils à un père dénaturé tel que toi! A-t-il mérité d'être ainsi dépouillé des droits de sa naissance? Si tu l'avais aimé la moitié seulement autant que je l'aime, s'il t'avait coûté les mêmes douleurs qu'à moi; si, comme moi, tu l'avais nourri de ton sang, tu en aurais versé ici jusqu'à la dernière goutte avant de faire de ce duc barbare ton héritier et de déshonorer ton fils unique.

LE PRINCE. Mon père, vous ne pouvez pas me déshériter. Si vous êtes roi, pourquoi ne le serais-je pas après vous?

LE ROI HENRI. Pardonnez-moi, Marguerite. — Pardonne-moi, mon cher fils, — le comte de Warwick et le duc m'y ont forcé.

LA REINE MARGUERITE. Forcé! Tu es roi, et tu te laisses dicter des lois! Je rougis de t'entendre tenir un tel langage. Ah! misérable et lâche roi! tu nous as tous perdus, toi, ton fils et moi. Tu as donné à la maison d'York une force si formidable, que désormais tu ne régneras plus que sous son bon plaisir. Abandonner ta succession à lui et à ses héritiers, qu'est-ce, sinon creuser ton sépulcre et y descendre avant le terme de tes jours? Warwick est chancelier et maître de Calais; le farouche Fauconbridge commande dans la Manche: le duc est nommé protecteur du royaume, et tu prétends être en sûreté? Oui, comme l'agneau tremblant que les loups environnent. Si j'avais été là, moi qui ne suis qu'une faible femme, les soldats m'auraient pelotée sur la pointe de leurs lances avant que j'eusse donné mon assentiment à un pareil acte. Mais toi, tu préfères ta vie à ton honneur; ce que voyant, je fais divorce avec toi, Henri : je répudie ta table et ta couche, jusqu'à ce que j'aie vu révoquer l'acte du parlement qui déshérite mon fils. Les lords des comtés du Nord qui ont abandonné ton drapeau suivront le mien dès qu'ils le verront déployé, et il va l'être à ta honte indélébile et pour la ruine complète de la maison d'York. Sur ce, je te quitte. — Viens, mon fils, partons; notre armée nous attend; allons la rejoindre.

LE ROI HENRI. Chère Marguerite, arrêtez, et daignez m'entendre.

LA REINE MARGUERITE. Tu n'en as déjà que trop dit; va-t'en!

LE ROI HENRI. Édouard, mon cher fils, veux-tu rester avec moi?

LA REINE MARGUERITE. Oui, pour être égorgé par ses ennemis!

LE PRINCE. Lorsque du champ de bataille je reviendrai vainqueur, je verrai votre majesté ; jusque-là, je suivrai ma mère.

LA REINE MARGUERITE. Allons, mon fils, partons ; nous n'avons pas de temps à perdre.

La reine Marguerite et le Prince sortent.

LE ROI HENRI. Pauvre reine! sa tendresse pour moi et pour son fils a fait explosion dans la fureur de son langage. Puisse-t-elle être vengée sur ce duc odieux dont l'insatiable orgueil s'abat sur ma couronne, et, comme un aigle affamé, se repaît de ma chair et de celle de mon fils! La défection de ces trois lords m'inquiète et me tourmente ; je vais leur écrire et tâcher de les apaiser. — Venez, mon cousin, vous leur porterez ma lettre.

EXETER. Et j'espère réussir à vous les ramener tous.

Ils sortent.

SCÈNE II.

Un appartement dans le château de Sandal, près de Wakefield, dans le comté d'York.

Entrent ÉDOUARD, RICHARD et MONTAIGU.

RICHARD. Mon frère, quoique le plus jeune, laisse-moi parler.

ÉDOUARD. Non, je jouerai mieux que toi le rôle d'orateur.

MONTAIGU. Mais j'ai des raisons fortes et irrésistibles.

Entre YORK.

YORK. Eh quoi! mes fils et mon frère qui se querellent! Quel est le sujet de votre discussion? Comment a-t-elle commencé?

ÉDOUARD. Ce n'est pas une querelle, mais un léger dissentiment.

YORK. Sur quoi?

RICHARD. Sur un point qui intéresse votre seigneurie et nous : sur la couronne d'Angleterre qui est à vous, mon père.

YORK. A moi, mon fils? oui, mais seulement lorsque Henri sera mort.

RICHARD. Votre droit n'est subordonné ni à sa vie ni à sa mort.

ÉDOUARD. Héritier de la couronne, jouissez-en dès aujourd'hui. Si vous laissez à la maison de Lancastre le temps de reprendre haleine, mon père, elle finira par vous devancer dans la lice.

YORK. J'ai fait serment de le laisser régner en paix.

ÉDOUARD. Mais pour un royaume, il n'est pas de serment qu'on ne puisse enfreindre. J'en violerais mille pour régner une année.

RICHARD. Non. A Dieu ne plaise que vous soyez parjure !

YORK. Je le serai, si j'ai recours à la force.

RICHARD. Je prouverai le contraire, si vous voulez m'entendre.

YORK. Tu ne le prouveras pas, mon fils, c'est impossible.

RICHARD. Un serment n'est valable que lorsqu'il a été prêté devant un magistrat légal et légitime, ayant juridiction sur celui qui jure. Henri n'en avait aucune sur vous; car c'est un usurpateur; or, comme c'est lui qui a requis votre serment, ce serment, mon père, est nul et sans valeur. Aux armes donc ! Songez, mon père, combien il est doux de porter une couronne. Il y a là tout un élysée de délices, toutes les félicités imaginées par les poëtes. Pourquoi hésiter encore? Je n'aurai point de repos que la rose blanche que je porte n'ait été rougie du sang tiède et paresseux de Henri.

YORK. Richard, il suffit ; je veux régner ou mourir.—Mon frère, vous allez sur-le-champ vous rendre à Londres, afin d'exciter Warwick à cette entreprise; — toi, Richard, tu iras trouver le duc de Norfolk, et le prenant en particulier, tu lui feras part de notre résolution. — Toi, Édouard, tu te rendras auprès de lord Cobham; les habitants de Kent sont prêts à marcher à sa voix; j'ai confiance en eux; ils sont braves, sensés, courtois, et pleins d'une chaleur généreuse. — Pendant que vous serez ainsi occupés, il ne me restera plus qu'à trouver l'occasion de lever l'étendard, sans que ni le roi ni aucun des membres de la maison de Lancastre puissent soupçonner mes desseins.

Entre UN MESSAGER.

YORK, *continuant.* Mais attendez un moment. — (*Au Messager.*) Quelles nouvelles? pourquoi te vois-je ainsi accourir à la hâte?

LE MESSAGER. La reine, appuyée de toute la noblesse du

Nord, se prépare à vous assiéger ici, dans votre château. Elle arrive à la tête d'une armée de vingt mille hommes; songez donc à vous défendre, mylord.

YORK. Oui, l'épée à la main. Quoi! t'imagines-tu que nous ayons peur d'eux? — Édouard et Richard, vous resterez avec moi. — Mon frère Montaigu partira pour Londres. Que le noble Warwick, Cobham et ceux de nos autres amis que nous avons chargés de veiller sur le roi, prennent toutes les mesures qu'exige la prudence, et ne se fient point à la bonhomie d'Henri et à ses serments.

MONTAIGU. Mon frère, je pars. Je vous réponds d'eux, n'en doutez pas; sur ce, je prends humblement congé.

Il sort.

Entrent SIR JOHN et SIR HUGUES MORTIMER.

YORK, *continuant.* Sir John et sir Hugues Mortimer, mes oncles! vous arrivez à Sandal fort à propos; l'armée de la reine se prépare à nous assiéger.

SIR JOHN. Nous ne lui donnerons pas cette peine; nous irons à sa rencontre en rase campagne.

YORK. Quoi! avec cinq mille hommes?

RICHARD. Oui, et au besoin, avec cinq cents, mon père. Leur général est une femme : qu'avons-nous à craindre?

On entend le bruit lointain d'une marche militaire.

ÉDOUARD. J'entends leurs tambours. Allons réunir nos soldats; puis faisons une sortie et livrons bataille à l'ennemi.

YORK. Vingt contre cinq! — Quelque inégale que soit la partie, mon oncle, je ne doute pas que nous ne soyons vainqueurs. J'ai gagné en France plus d'une bataille dans laquelle nos ennemis étaient dix contre un. Pourquoi aujourd'hui n'aurais-je pas le même succès?

Bruit de trompettes. Ils sortent.

SCÈNE III.

Une plaine aux environs du château de Sandal.

Bruit de trompettes. Escarmouches. Arrivent RUTLAND et SON GOUVERNEUR.

RUTLAND. Où fuir? comment leur échapper? Ah! cher gouverneur! voyez; l'impitoyable Clifford vient à nous!

Arrive CLIFFORD, suivi de Soldats.

CLIFFORD. Chapelain, retire-toi; ton sacré caractère te sauve la vie. Quant à cet enfant, vil rejeton de ce duc maudit, son père tua mon père ; il faut qu'il meure.

LE GOUVERNEUR. Permettez, mylord, que je meure avec lui.

CLIFFORD. Soldats, qu'on l'emmène.

LE GOUVERNEUR. Ah! Clifford, ne tuez pas cet enfant innocent; vous provoqueriez la haine de Dieu et des hommes.

Il s'éloigne, entraîné par des soldats.

CLIFFORD. Quoi donc! est-il déjà mort? ou est-ce la peur qui lui fait fermer les yeux. — Je vais les lui ouvrir.

RUTLAND, *à part*. Ainsi le lion couve du regard sa victime, qui tremble sous sa griffe dévorante; c'est ainsi qu'il s'avance, insultant à sa proie; c'est ainsi qu'il se prépare à déchirer ses membres. — (*A Clifford.*) Mon bon Clifford, tue-moi avec ton épée, et non avec ces regards cruels et menaçants. Généreux Clifford, entends-moi avant que je meure. — Je suis un objet trop chétif pour mériter ta colère; venge-toi sur des hommes, et laisse-moi vivre.

CLIFFORD. Tu parles en vain, malheureux enfant: le sang de mon père a fermé dans mon cœur tout passage à la pitié.

RUTLAND. Eh bien, que le sang de mon père le rouvre; c'est un homme, lui; Clifford, va le combattre.

CLIFFORD. Quand j'aurais ici tes frères, leurs vies et la tienne ne suffiraient pas à ma vengeance : non, si j'exhumais tes ancêtres, et suspendais en l'air leurs cercueils pourris et enchaînés, ma fureur ne serait pas éteinte, ni mon cœur soulagé; la vue d'un membre de la maison d'York est un supplice dont mon âme est torturée; et jusqu'à ce que j'aie exterminé cette race maudite, sans en laisser un seul individu vivant, ma vie est un enfer. C'est pourquoi, —

Il lève le bras pour le frapper.

RUTLAND. Oh! laisse-moi prier avant de mourir; c'est toi que je prie : bon Clifford, aie pitié de moi.

CLIFFORD. Oui, toute la pitié que comporte la pointe de mon épée.

RUTLAND. Pourquoi veux-tu me tuer? Je ne t'ai jamais fait de mal.

CLIFFORD. Ton père m'en a fait.

RUTLAND. Mais c'était avant que je fusse né. Tu as un fils : au nom de ce fils, aie pitié de moi, si tu ne veux qu'en expiation de ma mort, — car Dieu est juste, — il ne périsse aussi misérablement que moi. Ah! laisse-moi passer ma vie en prison, et quand il m'arrivera de te donner un sujet de mécontentement, alors fais-moi mourir; mais maintenant tu n'as aucun motif.

CLIFFORD. Aucun motif? Ton père a tué mon père; c'est pourquoi, meurs.
Il le poignarde.

RUTLAND. *Dii faciant laudis summa sit ista tuæ* [1].
Il meurt.

CLIFFORD. Plantagenet! Je viens, Plantagenet! Le sang de ton fils figé sur mon épée y restera jusqu'à ce que le tien s'y réunisse, et que je les efface tous deux.
Il s'éloigne.

SCÈNE IV.

Même lieu.

Bruit de trompettes. Arrive YORK.

YORK. L'armée de la reine est victorieuse; mes deux oncles ont péri en me défendant, et tous mes partisans tournent le dos à l'ennemi impétueux et fuient, comme des vaisseaux devant le souffle du vent, ou des agneaux que poursuivent des loups affamés. Mes fils, — Dieu sait ce qu'ils sont devenus; mais ce que je sais, c'est qu'ils se sont conduits en hommes que, vivants ou morts, doit couronner la gloire. Trois fois Richard m'a ouvert un passage à travers la foule ennemie; trois fois il s'est écrié: « Courage, mon père! combattez jusqu'au bout! » Trois fois Édouard est venu prendre place à mes côtés, l'épée rougie jusqu'à la garde du sang de ceux qui s'étaient mesurés contre lui. Et au moment où les guerriers les plus infatigables se retiraient, Richard s'est écrié: « Chargez! ne cédez pas un pouce de terrain! » Puis il a ajouté: « Une couronne ou un glorieux tombeau! un sceptre ou un cercueil! » Alors nous avons renouvelé le combat; mais, hélas! nous avons échoué de nouveau, comme on voit un cygne essayer de lutter en vain contre le courant, et user inutilement ses forces contre les flots qui le maîtrisent. (*On entend le bruit des combattants qui s'approchent.*) Ah! qu'entends-je? Le fatal vainqueur nous poursuit! et je suis trop faible pour fuir sa fureur; mais, quand même je serais assez fort, je ne la

---

[1] Fassent les dieux que ce soit là ton plus grand exploit.

fuirais pas. Le sablier de ma vie est arrivé à son terme : il faut demeurer ici ; c'est ici que je dois mourir.

Arrivent LA REINE MARGUERITE, CLIFFORD et NORTHUMBERLAND, suivis d'une troupe de Soldats.

YORK, *continuant*. Viens, sanguinaire Clifford, — farouche Northumberland ; j'appelle sur moi l'explosion la plus violente de votre insatiable fureur ; je m'offre en but à vos coups, et je les attends.

NORTHUMBERLAND. Orgueilleux Plantagenet, rends-toi à notre merci.

CLIFFORD. Oui, une merci du genre de celle que son bras sans pitié a témoignée à mon père en lui donnant la mort. Phaéton, te voilà tombé de ton char, et c'est à ton midi que ta carrière est close.

YORK. Pareil au phénix, peut-être naîtra-t-il de mes cendres un vengeur qui vous châtiera tous : dans cet espoir, je lève les yeux au ciel, et je brave tout ce que peut m'infliger votre fureur. Que n'avancez-vous ? Quoi ! vous êtes une foule, et vous avez peur ?

CLIFFORD. Ainsi combattent les lâches quand ils ne peuvent plus fuir ; ainsi la colombe frappe de son bec les serres pénétrantes du faucon ; ainsi le voleur, dont la vie est condamnée sans retour, se répand en invectives contre ses gardiens.

YORK. O Clifford ! réfléchis un moment : rappelle-toi ce que je fus ; alors, si tu le peux sans rougir, regarde-moi en face, et mords cette langue qui me calomnie en accusant de lâcheté l'homme dont naguère le regard te faisait trembler et fuir.

CLIFFORD. Je ne veux pas lutter avec toi de paroles ; je vais te combattre avec le glaive, en te portant quatre coups pour un.

Il met l'épée à la main.

LA REINE MARGUERITE. Arrête, vaillant Clifford. J'ai mille raisons pour prolonger la vie du traître. — La rage le rend sourd : parle-lui, Northumberland.

NORTHUMBERLAND. Arrête, Clifford. Ne lui fais pas tant d'honneur que de te blesser le bout du doigt, même en lui perçant le cœur. Quand un chien montre les dents, quelle valeur y-t-il à lui mettre la main dans la gueule, alors qu'on peut le chasser à coups de pied. Il est permis à la guerre de prendre tous ses avantages ; on peut être dix contre un et conserver sa **réputation de courage.**

Ils portent la main sur York, qui se débat contre eux.

CLIFFORD. Ainsi se débat l'oiseau dans les lacs.

NORTHUMBERLAND. Ou le lapin dans le filet.

York est fait prisonnier.

YORK. Ainsi les voleurs triomphent en contemplant la proie qu'ils ont conquise; ainsi succombe l'honnête homme, accablé par des brigands.

NORTHUMBERLAND. Maintenant, que votre majesté veut-elle que nous fassions de lui?

LA REINE MARGUERITE. Braves guerriers, Clifford et Northumberland, obligez-le à se tenir debout sur ce monticule, lui dont les bras ambitieux s'ouvraient pour embrasser des montagnes, et n'embrassaient que leur ombre. Eh quoi! c'est donc toi qui voulais être roi d'Angleterre? C'est donc toi qui, en plein parlement, étalais ton orgueil, et vantais l'illustration de ta race! Où sont maintenant tes fils nombreux? Que ne viennent-ils te défendre? Où sont le libertin Édouard et le robuste George? Où est ce vaillant monstre au dos voûté, ton fils Richard, dont la voix grommelante ne cessait d'encourager son père dans sa révolte? Où est aussi Rutland, ton enfant chéri? York, regarde. (*Elle lui montre un mouchoir ensanglanté.*) J'ai trempé ce mouchoir dans le sang que l'épée du vaillant Clifford a fait jaillir du sein de ton fils; et si tu as des larmes à donner à sa mort, voilà qui pourra te servir à les essuyer. Hélas! infortuné York, si je ne te haïssais mortellement, je déplorerais ton malheureux sort. York, je t'en prie, réjouis-moi du spectacle de ton affliction; frappe du pied, rugis, écume, pour que je chante et danse. Eh quoi! l'orgueil a-t-il donc à ce point desséché tes entrailles, que tu n'as pas une seule larme à donner à la mort de Rutland? Pourquoi cette résignation? Je voudrais te voir délirer, et c'est pour cela que je t'insulte. Mais je vois que pour m'égayer il te faut un salaire. Tu ne parleras pas, si tu n'as une couronne sur la tête. Vite, une couronne pour York! — Mylords, prosternez-vous humblement devant lui. — Tenez-lui les mains pendant que je lui ceindrai le diadème. — (*Elle lui met sur la tête une couronne de papier.*) A présent, ne trouvez-vous pas qu'il a vraiment l'air d'un roi? voilà l'homme qui s'est assis sur le trône du roi Henri; voilà celui qui était son héritier adoptif. — Mais comment se fait-il qu'au mépris de son serment, le grand Plantagenet se soit couronné sitôt? Si je ne me trompe, tu ne devais être roi qu'après que la mort et le roi Henri se seraient donné la main. Comment se fait-il que tu aies arraché la couronne à son front pour en ceindre ta tête, lui vivant, et en violation de ton serment solennel? Oh! c'est un crime impardonnable. Qu'on abatte en même temps sa couronne et sa tête, et qu'en un clin d'œil il ait cessé de vivre.

CLIFFORD. Je remplirai cet office en mémoire de mon père.

LA REINE MARGUERITE. Un instant encore; écoutons sa harangue.

YORK. Louve de France, pire que les loups les plus féroces, toi dont la langue est plus envenimée que la dent de la vipère! combien il est peu séant à ton sexe d'insulter, en femme sans pudeur, au malheur de ceux que la fortune a rendus tes captifs! Si tu n'avais le visage aussi impassible qu'un masque, si l'habitude du crime ne t'avait cuirassée d'impudence, reine orgueilleuse, j'essayerais de te faire rougir. Te dire d'où tu viens, et de qui tu es née, c'en serait assez pour te couvrir de confusion, si la honte avait encore quelque prise sur toi. Ton père prend le titre de roi de Naples, des deux Siciles et de Jérusalem; et cependant il est moins riche qu'un fermier anglais. Est-ce ce monarque indigent qui t'a enseigné l'insolence? C'est peine inutile, reine arrogante, à moins que tu ne veuilles vérifier cet adage, qui dit qu'un gueux, une fois à cheval, éreinte sa monture. Habituellement c'est la beauté qui rend les femmes fières; Dieu sait que le ciel n'en fut pas prodigue envers toi. C'est pour leur vertu surtout qu'elles sont admirées; c'est le contraire qui dans toi excite notre étonnement. C'est la pudeur et la dignité qui en font à nos regards des êtres divins; c'est par l'absence de ces qualités que tu es abominable à nos yeux. Tu es l'opposé de tout bien, comme nous le sommes des antipodes, comme le midi l'est du septentrion. O cœur de tigre dans une poitrine de femme, as-tu bien pu, après avoir trempé ce mouchoir dans le sang de mon enfant, l'offrir à son père pour essuyer ses larmes, et conserver encore les traits extérieurs de ton sexe? Les femmes ont en partage la douceur, la pitié, la sensibilité; tu es impassible, dure comme le roc, farouche, impitoyable. Tu voulais me voir délirer? Maintenant tu es satisfaite. Tu voulais me voir pleurer? A présent, tes vœux sont remplis; car l'ouragan chasse la pluie; mais quand sa fureur s'est calmée, la pluie commence. Ces larmes sont un tribut aux mânes de mon bien-aimé Rutland, et chacune d'elles crie vengeance contre ses bourreaux, — contre toi, barbare Clifford, et toi, perfide Française.

NORTHUMBERLAND. Malédiction! ses souffrances m'émeuvent au point que j'ai de la peine à retenir mes larmes.

YORK. Son visage, des cannibales affamés ne l'auraient pas ensanglanté; mais vous êtes plus inhumains, plus inexorables, — oh! dix fois plus, — que les tigres de l'Hyrcanie. Contemple, reine barbare, les pleurs d'un malheureux père; tu as trempé ce mouchoir dans le sang de mon fils chéri; moi, j'efface ce sang avec mes larmes. Tiens, reprends-le, et garde-le comme un trophée. (*Il lui rejette le mouchoir.*) Si tu racontes cette lamentable histoire sans altérer la vérité, sur mon âme, ceux qui l'entendront verseront d'abondantes larmes; et ils diront : « Hélas! ce fut là une action bien atroce! » Tiens, prends la couronne, et avec la couronne ma malédiction. Puisses-tu, dans ta détresse, éprouver le traitement que m'inflige à présent ta main trop cruelle! — Impitoyable Clifford, ôte-moi de ce monde; que mon âme monte aux cieux, et que mon sang retombe sur vos têtes!

NORTHUMBERLAND. Quand il aurait été le bourreau de toute ma famille, je ne pourrais m'empêcher de pleurer avec lui, en voyant les angoisses qui torturent mon âme.

LA REINE MARGUERITE. Eh quoi! vous pleurez, mylord de Northumberland? Songez aux maux qu'il nous a faits à tous; cette pensée aura bientôt séché vos larmes.

CLIFFORD. Voilà pour accomplir mon serment, voilà pour la mort de mon père.

Il poignarde York.

LA REINE MARGUERITE, *lui portant aussi un coup de poignard.* Et voilà pour venger notre bon roi.

YORK. Ouvre-moi les portes de ta miséricorde, Dieu clément! mon âme, s'échappant par ces blessures, s'envole vers toi.

Il meurt.

LA REINE MARGUERITE. Qu'on lui coupe la tête, et qu'on la place sur les portes d'York, afin que de là York puisse contempler sa ville d'York.

Ils s'éloignent.

ACTE DEUXIÈME.

SCÈNE I.

Une plaine près de la croix de Mortimer, dans l'Herefordshire.

Marche militaire. Arrivent ÉDOUARD et RICHARD, à la tête de leur armée.

ÉDOUARD. Je voudrais savoir si notre illustre père est sain et sauf, et s'il a pu échapper à la poursuite de Clifford et de Northumberland. S'il avait été pris, nous en serions informés. S'il avait été tué, nous le saurions ; s'il a pu échapper à l'ennemi, cette heureuse nouvelle aurait dû parvenir jusqu'à nous. Comment se porte mon frère ? pourquoi est-il si triste ?

RICHARD. Je ne saurais ouvrir mon cœur à la joie avant que je sache ce que notre valeureux père est devenu. Je l'ai vu parcourir le champ de bataille, et s'attacher à tous les pas de Clifford. Je l'ai vu au plus fort de la mêlée, tel qu'un lion au milieu d'un troupeau de bétail, ou tel qu'un ours que la meute des chiens environne ; quand il en a blessé quelques-uns, et leur a fait jeter les hauts cris, les autres se tiennent à distance, en aboyant contre lui. Tel était notre père au milieu de ses ennemis ; tels on les voyait fuir son bras belliqueux. C'est une gloire que d'être le fils d'un tel père. Vois, l'aube ouvre ses portes d'or, et prend congé du soleil radieux ! combien il ressemble au jeune homme brillant et paré pour plaire à son amante !

ÉDOUARD. Est-ce que mes yeux m'abusent, ou vois-je en effet trois soleils ?

RICHARD. Ce sont bien trois soleils brillants, formant chacun un soleil véritable et distinct. Des nuages tumultueux ne les séparent pas ; ils brillent dans un ciel pur et blanchissant. Vois, ils s'approchent, et on dirait qu'ils s'embrassent, comme s'ils juraient ensemble une ligue inviolable : maintenant ils ne forment plus qu'un flambeau, qu'une lumière, qu'un soleil. Dans ce phénomène, le ciel a voulu figurer quelque événement.

ÉDOUARD. C'est un prodige étrange, inouï ; je crois, mon frère, que c'est pour nous un avertissement de recommencer la guerre. Nous, les fils du brave Plantagenet, astres déjà brillants par nous-mêmes, le ciel nous ordonne de réunir nos splendeurs fraternelles, et de luire sur la terre, comme le soleil sur le monde. Quel que soit ce présage, je veux à l'avenir avoir sur mon écu trois soleils radieux.

RICHARD. Dis plutôt trois lunes; soit dit sans te déplaire, tu aimes mieux les femelles que les mâles.

Arrive UN MESSAGER.

RICHARD, *continuant*. Qui es-tu, toi dont le visage sombre annonce que tu es porteur de quelque funeste nouvelle?

LE MESSAGER. Hélas! vous voyez en moi un homme qui malheureusement était présent quand on a tué le noble duc d'York, votre illustre père, et mon bien-aimé maître.

ÉDOUARD. Ah! n'en dis pas davantage; j'en ai trop entendu.

RICHARD. Fais-moi le récit de sa mort; j'en veux connaître toutes les circonstances.

LE MESSAGER. Environné d'un cercle d'ennemis, il leur faisait face à tous, comme autrefois Hector, l'espoir de Troie, tenait tête aux Grecs qui voulaient pénétrer dans la ville. Mais quand la lutte est aussi inégale, Hercule lui-même doit succomber, et les coups répétés d'une faible hache finissent par abattre le chêne le plus vigoureux. Bien des bras ont aidé à dompter votre père; mais il n'a été égorgé que par le bras de l'impitoyable Clifford et par celui de la reine; elle a couronné le duc par dérision, a fait éclater devant lui sa joie insultante; et quand il a versé des larmes de désespoir, cette reine cruelle lui a donné pour essuyer ses pleurs un mouchoir trempé dans le sang innocent de l'aimable et jeune Rutland, tué par le farouche Clifford. Après l'avoir abreuvé d'insultes et d'outrages, ils lui ont tranché la tête, qu'ils ont placée sur les portes d'York, où elle est encore maintenant, spectacle funeste, le plus douloureux qui ait jamais affligé mes regards.

ÉDOUARD. Bien aimé duc d'York, toi qui étais notre support, maintenant que tu n'es plus, nous n'avons plus personne sur qui nous appuyer! O Clifford, barbare Clifford, tu as détruit la fleur des chevaliers de l'Europe, et tu l'as immolé en traître, car seul à seul, il t'aurait vaincu! Maintenant le palais de mon âme est devenu pour elle une prison : ah! que ne peut-elle s'en échapper, et que ne peut mon corps dormir en paix dans la tombe! car il n'est plus de joie pour moi sur la terre; je dis pour jamais adieu au bonheur.

RICHARD. Je ne puis pleurer ; tout ce que j'ai de larmes suffit à peine pour tempérer l'ardente fournaise qui brûle dans mon cœur ; et ma langue ne peut alléger le poids douloureux qui accable mon âme. Le souffle qui devrait servir à ma parole attise les charbons qui alimentent dans mon sein l'incendie que les larmes devraient éteindre. Pleurer, c'est rendre la douleur moins intense : aux enfants donc les pleurs ; à moi le glaive et la vengeance. Richard, je porte ton nom, je vengerai ta mort, ou je mourrai avec gloire dans cette noble tentative.

ÉDOUARD. Ce vaillant duc t'a légué son nom ; à moi, il a légué son duché et son siége.

RICHARD. Si tu es le digne aiglon de cet aigle royal, prouve ton origine en fixant le soleil. Il t'a légué non son siége et son duché, mais son trône et son royaume ; l'un et l'autre t'appartiennent, ou tu n'es pas son fils.

Marche militaire. Arrivent WARWICK *et* MONTAIGU, *à la tête de leurs troupes.*

WARWICK. Eh bien, mes beaux seigneurs, où en êtes-vous ? quelles nouvelles ?

RICHARD. Illustre Warwick, s'il nous fallait conter nos fâcheuses nouvelles, et à chaque parole que nous prononcerions, enfoncer dans notre chair la lame d'un poignard jusqu'à la fin de notre récit, les paroles seraient plus douloureuses que les blessures. O valeureux lord, le duc d'York est tué.

ÉDOUARD. O Warwick ! Warwick ! ce Plantagenet à qui tu étais aussi cher que le salut de son âme, le barbare Clifford lui a donné la mort.

WARWICK. Voilà déjà dix jours que j'ai noyé cette nouvelle dans les larmes ; et maintenant, pour ajouter encore à vos douleurs, je viens vous dire ce qui est arrivé depuis. Après le sanglant combat de Wakefield, où votre valeureux père a rendu le dernier soupir, j'ai promptement reçu la nouvelle de votre défaite et de sa mort ; j'étais alors à Londres, commis à la garde du roi. Je me hâtai de rassembler mes soldats et mes partisans ; et à la tête d'une armée que je croyais suffisante, je marchai sur Saint-Albans, au-devant de la reine, traînant le roi à ma suite, pour m'appuyer de sa présence ; car j'avais été averti par mes éclaireurs que la reine venait dans la ferme intention de faire casser le dernier décret du parlement touchant le serment du roi Henri et votre succession. Bref, nous nous sommes rencontrés à Saint-Albans ; les deux armées en sont venues aux mains, et les deux partis ont combattu avec une égale fureur. Mais bientôt, soit que la froideur du roi, qui jetait d'affectueux regards vers sa guerrière épouse, ait refroidi l'ardeur de mes soldats; soit que ce résultat ait été produit par la nouvelle de la victoire de la reine ou la crainte des rigueurs de Clifford, dont la voix tonnante ne parle à ses prisonniers que de sang et de mort; quelle que soit la cause de ce changement, toujours est-il que les glaives ennemis nous frappaient avec la rapidité de la foudre, tandis que les nôtres, pareils au vol pesant de la chouette, ou au fléau que manie une main paresseuse, ne frappaient qu'avec mollesse, et comme sur des amis. J'ai eu beau leur parler de la justice de notre cause, leur promettre une haute paye et de grandes récompenses, tout a été inutile; ils ne combattaient qu'à contre-cœur; et nous, voyant que nous n'avions aucun espoir de vaincre, nous avons fui; le roi est allé rejoindre la reine; lord George, votre frère, Norfolk et moi, nous sommes accourus nous réunir à vous; car on nous avait appris que vous étiez dans ces cantons, occupés à rassembler des forces pour renouveler la lutte.

ÉDOUARD. Où est le duc de Norfolk, mon cher Warwick? et quand George est-il revenu de Bourgogne en Angleterre?

WARWICK. Le duc est à six milles d'ici avec ses troupes; et quant à votre frère, votre excellente tante, la duchesse de Bourgogne, l'a récemment envoyé à notre aide avec un renfort de soldats.

RICHARD. Il faut que la partie ait été bien inégale, pour que le vaillant Warwick ait consenti à fuir. J'ai souvent entendu vanter son ardeur à poursuivre l'ennemi; mais c'est pour la première fois que j'apprends le déshonneur de sa fuite.

WARWICK. Dans ce que tu apprends, Richard, il n'y a rien qui porte atteinte à mon honneur; je te ferai voir que j'ai encore le bras assez fort pour enlever le diadème de la tête de l'impuissant Henri, et arracher de sa main le sceptre du pouvoir, quand il serait aussi célèbre et aussi intrépide à la guerre qu'il est renommé pour sa faiblesse et sa pacifique dévotion.

RICHARD. Je le sais, lord Warwick; ne m'en veux pas; c'est l'intérêt que je porte à ta gloire qui me fait parler. Mais dans ces jours d'épreuve, quel parti prendre? Devons-nous dépouiller nos armures d'acier, et nous enveloppant dans des robes de deuil, réciter sur notre chapelet des *Ave Maria?* Sur les casques de nos ennemis, ne vaut-il pas mieux imprimer d'un bras vengeur les traces de notre dévotion? Si vous êtes pour ce dernier parti, dites-le, mylord, et marchons.

WARWICK. C'est pour cela même que Warwick vient vous chercher; c'est aussi le motif qui amène mon frère Montaigu. Écoutez-moi, mylords. La reine impérieuse et arrogante, de concert avec Clifford, l'orgueilleux Northumberland, et beaucoup d'autres lords de la même trempe, a pétri comme une cire le flexible monarque. Il vous avait solennellement proclamé son successeur; le parlement a enregistré son serment. Maintenant, toute leur bande est allée à Londres pour annuler son engagement et toute disposition contraire à la maison de Lancastre. Je pense que leurs forces s'élèvent à trente mille hommes; or, si les troupes de Norfolk et les miennes, et tous les amis qu'il te sera possible, brave comte de la Marche, de te procurer parmi tes fidèles Gallois, peuvent porter notre armée à vingt-cinq mille hommes, vive Dieu! nous marcherons directement sur Londres, et nous crierons de nouveau: *Chargez l'ennemi*, sans plus jamais tourner bride.

RICHARD. Maintenant je reconnais Warwick, et c'est bien lui que j'entends. Puisse-t-il de sa vie ne plus voir un beau jour, celui qui commandera la retraite quand Warwick ordonnera de tenir ferme!

ÉDOUARD. Lord Warwick, c'est sur toi que je m'appuie; si tu tombes, — ce qu'à Dieu ne plaise! — force me sera de tomber, et veuille le ciel me préserver de ce péril!

WARWICK. Ci-devant comte de la Marche, maintenant duc d'York, monte encore un degré, et prends place sur le trône d'Angleterre. Tu seras proclamé roi d'Angleterre dans tous les bourgs où nous passerons; et quiconque ne jettera pas de joie son bonnet en l'air, payera de sa tête son offense. Roi Édouard, — vaillant Richard, — Montaigu, — c'est assez rêver de gloire; que la trompette sonne, et mettons-nous à l'œuvre.

RICHARD. Cela étant, Clifford, quand ton cœur serait aussi dur que l'acier, — et tes actes ont prouvé qu'il était de marbre, — je vais te le percer, ou te livrer le mien.

ÉDOUARD. Allons, battez, tambours! — Que Dieu et saint George nous soient en aide!

Arrive UN MESSAGER.

WARWICK. Eh bien! quelles nouvelles?

LE MESSAGER. Le duc de Norfolk m'envoie vous dire que la

reine s'avance à la tête d'une armée nombreuse, et il désire votre présence pour concerter sans retard vos résolutions.

WARWICK. Nous sommes servis à souhait, braves guerriers. Marchons.

Ils s'éloignent.

SCÈNE II.

Devant la ville d'York.

Arrivent, à la tête de leurs troupes, LE ROI HENRI, LA REINE MARGUERITE, LE PRINCE DE GALLES, CLIFFORD *et* NORTHUMBERLAND.

LA REINE MARGUERITE. Soyez le bienvenu, mon seigneur, dans votre bonne ville d'York. Vous voyez ici la tête de cet ennemi acharné qui voulait ceindre votre couronne. Cette vue ne vous fait-elle pas du bien, mon seigneur?

LE ROI HENRI. Oui, comme la vue des écueils réjouit le cœur du matelot près de faire naufrage. Ce spectacle afflige mon âme. — Dieu puissant, retiens ta vengeance; ce n'est pas ma faute; c'est malgré moi que j'ai enfreint mon serment.

CLIFFORD. Mon gracieux souverain, il faut vous dépouiller de cette excessive douceur et de cette pitié funeste. A qui le lion accorde-t-il un bienveillant regard? Ce n'est pas à la bête féroce qui veut usurper sa tanière. A qui l'ourse des forêts lèche-t-elle la main? Ce n'est pas à celui qui lui ravit ses petits sous ses yeux. Qui échappe à la mortelle piqûre du serpent caché sous l'herbe? Ce n'est pas celui qui le foule sous ses pieds. Le plus chétif reptile se retourne contre le pied qui l'écrase; et il n'est pas jusqu'à la colombe qui pour défendre sa couvée n'arme son bec de colère. L'ambitieux York aspirait à votre couronne, et votre bouche lui souriait pendant qu'il fronçait un sourcil irrité. Lui qui n'était que duc, il voulait que son fils fût roi, et, en bon père, il travaillait à l'élévation de sa postérité. Vous qui êtes roi, à qui le ciel a accordé un fils plein de mérite, vous avez consenti à le déshériter, ce qui était l'acte d'un père sans entrailles. Les oiseaux, créatures privées de raison, nourrissent leurs petits, et malgré l'effroi que leur inspire la vue de l'homme, qui ne les a pas vus, avec ces mêmes ailes qui les aident à fuir, combattre l'ennemi qui escaladait leur nid, exposant leur vie pour sauver leurs enfants? Sire, qu'un sentiment de honte vous fasse prendre exemple sur eux! Ne serait-ce pas dommage que ce noble enfant perdît les droits de sa naissance par la faute de son père, et qu'il pût dire un jour à son fils : « Ce que mon bisaïeul et mon aïeul avaient conquis, mon père négligent en a sottement fait l'abandon? » Oh! quelle honte ce serait! regardez le jeune prince; que son mâle visage, qui promet un heureux avenir, stimule votre faiblesse, et vous détermine à garder votre bien et à lui en transmettre l'héritage.

LE ROI HENRI. Clifford vient de parler en orateur disert, et ses arguments sont pleins de force. Mais, Clifford, dis-moi, n'as-tu jamais entendu dire qu'un bien mal acquis ne profite jamais? et voit-on toujours prospérer le fils dont le père a gagné l'enfer en thésaurisant[1]? Je léguerai à mon fils l'héritage de mes bonnes actions, et plût à Dieu que mon père ne m'en eût point laissé d'autre! Quant aux autres biens, on les achète à trop haut prix; leur conservation donne mille fois plus de soucis que leur possession ne procure de jouissances. Ah! cousin York, je voudrais que tes meilleurs amis pussent savoir combien je suis navré de voir ici ta tête!

LA REINE MARGUERITE. Mon seigneur, ranimez vos esprits abattus; l'ennemi est à deux pas, et votre défaut de résolution pourrait jeter le découragement dans votre armée. Vous avez promis de conférer la chevalerie à notre fils précoce. Tirez votre épée et armez-le chevalier. Édouard, un genou en terre!

LE ROI HENRI. Édouard Plantagenet, relève-toi chevalier, et retiens cette leçon ; — Ne tire l'épée que dans une cause juste.

LE PRINCE. Mon gracieux père, avec la permission de votre majesté, je la tirerai en héritier présomptif de la couronne, et dans cette querelle j'en ferai usage jusqu'à la mort.

CLIFFORD. Allons, voilà parler en prince qui promet.

Arrive UN MESSAGER.

LE MESSAGER. Sire, — et vous, chefs illustres, — tenez-vous prêts; Warwick s'avance avec une armée de trente mille hommes pour soutenir les droits du duc d'York; il le proclame roi dans toutes les villes qu'il traverse, et on accourt en foule sous ses étendards. Rangez vos troupes en ordre de bataille, car ils ne sont plus qu'à deux pas.

CLIFFORD. Je désirerais que votre majesté voulût bien quitter le champ de bataille; le sort n'est jamais plus propice à la reine que lorsque vous êtes absent.

---

[1] Allusion au proverbe : « Heureux l'enfant dont le père est allé au diable. »

ACTE II, SCÈNE II.

LA REINE MARGUERITE. Oui, mon seigneur ; laissez-nous à notre fortune.

LE ROI HENRI. C'est ma fortune aussi à moi qui est en jeu ; c'est pourquoi je reste.

NORTHUMBERLAND. Que ce soit donc avec la résolution de combattre.

LE PRINCE. Mon royal père, ranimez le courage de ces nobles lords, et donnez de la confiance à ceux qui combattent pour vous défendre. Tirez votre épée du fourreau, mon père, et criez : « Saint Georges ! »

Marche militaire. Arrivent ÉDOUARD, GEORGE, RICHARD, WARWICK, NORFOLK, MONTAIGU et des Soldats.

ÉDOUARD. Eh bien ! parjure Henri, veux-tu implorer ton pardon à genoux et poser le diadème sur ma tête, ou courir les mortels hasards d'une bataille ?

LA REINE MARGUERITE. Va tancer tes mignons, fanfaron imberbe ! il te sied bien de tenir cet audacieux langage en présence de ton souverain, de ton roi légitime !

ÉDOUARD. Je suis son roi, et c'est à lui à fléchir le genou. Il m'a, de son plein gré, adopté pour son héritier ; depuis, il a violé son serment ; car, à ce que j'ai appris, — (*à la reine*) vous qui régnez de fait, bien que ce soit lui qui porte la couronne, — vous l'avez forcé, dans un nouvel acte du parlement, à me frapper de déchéance et à me substituer son fils.

CLIFFORD. Et c'est avec raison : qui doit succéder au père, sinon le fils ?

RICHARD. Ah ! tu es ici, boucher ! — Je ne puis parler.

CLIFFORD. Oui, dos voûté, me voici prêt à te répondre, à toi, et à tous les audacieux de ta sorte.

RICHARD. C'est toi, n'est-ce pas, qui as tué le jeune Rutland ?

CLIFFORD. Oui, et le vieux York aussi, et je ne suis pas encore satisfait.

RICHARD. Au nom du ciel, mylords, donnez le signal du combat.

WARWICK. Quelle est ta réponse, Henri ? veux-tu, oui ou non, résigner la couronne ?

LA REINE MARGUERITE. Te voilà, verbeux Warwick ? et tu oses parler encore ? La dernière fois que nous nous sommes vus à Saint-Albans, tes jambes t'ont mieux servi que ton bras.

WARWICK. C'était alors mon tour de fuir; maintenant c'est le tien.

CLIFFORD. Tu en avais déjà dit autant; et cela ne t'a pas empêché de fuir.

WARWICK. Ce n'est pas ta vaillance, Clifford, qui m'a fait lâcher pied.

NORTHUMBERLAND. Et toute la tienne n'a pu te faire tenir ferme.

RICHARD. Northumberland, je te respecte. — Mettons fin à cette conférence; j'ai peine à contenir l'indignation de mon cœur contre ce Clifford, ce barbare égorgeur d'enfants.

CLIFFORD. J'ai tué ton père; était-ce donc un enfant?

RICHARD. Oui, tu l'as tué en lâche et en traître, comme tu as tué notre jeune frère Rutland; mais avant le coucher du soleil, je te ferai maudire ces forfaits.

LE ROI HENRI. Cessez ces invectives, mylords, et laissez-moi parler.

LA REINE MARGUERITE. Adressez-leur des paroles de défi, ou gardez le silence.

LE ROI HENRI. Je vous en prie, que ma parole soit libre; je suis roi, et j'ai le droit de parler.

CLIFFORD. Sire, la blessure qui fait l'objet de cette conférence ne saurait être guérie par des paroles; veuillez donc garder le silence.

RICHARD. Cela étant, bourreau, tire donc ton épée du fourreau. Par celui qui nous créa tous, j'ai la conviction que tout le courage de Clifford consiste en paroles.

ÉDOUARD. Parle, Henri; serai-je mis en possession de mon droit, oui ou non? Trente mille hommes ont déjeuné aujourd'hui, qui ne dîneront pas si tu ne me cèdes la couronne.

WARWICK. Si tu t'y refuses, que leur sang retombe sur ta tête; car c'est dans une cause juste qu'York a pris les armes.

LE PRINCE. Si ce que Warwick qualifie de juste l'est effectivement, il n'y a rien d'injuste sur la terre, et toute cause est juste.

RICHARD. Quel que soit celui qui t'engendra, (*montrant la reine*) très-certainement voilà ta mère; car tu as toute son insolence.

LA REINE MARGUERITE. Mais toi, tu ne ressembles ni à ton père ni à ta mère; tu es un monstre hideux et contrefait que la destinée a marqué d'un stigmate, un être malfaisant qu'on doit fuir comme le venin des crapauds ou le dard redoutable des serpents.

RICHARD. Fer de Naples que dora l'Angleterre, toi dont le père se donne le titre de roi, comme si un ruisseau s'appelait l'Océan, n'as-tu pas de honte, sachant d'où tu sors, de trahir par ton langage la bassesse de ton cœur?

ÉDOUARD. Je voudrais pour mille écus avoir ici une poignée de verges pour châtier cette impudente, et lui apprendre à ne plus se méconnaître. — (*A la reine.*) Hélène de Grèce était cent fois plus belle que toi, et cependant tu as fait de ton mari un Ménélas; et jamais le frère d'Agamemnon ne fut outragé par sa perfide moitié comme Henri l'a été par toi. Son père porta ses armes victorieuses au cœur de la France, il dompta son monarque, et força le dauphin à fléchir; si son successeur avait fait un mariage conforme à son rang, toute cette gloire serait encore aujourd'hui son partage. Mais le jour où il fit entrer dans son lit une fille sans dot, et honora par son alliance ton père indigent, ce jour amassa sur sa tête un orage dont l'explosion en France balaya les conquêtes de son père, et à l'intérieur accumula la sédition autour de sa couronne. Car quelle autre cause que ton orgueil a suscité ces troubles? Si tu t'étais montrée humble et douce, nos titres sommeilleraient encore, et par égard pour un roi clément et bon, nous aurions ajourné le triomphe de nos droits.

GEORGE. Mais quand nous avons vu que, réchauffé par nos rayons, croissait l'arbre de ta fortune, qu'il se couvrait de fruits sans qu'il nous en revînt aucun avantage, nous avons appliqué la hache à sa racine usurpatrice, et quoique son tranchant nous ait parfois blessés nous-mêmes, apprends que, puisque nous avons commencé cette tâche, nous ne l'abandonnerons que lorsque nous t'aurons abattue, ou qu'abreuvée des flots de notre sang tu auras pris une vigueur nouvelle.

ÉDOUARD. Et c'est dans cette résolution bien arrêtée que je te défie; et nous allons rompre ici cette conférence, puisque, abusant de la bonté du roi, tu lui refuses la liberté de parler. — Sonnez, trompettes! — Que nos enseignes sanglantes soient déployées! — La victoire ou la tombe!

LA REINE MARGUERITE. Arrête, Edouard.

ÉDOUARD. Non, femme insolente; nous ne resterons pas

davantage : cet entretien coûtera aujourd'hui la vie à des milliers d'hommes.

Ils s'éloignent.

SCÈNE III.

Un champ de bataille entre Towton et Saxton, dans l'Yorkshire.

Bruit de trompettes. Escarmouches. Arrive WARWICK.

WARWICK. Accablé de fatigue, comme celui qui a disputé le prix de la course, je vais m'étendre ici un moment pour reprendre haleine : car les coups reçus et rendus ont épuisé mes forces, et il faut que je prenne un instant de repos.

ÉDOUARD arrive en courant.

ÉDOUARD. Souris-moi, ciel propice ! ou frappe-moi, mort impitoyable ! car ma fortune s'assombrit, et le soleil d'Édouard est éclipsé.

Arrive GEORGE.

WARWICK. Eh bien ! mylord, que nous annoncez-vous ? Quel espoir nous reste ?

GEORGE. Je n'ai à vous annoncer que des revers ; notre espoir a fait place à un affreux désespoir. Nos rangs sont rompus, et la destruction nous poursuit. Quel conseil donnez-vous ? Où fuirons-nous ?

ÉDOUARD. La fuite est inutile ; ceux qui nous poursuivent ont des ailes ; et dans l'épuisement où nous sommes, nous ne pouvons leur échapper.

Arrive RICHARD.

RICHARD. Ah ! Warwick ! pourquoi as-tu quitté le combat ? La terre altérée a bu le sang de ton frère ; la lame de Clifford l'a percé de sa pointe acérée ; dans l'agonie de la mort, sa voix, pareille au son lointain d'une harmonie lugubre, sa voix criait : « Warwick, venge-moi ! mon frère, venge ma mort ! » Et sous les pieds de leurs chevaux, dont les fanons trempaient dans son sang fumant encore, le noble gentilhomme a rendu l'âme.

WARWICK. Allons, que la terre s'enivre de notre sang ; je vais tuer mon cheval, car je ne veux pas fuir. Pourquoi restons-nous ici à pleurer nos désastres, comme des femmes timides, pendant que l'ennemi promène au loin sa rage ? Pourquoi demeurons-nous spectateurs immobiles, comme si c'était une tragédie jouée pour notre amusement par des personnages fictifs? Je jure ici, à genoux, devant Dieu, de ne plus prendre de repos, de ne plus m'arrêter que la mort n'ait fermé mes yeux, ou que la fortune ne m'ait accordé une ample vengeance.

ÉDOUARD. O Warwick! je m'agenouille avec toi, et dans ce serment mon âme s'associe à la tienne. — Avant que mon genou se détache de la terre, dont il presse la froide surface, je tends vers toi mes mains, mes yeux, mon cœur, Dieu qui fais et défais les rois; te suppliant, si c'est ta volonté que ce corps devienne la proie de mes ennemis, d'ouvrir pour moi les portes radieuses du ciel, et d'accueillir avec bonté mon âme pécheresse. — Maintenant, mylords, adieu, jusqu'au revoir, que ce soit au ciel ou sur la terre!

RICHARD. Mon frère, donne-moi ta main; — et toi, mon cher Warwick, laisse-moi te presser dans mes bras fatigués. Moi qui n'ai jamais pleuré, je pleure maintenant en voyant l'hiver détruire ainsi l'espoir de notre printemps.

WARWICK. Partons, partons! Encore une fois, adieu, mylords.

GEORGE. Allons ensemble rejoindre nos troupes; donnons la permission de fuir à ceux qui refuseront de rester; quant à ceux qui ne voudront pas nous quitter, appelons-les nos plus fermes appuis; promettons-leur, si nous triomphons, les récompenses que dans les jeux olympiques on décernait aux vainqueurs. Cela peut rappeler le courage dans leurs cœurs chancelants; car il y a encore espoir de vivre et de vaincre. Ne différons plus; partons résolument.

Ils s'éloignent.

SCÈNE IV.

Une autre partie du champ de bataille.

Escarmouches. Arrivent RICHARD *et* CLIFFORD.

RICHARD. Maintenant, Clifford, je te tiens seul à seul. Imagine que ce bras est pour le duc d'York, cet autre pour Rutland; tous deux les vengeront, fusses-tu entouré d'un mur d'airain.

CLIFFORD. Maintenant, Richard, me voilà face à face avec toi. Voilà la main qui a poignardé ton père York, voilà celle qui a tué ton frère Rutland; et voici le cœur qui s'applaudit de leur trépas, et aspire à voir ces mains, qui ont tué ton père et ton frère, t'infliger le même sort;- ainsi, défends-toi.

Ils combattent. WARWICK *survient,* Clifford *s'enfuit.*

RICHARD. Warwick, cherche une autre proie; je veux m'attacher à la poursuite de ce loup jusqu'à ce que je l'aie tué.

Ils s'éloignent.

SCÈNE V.

Une autre partie du champ de bataille.

On continue à entendre le bruit du combat. Arrive LE ROI HENRI.

LE ROI HENRI. Cette bataille ressemble à cette heure indécise du matin où l'ombre mourante lutte contre la lumière naissante, alors que le berger souffle dans ses doigts, et que, n'étant plus nuit, il n'est pas encore jour. On dirait une vaste mer qui, poussée par le flux, tantôt lutte avec force contre le vent, et tantôt recule devant la violence de son adversaire. Un moment c'est le flot qui l'emporte, l'instant d'après c'est le vent; l'avantage reste tantôt à l'un, tantôt à l'autre. Ils combattent corps à corps à qui triomphera, et cependant il n'y a ni vainqueur ni vaincu : tel est l'équilibre maintenu dans cette affreuse bataille. Je vais m'asseoir ici, sur cette hauteur; que la victoire reste à qui il plaira à Dieu! Car Marguerite et Clifford m'ont engagé à quitter le champ de bataille, jurant l'un et l'autre qu'ils ne sont jamais plus sûrs de réussir que lorsque je n'y suis pas. Je voudrais être mort si c'est la volonté de Dieu! Car, qu'y a-t-il dans ce monde, sinon des chagrins et des douleurs? O Dieu! il me semble que ce serait une destinée bien heureuse que de mener la vie d'un simple berger, d'être assis sur une colline, comme je le suis maintenant; là, de suivre de l'œil sur le cadran la fuite des minutes, de voir combien il en faut pour compléter une heure, combien d'heures font un jour, combien de jours une année, de combien d'années se compose la vie ordinaire d'un mortel; puis, le calcul terminé, de faire la distribution de mon temps; tant d'heures à garder mon troupeau, tant d'heures pour le sommeil, tant d'heures consacrées à la méditation, tant d'heures pour me récréer; voilà tant de jours que mes brebis sont pleines; il s'écoulera tant de semaines avant que les pauvres créatures mettent bas, tant d'années avant qu'elles me livrent leur toison. C'est ainsi que les minutes, les heures, les jours, les mois et les années, employés d'une manière conforme au but qui présida à leur création, amèneraient pour moi les cheveux blancs et une mort paisible. Ah! que ce serait une existence heureuse et enchanteresse! L'aubépine ne donne-t-elle pas un plus doux ombrage aux bergers veillant sur leur innocent troupeau, qu'un dais richement brodé n'en donne aux rois redoutant sans cesse le poignard de leurs sujets! Oh! oui, sans doute, et mille fois plus doux. Enfin, le lait caillé du berger, sa boisson légère dans sa gourde, son sommeil à ses heures sous un frais ombrage, ces biens dont il jouit en paix et avec délices, sont mille fois au-dessus du luxe d'un roi, de ses mets recherchés servis dans une vaisselle d'or, de ses nuits passées dans un lit somptueux, autour duquel veillent les soucis, la défiance et la trahison.

Bruit de trompettes. Arrive UN FILS traînant le cadavre de son père.

LE FILS. C'est un mauvais vent que celui qui ne profite à personne. Cet homme, que j'ai tué dans un combat corps à corps, a peut-être de l'argent sur lui, et moi qui vais l'en dépouiller, un autre peut-être m'en dépouillera à mon tour en m'ôtant la vie. — (*Il examine ses traits.*) Que vois-je? Grand Dieu! c'est le visage de mon père, que j'ai tué sans le connaître. O jours affreux qui enfantent de tels événements! On m'a recruté à Londres pour le service du roi; mon père, qui était l'un des vassaux du comte de Warwick, enrôlé par son seigneur, est venu combattre pour le duc d'York, et je lui ai ôté la vie, moi qui lui dois la mienne. Pardonnez-moi, mon Dieu, je ne savais pas ce que je faisais! Pardonne-moi, mon père, je ne t'ai pas reconnu. Mes pleurs vont effacer ces marques sanglantes, et ma bouche ne s'ouvrira plus que je n'aie soulagé ma douleur par d'abondantes larmes.

LE ROI HENRI. O spectacle d'horreur! ô jours de sang! Quand les lions se font la guerre, et se disputent la possession d'une tanière, les pauvres agneaux inoffensifs souffrent de leur hostilité. Pleure, malheureux, j'unirai mes larmes aux tiennes; comme la guerre civile, que nos yeux soient aveuglés par les pleurs, nos cœurs brisés par le désespoir.

Arrive UN PÈRE portant dans ses bras le cadavre de son fils.

LE PÈRE. Toi qui m'as opposé une si opiniâtre résistance, donne-moi ton or, si tu en as, car je l'ai chèrement acheté. — (*Il regarde son visage.*) Mais voyons; est-ce là le visage de mon ennemi? Oh! non, non, non, c'est celui de mon fils unique! — O mon fils, s'il te reste encore un souffle de vie, ouvre les yeux ; vois, vois quelle pluie de larmes s'échappant de l'orage de mon âme, tombe sur ces blessures dont la vue assassine et mes yeux et mon cœur ! O Dieu ! prends en pitié nos temps malheureux ! Quels événements cruels, quelles méprises sanglantes, quels forfaits contre nature cette fatale querelle enfante chaque jour ! O mon fils, ton père t'a donné trop tôt la vie, et il t'a reconnu trop tard pour te la conserver !

LE ROI HENRI. Malheurs sur malheurs ! douleurs qui dépassent la commune mesure. Oh ! que ne peut mon trépas mettre un terme à ces abominables forfaits ! O miséricorde, miséricorde ! ciel clément, miséricorde ! Sur le visage de ce cadavre sont peintes les fatales couleurs de nos maisons rivales : le sang qui l'inonde est l'emblème de l'une des deux roses ; la pâleur de son front me représente l'autre ; que l'une de vous deux se flétrisse, et puisse l'autre fleurir ! Votre lutte, si elle continue, moissonnera des milliers d'existences.

LE FILS. En apprenant ta mort, ô mon père, quelle douleur saisira ma mère inconsolable !

LE PÈRE. Que de larmes versera sur la mort de son fils ma femme désolée !

LE ROI HENRI. Comme ces douloureux événements soulèveront l'indignation du pays contre son roi !

LE FILS. Jamais fils fut-il plus inconsolable de la mort d'un père ?

LE PÈRE. Jamais père déplora-t-il plus amèrement la mort d'un fils ?

LE ROI HENRI. Jamais roi fut-il plus contristé des maux de ses sujets ? votre douleur est grande, la mienne est dix fois plus grande encore.

LE FILS. Je vais t'emporter de ces lieux, et donner à mes larmes un libre cours.

Il s'éloigne en emportant le corps de son père.

LE PÈRE. Mes bras te serviront de linceul ; mon cœur, cher enfant, sera ton sépulcre, car ton image ne sortira plus de mon cœur ; mes soupirs seront ton glas funéraire ; ma pieuse douleur te rendra les derniers devoirs, et ton père, dont tu étais l'unique enfant, pleurera autant ta perte que Priam pleura celle de tous ses vaillants fils. Je vais t'emporter d'ici ; désormais combatte qui voudra, car j'ai tué celui que mon bras devait respecter.

Il s'éloigne en emportant le corps de son fils.

LE ROI HENRI. Pauvres gens que la douleur accable, il y a ici un roi plus affligé que vous.

Bruit de trompettes. Escarmouches. Arrivent LA REINE MARGUERITE, LE PRINCE DE GALLES *et* EXETER.

LE PRINCE. Fuyez, fuyez, mon père; fuyez, tous vos amis sont en fuite, et Warwick est comme un taureau furieux. Sauvez-vous, car la mort nous talonne.

LA REINE MARGUERITE. Montez à cheval, mon seigneur, et rendez-vous à Berwick à toute bride. Édouard et Richard, comme deux limiers qui voient fuir devant eux le lièvre timide, le regard menaçant, les yeux étincelants de colère, pressant un acier sanglant dans leur main frémissante, accourent sur nos traces; hâtons-nous donc de quitter ces lieux.

EXETER. Partons! car la vengeance les accompagne. Ne vous arrêtez point à gémir, faites diligence; ou bien suivez-moi, je vais prendre les devants.

LE ROI HENRI. Non; emmène-moi avec toi, mon cher Exeter; ce n'est pas que je craigne de rester; mais je veux aller où ira la reine. Allons, partons.

Ils s'éloignent.

SCÈNE VI.

Même lieu.

Le bruit du combat redouble. Arrive CLIFFORD, *blessé.*

CLIFFORD. Le flambeau de mes jours touche à sa fin; c'est ici qu'il va s'éteindre, lui qui, tant qu'il a duré, a éclairé les pas du roi Henri. O Lancastre, je déplore ta chute bien plus que la séparation de mon corps d'avec mon âme. L'affection et la crainte que j'inspirais t'avaient rattaché un grand nombre d'amis. Maintenant que je succombe, ces liens énergiques vont se détendre. Affaiblissant Henri de toute la force qu'il donne à son rival, le peuple accourt en foule grossir les rangs de l'orgueilleux York. Ainsi pullulent les mouches dans les chaleurs de l'été. Est-ce que les moucherons ne volent pas toujours vers le soleil? et qui brille aujourd'hui, sinon les ennemis de Henri? O Phébus! si tu n'avais permis que Phaéton conduisît tes fougueux coursiers, ton char brûlant n'eût point embrasé la terre. Et toi, Henri, si tu avais gouverné comme doit gouverner un roi, comme avaient fait ton père et ton aïeul, si tu n'avais pas laissé prendre pied à la maison d'York, on ne verrait pas maintenant multiplier son parti comme les insectes en été.

Moi, et des milliers d'autres dans ce malheureux royaume, nos veuves ne seraient pas condamnées à pleurer notre mort; et toi, tu aurais jusqu'à ce jour régné en paix. Car n'est-ce pas sous un ciel doux que croissent de préférence les plantes malfaisantes? et qui enhardit les brigands, sinon un excès d'indulgence? Mais mes plaintes sont inutiles, et mes blessures incurables; tous les chemins sont fermés à la fuite. L'ennemi est impitoyable, et il sera sans pitié, car je n'en ai point mérité de sa part. L'air a pénétré dans mes blessures mortelles, et le sang que j'ai répandu me fait défaillir. Venez, York, Richard, Warwick, venez tous; j'ai poignardé votre père, poignardez-moi.

Il s'évanouit.
On entend sonner la retraite. Arrivent ÉDOUARD, GEORGE, RICHARD, MONTAIGU, WARWICK *et des Soldats.*

ÉDOUARD. Respirons maintenant, mylords; notre bonne fortune nous permet de prendre du répit, et d'éclaircir par le sourire de la paix le front menaçant de la guerre. Quelques troupes sont à la poursuite de la reine sanguinaire qui conduisait l'impassible Henri, tout roi qu'il était, comme une voile enflée par un vent frais fait avancer un navire à travers les flots écumeux. Mais pensez-vous que Clifford ait fui avec eux?

WARWICK. Non, il est impossible qu'il échappe; car votre frère Richard, qu'il me permette de le dire en sa présence, l'a marqué pour le tombeau; et où qu'il soit, il est sûrement mort.

Clifford exhale un sourd gémissement et meurt.

ÉDOUARD. Quel est celui dont l'âme prend son congé douloureux?

RICHARD. C'est un gémissement lugubre comme celui qui marque le passage de la vie à la mort.

ÉDOUARD. Vois qui c'est, et maintenant que la bataille est finie, ami ou ennemi, qu'on le traite avec humanité.

RICHARD, *après s'être baissé pour reconnaître le cadavre.* Révoque cet ordre de clémence; car c'est Clifford, qui, non content, en donnant la mort à Rutland, de couper la branche au moment où elle déployait son naissant feuillage, a porté sa cognée meurtrière à la racine d'où était sortie cette tige charmante, et égorgé notre illustre père, le duc d'York.

WARWICK. Qu'on enlève des portes d'York la tête de votre père, que Clifford y avait placée, et qu'on lui substitue celle-ci; il faut lui rendre mesure pour mesure.

ÉDOUARD. Amenez devant nous ce hibou fatal à notre maison, dont la voix sinistre ne présageait que des malheurs à nous et aux nôtres. A présent la mort va étouffer ses accents fatals et lugubres, et sa voix funèbre ne se fera plus entendre.

WARWICK. Je pense qu'il a perdu toute espèce de sentiment. — Réponds, Clifford; connais-tu celui qui te parle? — Les ombres de la mort ont voilé le flambeau de sa vie; il ne nous voit ni ne nous entend.

Des soldats apportent le corps de Clifford.

RICHARD. Oh! plût à Dieu qu'il fût encore vivant! Qui sait? il nous entend peut-être; c'est une feinte pour se soustraire aux sarcasmes amers qu'il a prodigués à notre père au moment de sa mort.

GEORGE. Si tu le crois, irrite-le par des paroles blessantes.

RICHARD. Clifford, demande grâce pour ne pas l'obtenir.

ÉDOUARD. Clifford, repens-toi inutilement.

WARWICK. Clifford, cherche des excuses pour justifier tes torts.

GEORGE. Pendant que nous chercherons des tourments pour t'en punir.

RICHARD. Tu aimais York, et je suis son fils.

ÉDOUARD. Tu as eu pitié de Rutland; j'aurai pitié de toi.

GEORGE. Où est le général Marguerite, pour te défendre maintenant?

WARWICK. Ils se moquent de toi, Clifford; jure comme tu en avais l'habitude.

RICHARD. Quoi! pas un jurement! il faut que les choses aillent bien mal pour que Clifford n'ait pas une imprécation au service de ses amis. A ce signe-là, je reconnais qu'il est bien mort. Sur mon âme, si par le sacrifice de ma main droite je pouvais lui racheter deux heures de vie qui me permettraient de le railler à mon aise, ma main gauche la couperait sur-le-champ; et je le forcerais à en boire le sang jusqu'à en étouffer, le scélérat dont le sang d'York et de Rutland n'a pu étancher la soif inextinguible.

WARWICK. Oui, mais il est mort; qu'on tranche la tête du traître, et qu'on la mette à la place de celle de votre père. — (*A Édouard.*) A présent, marchons en triomphe sur Londres, pour vous y faire couronner roi d'Angleterre. De là, Warwick, fendant les mers, se rendra en France, afin d'y demander pour vous la main de la princesse Bona ; ainsi vous unirez les deux pays par un étroit lien ; ayant la France pour alliée, vous ne craindrez plus vos ennemis dispersés qui espèrent se relever encore. Bien qu'ils ne puissent plus vous faire grand mal, attendez-vous néanmoins à être importuné encore de leur bourdonnement. Je veux d'abord vous voir couronner ; puis, si vous l'approuvez, je passerai la mer, et j'irai en Bretagne conclure ce mariage.

ÉDOUARD. Fais ce que tu jugeras convenable, cher Warwick ; car tu es le plus ferme appui de mon trône, et je n'entreprendrai jamais rien sans ton conseil et ton consentement. — Richard, je te créerai duc de Gloster, — toi, George, duc de Clarence. — Quant à Warwick, il pourra, comme nous-même, faire et défaire à son gré.

RICHARD. Laissez-moi être duc de Clarence, et que George soit duc de Gloster ; le duché de Gloster porte malheur[1].

WARWICK. Bah ! c'est un enfantillage ; Richard, sois duc de Gloster. Maintenant, allons à Londres nous mettre en possession de ces honneurs.

Ils s'éloignent.

ACTE TROISIÈME.

SCÈNE I.

Une forêt dans le nord de l'Angleterre.

Arrivent DEUX GARDES-CHASSE, *leur arbalète à la main.*

PREMIER GARDE-CHASSE. Il faut nous cacher sous ces taillis épais ; car les daims vont tout à l'heure traverser cette clairière, et, à l'affût sous ce couvert, nous choisirons les plus beaux pour les abattre.

DEUXIÈME GARDE-CHASSE. Je vais me poster sur la hauteur, de manière que nous puissions tirer tous deux.

PREMIER GARDE-CHASSE. Cela ne se peut pas : le bruit de ton arbalète effrayera les daims, et mes coups seront perdus. Restons ici tous deux et visons les meilleurs de la troupe ; pour

---

[1] Il fait allusion, sans doute, à la fin tragique de Thomas de Woodstock et de Homfroy, ducs de Gloster. Voir les deux premières parties d'Henri VI.

passer le temps, je te conterai ce qui m'est arrivé un jour en ce même endroit où nous sommes maintenant.

DEUXIÈME GARDE-CHASSE. Voici quelqu'un qui vient; tenons-nous tranquilles jusqu'à ce qu'il soit passé.

Arrive LE ROI HENRI, déguisé, un livre de prières à la main.

LE ROI HENRI. J'ai quitté secrètement l'Écosse pour venir, de mes avides regards, saluer mon royaume. Que dis-tu, Henri? ce royaume n'est plus à toi; ta place est occupée, ton sceptre est arraché de tes mains, l'huile sainte est effacée de ton front, nul genou maintenant ne fléchit devant toi, nul ne t'appelle César, nul ne vient humblement te présenter sa requête, nul n'implore de toi le redressement de ses griefs; car que pourrais-tu pour autrui, toi qui ne peux rien pour toi-même?

PREMIER GARDE-CHASSE. Voilà un daim dont la peau sera pour nous une bonne aubaine : c'est le ci-devant roi; saisissons-nous de lui.

LE ROI HENRI. Résignons-nous à ces cruelles épreuves; les sages disent que c'est le parti sage.

DEUXIÈME GARDE-CHASSE. Que tardons-nous? mettons la main sur lui.

PREMIER GARDE-CHASSE. Tout à l'heure; écoutons-le encore.

LE ROI HENRI. Ma femme et mon fils sont allés en France implorer des secours, et j'apprends que l'illustre Warwick y est allé aussi demander pour Édouard la main de la sœur du roi de France. Si cette nouvelle est vraie, pauvre reine, et toi, mon fils, vous avez pris une peine inutile; car Warwick est un habile orateur, et Louis est un prince qu'un langage pathétique peut facilement émouvoir. A ce compte, il se peut que Marguerite le persuade, car c'est une femme bien digne de pitié : avec ses soupirs elle battra en brèche le cœur du roi; ses larmes attendriraient un cœur de marbre; ses gémissements adouciraient un tigre; à entendre ses plaintes, à voir couler ses larmes, Néron lui-même sentirait la pitié. Il est vrai, mais elle vient demander, et Warwick vient offrir. Je la vois à la gauche du roi de France, implorant des secours pour Henri, pendant qu'à sa droite Warwick demande une épouse pour Édouard. Elle dit en pleurant que son Henri est détrôné; il dit en souriant que son Édouard est installé sur le trône; elle, l'infortunée, la douleur lui coupe la parole, pendant que Warwick explique les titres d'Édouard, en pallie l'injustice, fait valoir des arguments d'une grande force, et finit par mettre le roi dans ses intérêts et en obtenir la promesse de sa sœur ainsi que des renforts pour affermir le roi Édouard sur son trône. O Marguerite, voilà ce qui arrivera, et toi, pauvre reine, tu étais venue désolée, tu t'en retourneras sans appui.

DEUXIÈME GARDE-CHASSE. Réponds, qui es-tu, toi qui parles de rois et de reines?

LE ROI HENRI. Plus que je ne parais, et moins que je ne devrais être par ma naissance; en tout cas, je suis un homme; je ne saurais être moins : les hommes peuvent parler des rois; pourquoi n'en parlerais-je pas?

DEUXIÈME GARDE-CHASSE. Oui, mais tu parles comme si tu étais roi.

LE ROI HENRI. Je le suis par la pensée, et cela suffit.

DEUXIÈME GARDE-CHASSE. Mais si tu es roi, où est ta couronne.

LE ROI HENRI. Ma couronne n'est pas sur ma tête, mais dans mon cœur. Elle n'est point garnie de diamans et de pierres précieuses; elle est invisible; ma couronne s'appelle contentement : c'est une couronne que possèdent rarement les rois.

DEUXIÈME GARDE-CHASSE. Eh bien! si vous êtes roi, si vous êtes couronné de contentement, il faut, votre couronne et vous, que vous nous suiviez, car, comme nous le présumons, vous êtes le roi que le roi Édouard a détrôné, et nous qui sommes ses sujets, qui lui avons fait serment d'allégeance, nous vous appréhendons comme son ennemi.

LE ROI HENRI. Mais ne vous est-il jamais arrivé d'enfreindre un serment?

DEUXIÈME GARDE-CHASSE. Un serment de ce genre, jamais, et nous ne commencerons pas maintenant.

LE ROI HENRI. Où habitiez-vous quand j'étais roi?

DEUXIÈME GARDE-CHASSE. Dans ce pays, où nous demeurons encore aujourd'hui.

LE ROI HENRI. Je fus sacré roi à l'âge de neuf mois; mon père et mon aïeul étaient rois; vous étiez mes sujets, et comme tels, vous me deviez fidélité; maintenant, répondez, n'avez-vous pas violé vos serments?

PREMIER GARDE-CHASSE. Non; car nous n'avons été vos sujets qu'autant de temps que vous avez été roi.

LE ROI HENRI. Quoi donc! suis-je mort? Ne suis-je pas bien vivant? Hommes simples, vous ne savez pas ce que vous jurez. Voyez cette plume que mon souffle écarte, et que l'air me renvoie : elle obéit d'abord à mon souffle, puis à un autre, et toujours elle cède au vent le plus fort; voilà l'image de la mobilité du vulgaire. Mais ne violez pas vos serments; je ne voudrais pas par mes supplications vous induire à commettre une telle faute. Menez-moi où vous voudrez; le roi sera commandé; soyez roi, vous; ordonnez, et j'obéirai.

PREMIER GARDE-CHASSE. Nous sommes les sujets fidèles du roi, du roi Édouard.

LE ROI HENRI. Vous seriez de nouveau les sujets de Henri, si j'étais à la place qu'occupe le roi Édouard.

PREMIER GARDE-CHASSE. Nous vous sommons, au nom de Dieu et du roi, de nous suivre devant les magistrats.

LE ROI HENRI. Au nom de Dieu, conduisez-moi; le nom de votre roi sera obéi; ce que Dieu veut, que votre roi l'accomplisse; je me soumets humblement à sa volonté.

Ils s'éloignent.

SCÈNE II.

Londres. — Un appartement du palais.

Entrent LE ROI ÉDOUARD, GLOSTER, CLARENCE et LADY GREY.

LE ROI ÉDOUARD. Mon frère Gloster, le mari de cette dame, sir John Grey, a été tué à la bataille de Saint-Albans. Ses biens ont été confisqués par le vainqueur; elle demande maintenant qu'ils lui soient rendus, ce que la justice ne nous permet guère de lui refuser; car c'est en servant la cause de la maison d'York que ce digne gentilhomme a perdu la vie.

GLOSTER. Votre majesté fera bien de lui accorder sa demande; il y aurait injustice à lui opposer un refus.

LE ROI ÉDOUARD. C'est vrai; toutefois, je réfléchirai encore.

GLOSTER, *bas, à Clarence.* Oui! en vérité? Je vois bien qu'il faut que la dame accorde quelque chose avant que le roi fasse droit à son humble requête.

CLARENCE, *bas, à Gloster.* Il n'est pas novice à la chasse; voyez comme il sait prendre le vent!

GLOSTER, *bas, à Clarence.* Silence!

LE ROI ÉDOUARD. Belle veuve, nous examinerons votre demande; revenez une autre fois; nous vous ferons connaître nos intentions.

LADY GREY. Mon gracieux souverain, tout délai me serait hautement préjudiciable; que votre majesté ait la bonté de me donner une réponse maintenant; et votre bon plaisir, quel qu'il soit, me satisfera.

GLOSTER, *à part*. Vraiment, belle veuve ? Je vous garantis la totalité de vos biens, si ce qu'il lui plaira vous plaît également. Serrez votre adversaire de plus près, sinon, sur ma parole, c'est à lui que restera l'avantage.

CLARENCE, *bas*, *à Gloster*. Je ne crains pour elle qu'une chose, c'est qu'elle ne fasse un faux pas.

GLOSTER, *bas*, *à Clarence*. Dieu l'en préserve! c'est un avantage qu'il saurait mettre à profit.

LE ROI ÉDOUARD. Dites-moi, belle veuve, combien avez-vous d'enfants?

CLARENCE, *bas*, *à Gloster*. Est-ce que, par hasard, il voudrait lui demander un enfant?

GLOSTER, *bas*, *à Clarence*. Allons donc ! je veux être fouetté s'il n'est pas plutôt homme à lui en donner deux.

LADY GREY. Trois, mon gracieux souverain.

GLOSTER, *à part*. Tu en auras quatre, si tu te laisses gouverner par lui.

LE ROI ÉDOUARD. Ce serait dommage qu'ils perdissent le patrimoine de leur père.

LADY GREY. Ayez donc pitié d'eux, sire, et faites qu'il leur soit rendu.

LE ROI ÉDOUARD. Mylords, laissez-nous en tête-à-tête un moment; je veux sonder cette veuve.

GLOSTER. Volontiers; vous aimerez le tête-à-tête jusqu'à ce que la jeunesse vous quitte, et que vous marchiez avec des béquilles.

Gloster et Clarence se retirent de l'autre côté de l'appartement.

LE ROI ÉDOUARD. Maintenant, madame, répondez-moi; aimez-vous vos enfants?

LADY GREY. Aussi tendrement que moi-même.

LE ROI ÉDOUARD. Et ne feriez-vous pas beaucoup pour leur être utile?

LADY GREY. Pour leur faire du bien, j'endurerais volontiers quelque mal.

LE ROI ÉDOUARD. Dans ce but, il vous faut obtenir la restitution des propriétés de votre mari.

LADY GREY. C'est pour cela que je suis venue trouver votre majesté.

LE ROI ÉDOUARD. Je vais vous dire comment vous pourrez l'obtenir.

LADY GREY. J'en conserverai pour votre majesté une éternelle reconnaissance.

LE ROI ÉDOUARD. Si je vous rends ces biens, par quel service reconnaîtrez-vous ma bienveillance ?

LADY GREY. Par tous ceux que vous me commanderez, et qui seront en mon pouvoir.

LE ROI ÉDOUARD. Mais vous vous refuserez à ce que je vais vous proposer.

LADY GREY. Non, mon gracieux souverain, à moins que la chose ne soit impossible.

LE ROI ÉDOUARD. Vous pouvez faire ce que j'ai à vous demander.

LADY GREY. En ce cas, je ferai ce que votre majesté m'ordonnera.

GLOSTER, *à part*. Il la presse vivement ; et la pluie finit par user le marbre.

CLARENCE, *à part*. Il est rouge comme du feu ; elle va voir bientôt sa glace se fondre.

LADY GREY. Que votre majesté achève ; faites-moi connaître ma tâche.

LE ROI ÉDOUARD. C'est une tâche des plus aisées ; elle consiste à aimer un roi.

LADY GREY. Cela me sera facile ; car je suis votre sujette.

LE ROI ÉDOUARD. En ce cas, je vous restitue de grand cœur les terres de votre mari.

LADY GREY. Je prends congé de votre majesté, en lui rendant grâce mille fois.

GLOSTER, *à part*. Le marché est conclu ; elle le scelle par une révérence.

LE ROI ÉDOUARD. Demeurez encore. J'entends qu'il vous faudra me donner des preuves d'amour.

LADY GREY. C'est ainsi que je l'entends, mon bien aimé souverain.

LE ROI ÉDOUARD. Oui, mais je crains que ce ne soit pas dans le même sens que moi ; quelle sorte d'amour croyez-vous que je vous demande avec tant d'instances?

LADY GREY. Mon affection jusqu'à la mort, mon humble reconnaissance, mes prières ; l'amour, en un mot, que réclame la vertu, et que la vertu accorde.

LE ROI ÉDOUARD. Non ; sur ma parole, ce n'est pas de cet amour-là que j'ai entendu parler.

LADY GREY. En ce cas, vos intentions ne sont pas ce que je les supposais.

LE ROI ÉDOUARD. Mais maintenant vous devez en partie les comprendre.

LADY GREY. Jamais je n'accorderai ce que vous avez en vue, si j'ai deviné juste.

LE ROI ÉDOUARD. Pour vous parler clairement, je veux obtenir vos faveurs.

LADY GREY. A vous parler franchement, je préférerais la prison.

LE ROI ÉDOUARD. En ce cas, vous n'aurez pas les biens de votre mari.

LADY GREY. Soit! mon honneur sera mon douaire ; car je ne les achèterai jamais à un tel prix.

LE ROI ÉDOUARD. Vous desservez vos enfants par votre refus.

LADY GREY. C'est votre majesté qui leur fait injure ainsi qu'à elle-même. Mais, sire, un tel badinage s'accorde peu avec la gravité de ma requête ; veuillez me répondre par un oui ou par un non.

LE ROI ÉDOUARD. Oui, si vous dites oui à ma proposition ; non, si vous dites non.

LADY GREY. Eh bien, non, sire ; je retire ma demande.

GLOSTER, *bas, à Clarence.* La veuve n'est pas contente de lui ; elle fronce le sourcil.

CLARENCE, *bas, à Gloster.* C'est le galant le plus maladroit de la chrétienté.

LE ROI ÉDOUARD, *à part.* Tout en elle annonce une femme vertueuse ; ses discours décèlent un esprit sans pareil. Elle a des perfections dignes du trône ; sous tous les rapports elle est faite pour être la compagne d'un roi, et elle sera ma maîtresse ou ma femme. — (*Haut.*) Et si le roi Édouard vous prenait pour épouse?

ACTE III, SCÈNE II.

LADY GREY. Cela est plus facile à dire qu'à faire, mon gracieux souverain ; je suis une sujette avec laquelle on peut plaisanter, mais je ne suis pas faite, tant s'en faut, pour être reine.

LE ROI ÉDOUARD. Charmante veuve, j'en jure par ma couronne, je ne dis que ce que je pense ; je suis résolu à vous prendre pour ma bien-aimée.

LADY GREY. C'est à quoi je ne saurais consentir. Je sais que je ne suis pas digne d'être votre épouse, mais je m'estime trop pour être votre concubine.

LE ROI ÉDOUARD. Vous épiloguez sur les mots, belle veuve ; j'ai voulu dire que vous serez ma femme.

LADY GREY. Il répugnerait à votre majesté d'entendre mes fils vous appeler leur père.

LE ROI ÉDOUARD. Pas plus que d'entendre mes filles vous appeler leur mère. Vous êtes veuve, et vous avez des enfants ; et, par la mère de Dieu, moi qui suis garçon, j'en ai aussi quelques-uns : c'est, selon moi, un bonheur que d'être père de plusieurs fils. Point de réplique, vous serez ma femme.

GLOSTER, *bas, à Clarence*. Le bon père a terminé sa confession.

CLARENCE, *bas, à Gloster*. Il ne s'est fait confesseur que pour en venir à ses fins.

LE ROI ÉDOUARD. Mes frères, vous vous demandez sans doute quel a pu être le sujet de notre conversation.

GLOSTER. Il paraît qu'elle n'a pas été du goût de la veuve, car elle paraît fort mécontente.

LE ROI ÉDOUARD. Que diriez-vous si je lui donnais un époux ?
CLARENCE. Qui donc, sire ?
LE ROI ÉDOUARD. Moi-même, Clarence.

GLOSTER. Il y aurait là de quoi s'émerveiller dix jours, pour le moins.

CLARENCE. Ce serait un jour de plus que ne dure une merveille.

GLOSTER. La merveille n'en est que plus grande.

LE ROI ÉDOUARD. Fort bien ; plaisantez, mes frères. Je puis vous donner l'assurance à tous deux que sa demande lui est accordée, et qu'elle aura les biens de son mari.

Entre UN LORD.

LE LORD. Mon gracieux souverain, Henri, votre ennemi, est pris, et on l'amène captif à la porte de votre palais.

LE ROI ÉDOUARD. Faites-le conduire à la Tour. — Nous, mes frères, allons voir l'homme qui l'a pris, et sachons de lui les détails de cette arrestation.— Belle veuve, venez avec nous.— Mylords, traitez-la avec tous les égards qui lui sont dus.

Tous sortent, à l'exception de Gloster.

GLOSTER, *seul.* Oh! Édouard traite les femmes avec égards. Plût à Dieu qu'il fût épuisé jusqu'à la moelle, afin qu'il ne pût naître de lui aucun rejeton vigoureux, capable de me frustrer du brillant avenir que je convoite. Et cependant le libertin Édouard une fois dans le tombeau, entre moi et le but auquel mon âme aspire, il y a Clarence, Henri et son jeune fils Édouard, et toute leur postérité encore à naître; tous ceux-là doivent occuper le trône avant que je puisse moi-même y prendre place : voilà qui est singulièrement propre à refroidir mes espérances. Ainsi ma royauté n'est qu'un rêve; je ressemble à un homme qui, debout sur un promontoire, découvre dans un horizon lointain le rivage qu'il brûle de fouler sous ses pas; il regrette que ses pieds ne puissent suivre ses yeux, et s'irritant contre la mer qui le sépare de l'objet de ses vœux, il voudrait pouvoir la mettre à sec, afin de s'ouvrir un passage. Ainsi je convoite la couronne encore si loin de moi; ainsi je m'irrite contre les obstacles qui m'en séparent, me disant que je trancherai ces obstacles, et me flattant de réaliser l'impossible. Mes regards vont trop loin, mon but est trop haut placé, si ma main et mes forces ne peuvent y atteindre. Supposons qu'il n'y ait point de couronne à espérer pour Richard, quelle autre jouissance le monde peut-il lui offrir? Dois-je attacher mon bonheur au sourire d'une femme, me parer avec élégance, et fasciner le cœur des belles de mes paroles et de mes regards? O misérable pensée, et moins réalisable cent fois que la conquête de vingt couronnes! J'ai été brouillé avec l'amour dès le ventre de ma mère, et pour que je restasse étranger à ses douces lois, il a suborné contre moi la fragile nature; pour lui complaire, elle a desséché mon bras comme une branche flétrie; elle a élevé sur mon dos une hideuse voûte, siège de la laideur, et qui me rend un objet de risée; elle m'a donné des jambes inégales; elle a fait de moi un tout disproportionné, une sorte de chaos informe, un ours mal léché, n'ayant avec sa mère aucun point de ressemblance. Suis-je donc un homme fait pour être aimé! Quelle absurdité de ma part de nourrir une pareille pensée! Donc, puisque ce monde n'a d'autre plaisir à m'offrir que celui de régner, de commander, de courber sous ma volonté ceux que la nature a mieux partagés que moi, je mettrai mon bonheur à rêver le trône ; et aussi longtemps que je vivrai, ce monde ne sera pour moi qu'un enfer, tant que la tête qui surmonte ce tronc contrefait ne sera pas ceinte du diadème. Mais comment arriver à ce but? un grand nombre d'existences s'interposent entre le trône et moi ; je suis comme un homme perdu dans les profondeurs d'un bois épineux ; il brise les épines, et les épines le déchirent ; plus il cherche à retrouver son chemin, plus il s'égare ; il ne sait comment il trouvera une issue, et se fatigue à la chercher. Ainsi je me tourmente pour saisir la couronne d'Angleterre : mais je saurai m'affranchir de ce tourment, et me frayer avec la hache une voie sanglante. Je puis égorger ma victime le sourire sur les lèvres ; je sais affecter la joie quand la douleur me déchire le cœur ; je sais mouiller mes joues de larmes factices, et selon l'occasion composer mon visage ; je suis homme à faire noyer plus de matelots que la sirène, à donner à mes regards une vertu plus funeste que celle du basilic ; je jouerai le rôle d'orateur aussi bien que Nestor ; je tromperai mieux que ne le fit jamais Ulysse ; et, comme un autre Sinon, je suis homme à prendre une nouvelle Troie. Je puis revêtir plus de couleurs que le caméléon, jouter de métamorphoses avec Protée, et donner des leçons au sanguinaire Machiavel. Je puis faire cela, et je ne pourrais me procurer une couronne ? Bah ! quand elle serait plus loin encore de ma portée, je saurai la saisir.

Il sort.

SCÈNE III.

La France. — Un appartement du palais.

Fanfare. Arrivent LE ROI DE FRANCE, LA PRINCESSE BONA et leur Suite. Le roi prend place sur son trône. Puis on introduit LA REINE MARGUERITE, LE PRINCE ÉDOUARD son fils, et LE COMTE D'OXFORD.

LE ROI LOUIS. Belle reine d'Angleterre, illustre Marguerite, asseyez-vous avec nous ; il sied mal à votre rang et à votre naissance que vous soyez debout quand Louis est assis.

LA REINE MARGUERITE. Non, puissant monarque de la France, il faut maintenant que Marguerite s'abaisse, et qu'elle apprenne à servir là où des rois commandent. Je l'avoue, en des jours plus heureux, j'étais la reine de la puissante Albion ; mais aujourd'hui, le malheur a jeté bas mon titre et m'a précipitée avec ignominie dans la poussière ; il faut que mon attitude soit d'accord avec ma fortune, et je dois me conformer à mon humble condition.

LE ROI LOUIS. Dites-moi, belle reine, d'où provient ce profond désespoir ?

LA REINE MARGUERITE. D'une cause qui remplit mes yeux de larmes, étouffe ma voix et noie mon âme dans un océan de douleurs.

LE ROI LOUIS. Quoi qu'il en soit, soyez toujours vous-même, et prenez place à nos côtés. (*Il la fait asseoir à côté de lui.*) Ne courbez pas la tête sous le joug de la fortune, mais que votre âme intrépide s'élève triomphante au-dessus du malheur. Parlez librement, reine Marguerite, et confiez-moi vos chagrins ; je les adoucirai, s'il est au pouvoir du roi de France d'y porter remède.

LA REINE MARGUERITE. Ces gracieuses paroles ravivent mes esprits abattus, et rendent la parole à ma douleur muette. Apprenez donc, noble Louis, que Henri, l'unique objet de mon amour, de roi qu'il était, n'est plus qu'un proscrit, forcé de vivre en Écosse dans l'obscurité et l'isolement, pendant que l'arrogant et ambitieux Édouard, duc d'York, usurpe le titre de roi et le trône de l'oint du Seigneur, du légitime souverain de l'Angleterre. Voilà le motif pour lequel l'infortunée Marguerite, accompagnée de son fils que vous voyez, le prince Édouard, l'héritier de Henri, est venue implorer votre équitable et légitime appui ; si vous nous le refusez, tout espoir est perdu pour nous. L'Écosse a la volonté de nous secourir, mais elle n'en a pas les moyens. Notre peuple et notre noblesse sont égarés et séduits, nos trésors sont saisis, nos soldats mis en fuite, et nous-mêmes réduits, comme vous le voyez, à une condition déplorable.

LE ROI LOUIS. Illustre reine, supportez avec résignation cet orage, pendant que nous aviserons aux moyens de le dissiper.

LA REINE MARGUERITE. Plus nous différons, plus notre ennemi se fortifie.

LE ROI LOUIS. Plus nous différons, plus nos secours seront efficaces.

LA REINE MARGUERITE. Hélas ! l'impatience est inséparable de la vraie douleur. Et tenez, voici venir l'auteur de mes chagrins.

Entrent WARWICK et sa Suite.

LE ROI LOUIS. Quel est l'audacieux qui ose ainsi paraître en notre présence ?

LA REINE MARGUERITE. Le comte de Warwick, le plus puissant des amis d'Édouard.

LE ROI LOUIS. Soyez le bienvenu, brave Warwick. Quel motif vous amène en France?

Il descend de son trône ; la reine Marguerite se lève.

LA REINE MARGUERITE, *à part*. Nous allons voir s'élever un second orage ; car voilà celui qui fait la pluie et le beau temps.

WARWICK. Je viens de la part d'Édouard, roi d'Albion, mon souverain seigneur et votre ami dévoué ; je viens, chargé par lui d'un message d'affection et d'amitié sincère, d'abord, présenter ses salutations à votre royale personne, puis vous proposer la conclusion d'un traité d'alliance ; enfin, pour affermir cette alliance par le saint nœud de l'hymen, je viens vous demander pour le roi d'Angleterre la main de la vertueuse princesse Bona, votre charmante sœur.

LA REINE MARGUERITE, *à part*. Ce début me fait craindre pour les espérances de Henri.

WARWICK, *à la princesse Bona*. Et vous, gracieuse princesse, mon roi m'a chargé de vous demander en son nom la permission de baiser humblement votre main, et de vous exprimer de vive voix les sentiments de son cœur, où la renommée de votre beauté et de vos vertus a profondément gravé votre image.

LA REINE MARGUERITE. Roi Louis, — et vous, princesse Bona, — daignez m'entendre avant de répondre à Warwick. Ce n'est pas un loyal amour dans le cœur d'Édouard qui a dicté sa demande, mais une politique perfide, fille de la nécessité. Ne sait-on pas que pour régner chez eux avec sécurité, les tyrans ont toujours soin de contracter à l'étranger de puissantes alliances? Pour prouver qu'Édouard n'est qu'un tyran, il suffit de savoir que Henri est encore vivant ; mais fût-il mort, vous avez devant vous le prince Édouard, fils du roi Henri. Craignez donc, Louis, que cette alliance et ce mariage ne deviennent pour vous une source de dangers et de déshonneur. Les usurpateurs peuvent régner quelque temps, mais le ciel est juste, et le temps amène la chute de l'iniquité.

WARWICK. Outrageuse Marguerite !

LE PRINCE ÉDOUARD. Pourquoi pas reine?

WARWICK. Parce que ton père Henri est un usurpateur, et tu n'es pas plus prince qu'elle n'est reine.

OXFORD. Ainsi Warwick compte pour rien l'illustre Jean de Gand, qui subjugua la plus grande partie de l'Espagne ; et après Jean de Gand, Henri IV, dont la sagesse servit de modèle aux plus sages; et après ce prince éclairé, Henri V, dont la valeur conquit toute la France. C'est d'eux que notre Henri descend en ligne directe.

WARWICK. Oxford, il est une chose que tu as oubliée dans cette adroite énumération; tu ne nous dis pas comment Henri VI a perdu tout ce que Henri V avait gagné. Il me semble qu'il y a là de quoi faire sourire ces pairs de France. Mais passons. — Tu nous étales une généalogie de soixante-deux ans ; c'est un intervalle bien court pour prescrire les droits d'une race royale.

OXFORD. Peux-tu bien, Warwick, parler contre ton souverain à qui tu as obéi pendant trente-six ans, sans déceler ta trahison par ta rougeur ?

WARWICK. Oxford, toi qui as toujours soutenu le bon droit, peux-tu bien aujourd'hui t'étayer d'une généalogie pour masquer le mensonge ? Fi donc ! laisse là Henri, et reconnais Edouard pour ton roi.

OXFORD. Que je reconnaisse pour mon roi celui dont l'ordre inique a envoyé à la mort mon frère aîné, le lord Aubry de Vère : et qui, non content de cela, a fait mourir mon père au déclin de son âge, alors que la nature l'avait amené aux portes du trépas? Non, Warwick, non; tant qu'il restera à ce bras une ombre de vie, ce bras soutiendra la maison de Lancastre.

WARWICK. Et moi, la maison d'York.

LE ROI LOUIS. Reine Marguerite, — prince Édouard, — et vous, Oxford, — veuillez, à notre requête, vous retirer un instant à l'écart, pendant que je continuerai à m'entretenir avec Warwick.

LA REINE MARGUERITE. Fasse le ciel qu'il ne se laisse pas fasciner par les paroles de Warwick !

<small>Marguerite, le prince et Oxford se retirent à quelque distance.</small>

LE ROI LOUIS. Maintenant, Warwick, dites-le-moi en toute sincérité, Édouard est-il votre roi légitime ? car il me répugnerait d'accepter l'alliance d'un roi qui ne serait pas légitimement élu.

WARWICK. Il est légitime ; je l'affirme sous la foi de ma réputation et de mon honneur.

LE ROI LOUIS. Mais est-il agréable aux yeux de la nation?

WARWICK. Il l'est d'autant plus que le règne de Henri a été calamiteux.

LE ROI LOUIS. Un mot encore : — Toute dissimulation mise à part, dites-moi quelle est en réalité la mesure de son amour pour notre sœur Bona ?

WARWICK. C'est un amour digne en tout point d'un monarque tel que lui. Moi-même, je lui ai souvent entendu dire et protester que son amour était une plante immortelle ayant sa racine dans la vertu, déployant ses feuilles et ses fruits au soleil de la beauté ; qu'il était au-dessus du ressentiment, mais non de la douleur que lui causerait un dédain, si la princesse Bona ne payait pas ses sentiments de retour.

LE ROI LOUIS. Maintenant, ma sœur, quelle est votre décision définitive ?

BONA. Je confirmerai votre consentement ou votre refus. — (*A Warwick.*) Je vous avouerai, toutefois, que souvent, en entendant publier les mérites de votre roi, je me suis surprise à le souhaiter pour époux.

LE ROI LOUIS. Eh bien, Warwick, voici ma réponse : — Notre sœur sera l'épouse d'Édouard ; à l'instant même on va dresser le contrat et stipuler le douaire que doit accorder votre roi, lequel doit être proportionné à la dot qu'elle lui apportera. — Approchez, reine Marguerite, et soyez témoin que nous accordons la main de la princesse Bona au roi d'Angleterre.

LE PRINCE ÉDOUARD. A Édouard, mais non au roi d'Angleterre.

LA REINE MARGUERITE. Artificieux Warwick, tu as voulu par cette alliance faire échouer mes démarches. Avant ton arrivée, Louis était l'ami de Henri.

LE ROI LOUIS. Et je suis encore son ami et celui de Marguerite ; mais si vos droits à la couronne sont peu solides, — comme sembleraient le prouver les succès d'Édouard, — il est juste que je sois dispensé de vous accorder les secours que je vous ai promis. Quoi qu'il en soit, vous recevrez à ma cour le traitement et l'accueil que votre rang exige, et que le mien me permet d'accorder.

WARWICK. Henri est maintenant en Écosse, où il vit paisible et sans inquiétude ; n'ayant rien, il ne peut rien perdre ; — quant à vous, notre ci-devant reine, vous avez un père capable de vous donner une existence conforme à votre rang ; et vous feriez mieux d'aller le rejoindre que d'importuner le roi de France.

LA REINE MARGUERITE. Tais-toi, impudent et insolent Warwick! tais-toi, arrogant faiseur et défaiseur de rois! Je ne partirai pas d'ici que mes larmes et mes prières, dans leur sincérité, n'aient éclairé le roi Louis sur ton astucieuse politique et le perfide amour de ton maître; car vous êtes tous deux des hommes de la même trempe.

On entend le son d'un cor.

LE ROI LOUIS. Warwick, c'est un courrier porteur de quelque message pour vous ou pour moi.

Entre UN MESSAGER.

LE MESSAGER, *à Warwick.* Mylord l'ambassadeur, ces lettres sont pour vous; elles viennent de votre frère le marquis de Montaigu. —(*Au Roi.*) Celles-ci sont de notre roi, et adressées à votre majesté. — (*A la reine Marguerite.*) Et celles-ci, madame, sont pour vous; j'ignore de quelle part.

Tous ouvrent leurs lettres et les lisent.

OXFORD, *au prince Édouard.* Je vois avec plaisir que notre reine sourit en lisant sa lettre, tandis que le front de Warwick s'assombrit pendant qu'il parcourt la sienne.

LE PRINCE ÉDOUARD, *à Oxford.* Voyez comme Louis frappe du pied avec colère. Tout cela me semble de bon augure.

LE ROI LOUIS. Warwick, que contient votre lettre? — Et que contient la vôtre, belle reine?

LA REINE MARGUERITE. La mienne me remplit le cœur d'une joie inespérée.

WARWICK. Et la mienne me remplit de douleur et d'indignation.

LE ROI LOUIS. Eh quoi! votre roi a épousé lady Grey, et voilà que, pour pallier sa perfidie et la vôtre, il m'écrit une lettre dans laquelle il cherche à calmer mon mécontentement. Est-ce là l'alliance qu'il recherche avec le roi de France? ose-t-il bien se jouer de nous aussi impudemment?

LA REINE MARGUERITE. J'en avais averti votre majesté; voilà qui prouve l'amour d'Édouard et la loyauté de Warwick.

WARWICK. Je proteste ici, à la face du ciel, et par l'espoir que j'ai d'obtenir le bonheur des élus, que je suis innocent de ce méfait d'Édouard. Il n'est plus mon roi; car il me déshonore, et lui-même plus que moi encore, si toutefois il ne s'aveugle pas au point de ne pas voir sa honte. J'avais oublié que la mort prématurée de mon père était l'œuvre de la maison d'York. J'avais fermé les yeux sur l'outrage fait à ma nièce. J'avais ceint le front d'Édouard de la couronne des rois. J'avais dépouillé Henri de son droit héréditaire. Et voilà que pour me récompenser on m'inflige un affront! Que l'affront retombe sur lui-même; car pour moi, l'honneur sera ma récompense; et pour réhabiliter mon honneur compromis par lui, je le renonce formellement, et je retourne au service de Henri. — Noble reine, oublions les griefs du passé; désormais vous aurez en moi un dévoué serviteur. Je vengerai l'affront fait à la princesse Bona, et je replacerai Henri dans sa position première.

LA REINE MARGUERITE. Warwick, ces paroles ont transformé ma haine en affection; je pardonne et j'oublie entièrement les fautes passées, et me réjouis de vous voir redevenu l'ami du roi Henri.

WARWICK. Je suis tellement son ami, et son ami sincère, que si le roi Louis veut bien mettre à ma disposition quelques troupes d'élite, je me fais fort de les débarquer sur nos côtes, et de détrôner le tyran les armes à la main. Ce n'est pas dans sa nouvelle épouse qu'il pourra trouver un appui; et quant à Clarence, si j'en crois ce qu'on me mande, il est probable qu'il se séparera de sa cause, indigné qu'il est d'avoir vu son frère consulter dans son mariage sa passion plutôt que l'honneur, plutôt que l'intérêt et la sûreté du pays.

BONA. Mon frère, ne pensez-vous pas que le meilleur moyen de me venger serait de venir en aide à cette reine infortunée?

LA REINE MARGUERITE. Prince illustre, si vous voulez que le malheureux Henri vive, daignez l'arracher à son affreux désespoir!

BONA. Ma cause et celle de la reine d'Angleterre n'en font qu'une.

WARWICK. Et la mienne, belle princesse, est unie à la vôtre.

LE ROI LOUIS. Et la mienne est liée à la vôtre à tous trois. — Ainsi, Marguerite, la résolution en est bien prise, vous aurez mon aide.

LA REINE MARGUERITE. Recevez-en d'avance mes humbles remercîments.

LE ROI LOUIS. Messager anglais, retourne vers celui qui t'envoie, et dis au déloyal Édouard, ton prétendu roi, — que

Louis de France se dispose à lui envoyer des masques pour le faire danser lui et sa nouvelle épouse : tu as vu ce qui vient de se passer ; redis-le à ton roi, et qu'il tremble.

BONA. Dis que dans l'espoir de le voir bientôt veuf, je porterai le deuil pour l'amour de lui.

LA REINE MARGUERITE. Dis-lui que j'ai quitté mes habits de deuil, et que je vais revêtir l'armure des guerriers.

WARWICK. Dis-lui qu'il m'a fait un affront, et qu'avant peu je le détrônerai. Tiens, voilà pour toi (*il lui donne une bourse*) ; pars.

Le Messager sort.

LE ROI LOUIS. Warwick, vous et Oxford, à la tête de cinq mille hommes, vous allez traverser les mers et livrer bataille au déloyal Édouard ; en temps opportun, cette noble reine et le prince son fils iront vous rejoindre avec des renforts. Toutefois, avant de partir, délivrez-moi d'un doute ; — quel gage nous donnerez-vous de votre inaltérable loyauté ?

WARWICK. Pour vous assurer de ma loyauté constante, si notre reine et ce jeune prince y donnent leur consentement, j'unirai à lui par le saint nœud du mariage ma fille aînée, qui fait toute ma joie.

LA REINE MARGUERITE. J'y consens, et vous rends grâces de cette offre. — Édouard, mon fils, elle est belle et vertueuse ; n'hésite donc pas à donner ta main à Warwick, et avec ta main, la promesse irrévocable que tu n'auras jamais d'autre épouse que sa fille.

LE PRINCE ÉDOUARD. Oui, je l'accepte pour femme, et elle le mérite ; et pour gage de ma sincérité, voilà ma main.

Il donne la main à Warwick.

LE ROI LOUIS. Qu'attendons-nous à présent ? on va hâter la levée de ces troupes ; — vous, duc de Bourbon, notre grand amiral, vous les transporterez en Angleterre sur notre flotte royale. — Il me tarde de voir Édouard tomber victime des hasards de la guerre, pour avoir joué au mariage avec une dame de France.

Tous sortent, à l'exception de Warwick.

WARWICK, *seul.* Je suis venu l'ambassadeur d'Édouard ; je m'en retourne son ennemi mortel. Il m'avait chargé de négocier pour lui un mariage ; une guerre sanglante sera la réponse à sa demande. N'avait-il que moi à prendre pour plastron ? Eh bien ! moi seul, aussi, je lui ferai expier sa plaisanterie par des larmes amères. C'est moi qui l'ai élevé sur le trône; ce sera moi qui l'en ferai descendre; non que je compatisse au malheur de Henri; mais je veux tirer vengeance de l'insultante moquerie d'Édouard.

Il sort.

ACTE QUATRIÈME.

SCÈNE I.

Londres. — Un appartement du palais.

Entrent GLOSTER, CLARENCE, SOMERSET, MONTAIGU et Autres.

GLOSTER. Dis-moi, Clarence, mon frère, que penses-tu de ce nouveau mariage avec lady Grey? Notre frère n'a-t-il pas fait là un digne choix?

CLARENCE. Hélas! tu sais qu'il y a loin d'ici en France. Comment aurait-il pu attendre le retour de Warwick?

SOMERSET. Mylords, laissez là cette conversation; voici le roi qui s'avance.

Fanfare. Entrent LE ROI ÉDOUARD et sa Suite; Lady Grey, devenue maintenant LA REINE ÉLISABETH, PEMBROKE, STAFFORD, HASTINGS et Autres.

GLOSTER. Avec le digne objet de son choix.

CLARENCE. Je me propose de lui dire ouvertement ma façon de penser.

LE ROI ÉDOUARD. Eh bien! mon frère Clarence, est-ce que vous n'approuvez pas notre choix, que je vous trouve l'air pensif et presque mécontent?

CLARENCE. Je l'approuve comme Louis de France et le comte de Warwick, qui ont assez peu de courage pour ne pas s'offenser de notre insultant procédé.

LE ROI ÉDOUARD. Lors même qu'ils se fâcheraient sans raison, ce ne sont après tout que Louis et Warwick; je suis Édouard, votre roi et celui de Warwick, et il faut que ma volonté se fasse.

GLOSTER. Et votre volonté se fera parce que vous êtes notre roi; cependant il est rare qu'un mariage précipité soit heureux.

LE ROI ÉDOUARD. Et vous aussi, mon frère Richard, vous êtes fâché contre moi?

GLOSTER. Non, certes, non ; à Dieu ne plaise que je veuille séparer ceux que Dieu a joints ; et ce serait pitié que de désunir des époux si bien faits l'un pour l'autre.

LE ROI ÉDOUARD. Laissons là vos dédains et vos répugnances ; dites-moi quels motifs s'opposaient à ce que lady Grey devînt ma femme et la reine d'Angleterre. — Et vous aussi, Somerset et Montaigu, dites-moi franchement ce que vous en pensez.

CLARENCE. Eh bien! mon opinion est que vous vous êtes fait du roi Louis un ennemi, en vous jouant de lui au sujet du mariage de la princesse Bona.

GLOSTER. Et Warwick, qui a rempli la mission dont vous l'avez chargé, est maintenant déshonoré par ce nouvel hyménée.

LE ROI ÉDOUARD. Et si je parviens à calmer et Louis et Warwick par quelque expédient?

MONTAIGU. Il n'en est pas moins vrai qu'une alliance avec le roi de France nous eût donné, pour conjurer les orages venus de l'étranger, une force bien plus grande qu'un mariage contracté dans le pays.

HASTINGS. Eh quoi! Montaigu ignore-t-il donc que l'Angleterre n'a rien à craindre tant qu'elle reste fidèle à elle-même?

MONTAIGU. Elle serait plus affermie encore avec l'aide de la France.

HASTINGS. Mieux vaut se servir de la France que de s'appuyer sur elle. Appuyons-nous sur Dieu, et sur l'Océan qu'il nous a donné comme un rempart imprenable, et avec leur seul secours sachons nous défendre. C'est en eux et en nous-mêmes que notre salut réside.

CLARENCE. Par ce discours seul, Hastings prouve qu'il a mérité d'obtenir la main de l'héritière de lord Hungerford.

LE ROI ÉDOUARD. Eh bien! après? Telle a été ma volonté et mon bon plaisir ; et pour cette fois, ma volonté fera loi.

GLOSTER. Et toutefois il me semble que votre majesté aurait pu mieux faire que de donner l'héritière de lord Scales[1] au

---

[1] Les filles mineures de la haute noblesse étaient autrefois placées sous la tutelle du roi.

frère de votre fiancée ; ce parti eût mieux convenu à Clarence ou à moi : mais votre épouse vous fait oublier vos frères.

CLARENCE. Sans quoi vous n'auriez pas donné l'héritière de lord Bouville au fils de votre tendre épouse, et laissé vos frères se pourvoir ailleurs.

LE ROI ÉDOUARD. Hélas ! mon pauvre Clarence ! est-ce une femme qu'il te faut ? C'est donc là ce qui te fâche ? va, je saurai te pourvoir.

CLARENCE. En choisissant pour vous-même, vous avez montré si peu de jugement, que vous me permettrez de choisir pour mon propre compte ; et dans cette intention, je me propose de prendre sous peu congé de vous.

LE ROI ÉDOUARD. Pars ou reste, Édouard sera roi, et ne sera pas l'esclave de la volonté de son frère.

LA REINE ÉLISABETH. Mylords, rendez-moi plus de justice ; avant qu'il plût à sa majesté de m'élever à la condition de reine, vous conviendrez que je n'étais pas d'une basse naissance ; et de plus humbles que moi ont eu pareille fortune. Mais en même temps que ce titre honore moi et les miens, ces répugnances que vous manifestez contre moi, vous à qui je voudrais être agréable, jettent sur ma félicité un nuage de dangers et de douleurs.

LE ROI ÉDOUARD. Mon amour, ne t'abaisse point à désarmer leur mauvaise humeur. Quelles douleurs, quels dangers peuvent t'atteindre, tant qu'Édouard sera ton ami constant, et leur légitime souverain, auquel ils doivent obéissance ; que dis-je ? qu'ils songent à m'obéir et à t'aimer, s'ils ne veulent encourir ma haine ? S'ils prennent ce dernier parti, je saurai te mettre à l'abri de toute atteinte, et ils sentiront le poids vengeur de ma colère.

GLOSTER, *à part.* J'écoute, et je ne dis mot ; mais je n'en pense pas moins.

Entre UN MESSAGER.

LE ROI ÉDOUARD. Eh bien ! messager, quelles lettres ou quelles nouvelles nous apportes-tu de France ?

LE MESSAGER. Sire, point de lettres ; mais seulement quelques réponses verbales, qui sont de telle nature, que, sans votre autorisation spéciale, je n'ose les redire.

LE ROI ÉDOUARD. Va, je t'y autorise ; allons, trêve de délais ;

rends-moi leurs paroles aussi fidèlement que le permettra ta mémoire. Quelle est la réponse du roi Louis à nos lettres?

LE MESSAGER. Voici les paroles textuelles avec lesquelles il m'a congédié : « Va dire au déloyal Édouard, ton prétendu roi, que Louis de France se dispose à lui envoyer des masques pour le faire danser lui et sa nouvelle épouse. »

LE ROI ÉDOUARD. Louis le prend sur un ton bien haut! Il croit avoir affaire à Henri, sans doute. Mais qu'a dit de mon mariage la princesse Bona?

LE MESSAGER. Voici quelles ont été ses paroles, prononcées avec un calme dédaigneux : « Dis-lui que dans l'espoir de le voir bientôt veuf, je porterai le deuil pour l'amour de lui. »

LE ROI ÉDOUARD. Je ne la blâme pas; elle ne pouvait en dire moins; c'est elle qui a été offensée. Mais qu'a dit l'épouse de Henri? car on m'assure qu'elle était présente.

LE MESSAGER. « Fais-lui savoir, m'a-t-elle dit, que j'ai quitté mes habits de deuil, et que je vais revêtir l'armure des guerriers. »

LE ROI ÉDOUARD. Sans doute qu'elle se dispose à jouer le rôle d'amazone. Mais qu'a répondu Warwick à ces discours injurieux?

LE MESSAGER. Warwick, plus indigné que tous les autres, m'a congédié avec ces paroles : « Dis-lui qu'il m'a fait un affront, et qu'avant peu je le détrônerai. »

LE ROI ÉDOUARD. Ah! le traître a osé articuler des paroles aussi arrogantes? Allons, averti ainsi d'avance, je vais m'armer. Ils auront la guerre, et payeront cher leur présomption. Mais, dis-moi, Warwick et Marguerite font-ils cause commune?

LE MESSAGER. Oui, mon gracieux souverain; ils sont unis d'une si étroite amitié, que le jeune prince Édouard doit épouser la fille de Warwick.

CLARENCE. L'aînée, sans doute; Clarence aura la cadette. Adieu, mon royal frère, et tenez-vous bien; car je vais de ce pas demander la main de l'autre fille de Warwick, afin que si je n'ai point en partage un royaume, en mariage, du moins, je ne vous sois pas inférieur. — Que ceux qui aiment Warwick et moi me suivent.

Clarence sort, et Somerset le suit.

GLOSTER, *à part.* Je n'en ferai rien; je porte mes vues

plus loin ; et je reste par attachement non pour Édouard, mais pour la couronne.

LE ROI ÉDOUARD. Clarence et Somerset partis tous deux pour aller rejoindre Warwick ! N'importe ; je tiendrai tête au péril, quel qu'il puisse être. Mais la célérité est indispensable dans cette crise terrible. — Pembroke, — et vous, Stafford, — allez en notre nom lever des troupes, et tout préparer pour la guerre ; ils sont déjà débarqués, ou ne tarderont pas à l'être ; moi-même, en personne, je ne tarderai pas à vous suivre.

Pembroke et Stafford sortent.

LE ROI ÉDOUARD, *continuant.* Mais avant que je parte, Hastings,—et vous, Montaigu,—tirez-moi d'un doute. Tous deux, vous êtes étroitement unis à Warwick par les liens du sang et par alliance : dites-moi si vous aimez Warwick plus que moi. S'il en est ainsi, allez tous deux le rejoindre. J'aime mieux vous avoir pour ennemis que pour amis équivoques. Mais si votre intention est de me rester fidèles, donnez-m'en l'assurance par un serment d'amitié, afin que je sois sans défiance à votre égard.

MONTAIGU. Montaigu vous sera fidèle ; qu'ainsi Dieu lui soit en aide !

HASTINGS. Hastings défendra la cause d'Édouard ; il en prend Dieu à témoin !

LE ROI ÉDOUARD. Et vous, mon frère Richard, serez-vous des nôtres ?

GLOSTER. Oui, en dépit de tous ceux qui s'élèveront contre vous.

LE ROI ÉDOUARD. Fort bien ; à présent je suis sûr de la victoire. Partons, et ne perdons pas un moment que nous n'ayons joint Warwick et son armée étrangère.

Ils sortent.

SCÈNE II.

Une plaine dans le Warwickshire.

Arrivent WARWICK *et* OXFORD, *à la tête des troupes françaises et anglaises réunies.*

WARWICK. Croyez-moi, mylords, tout va bien jusqu'ici. Le peuple vient en foule grossir nos rangs.

Arrivent CLARENCE *et* SOMERSET.

WARWICK, *continuant.* Mais, voyez, voici, Somerset et Clarence qui viennent à nous. — Répondez sur-le-champ, mylords; sommes-nous tous amis?

CLARENCE. N'en doutez pas, mylord.

WARWICK. Cela étant, mon cher Clarence, soyez le bienvenu auprès de Warwick;—et vous aussi, Somerset. — C'est couardise, selon moi, que de conserver de la défiance, lorsqu'un noble cœur nous tend loyalement la main en signe d'amitié; autrement je pourrais penser que Clarence, le frère d'Édouard, n'accorde à nos projets qu'une coopération feinte. Mais sois le bienvenu, cher Clarence; tu épouseras ma fille. En ce moment, ton frère est imprudemment campé; ses soldats sont dispersés dans les villages voisins, et il n'est gardé que par une faible escorte. A la faveur des ombres de la nuit, il nous sera aisé de le surprendre et de nous emparer de sa personne. Nos éclaireurs estiment que la chose est d'une exécution facile. Comme Ulysse et Diomède, qui s'armant de ruse et d'audace, pénétrèrent au milieu des tentes de Rhésus, et emmenèrent les coursiers de Thrace, marqués du sceau des destins, de même nous pouvons, couverts du manteau de la nuit, attaquer à l'improviste la garde d'Édouard, et le faire prisonnier; je ne dis pas le tuer; car je ne veux que le surprendre. Que ceux d'entre vous qui veulent me suivre que dans cette entreprise crient avec leur chef : « Vive Henri ! »

TOUS, *criant*. Vive Henri !

WARWICK, *continuant*. Partons donc, et marchons en silence : que Dieu et saint Georges protégent Warwick et ses amis !

SCÈNE III.

Le camp d'Édouard près de Warwick.

Arrivent DES GARDES, chargés de veiller près de la tente du roi.

PREMIER GARDE. Avancez, messieurs; que chacun prenne son poste; en ce moment le roi dort sous cette tente.

DEUXIÈME GARDE. Quoi donc ! est-ce qu'il ne se mettra pas au lit cette nuit ?

PREMIER GARDE. Non ; il a fait le serment solennel de ne jamais se coucher, ni prendre son repos ordinaire, jusqu'à ce que Warwick ou lui soit mort.

DEUXIÈME GARDE. Il est probable que ce sera demain, si Warwick est aussi près qu'on le rapporte.

ACTE IV, SCÈNE III.

TROISIÈME GARDE. Mais quel est, dites-moi, ce gentilhomme qui repose avec le roi dans sa tente ?

PREMIER GARDE. C'est lord Hastings, le plus intime ami du roi.

TROISIÈME GARDE. Vraiment ? Mais pourquoi le roi a-t-il donné l'ordre que ses principaux officiers fussent logés dans les villages voisins, pendant que lui-même il couche sur la terre froide et nue ?

DEUXIÈME GARDE. Il y a plus d'honneur, parce qu'il y a plus de péril.

TROISIÈME GARDE. Donnez-moi l'aisance et le repos ; je les préfère à un honneur dangereux. Si Warwick connaissait la position du roi, sans nul doute il viendrait l'éveiller.

PREMIER GARDE. Si nos hallebardes ne lui fermaient le passage.

DEUXIÈME GARDE. Oui, certes : et pourquoi gardons-nous sa tente royale, sinon pour protéger sa personne contre les ennemis nocturnes ?

Arrivent WARWICK, CLARENCE, OXFORD, SOMERSET et une Troupe de Soldats.

WARWICK. Voilà sa tente, et vous voyez ses gardes. Courage, messieurs : l'honneur maintenant ou jamais ! suivez-moi seulement, et Édouard est à nous.

PREMIER GARDE. Qui vive ?

DEUXIÈME GARDE. Halte là, ou tu es mort.

Warwick et sa troupe crient tous ensemble : *Warwick ! Warwick !* et fondent sur la garde, qui s'enfuit en criant : *Aux armes ! aux armes !* Warwick et les siens les poursuivent.

Les tambours battent ; la trompette sonne. On voit revenir WARWICK et sa Troupe, qui amènent le roi porté dans un fauteuil. GLOSTER et HASTINGS s'échappent.

SOMERSET. Qui sont ceux qui fuient là-bas ?

WARWICK. Richard et Hastings : qu'ils partent, nous tenons le duc.

LE ROI ÉDOUARD. Le duc ! Warwick, la dernière fois que nous nous sommes vus, tu m'appelais le roi !

WARWICK. Oui ; mais les temps sont changés. Quand vous m'avez déshonoré dans mon ambassade, moi je vous ai dégradé, je vous ai ôté votre titre de roi ; et maintenant je viens vous créer duc d'York. Hélas ! comment pourriez-vous gouverner un royaume, vous qui ne savez pas traiter convenablement les ambassadeurs, ni vous contenter d'une épouse, ni en user fraternellement avec vos frères, ni travailler au bonheur des peuples, ni vous garantir de vos ennemis?

LE ROI ÉDOUARD. Et toi aussi, mon frère Clarence, je t'aperçois ici? Oh! je vois bien maintenant qu'il faut qu'Édouard succombe. — Toutefois, Warwick, en dépit de tous les malheurs, de toi et de tous tes complices, Édouard conservera toujours l'attitude d'un roi. Dût le courroux de la fortune renverser ma grandeur, mon âme est au-dessus des caprices de sa route.

WARWICK, *lui ôtant sa couronne.* Qu'Édouard soit donc roi d'Angleterre en idée; Henri portera la couronne; il sera le roi véritable; tu n'en seras que l'ombre. — Mylord de Somerset, je vous charge de conduire sur-le-champ le duc Édouard à la résidence de mon frère, l'archevêque d'York. Quand j'aurai livré bataille à Pembroke et à ses partisans, j'irai vous rejoindre, et je porterai à Édouard la réponse de Louis et de la princesse Bona. — Jusque-là, adieu, mon cher duc d'York.

LE ROI ÉDOUARD. Ce qu'impose la destinée, il faut que l'homme le supporte : il est inutile de vouloir naviguer contre vents et marées.

Édouard s'éloigne, accompagné de Somerset et d'une escorte.

OXFORD. Il ne nous reste plus, mylords, qu'à marcher sur Londres avec nos soldats.

WARWICK. Oui, ce doit être notre premier soin; allons faire cesser l'emprisonnement de Henri, et replaçons-le sur le trône des rois.

Ils s'éloignent.

SCÈNE IV.

Londres. — Un appartement du palais.

Entrent LA REINE ÉLISABETH et RIVERS.

RIVERS. Madame, d'où provient cette subite altération que je remarque en vous?

LA REINE ÉLISABETH. Rivers, mon frère, ne savez-vous pas encore le malheur qui vient d'arriver au roi?

RIVERS. Quoi donc? la perte de quelque bataille contre Warwick?

LA REINE ÉLISABETH. Non, mais la perte de sa royale personne.

RIVERS. Mon souverain a-t-il été tué?

LA REINE ÉLISABETH. C'est presque comme s'il l'était ; car il est prisonnier; soit qu'il ait été victime de la trahison de sa garde, soit que l'ennemi l'ait surpris inopinément. J'apprends qu'on l'a confié à la surveillance de l'archevêque d'York, frère de l'implacable Warwick, et conséquemment notre ennemi.

RIVERS. Ces nouvelles, je l'avoue, sont des plus douloureuses; cependant, madame, soutenez ce malheur de votre mieux : Warwick, qui a l'avantage aujourd'hui, peut le perdre demain.

LA REINE ÉLISABETH. Jusque-là, l'espoir soutiendra ma vie défaillante; ce qui me donne le courage de ne pas désespérer, c'est que je porte dans mon sein un fruit de l'amour d'Édouard; c'est là ce qui un met frein à mon affliction, et me fait porter avec résignation la croix du malheur. C'est pour cela que je retiens bien des larmes, que je comprime plus d'un soupir brûlant, de peur de noyer sous le torrent de mes pleurs, ou de flétrir sous le vent de mes soupirs de flamme, le fruit du roi Édouard, le légitime héritier de la couronne d'Angleterre.

RIVERS. Mais, madame, où est donc Warwick en ce moment?

LA REINE ÉLISABETH. J'apprends qu'il marche sur Londres, dans l'intention de replacer la couronne sur la tête de Henri ; je n'ai pas besoin de vous dire le reste; il faut que les amis d'Édouard se soumettent. Mais pour prévenir la violence du tyran, car on ne peut se fier à celui qui a déjà enfreint son serment, je vais quitter ce palais, et me réfugier dans le sanctuaire, afin de sauver du moins l'héritier des droits d'Édouard. Là je serai à l'abri de la force et de la fraude. Venez donc ; fuyons, pendant que nous le pouvons encore; si nous tombons au pouvoir de Warwick, notre mort est certaine.

Ils sortent.

SCÈNE V.

Un parc près du château de Middleham dans l'Yorkshire.

Arrivent GLOSTER, HASTINGS, SIR WILLIAM STANLEY et Autres.

GLOSTER. Mylord Hastings, — et vous, sir William Stanley, — ne vous étonnez plus si je vous ai conduits ici dans les taillis les plus épais de ce parc. En voici la raison : vous savez que notre roi, mon frère, est ici prisonnier de l'archevêque, qui le traite avec égard, et lui laisse une assez grande liberté. Il vient souvent, accompagné d'une faible escorte, chasser dans cette partie du parc pour se récréer. Je lui ai fait savoir secrètement que s'il veut, vers cette heure, diriger ses pas de ce côté, sous prétexte de chasser comme à son ordinaire, il trouvera ici ses amis avec un cheval et quelques hommes résolus, prêts à le délivrer de sa captivité.

Arrivent LE ROI ÉDOUARD *et* UN CHASSEUR.

LE CHASSEUR. De ce côté, mylord; c'est par ici qu'est le gibier.

LE ROI ÉDOUARD. Non, par ici, mon ami; ne vois-tu pas là-bas les chasseurs? — Eh bien, mon frère Gloster, — lord Hastings — et vous tous, — êtes-vous ici à l'affût pour faire main-basse sur les daims de l'archevêque?

GLOSTER. Mon frère, le temps presse; il faut vous dépêcher; votre cheval vous attend au coin du parc.

LE ROI ÉDOUARD. Mais où allons-nous?

HASTINGS. À Lynn, sire; là nous nous embarquerons pour la Flandre.

GLOSTER. Bien imaginé, je vous assure; car c'était là ma pensée.

LE ROI ÉDOUARD. Stanley, je saurai reconnaître ton zèle.

GLOSTER. Mais qu'attendons-nous? ce n'est pas le moment de causer.

LE ROI ÉDOUARD. Chasseur, qu'en dis-tu? veux-tu venir avec nous?

LE CHASSEUR. J'aime mieux cela que de rester et d'être pendu.

GLOSTER. Partons donc; trêve de paroles.

LE ROI ÉDOUARD. Archevêque, adieu : prémunis-toi contre la colère de Warwick, et prie Dieu que je reprenne possession de la couronne.

Ils s'éloignent.

SCÈNE VI.

Une salle dans la tour de Londres.

Entrent LE ROI HENRI, CLARENCE, WARWICK, SOMERSET, LE JEUNE RICHEMOND, OXFORD, MONTAIGU, LE LIEUTENANT DE LA TOUR *et des Gardes.*

LE ROI HENRI. Monsieur le lieutenant, maintenant que Dieu et nos amis ont renversé Édouard du trône, et ont transformé notre emprisonnement en liberté, nos craintes en espoir, nos chagrins en joie, que vous devons-nous au moment de notre élargissement?

LE LIEUTENANT. Des sujets n'ont rien à exiger de leur souverain; mais s'il vous plaît d'exaucer mon humble requête, je ne demanderai à votre majesté qu'une chose, c'est de vouloir bien me pardonner.

LE ROI HENRI. Pourquoi, lieutenant? pour m'avoir bien traité? Soyez sûr que je saurai reconnaître vos attentions délicates qui, pour moi, ont fait de mon emprisonnement un plaisir, ce plaisir qu'éprouve l'oiseau captif, lorsque après avoir été longtemps chagrin, il charme sa solitude par ses chants mélodieux, au point d'en oublier la perte de sa liberté.—Warwick, après Dieu, c'est à toi que je dois ma délivrance; c'est donc à Dieu et à toi que j'en rends grâces. Il en a été l'auteur, et toi l'instrument. Maintenant, afin de conjurer les rigueurs de la fortune, en me faisant si humble que la fortune ne puisse m'atteindre, et afin d'épargner aux peuples de cet heureux pays les maux qui s'attachent à ma malheureuse étoile,—Warwick, bien que ma tête continue à porter la couronne, je remets le gouvernement en tes mains, car tu es heureux dans toutes tes entreprises.

WARWICK. Votre majesté fut toujours renommée pour sa vertu; aujourd'hui elle prouve tout à la fois et sa vertu et sa haute raison, en cherchant à se dérober aux coups de la fortune; car il est bien peu d'hommes qui sachent prendre des sentiments conformes à leur destinée. Permettez toutefois que je blâme votre majesté de m'avoir choisi lorsque Clarence est ici présent.

CLARENCE. Non, Warwick, tu mérites de gouverner, toi à qui le ciel, à ta naissance, décerna une couronne où l'olivier s'entrelaçait au laurier, pour indiquer que tu serais également heureux dans la paix et dans la guerre; c'est pourquoi je te donne librement ma voix.

WARWICK. Et moi, je choisis Clarence seul pour protecteur?

LE ROI HENRI. Warwick et Clarence, donnez-moi tous deux votre main; à présent, unissez vos mains, et en même temps vos cœurs, afin qu'aucune dissidence n'entrave le gouvernement. Je vous fais tous deux gouverneurs du royaume, pendant que moi-même je rentrerai dans la vie privée, et passerai mes derniers jours dans la dévotion, occupé à faire pénitence de mes péchés et à louer le Créateur.

WARWICK. Que répond Clarence au vœu de son souverain?

CLARENCE. Qu'il consent si Warwick consent ; car je me repose entièrement sur ta fortune.

WARWICK. Eh bien! je consens, quoiqu'à regret, à cet arrangement. Tous deux, attelés au même joug, double image de Henri, nous le remplacerons ; c'est-à-dire que nous porterons pour lui le poids du gouvernement, pendant que l'honneur lui en reviendra et que le repos sera son partage. Maintenant, Clarence, il est indispensable que, sans délai, Édouard soit déclaré traître et que tous ses domaines et tous ses biens soient confisqués.

CLARENCE. Il faut aussi que sa succession soit ouverte.

WARWICK. Oui, sans doute, et Clarence y aura une large part.

LE ROI HENRI. Mais avant toute chose, je prie instamment, car je ne commande plus, qu'on fasse promptement venir de France votre reine Marguerite et mon fils Édouard ; jusqu'à ce que je les voie, l'inquiétude et la crainte ôtent à la liberté que j'ai recouvrée la moitié de son charme.

CLARENCE. Sire, vos désirs seront remplis avec toute la célérité possible.

LE ROI HENRI. Mylord de Somerset, quel est ce jeune adolescent pour qui vous paraissez avoir une si tendre sollicitude?

SOMERSET. Sire, c'est le jeune Henri, comte de Richemond [1].

LE ROI HENRI. Approche, espoir de l'Angleterre. (*Il pose la main sur la tête du jeune Richemond.*) Si j'en crois l'inspiration qui révèle l'avenir à ma pensée prophétique, cet aimable adolescent fera le bonheur de notre patrie. Une majesté paisible reluit dans ses regards, sa tête fut créée pour porter une couronne, sa main pour tenir un sceptre, et lui-même pour occuper avec gloire le trône des rois. Veillez sur lui avec soin, mylords ; car il est destiné à vous faire un jour plus de bien que je ne vous ai fait de mal.

Entre UN MESSAGER.

WARWICK. Ami quelles nouvelles?

LE MESSAGER. Édouard s'est échappé du château de votre frère ; il est allé, dit-on, chercher un asile en Bourgogne.

---

[1] Depuis Henri VII.

WARWICK. Fâcheuse nouvelle! Comment s'est faite son évasion ?

LE MESSAGER. Il a été emmené par Richard, duc de Gloster, et lord Hastings, qui l'attendaient en embuscade sur la lisière de la forêt, et qui l'ont enlevé des mains des chasseurs; car la chasse était son exercice journalier.

WARWICK. Mon frère a mis trop de négligence dans l'accomplissement de sa charge. — Mais, sire, quittons ce lieu, et cherchons à nous prémunir contre toutes les occurrences.

Le roi Henri, Warwick, Clarence, le Lieutenant et les Gardes sortent.

SOMERSET. Mylord, cette évasion d'Edouard ne m'annonce rien de bon; car je ne doute pas qu'il n'obtienne des secours du duc de Bourgogne, et avant qu'il soit longtemps la guerre va recommencer. Si les prophétiques pressentiments de Henri au sujet du jeune Richemond ont réjoui mon cœur, toutefois je crains qu'il ne lui arrive malheur, ainsi qu'à nous, au milieu de ces luttes sanglantes. Ainsi, lord Oxford, pour parer à tout événement, nous allons sans délai l'envoyer en Bretagne jusqu'à ce que les orages des discordes civiles soient dissipés.

OXFORD. Oui, certes; car si Edouard reprend possession de la couronne, il est probable que Richemond ne sera pas plus épargné que les autres.

SOMERSET. C'est décidé; il partira pour la Bretagne. Venez donc, et occupons-nous sur-le-champ de ce soin.

Ils s'éloignent.

SCÈNE VII.

Devant la ville d'York.

Arrivent LE ROI ÉDOUARD, GLOSTER *et* HASTINGS, *à la tête de leurs troupes.*

LE ROI ÉDOUARD. Mon frère Richard, — lord Hastings, — et vous tous, mes amis, — vous le voyez, la fortune répare ses torts envers moi; elle a résolu de me faire échanger de nouveau ma position malheureuse contre la couronne royale de Henri. Nous avons sains et saufs passé et repassé les mers, amenant de Bourgogne les renforts que nous en attendions. Débarqués à Ravenspurg, nous voici arrivés devant les portes d'York; il ne nous reste plus qu'à rentrer dans cette ville pour y prendre possession de notre duché.

GLOSTER. Quoi! les portes sont fermées! — Mon frère, cela me paraît de mauvais augure. Quand on trébuche sur le seuil d'une maison, c'est signe que rien de bon ne vous attend dans l'intérieur.

LE ROI ÉDOUARD. Bah! de vains présages ne doivent pas nous effrayer maintenant. Il faut que, de gré ou de force, nous entrions dans cette ville : car c'est là que nos amis viendront nous joindre.

On voit paraître sur les remparts LE MAIRE D'YORK *et ses Collègues*[1].

LE MAIRE. Mylords, nous avons été prévenus de votre arrivée, et pour notre propre sûreté, nous avons fermé nos portes; car c'est à Henri qu'est due notre allégeance.

LE ROI ÉDOUARD. Mais, monsieur le maire, si Henri est votre roi, dans tous les cas, Édouard est duc d'York.

LE MAIRE. C'est vrai, mylord; je vous reconnais pour tel.

LE ROI ÉDOUARD. Eh bien! je ne réclame que mon duché; je ne demande pas autre chose.

GLOSTER, *à part.* Oui, mais quand le renard aura réussi à faire entrer son museau, le corps ne tardera pas à suivre.

HASTINGS. Qu'attendez-vous, monsieur le maire? pourquoi cette hésitation? Nous sommes les amis du roi Henri.

LE MAIRE. En vérité? En ce cas, les portes vous seront ouvertes.

Il quitte les remparts avec ses collègues.

GLOSTER. Voilà un général habile autant que brave, et bientôt persuadé!

HASTINGS. Le bon vieillard n'y entend pas malice; il ne demande qu'à ne pas se compromettre; mais une fois que nous serons entrés, je ne doute pas que nous ne lui fassions entendre raison, ainsi qu'à ses collègues.

Les portes s'ouvrent et on voit s'avancer LE MAIRE *et deux Aldermen.*

LE ROI ÉDOUARD. C'est bien, monsieur le maire : ces portes ne doivent être tenues fermées que la nuit, ou en temps de guerre. Allons, mon ami, ne craignez rien, et donnez-moi les clefs. (*Il lui prend les clefs.*) Édouard défendra la ville et vous, et tous les amis fidèles qui voudront bien me suivre.

Bruit de tambours. Arrive MONTGOMERY, *à la tête de ses troupes.*

GLOSTER. Mon frère, voici sir John Montgomery, notre ami fidèle, si je ne me trompe.

---

[1] Les aldermen, ou membres du conseil de la commune.

LE ROI ÉDOUARD. Soyez le bienvenu, sir John! Mais pourquoi arrivez-vous en armes?

MONTGOMERY. Pour venir en aide au roi Édouard dans ses périls, comme c'est le devoir de tout sujet loyal.

LE ROI ÉDOUARD. Nous vous rendons grâce, mon cher Montgomery : mais maintenant nous oublions nos droits à la couronne, et ne revendiquons que notre duché, jusqu'à ce qu'il plaise à Dieu de nous donner le reste.

MONTGOMERY. En ce cas, adieu; car je vais repartir. J'étais venu servir un roi, et non un duc. Battez, tambours, et remettons-nous en marche.

Les tambours battent une marche militaire.

LE ROI ÉDOUARD. Arrêtez un moment, sir John ; nous allons examiner par quels moyens sûrs on pourrait recouvrer la couronne.

MONTGOMERY. Qu'est-il besoin d'examiner? En deux mots, si vous ne consentez pas à être proclamé roi sur-le-champ, je vous abandonne à votre fortune, je pars et fais contremander la marche des renforts qui vous arrivent. Pourquoi combattrions-nous, si vous ne prétendez rien?

GLOSTER. Allons, mon frère, pourquoi ces scrupules?

LE ROI ÉDOUARD. Quand nous serons plus forts, nous ferons valoir nos droits; jusque-là il est plus prudent de dissimuler nos intentions.

HASTINGS. Arrière ces distinctions subtiles ! C'est aux armes à décider aujourd'hui.

GLOSTER. Et c'est par l'intrépidité qu'on arrive à la couronne! Mon frère, nous allons vous proclamer roi tout d'abord; à cette nouvelle, vous verrez accourir auprès de vous une foule d'amis.

LE ROI ÉDOUARD. Qu'il soit fait comme vous voudrez ; car je suis dans mon droit, et Henri n'est qu'un usurpateur.

MONTGOMERY. Je reconnais mon souverain à ce langage ; maintenant, vous voyez en moi le champion d'Édouard.

HASTINGS. Sonnez, trompettes. Édouard va être proclamé roi à l'instant même. — (*A un soldat.*) Soldat, approche, et lis à haute voix la proclamation.

Il lui remet un papier. Les trompettes jouent une fanfare.

LE SOLDAT, *lisant.* « Édouard IV, par la grâce de Dieu,
» roi d'Angleterre et de France, et seigneur d'Irlande, etc. »

13.

MONTGOMÉRY. Et quiconque contestera le droit du roi Édouard, je le défie en combat singulier, et voilà mon gage.

Il jette à terre son gantelet.

TOUS. Vive Édouard IV !

LE ROI ÉDOUARD. Merci, brave Montgomery. — Je vous remercie tous. Si la fortune me seconde, je saurai reconnaître votre attachement. Nous allons passer la nuit dans notre bonne ville d'York ; demain, dès que le char du soleil paraîtra au bord de l'horizon, nous irons à la rencontre de Warwick et de ses partisans. Car, pour Henri, ce n'est point un guerrier. — Ah ! indocile Clarence ! combien tu dois souffrir de flatter Henri, et d'abandonner ton frère ! mais, Dieu aidant, je saurai tenir tête tout à la fois à Warwick et à toi. — Marchons, braves soldats ; ne doutez pas de la victoire ; et l'ennemi une fois vaincu, attendez-vous à être largement récompensés.

Ils s'éloignent.

SCÈNE VIII.

Londres. — Un appartement du palais.

Entrent LE ROI HENRI, WARWICK, CLARENCE, MONTAIGU, EXETER et OXFORD.

WARWICK. Quel parti conseillez-vous, mylords ? Édouard, quittant la Belgique à la tête d'une armée d'Allemands brutaux, de Hollandais stupides, a franchi le détroit sans obstacle ; et maintenant il marche sur Londres avec ses troupes, et plus d'un insensé court se ranger sous son étendard.

OXFORD. Levons des troupes, et repoussons-le.

CLARENCE. On étouffe sous les pieds un feu naissant. Si on le laisse faire, il devient un incendie que des rivières ne sauraient éteindre.

WARWICK. J'ai dans le Warwickshire des amis dévoués, soumis dans la paix, courageux dans la guerre ; je vais les réunir. — Vous, Clarence, mon gendre, vous irez dans les comtés de Suffolk, de Norfolk et de Kent, faire un appel aux chevaliers et aux gentilshommes. — Vous, mon frère Montaigu, vous trouverez dans le pays de Buckingham et de Northampton, ainsi que dans le Leicestershire, la population disposée à écouter votre voix ; — et vous, brave Oxford, chéri comme vous l'êtes dans l'Oxfordshire, vous y rassemblerez vos amis. — Mon souverain attendra dans Londres que nous venions le rejoindre ; il restera entouré de l'amour des citoyens, comme cette île qui a l'Océan pour ceinture, comme la modeste Diane au milieu du cercle de ses nymphes. — Mylords, prenez congé du roi, sans plus de paroles. — Adieu, mon souverain.

LE ROI HENRI. Adieu, mon Hector, solide espoir de mon Ilion.

CLARENCE. En témoignage de mon dévouement, je baise les mains de votre majesté.

LE ROI HENRI. Honnête Clarence, puisses-tu être heureux!

MONTAIGU. Du courage, sire, et recevez mes adieux.

OXFORD, *baisant la main du roi*. Par ce baiser, je scelle ma foi, et prends congé.

LE ROI HENRI. Mon cher Oxford, — mon bien-aimé Montaigu, — et vous tous, — recevez de nouveau mes adieux.

WARWICK. Adieu, mylords ; retrouvons-nous à Coventry.

Warwick, Clarence, Oxford et Montaigu sortent.

LE ROI HENRI. Je vais me reposer un moment dans le palais. — Cousin Exeter, que pensez-vous de tout ceci ? Il me semble que l'armée d'Édouard n'est pas de force à tenir tête à la mienne.

EXETER. Il est à craindre qu'il n'attire les vôtres dans son parti.

LE ROI HENRI. Ce n'est pas là ce que je redoute ; on me connaît, et ma réputation est bien établie. Je n'ai point fermé l'oreille à la voix de mes peuples, et n'ai point éludé leurs requêtes par d'éternels ajournements : ma pitié a été un baume bienfaisant versé sur leurs blessures ; ma bonté s'est empressée d'adoucir leurs peines ; ma merci a séché le torrent de leurs larmes : je n'ai point convoité leurs richesses ; je ne les ai pas accablés sous le poids des subsides. Malgré la multiplicité de leurs offenses, j'ai été pour eux économe de rigueurs. Pourquoi donc aimeraient-ils Édouard plus que moi ? Non, Exeter, la bienveillance provoque la bienveillance ; et quand le lion se montre doux pour l'agneau, l'agneau ne cesse pas de le suivre.

CRIS, *à l'extérieur*. Lancastre! Lancastre!

EXETER. Écoutez, mylord ! Quels sont ces cris ?

Entrent LE ROI ÉDOUARD et GLOSTER, suivis d'une troupe de Soldats.

LE ROI ÉDOUARD. Saisissez Henri, ce roi poltron ; qu'on l'emmène d'ici ; et qu'on nous proclame de nouveau roi d'Angleterre. — (*Au roi Henri.*) Tu es la source qui alimentait mille petits ruisseaux ; maintenant que la source est tarie, je

suis l'océan qui va les absorber tous, et leurs flots enfleront mon onde. — Qu'on le mène à la Tour, et qu'on ne lui donne pas le temps de répliquer.
Des soldats emmènent le roi Henri.

LE ROI ÉDOUARD, *continuant*. Mylords, marchons sur Coventry, où se trouve en ce moment le présomptueux Warwick. Un chaud soleil brille pour nous ; si nous différons, le froid mordant de l'hiver détruira la récolte que convoite notre espérance.

GLOSTER. Partons sur-le-champ, avant que les forces de Warwick aient pu se réunir, et surprenons le traître qu'ont grandi ses succès. Braves guerriers, marchons sur Coventry.
Ils sortent.

ACTE CINQUIÈME.

SCÈNE I.

Devant Coventry.

On voit paraître sur les remparts WARWICK, LE MAIRE de Coventry, DEUX MESSAGERS et Autres.

WARWICK. Où est le courrier envoyé par le vaillant Oxford ? —(*Au Courrier.*) A quelle distance est ton maître, mon brave ?

LE PREMIER MESSAGER. Il doit être en ce moment à Dunsmore, marchant sur Coventry.

WARWICK. A quelle distance est notre frère Montaigu ? — Où est le courrier venu de la part de Montaigu ?

DEUXIÈME MESSAGER. Il doit être maintenant à Daintry, à la tête d'un corps de troupes nombreux.

Arrive SIR JOHN SOMERVILLE.

WARWICK. Eh bien, Somerville, que nous fait dire notre bien-aimé gendre ? A quelle distance à peu près se trouve en ce moment Clarence ?

SOMERVILLE. Je l'ai laissé à Southam, avec ses troupes, et je l'attends ici dans deux heures.
On entend un bruit de tambours.

WARWICK. En ce cas, Clarence n'est pas loin ; j'entends ses tambours.

SOMERVILLE. Ce n'est pas lui, mylord ; Southam est de ce

côté; le tambour que vous entendez est dans la direction de Warwick.

WARWICK. Qui serait-ce donc? sans doute des amis que nous n'attendions pas?

SOMERSET. Les voici; vos doutes vont être éclaircis.

Bruit de tambours. Arrivent LE ROI ÉDOUARD *et* GLOSTER *à la tête de leurs troupes.*

LE ROI ÉDOUARD. Trompette, approche des murailles, et sonne la chamade.

GLOSTER. Voyez sur les remparts le sombre Warwick.

WARWICK. O fâcheux contre-temps! quoi! le libertin Édouard est déjà arrivé! Où donc ont dormi nos éclaireurs, ou qui les a séduits, que nous n'avons point été avertis de son approche?

LE ROI ÉDOUARD. Maintenant, Warwick, veux-tu ouvrir les portes de la ville, me tenir un langage pacifique, et fléchir humblement le genou? Reconnais Édouard pour ton roi; implore sa merci, et il te pardonnera tes outrages.

WARWICK. Et toi, veux-tu éloigner ton armée de ces murs, et reconnaître en moi celui qui te donna et t'ôta la couronne? Appelle Warwick ton protecteur, sois repentant, et tu pourras encore rester duc d'York.

GLOSTER. J'ai cru qu'il allait dire roi; serait-ce une mauvaise plaisanterie qui lui est échappée malgré lui?

WARWICK. Comment donc! est-ce qu'un duché n'est pas déjà un présent assez beau?

GLOSTER. Oui, assurément, quand c'est un comte chétif qui le donne. Je te témoignerai ma reconnaissance de ce cadeau.

WARWICK. C'est moi qui ai donné un royaume à ton frère.

LE ROI ÉDOUARD. Il est donc à moi, quand même il serait vrai que je le tiens de Warwick.

WARWICK. Tu n'es point un Atlas; tu n'as pas les épaules assez fortes pour porter un aussi grand fardeau; te voyant si faible, Warwick te reprend ses dons; Henri est mon roi, Warwick est son sujet.

LE ROI ÉDOUARD. Oui, mais le roi de Warwick est prisonnier d'Édouard; valeureux Warwick, réponds à cette question: que devient le corps quand la tête est tranchée?

GLOSTER. Quel joueur maladroit que Warwick! en voulant

escamoter un dix, il laisse tomber le roi. Tu as laissé le pauvre Henri au palais de l'évêque [1] ; et il y a dix à parier contre un que tu le retrouveras à la Tour.

LE ROI ÉDOUARD. Tout cela est vrai, ce qui n'empêche pas que tu ne sois toujours Warwick.

GLOSTER. Allons, Warwick, profite du moment ; à genoux, à genoux : pas encore ? quand donc ? Crois-moi, bats le fer pendant qu'il est chaud.

WARWICK. J'aimerais mieux trancher d'un seul coup ma main droite, et avec la gauche te la jeter au visage, que de m'avilir au point de baisser pavillon devant toi.

LE ROI ÉDOUARD. Tu auras beau déployer toutes tes voiles, avoir pour toi les vents et la marée ; cette main, enlacée aux longs anneaux de ta noire chevelure, soulèvera ta tête chaude encore et fraîchement coupée, et avec ton sang, sur la poussière elle écrira ces mots : « Le changeant Warwick désormais ne peut plus changer. »

Arrive OXFORD *avec ses troupes, tambours battant, enseignes déployées.*

WARWICK. O fortuné drapeau ! voyez, c'est Oxford qui vient à nous.

OXFORD. Oxford ! Oxford pour Lancastre !

Oxford et ses troupes entrent dans la ville.

GLOSTER. Les portes sont ouvertes ; entrons avec eux.

LE ROI ÉDOUARD. D'autres ennemis pourraient nous prendre en queue. Maintenons-nous en bon ordre ; ils feront sans doute une sortie, et nous présenteront la bataille ; dans le cas contraire, la ville ne pouvant faire une longue défense, nous ne tarderons pas à y aller chercher les traîtres.

WARWICK. Sois le bienvenu, Oxford ! nous avons grand besoin de ton aide.

Arrive MONTAIGU *avec ses troupes, tambours battant, enseignes déployées.*

MONTAIGU. Montaigu, Montaigu pour Lancastre !

Il entre dans la ville avec ses troupes.

GLOSTER. Toi et ton frère, vous payerez cette trahison du plus pur de votre sang.

LE ROI ÉDOUARD. Plus nombreux sera l'ennemi, plus glo-

---

[1] Au palais de Lambeth, résidence de l'évêque de Londres ; ce palais a souvent été habité par les rois.

rieux sera le triomphe; un secret pressentiment me présage le succès et la victoire.

Arrive SOMERSET, *à la tête de ses troupes, tambours battant, enseignes déployées.*

SOMERSET. Somerset, Somerset pour Lancastre!
Il entre dans la ville avec ses troupes.

GLOSTER. Deux ducs de ton nom, deux Somerset sont tombés sous les coups de la maison d'York. Tu feras le troisième, si cette épée ne trompe pas mon espoir.

Arrive CLARENCE *avec ses troupes, tambours battant, enseignes déployées.*

WARWICK. Voyez s'avancer George de Clarence, avec des forces suffisantes pour livrer bataille à son frère. Chez lui le dévouement à la bonne cause l'emporte sur l'amour fraternel. — Viens, Clarence, viens; c'est Warwick qui t'appelle.

CLARENCE, *arrachant la rose rouge fixée à son chapeau.* Mon beau-père Warwick, sais-tu ce que cela signifie? Tiens, je te rejette mon infamie à la face. Je ne veux pas, travaillant à l'élévation de Lancastre, aider à la ruine de la maison de mon père, qui cimenta de son sang l'édifice de notre grandeur Warwick, as-tu pu croire Clarence assez dur, assez stupide, assez dénaturé pour diriger les fatals instruments de la guerre contre son frère et son roi légitime? Peut-être m'objecteras-tu mon serment. Si je tenais ce serment, je serais plus impie que Jephté quand il sacrifia sa fille. Je me reproche amèrement mon erreur; pour mériter le pardon de mon frère, je me proclame ici ton ennemi mortel; et je jure que partout où je te joindrai comme comme j'espère bien te joindre, si tu oses sortir de ces remparts, je te ferai payer cher la faute à laquelle tu m'as entraîné. Ainsi donc, orgueilleux Warwick, je te défie, et je tourne vers mon frère un visage que la confusion couvre de rougeur. — Pardonne-moi, Édouard; je réparerai mes torts; et toi, Richard, ne jette pas sur ma faute un regard mécontent et sévère; désormais je ne mériterai plus de reproche d'inconstance.

LE ROI ÉDOUARD. Sois le bienvenu; tu m'es dix fois plus cher que si tu n'avais jamais mérité ma haine.

GLOSTER. Sois le bienvenu, mon cher Clarence; à la bonne heure, c'est se conduire en frère!

LE ROI ÉDOUARD. Eh bien, Warwick, veux-tu quitter la ville, et venir te mesurer avec nous; ou faudra-t-il que nous fassions voler en éclats et rejaillir sur toi les pierres de ce rempart ?

WARWICK. Ne crois pas que je me sois claquemuré ici pour me défendre. Je vais tout à l'heure me diriger sur Barnet ; et là, Édouard, te livrer bataille, si tu oses l'accepter.

LE ROI ÉDOUARD. Oui. Édouard l'accepte et va prendre les devants. Mylords, allons combattre : saint George et victoire !

Ils s'éloignent ; les troupes défilent au son d'une marche militaire.

SCÈNE II.

Un champ de bataille près de Barnet.

Bruit de trompettes ; escarmouches. Arrive LE ROI ÉDOUARD, apportant WARWICK blessé, qu'il dépose à terre.

LE ROI ÉDOUARD. Toi, reste là ; meurs, et qu'avec toi meurent nos alarmes ; car Warwick était un épouvantail qui nous terrifiait tous. — Maintenant, Montaigu, attends-moi ; je vais te chercher ; je veux que les os de Warwick tiennent compagnie aux tiens.

Il s'éloigne.

WARWICK, *seul, rouvrant les yeux.* Ah ! qui est près de moi ? Approche, ami ou ennemi, et dis-moi lequel est vainqueur d'York ou de Warwick ? Pourquoi cette demande ? Mon corps mutilé, mon sang qui coule, mes forces qui m'abandonnent, la défaillance dont je me sens saisir, tout m'indique suffisamment qu'il me faut léguer mon corps à la terre, et par ma chute abandonner la victoire à l'ennemi. Ainsi tombe le cèdre sous le tranchant de la hache, lui qui abritait l'aigle majestueux, qui voyait dormir le lion sous son ombre, dont la cime dominait l'arbre de Jupiter, aux vastes rameaux, et qui protégeait l'humble arbuste contre les vents et la tempête. Mes yeux, couverts maintenant du voile noire de la mort, étaient naguère aussi perçants que le soleil à son midi, et allaient scruter l'abîme de la trahison dans ses plus secrètes profondeurs. Les rides de mon front, maintenant remplies de sang, étaient souvent comparées à des sépulcres de rois ; car quel était le roi vivant dont je ne pusse creuser la tombe ? Et qui osait sourire quand Warwick fronçait le sourcil ? Et maintenant voilà que la poussière et le sang ont défiguré ma gloire. Mes parcs, mes forêts, mes manoirs, tout ce que je possédais m'abandonne ; et de toutes mes terres il ne me reste plus que l'espace que recouvre mon corps. Qu'est-ce donc que les grandeurs, l'empire, la puissance ? Tout cela n'est qu'argile et que poussière ; et de quelque manière que nous ayons vécu, il n'en faut pas moins mourir.

Arrivent OXFORD et SOMERSET.

SOMERSET. Ah! Warwick, si tu étais encore ce que nous sommes, nous pourrions réparer toutes nos pertes! La reine a ramené de France de puissants renforts; nous venons à l'instant d'en apprendre la nouvelle. Ah! que ne peux-tu fuir!

WARWICK. Alors même, je ne fuirais pas. — Ah! Montaigu, si tu es ici, mon frère bien-aimé, prends ma main; et que tes lèvres imprimées sur les miennes retiennent un moment mon âme fugitive. Tu ne m'aimes pas; car, mon frère, si tu m'aimais, tes larmes laveraient le sang figé et glacé qui obstrue mes lèvres et m'empêche de parler. Viens vite, Montaigu, ou je meurs.

SOMERSET. Ah! Warwick, Montaigu a cessé de vivre : jusqu'à son dernier soupir, il a demandé Warwick : « Rappelez-moi, a-t-il dit, au souvenir de mon valeureux frère; » puis il a continué encore de parler; mais ses paroles, pareilles à la détonation d'une pièce d'artillerie sous une voûte souterraine, ne faisaient entendre qu'un murmure sourd et confus; à la fin, au milieu d'un profond et dernier soupir, j'ai distingué ces mots : « Adieu, Warwick. »

WARWICK. Paix à son âme! Fuyez, mylords, et sauvez votre vie; Warwick vous dit à tous adieu; nous nous retrouverons dans le ciel!

Il meurt.

OXFORD. Partons, partons; courons joindre l'armée de la reine!

Ils s'éloignent, emportant le corps de Warwick.

SCÈNE III.

Une autre partie du champ de bataille.

Fanfare. LE ROI ÉDOUARD *arrive vainqueur, accompagné de* CLARENCE, *de* GLOSTER *et d'une suite nombreuse.*

LE ROI ÉDOUARD. Ainsi nous poursuivons le cours de nos prospérités, et nos fronts sont couronnés des lauriers de la victoire; mais au milieu des splendeurs de ce beau jour, j'aperçois à l'horizon un nuage sombre, inquiétant et funeste, qui menace d'éclipser notre soleil glorieux, avant qu'il se soit paisiblement couché à l'occident. Je veux parler, mylords, — de l'armée que la reine a levée en France qui a débarqué sur nos côtes, et qui, suivant l'avis que nous en avons reçu, est en marche pour venir nous combattre.

CLARENCE. Une brise légère aura bientôt dispersé le nuage, et le renverra vers les régions d'où il est venu ; il suffira de vos rayons pour boire ces vapeurs : tout nuage n'enfante pas une tempête.

GLOSTER. On estime à trente mille hommes les forces de la reine ; Somerset et Oxford sont allés se réunir à elle. Si on lui laisse le temps de respirer, comptez que son parti ne tardera pas à être aussi puissant que le nôtre.

LE ROI ÉDOUARD. Nous sommes informés par des amis fidèles qu'ils dirigent leur marche vers Tewksbury ; vainqueurs dans les plaines de Barnet, allons les joindre sur ce nouveau champ de bataille ; ce n'est pas la bonne volonté qui nous manque ; sur notre route, dans tous les comtés que nous traverserons, nous verrons nos forces s'accroître. Dites aux tambours de battre ; criez : Courage ! et marchons.

Ils s'éloignent.

SCÈNE IV.

Une plaine aux environs de Tewksbury.

Marche militaire. Arrivent LA REINE MARGUERITE, à la tête de son armée ; près d'elle s'avancent LE PRINCE ÉDOUARD, SOMERSET et OXFORD.

LA REINE MARGUERITE. Mylords, les hommes sages ne restent pas oisifs à déplorer leurs désastres ; mais, animés d'un nouveau courage, ils s'occupent à les réparer. Qu'importe que notre mât brisé ait disparu sous les flots, que nos câbles soient rompus, notre ancre perdue, et la moitié de nos matelots engloutis sous les ondes ? Notre pilote vit encore. Convient-il qu'il abandonne le gouvernail, et que, pareil à un enfant timide, il mêle ses larmes à l'eau de la mer, ajoutant de nouveaux aliments au péril qui n'en a déjà que trop, tandis que sa dolente affliction laisserait briser sur les écueils le vaisseau qu'un peu de vigueur et de courage auraient sauvé ? Ah ! quelle honte ! et quelle faute ce serait de notre part ! Warwick était notre ancre de salut ; qu'importe ? Montaigu, notre mât de misaine ; qu'importe ? Nos amis égorgés étaient nos cordages ; qu'importe encore ? N'avons-nous pas dans Oxford une autre ancre ; dans Somerset un autre mât excellent ; dans nos amis de France d'autres voiles et d'autres cordages ? Et malgré notre insuffisance, Édouard et moi, ne pouvons-nous, pour un jour, remplacer un pilote habile? Nous ne quitterons pas le gouvernail pour croiser les bras et pleurer; nous ferons marcher le navire, malgré les vents contraires, et nous vous sauverons des écueils qui vous menacent du naufrage. Il ne sert à rien de gourmander la mer, pas plus que de lui adresser de belles paroles. Et qu'est-ce qu'Édouard, sinon une mer impitoyable? Qu'est-ce que Clarence, sinon un sable mouvant et perfide? et Richard, sinon un roc âpre et fatal? Voilà les ennemis qui menacent notre barque chétive. Vous savez nager, dites-vous; vous ne nagerez pas longtemps: vous marcherez sur les sables; ils se déroberont sous vous: vous gravirez les rocs; le flot vous en balayera, ou vous y mourrez de faim; et c'est trois fois mourir. Je vous parle ainsi, mylords, pour que vous sachiez bien, au cas où quelqu'un d'entre vous serait tenté de nous abandonner, qu'il n'a point de merci à attendre de ces trois barbares frères, pas plus qu'il n'en attendrait des vagues, des sables et des rochers. Courage, donc! Ce qu'on ne peut éviter, c'est faiblesse puérile que de le déplorer ou de le craindre.

LE PRINCE ÉDOUARD. En entendant ce langage d'une femme intrépide, quel est le lâche qui ne se sentirait animé d'une mâle bravoure, et prêt à combattre sans armes un ennemi armé? Ce n'est pas que je soupçonne un seul d'entre vous de manquer de courage; car, si j'en soupçonnais un seul, je lui permettrais de s'éloigner dès à présent, de peur qu'il ne communiquât sa lâcheté à d'autres. S'il est ici un seul homme de cette espèce, ce qu'à Dieu ne plaise, qu'il parte avant que nous ayons besoin de son secours.

OXFORD. Quand des femmes et des enfants montrent tant d'intrépidité, des guerriers faibliraient? Ce serait un opprobre éternel. O jeune et brave prince! ton immortel aïeul revit en toi: puisses-tu vivre longtemps, pour nous retracer son image et renouveler sa gloire!

SOMERSET. Quiconque refuse de combattre dans une telle espérance, qu'il retourne chez lui; et comme la chouette en plein jour, qu'il ne puisse se montrer sans soulever contre lui le mépris et la risée!

LA REINE MARGUERITE. Merci, cher Somerset. — Digne Oxford, merci.

LE PRINCE ÉDOUARD. Recevez les remercîments de celui qui n'a que cela à vous offrir.

Arrive UN MESSAGER.

LE MESSAGER. Préparez-vous, mylords ; car Édouard est à deux pas d'ici, prêt à livrer bataille ; armez-vous donc de résolution.

OXFORD. Je m'en doutais : il entre dans sa tactique de procéder avec célérité, afin de nous surprendre.

SOMERSET. Il sera déçu dans son attente ; nous sommes prêts à le recevoir.

LA REINE MARGUERITE. Votre belliqueuse ardeur remplit mon cœur de joie.

OXFORD. Plantons ici notre étendard et attendons l'ennemi de pied ferme.

Marche militaire. Arrivent LE ROI ÉDOUARD, CLARENCE *et* GLOSTER, *à la tête de leurs troupes.*

LE ROI ÉDOUARD. Braves compagnons, vous voyez devant vous la forêt d'épines, qu'avec l'aide de Dieu et de votre vaillance, il nous faut déraciner avant que la nuit vienne. Il est inutile que je donne de nouveaux aliments à votre feu martial ; je le vois qui flamboie et s'apprête à les consumer. Donnez-le signal du combat, et en avant, mylords.

LA REINE MARGUERITE. Lords, chevaliers, gentilshommes, que vous dirai-je qui ne soit démenti par mes pleurs ? A chaque parole que ma bouche prononce, vous le voyez, je bois les larmes qui coulent de mes yeux ! Je me bornerai donc à vous dire ce peu de mots : — Henri, votre souverain, est prisonnier de l'ennemi ; son trône est usurpé, son royaume transformé en un champ de carnage, ses sujets égorgés, ses décrets annulés et ses trésors mis au pillage ; vous avez devant vous le cruel auteur de tous ces maux. Vous combattez pour la justice ; ainsi donc, au nom de Dieu, mylords, soyez vaillants et donnez le signal du combat.

Les deux armées s'éloignent.

SCÈNE V.

Le champ de bataille de Tewksbury.

Bruit de trompettes. Escarmouches ; puis on entend sonner la retraite. Arrivent LE ROI ÉDOUARD, CLARENCE, GLOSTER, *à la tête de leurs troupes, et amenant* LA REINE MARGUERITE, OXFORD *et* SOMERSET *prisonniers.*

LE ROI ÉDOUARD. Nous voilà enfin au terme de ces tumultueux discords. Qu'Oxford soit sur-le-champ conduit au château de Ham [1]. Quant à Somerset, qu'on tranche sa tête coupable. Qu'on les emmène ; je ne veux pas les entendre.

OXFORD. Pour ce qui est de moi, je ne t'importunerai pas de mes paroles.

SOMERSET. Ni moi non plus ; je me résigne à mon sort.

Des Gardes emmènent Oxford et Somerset.

LA REINE MARGUERITE. Nous nous quittons avec tristesse dans cette vie de douleurs, pour nous rejoindre avec joie dans la bienheureuse Jérusalem.

LE ROI ÉDOUARD. A-t-on fait publier que celui qui trouvera Édouard recevra une forte récompense et que le jeune prince aura la vie sauve ?

GLOSTER. On l'a fait ; et, tenez, voilà le jeune prince qui s'avance.

Arrive LE PRINCE ÉDOUARD, conduit par des Soldats.

Le roi Édouard s'assied ; Clarence et Gloster prennent place à ses côtés.

LE ROI ÉDOUARD. Amenez ici ce galant ; je veux l'entendre. Eh quoi ! une épine si jeune peut-elle déjà piquer ? Édouard, quelle justification peux-tu offrir pour avoir porté les armes contre moi et soulevé mes sujets, et pour tous les embarras que tu m'as causés ?

LE PRINCE ÉDOUARD. Parle en sujet, arrogant, ambitieux York ! Suppose qu'en ce moment c'est la voix de mon père que tu entends ; cède-moi ton siége, et à la place où je suis, agenouille-toi, pendant que je te ferai les mêmes questions, traître, que tu as l'audace de m'adresser.

LA REINE MARGUERITE. Ah ! que ton père n'a-t-il eu ta résolution !

GLOSTER. Tu porterais encore le cotillon, et tu n'aurais pas usurpé les culottes de Lancastre.

LE PRINCE ÉDOUARD. Qu'Ésope garde ses contes pour les veillées d'hiver ; ses grossiers apologues ne sont pas de mise en ce lieu.

GLOSTER. Par le ciel, enfant mutin, je te punirai de cette insolence.

LA REINE MARGUERITE. Oui, sans doute ; car tu naquis pour le châtiment des hommes.

---

[1] Château de Picardie, le même qui, trois siècles et demi plus tard, a reçu les ministres de Charles X.

GLOSTER. Pour Dieu, qu'on nous délivre de cette captive impudente.

LE PRINCE ÉDOUARD. Qu'on nous délivre plutôt de ce bossu insolent.

LE ROI ÉDOUARD. Silence, présomptueux enfant, ou je saurai enchaîner ta langue.

CLARENCE. Enfant indiscipliné, tu te conduis bien mal.

LE PRINCE ÉDOUARD. Je connais mon devoir; c'est vous tous qui méconnaissez le vôtre. Impudique Édouard,—et toi, parjure Georges,—et toi, difforme Richard, je vous le dis à tous, je suis votre supérieur, vous n'êtes que des traîtres,— (*à Édouard*) et toi, tu usurpes les droits de mon père et les miens.

LE ROI ÉDOUARD. Tiens, voilà pour toi, image de cette insolente.
Il lui donne un coup de poignard.

GLOSTER. Tu te débats contre la mort? Tiens voilà pour finir ton agonie.
Gloster lui donne un second coup de poignard.

CLARENCE. Et voilà pour m'avoir traité de parjure.
Clarence lui donne un troisième coup de poignard.

LA REINE MARGUERITE. Oh! tuez-moi aussi!

GLOSTER. C'est ce que je vais faire.
Il lève le bras pour la frapper.

LE ROI ÉDOUARD. Arrête, Richard, arrête; nous n'en avons déjà que trop fait.

GLOSTER. Pourquoi la laisser vivre? Pour qu'elle aille remplir l'univers de ses clameurs?
La reine Marguerite s'évanouit.

LE ROI ÉDOUARD. Ciel! elle s'évanouit; faites-la revenir à elle.

GLOSTER. Clarence, excuse mon absence auprès du roi mon frère: une affaire importante m'appelle à Londres; avant d'y arriver, compte que tu apprendras des nouvelles!

CLARENCE. Quoi donc? quoi donc?

GLOSTER. La Tour! la Tour!
Il s'éloigne. La reine Marguerite, revenue à elle, presse dans ses bras le corps de son fils.

LA REINE MARGUERITE. O Édouard, cher Édouard! parle à ta mère, ô mon fils! Est-ce que tu ne peux plus parler? —O traîtres! ô meurtriers! Ceux qui poignardèrent César n'ont point versé de sang; ils étaient innocents, purs de tout blâme, comparés aux auteurs de cet abominable forfait. C'était un homme, lui; celui-ci n'était en quelque sorte qu'un enfant, et jamais des hommes ne déchargent leur furie sur un enfant! Si je connaissais un nom plus odieux que celui de meurtrier, je le leur donnerais. Non, non, mon cœur va éclater si je parle;— eh bien! je veux parler, pour que mon cœur éclate. Bourreaux! scélérats! cannibales sanguinaires! Quelle plante gracieuse vous avez moissonnée avant le temps! Vous n'avez point d'enfant, bourreaux! Si vous en aviez, leur souvenir eût éveillé la pitié dans vos cœurs. Mais si jamais vous avez un enfant, attendez-vous à le voir immoler dans sa fleur, comme vous avez, ministres de mort, égorgé ce prince jeune et charmant.

LE ROI ÉDOUARD. Qu'on l'emmène; entraînez-la de force.

LA REINE MARGUERITE. Ne m'arrachez pas de ce lieu; faites-moi mourir ici.—(*Au roi Edouard.*) Tiens, voilà ma poitrine; frappe, je te pardonnerai ma mort. Eh quoi! tu me refuses?— Eh bien, toi, Clarence, donne-moi la mort, je t'en conjure.

CLARENCE. Par le ciel, je me garderai bien de te rendre un aussi grand service.

LA REINE MARGUERITE. Mon bon Clarence, mon cher Clarence, je t'en supplie.

CLARENCE. Ne m'as-tu pas entendu jurer que je n'en ferais rien?

LA REINE MARGUERITE. Oui; mais tu es dans l'habitude de te parjurer: ton premier parjure était un crime, celui-ci sera un acte d'humanité. Eh quoi! tu ne veux pas?—Où est ce boucher infernal, le hideux Richard? Richard, où es-tu? tu n'est pas ici. Ta charité, à toi, c'est le meurtre: on ne t'a jamais demandé du sang sans partir satisfait.

LE ROI ÉDOUARD. Qu'on l'emmène, vous dis-je! Emmenez-la, je vous l'ordonne!

LA REINE MARGUERITE. Puissiez-vous, vous et les vôtres, avoir le sort de ce jeune prince!

On l'entraîne.

LE ROI ÉDOUARD. Où est allé Richard?

CLARENCE. A Londres, à franc étrier; je conjecture qu'il est allé faire à la Tour un souper sanglant.

LE ROI ÉDOUARD. Quand une idée lui vient en tête, l'exécution suit de près. Maintenant, quittons ce lieu; que les soldats retournent chez eux avec leur solde et des remercîments. Quant à nous, partons pour Londres; allons voir comment se porte notre charmante reine. En ce moment j'espère qu'elle m'a donné un fils.

Ils s'éloignent.

SCÈNE VI.

Londres. — Une salle dans la Tour.

LE ROI HENRI est assis un livre à la main; LE LIEUTENANT DE LA TOUR est debout à quelques pas de lui. Entre GLOSTER.

GLOSTER. Bonjour, mylord. Eh quoi! absorbé par votre lecture!

LE ROI HENRI. Oui, mon bon lord, ou plutôt mylord, devrais-je dire. C'est un péché que de flatter les gens, et ici le mot bon serait une flatterie évidente. Donner à Gloster l'épithète de bon, serait aussi déplacé que de l'appliquer au diable. Ainsi, ne disons pas mon bon lord.

GLOSTER, *au Lieutenant.* Ami, laissez-nous seuls; nous avons à conférer ensemble.

Le Lieutenant sort.

LE ROI HENRI. Ainsi fuit devant le loup le berger négligent; ainsi la brebis inoffensive cède d'abord sa toison, puis tend la gorge au couteau du boucher! Quelle scène de mort Roscius[1] se prépare-t-il à jouer?

GLOSTER. La crainte assiége toujours l'âme du coupable; le voleur voit un exempt dans chaque buisson.

LE ROI HENRI. L'oiseau qui a été pris au piége dans un buisson fuit d'une aile tremblante tous les buissons qu'il aperçoit. Et moi, le père infortuné d'un charmant oiseau, j'ai maintenant sous les yeux l'objet fatal qui a pris et tué mon pauvre enfant.

GLOSTER. Quel imbécile que ce Crétois qui voulut enseigner à son fils à voler dans les airs! En dépit de ses ailes, le sot se noya.

LE ROI HENRI. Je suis Dédale; mon pauvre enfant Icare; ton père fut le Minos qui enchaîna notre liberté; ton frère Edouard est le soleil qui a fait fondre les ailes de mon fils bien-aimé; et toi, tu es la mer qui dans son gouffre jaloux a englouti sa vie. Ah! tue-moi avec ton arme, et non avec tes

---

[1] Nom d'un célèbre acteur de l'ancienne Rome.

paroles; moins douloureuse à ma poitrine sera la pointe de ton poignard, qu'à mon oreille cette tragique histoire. Mais que viens-tu faire ici? est-ce ma vie que tu viens chercher?

GLOSTER. Me prends-tu donc pour un bourreau?

LE ROI HENRI. Tu es tout au moins un barbare. Si égorger des innocents est l'office d'un bourreau, dès lors tu en es un.

GLOSTER. J'ai tué ton fils à cause de son insolence.

LE ROI HENRI. Si on t'avait tué la première fois que tu as été insolent, tu n'aurais pas vécu pour assassiner mon fils. L'avenir se dévoile à mes regards, et voilà ce que je prédis : des milliers de victimes qui ne soupçonnent rien encore de ce que prévoient mes craintes; le vieillard, par ses gémissements, la veuve et l'orphelin, par leurs larmes; le vieillard pleurant un fils, la veuve un époux, et l'orphelin un père, moissonnés avant le temps, maudiront l'heure fatale où tu es né. A ta naissance, le hibou fit entendre son cri de sinistre augure; le corbeau nocturne croassa dans l'ombre, pour annoncer des temps désastreux; les chiens hurlèrent; l'ouragan furieux déracina les arbres; la corneille se percha sur le haut des cheminées, et la pie babillarde déchira l'oreille de ses sons discordants. Ta mère éprouva plus que les douleurs d'une mère pour voir tromper son espérance maternelle, en donnant le jour à une masse hideuse et difforme, détestable fruit d'un arbre excellent. Tu naquis la bouche armée de dents, pour indiquer que tu venais dévorer le monde; et, s'il faut en croire ce j'ai entendu dire, tu vins au jour,—

GLOSTER. Je n'en entendrai pas davantage. Meurs, prophète, au milieu de tes prédictions. (*Il le poignarde.*) J'étais né aussi pour cela.

LE ROI HENRI. Oui, et pour commettre beaucoup d'autres meurtres encore. Que Dieu fasse miséricorde à mes péchés, et qu'il te pardonne !

Il meurt.

GLOSTER. Eh quoi! est-ce que le sang orgueilleux de Lancastre s'écoule comme un sang vulgaire? Je m'attendais à le voir jaillir avec fierté. Voyez comme ma lame humide pleure en larmes de sang la mort du pauvre roi! Oh! puissent verser toujours des larmes pareilles ceux qui désirent la chute de notre maison!— S'il te reste encore quelque étincelle de vie, va, descends, descends aux enfers, et dis que c'est moi qui t'y envoie, (*il le poignarde de nouveau*) moi qui ne connais ni la pitié, ni l'amour, ni la crainte. Ce que disait Henri est effectivement vrai : j'ai souvent entendu dire à ma mère que je suis venu au monde les pieds devant : n'avais-je pas raison de me hâter, afin de consommer la ruine des usurpateurs de nos droits? La sage-femme resta immobile d'étonnement, et les femmes s'écrièrent : « Que Jésus nous bénisse! il est né avec des dents. » Et c'était vrai; ce qui voulait dire clairement que je grognerais, mordrais, et aurais en tout les instincts d'un dogue. Or donc, puisque le ciel a si mal partagé mon physique, que l'enfer me donne un moral tout aussi difforme. Je n'ai point de semblable, je n'ai d'analogie avec personne. Cet amour que les barbes grises nomment divin, je l'abandonne au commun des humains; mais il ne sera jamais mon partage; car moi, je suis un être à part, je suis seul. Clarence, prends garde à toi, tu es devant mon soleil; mais je ferai naître pour toi un jour néfaste. Grâces aux protections sinistres que je ferai circuler Edouard tremblera pour ses jours; et moi, pour calmer ses craintes, je te ferai mourir. Le roi Henri et le prince son fils, ont cessé de vivre; Clarence, ton tour est venu, les autres viendront après; je ne serai content que lorsqu'il n'y aura personne au-dessus de moi. Henri, je vais jeter ton cadavre dans une autre pièce; ton trépas fait ma joie.

Il sort.

SCÈNE VII.

Même ville. — Un appartement du palais.

LE ROI ÉDOUARD est assis sur son trône; auprès de lui sont LA REINE ÉLISABETH tenant son jeune enfant dans ses bras, CLARENCE, GLOSTER, HASTINGS et Autres.

LE ROI ÉDOUARD. Enfin nous voilà une seconde fois assis sur le trône d'Angleterre racheté au prix du sang de nos ennemis. Combien de vaillants adversaires, pareils aux épis mûrs de l'automne, ont été moissonnés à l'apogée de leur orgueil! Trois ducs de Somerset[1], tous trois renommés par leur courage indomptable; deux Clifford, le père et le fils; et deux Northumberland; jamais guerriers plus braves ne piquèrent le flanc de leurs coursiers au signal de la trompette; et avec eux, ces deux ours intrépides, Warwick et Montaigu, qui retenaient dans leurs

[1] Le premier était Edmond, tué à la bataille de Saint-Albans, en 1455; le second Henri, son fils, décapité après la bataille d'Hexham, en 1463; le dernier Edmond, fils de Henri, fait prisonnier à Tewksbury en 1471, et décapité. Son frère Jean avait été tué dans la même bataille.

chaînes le lion royal, et faisaient trembler la forêt au bruit de leurs rugissements. C'est ainsi que nous avons balayé tout ce qui menaçait notre trône, et affermi notre sécurité.—Approche, Élisabeth ; que je baise mon enfant.—Mon petit Édouard, c'est pour toi que tes oncles et moi, nous avons, debout sous notre armure, passé les froides nuits de l'hiver, exécuté de longues marches sous les ardeurs dévorantes de l'été ; grâce à nous, tu hériteras en paix de la couronne, et tu recueilleras le fruit de nos travaux.

GLOSTER, *à part*. Je ferai périr sa moisson une fois que tu seras dans la tombe ; car on fait encore trop peu d'attention à moi dans le monde. Ces épaules n'ont été constituées si fortes et si épaisses que pour soulever un poids ; et elles en soulèveront où je me romprais l'échine. (*Se touchant le front, puis regardant sa main.*) Toi, mûris mes plans ; toi, tu les exécuteras.

LE ROI ÉDOUARD. Clarence, et toi, Gloster, aimez votre aimable reine ; mes frères, baisez votre royal neveu.

CLARENCE. Que le baiser que j'imprime sur les lèvres de cet enfant chéri soit le gage de l'obéissance que je dois à votre majesté.

LE ROI ÉDOUARD. Merci, noble Clarence ; mon digne frère, merci.

GLOSTER. Que le baiser affectueux que je te donne, fruit charmant, soit le garant de mon amour pour l'arbre dont tu es sorti.—(*A part.*) S'il faut dire vrai, c'est un baiser comme celui que donna Judas à son maître, lorsque, lui adressant tout haut un salut d'amitié, tout bas il complotait sa mort.

LE ROI ÉDOUARD. J'ai obtenu maintenant tout ce que mon âme désirait, la pacification de mon pays et l'affection de mes frères.

CLARENCE. Que votre majesté veut-elle que l'on fasse de la reine Marguerite ? René, son père, a engagé dans les mains du roi de France les deux Siciles et Jérusalem, et il nous en a fait parvenir le prix pour sa rançon.

LE ROI ÉDOUARD. Qu'elle parte ! faites-la conduire en France. Maintenant il ne nous reste plus qu'à consacrer notre temps aux réjouissances, aux spectacles comiques et à tous les plaisirs de la cour.—Trompette, faites-nous entendre de joyeuses fanfares ! adieu, soucis cuisants. Ce jour, je l'espère, commence pour nous l'ère d'une prospérité durable.

(Ils sortent.

FIN DE HENRI VI.

RICHARD III,

DRAME HISTORIQUE EN CINQ ACTES.

PERSONNAGES.

ÉDOUARD IV, roi d'Angleterre.
ÉDOUARD, d'abord prince de Galles, puis roi sous le nom d'Édouard V,
RICHARD, duc d'York,
GEORGE, duc de Clarence,
RICHARD, d'abord duc de Gloster, puis roi sous le nom de Richard III,
} fils du roi.

} frères du roi.

UN JEUNE FILS DE CLARENCE.
HENRI, comte de Richemond, depuis Henri VII.
LE CARDINAL BOURCHIER, archevêque de Canterbury.
THOMAS ROTHERAM, archevêque d'York.
JOHN MORTON, évêque d'Ely.
LE DUC DE BUCKINGHAM.
LE DUC DE NORFOLK.
LE COMTE DE SURREY, son fils.
LE COMTE DE RIVERS, frère de la reine Élisabeth.
LE MARQUIS DE DORSET,
LORD GREY,
} fils de la reine.
LE COMTE D'OXFORD.
LORD HASTINGS.

LORD STANLEY.
LORD LOVEL.
SIR THOMAS VAUGHAN.
SIR RICHARD RATCLIFF.
SIR WILLIAM CATESBY.
SIR JAMES TYRREL.
SIR JAMES BLOUNT.
SIR WALTER HERBERT.
SIR ROBERT BRAKENBURY, lieutenant de la Tour.
CHRISTOPHE URSWICK, prêtre.
UN AUTRE PRÊTRE.
LE LORD MAIRE DE LONDRES.
LE SHÉRIFF DE WILTSHIRE.
LA REINE ÉLISABETH, femme d'Édouard IV.
MARGUERITE, veuve du roi Henri VI.
LA DUCHESSE D'YORK, mère d'Édouard IV, de Clarence et de Gloster.
LADY ANNE, veuve d'Édouard, prince de Galles, fils de Henri VI; mariée ensuite au duc de Gloster.
UNE JEUNE FILLE DE CLARENCE.
Plusieurs Lords, un Poursuivant d'armes, un Clerc, Bourgeois, Assassins, Messagers, Apparitions, Soldats, Serviteurs, etc.

La scène est en Angleterre.

ACTE PREMIER.

SCÈNE I.

Londres. — Une rue.

Arrive GLOSTER.

GLOSTER. Le soleil d'York[1] a changé en été radieux l'hiver de nos disgrâces, et tous les nuages qui planaient menaçants sur

[1] Édouard IV avait pris pour devise un soleil, en mémoire des trois soleils qui lui étaient, dit-on, apparus le jour de la victoire qu'il remporta sur la maison de Lancastre à la Croix de Mortimer. Voir la troisième partie de Henri VI, acte II, scène I.

notre maison sont ensevelis dans les profonds abîmes de l'Océan. Maintenant les palmes de la victoire ceignent nos fronts ; nos glaives ébréchés sont suspendus en trophées ; de joyeuses réunions ont remplacé nos redoutables prises d'armes, et à nos marches guerrières ont succédé les doux accords de la danse. Le guerrier farouche a déridé son front menaçant ; au lieu de monter son cheval de bataille et de porter l'effroi au cœur de nos ennemis, il danse d'un pied léger dans l'appartement des femmes, aux sons enchanteurs d'un luth voluptueux. Mais moi, qui ne suis pas fait pour me livrer aux folâtres ébats, ni pour me regarder amoureusement dans une glace ; moi qui, grossièrement façonné, n'ai point ce qu'il faut pour étaler mes grâces sémillantes devant une nymphe agaçante et légère ; moi, à qui la capricieuse nature a refusé les belles proportions et les nobles traits ; moi qu'elle envoya avant terme dans ce monde de vivants, difforme, incomplet, à peine ébauché, et encore d'une manière si défectueuse et si disgracieuse, que les chiens, lorsque je passe près d'eux en boitant, aboient après moi ; — durant ces amusements efféminés de la paix, il ne me reste à moi d'autre passe-temps que de regarder mon ombre au soleil, et d'analyser ma propre difformité. — Eh bien, puisque le rôle de galant ne va pas à ma taille, et que je n'ai point le don de plaire, je suis déterminé à devenir un scélérat et à prendre en haine ces frivoles plaisirs. Déjà, par des trames dangereuses habilement ourdies, mettant en jeu d'absurdes prédictions, des libelles et des songes, j'ai su exciter entre mon frère Clarence et le roi une haine mortelle ; et si le roi Édouard montre autant de droiture et de justice que j'ai su déployer de ruse, d'artifice et de perfidie, ce jour même doit voir Clarence emprisonné, en conséquence d'une prophétie qui annonce que G — sera le meurtrier des héritiers d'Édouard. Rentrez, mes pensées, dans le fond de mon âme ! voici Clarence.

Arrive CLARENCE, escorté par des gardes, et BRAKENBURY.

GLOSTER, *continuant*. Bonjour, mon frère. Pourquoi cette troupe armée qui accompagne votre altesse ?

CLARENCE. Sa majesté, dans sa sollicitude pour la sûreté de ma personne, m'a donné cette escorte pour me conduire à la Tour.

GLOSTER. Pour quel motif ?

CLARENCE. Parce que je m'appelle George.

GLOSTER. Hélas! mon frère, la faute n'en est point à vous; c'est à vos parrains qu'il devrait s'en prendre. L'intention de sa majesté est sans doute de vous faire rebaptiser à la Tour. Mais au fait, Clarence, de quoi s'agit-il? Puis-je le savoir?

CLARENCE. Oui, Richard, quand je le saurai moi-même: car je proteste que jusqu'à présent je n'en sais rien encore. Tout ce que j'ai pu apprendre, c'est que le roi se préoccupe de prophéties et de songes; il tire au hasard dans l'alphabet la lettre G, et prétend qu'un devin lui a prédit que ses enfants seraient déshérités par G—; et comme mon nom commence par un G, il en conclut dans sa pensée que c'est moi qu'a désigné l'oracle. Voilà, autant que j'ai pu le savoir, les raisons puériles qui ont porté sa majesté à ordonner mon arrestation.

GLOSTER. Voilà ce qui arrive quand les hommes sont gouvernés par les femmes : ce n'est pas le roi qui vous envoie à la Tour, c'est mylady Grey, sa femme. — Clarence, c'est elle qui le pousse à ces extrémités. N'est-ce pas elle et cet homme de bien, Antoine Woodville, son frère, qui lui ont fait envoyer lord Hastings à la Tour, d'où il doit sortir aujourd'hui même? Nous ne sommes pas en sûreté, Clarence, nous ne sommes pas en sûreté.

CLARENCE. Par le ciel, personne, je pense, n'est ici en sûreté, hormis les parents de la reine et les nocturnes messagers qui vont et viennent du roi à mistriss Shore[1]. N'avez-vous pas appris à quelles humbles supplications Hastings s'est abaissé auprès d'elle pour obtenir son élargissement?

GLOSTER. C'est après s'être fait l'humble suppliant de sa divinité qu'Hastings a recouvré sa liberté. Croyez-moi, nous n'avons d'autre moyen pour conserver les bonnes grâces du roi que de nous faire les serviteurs de cette femme et de porter sa livrée. La reine, surannée et jalouse, et cette Jeanne Shore, depuis que notre frère en a fait de nobles dames, sont des commères toutes-puissantes dans cette monarchie.

BRAKENBURY. J'en demande pardon à vos altesses; la volonté expresse de sa majesté est que nul, quel que puisse être son rang, n'ait un entretien particulier avec son frère.

GLOSTER. En vérité? Pour peu que cela vous convienne, Brakenbury, vous pouvez prendre part à notre conversation; nous ne disons rien que de fort innocent, mon cher. — Nous

---

[1] Jeanne Shore, maîtresse d'Édouard IV. Après la mort du roi, elle subit une pénitence publique, et mourut dans la misère.

disons que le roi est vertueux et sage, et que sa noble épouse, quoique un peu mûre, est belle et point jalouse ; — nous disons que la femme de Shore a un joli pied, des lèvres vermeilles, des yeux agaçants et le parler le plus aimable ; nous disons qu'on a anobli les parents de la reine. Qu'en dites-vous ? tout cela n'est-il pas vrai ?

BRAKENBURY. Mylord, je n'ai rien de commun avec tout cela.

GLOSTER. Rien de commun avec mistriss Shore ? Croyez-moi, mon cher, celui qui, un seul homme excepté, aurait quelque chose de commun avec elle, ferait bien de tenir la chose secrète.

BRAKENBURY. Et quel est celui que vous exceptez, mylord ?

GLOSTER. Son mari, apparemment. Voudrais-tu nous trahir ?

BRAKENBURY. Votre altesse voudra bien m'excuser ; mais je vous prie de cesser toute conversation avec le noble duc.

CLARENCE. Nous connaissons tes devoirs, Brakenbury, et nous obéirons.

GLOSTER. Nous sommes les très-humbles valets de la reine, et lui devons obéissance. Adieu, mon frère ; je vais trouver le roi, et à quelque démarche qu'il vous plaise de m'employer, me fallût-il appeler la veuve du roi Édouard, ma sœur, je le ferai pour obtenir votre élargissement. En attendant, cette profonde brèche à l'affection fraternelle m'affecte plus profondément que vous ne sauriez l'imaginer.

CLARENCE. Je sais qu'elle nous déplaît fort à tous deux.

GLOSTER. Allez, votre emprisonnement ne sera pas long. Je vous délivrerai, ou j'irai prendre votre place. En attendant, patientez.

CLARENCE. Il le faut. Adieu.

Clarence, Brakenbury et les Gardes s'éloignent.

GLOSTER, *seul*. Va, pour ne plus revenir, candide et crédule Clarence ! — Je t'aime tant, que je compte sous peu expédier ton âme au ciel, si toutefois le ciel veut bien te recevoir de ma main. Mais qui s'approche ! C'est Hastings, nouvellement élargi.

Arrive HASTINGS.

HASTINGS. Salut à mon gracieux lord !

GLOSTER. Je vous en dis autant, mylord chambellan. Je vous félicite de respirer un air libre. Comment votre seigneurie a-t-elle supporté sa prison ?

HASTINGS. Avec patience, mylord, comme il convient à des prisonniers ; mais j'espère vivre assez, mylord, pour remercier les auteurs de mon emprisonnement.

GLOSTER. Sans doute, sans doute ; et Clarence l'espère bien aussi ; car vos ennemis sont aussi les siens ; et ils ont prévalu contre lui, aussi bien que contre vous.

HASTINGS. Quelle pitié que l'aigle se soit mis en cage, pendant qu'on laisse en liberté les milans, ces brigands des airs !

GLOSTER. Quelles nouvelles dans le monde ?

HASTINGS. Il n'y en a point dans le monde d'aussi fâcheuses que celles que nous avons ici. Le roi est maladif, faible et triste ; ses médecins craignent beaucoup pour lui.

GLOSTER. Par saint Paul, voilà en effet une fâcheuse nouvelle. Il a long-temps suivi un régime funeste qui a épuisé sa royale personne : c'est douloureux que d'y penser. Mais quoi ! garde-t-il le lit ?

HASTINGS. Oui, mylord.

GLOSTER. Allez devant ; je vais vous suivre.

Hastings s'éloigne.

GLOSTER, *seul, continuant.* Il ne vivra pas, j'espère ; mais il ne faut pas qu'il meure avant que George soit parti en poste pour le ciel. Je vais le trouver pour irriter encore sa haine contre Clarence par des mensonges appuyés de raisons puissantes ; et si je n'échoue pas dans le projet que j'ai mûri, Clarence n'a pas un jour de plus à vivre. Cela fait, que Dieu dispose du roi Édouard dans sa miséricorde, et me laisse, moi, jouer mon rôle sur la scène de ce monde ! Alors j'épouserai la fille cadette de Warwick. Il est vrai que j'ai tué son mari et son père ; n'importe ; la meilleure réparation que je puisse lui donner, c'est de faire qu'elle retrouve en moi un père et un époux. C'est ce que je ferai ; non que je l'aime, mais dans un autre but secret que j'atteins en l'épousant. Mais, dans mon impatience d'arriver au marché, je vais plus vite que mon cheval. Clarence respire encore ; Édouard vit et règne ; pour compter mes gains, attendons qu'ils soient partis.

Il s'éloigne.

SCÈNE II.

Même ville. — Une autre rue.

On voit paraître le corps du roi Henri VI, porté dans un cercueil découvert ; des Gardes armés de hallebardes l'accompagnent ; LADY ANNE conduit le deuil.

ANNE. Déposez, déposez ce glorieux fardeau, si toutefois la

gloire peut être renfermée sous le bois d'un cercueil ; reposez-vous pendant que, remplissant un funèbre devoir, je déplorerai la mort prématurée du vertueux Lancastre. Triste et pâle effigie d'un saint roi, froides cendres de la maison de Lancastre, relique inanimée de ce sang royal, permets que j'évoque ton ombre ; entends mes lamentations, moi la veuve infortunée de ton Édouard, de ton fils égorgé, assassiné par la même main qui t'infligea ces blessures ! Vois : sur ces blessures par lesquelles s'est échappée ta vie je verse vainement le baume de mes larmes. Maudite soit la main qui les a faites ! Maudit soit le cœur qui a eu cet affreux courage ! Maudit soit le sang de l'homme qui a fait couler ce sang ! malédiction sur le scélérat abhorré qui nous a rendus misérables par ta mort ! Je le hais à l'égal de la vipère, de l'araignée, du crapaud, et des plus venimeux reptiles. S'il a jamais un fils, que ce soit un monstre né avant terme ! et qu'en voyant sa laideur et son étrange aspect sa mère détourne de lui ses regards effrayés ! S'il a jamais une femme, que sa vie[1] la rende plus misérable que je ne le suis par ta mort et par celle de mon jeune époux ! — Allons, reprenez, reprenez votre saint fardeau ; partons à Chertsey, pour y être inhumé, ce dépôt que nous a cédé l'église de Saint-Paul ; quand vous serez fatigués, vous ferez une nouvelle halte, tandis que j'exhalerai mes douleurs sur le cercueil du roi Henri.

Les porteurs reprennent le corps et se remettent en marche.

Arrive GLOSTER.

GLOSTER. Arrêtez, vous qui portez ce corps, et posez-le à terre.

ANNE. Quel noir magicien a évoqué ce démon pour mettre obstacle à l'accomplissement d'un pieux devoir ?

GLOSTER. Drôles, posez à terre ce cadavre, ou, par saint Paul, je fais un cadavre du premier qui me désobéit.

UN DES GARDES. Mylord, rangez-vous, et laissez passer le cercueil.

GLOSTER. Grossier valet ! arrête, quand je te l'ordonne ; écarte de ma poitrine la pointe de ta hallebarde ; ou par saint Paul, je t'étends à terre, et te foule aux pieds, misérable, pour te punir de ton audace.

Les porteurs posent le cercueil à terre.

---

[1] Toutes les éditions de Shakspeare portent *sa mort* au lieu de *sa vie*. Nous avons pensé que c'était une erreur des éditeurs primitifs. On s'en convaincra en lisant la scène première de l'acte IV, dans laquelle lady Anne rappelle les paroles qu'elle a prononcées en cette occasion.

ANNE. Quoi! vous tremblez? vous avez peur? Hélas! je ne saurais vous blâmer; vous n'êtes que des mortels, et des yeux mortels ne peuvent soutenir la vue du démon. — Arrière, effroyable ministre de l'enfer! ce corps, de son vivant, fut soumis à ta puissance; mais tu n'as point juridiction sur son âme; ainsi, éloigne-toi.

GLOSTER. Bel ange, par charité, pas tant de colère.

ANNE. Démon impur, au nom de Dieu, va-t'en, et laisse-nous en paix. Tu as fait de cette heureuse terre un enfer d'où s'élève, grâce à toi, un concert de gémissements et de malédictions. Si tu te délectes au spectacle de tes forfaits, contemple cet échantillon de tes assassinats. —Oh! voyez, messieurs, voyez! les blessures glacées du cadavre de Henri se sont rouvertes, et son sang coule de nouveau! — Rougis, rougis, ignoble amas de difformités; c'est ta présence[1] qui fait couler du sang de ces veines refroidies qui n'en contiennent plus. Ton forfait inhumain et dénaturé provoque cet épanchement contraire aux lois de la nature. O Dieu, qui formas ce sang, venge la mort de la victime! O terre, qui bois son sang, venge sa mort! Ciel, écrase de ta foudre le meurtrier! Terre, ouvre tes abîmes, et dévore-le vivant, de même que tu engloutis le sang de ce bon roi qu'a massacré son bras conduit par l'enfer.

GLOSTER. Madame, vous méconnaissez les lois de la charité, qui nous ordonne de rendre le bien pour le mal, et de bénir ceux qui nous maudissent.

ANNE. Scélérat, tu méconnais toutes les lois divines et humaines; il n'est point d'animal, si féroce qu'il soit, qui ne soit accessible à la pitié.

GLOSTER. J'y suis totalement étranger; donc je ne suis pas une bête féroce.

ANNE. Quel prodige d'entendre un démon dire la vérité!

GLOSTER. Il en est un plus grand, c'est de voir tant de courroux dans un ange. Permettez, ô la plus divine et la plus parfaite des femmes! que je me justifie à vos yeux des prétendus crimes que vous m'imputez.

ANNE. Permets, ô le plus abominable de tous les hommes! que, pour ces crimes avérés, je maudisse ton infernale personne.

---

[1] C'était une superstition généralement répandue que les blessures d'un homme assassiné se rouvraient au contact du meurtrier.

GLOSTER. Beauté plus ravissante que le langage ne saurait l'exprimer, daignez m'accorder un moment d'audience pour me justifier.

ANNE. Monstre plus hideux que la pensée ne peut l'imaginer, tu n'as qu'un moyen de te justifier, c'est de te pendre.

GLOSTER. Montrer un pareil désespoir, ce serait m'accuser moi-même.

ANNE. Ce désespoir t'excuserait, en infligeant un juste châtiment à l'auteur de tant d'injustes trépas.

GLOSTER. Et si ma main était innocente de leur mort?

ANNE. Ils ne sont donc pas morts! — Mais ils le sont, et par toi, infernal scélérat.

GLOSTER. Je n'ai pas tué votre époux.

ANNE. Il est donc vivant!

GLOSTER. Non; il est mort de la main d'Édouard.

ANNE. Infâme, tu mens par la gorge! La reine Marguerite t'a vu retirer de son flanc ton fer fumant encore dont tu te préparais à la frapper elle-même, lorsque tes frères en ont détourné la pointe.

GLOSTER. Elle avait provoqué ma colère par son injurieux langage, en rejetant sur ma tête innocente le crime de mes frères.

ANNE. Tu fus provoqué par ton âme sanguinaire, qui ne rêva jamais que massacres et carnages. N'as-tu pas tué ce roi?

GLOSTER. Je l'avoue.

ANNE. Tu l'avoues, monstre? Puisses-tu être damné pour ce forfait exécrable! Oh! il était doux, humain, vertueux!

GLOSTER. Il n'en était que plus digne du roi du ciel, qui maintenant le possède.

ANNE. Il est dans le ciel, où tu n'iras jamais.

GLOSTER. Il me doit des remercîments de l'y avoir envoyé; car sa place était dans le ciel plutôt que sur la terre.

ANNE. Ta place, à toi, est dans l'enfer.

GLOSTER. J'en sais une autre encore, si vous me permettez de la nommer.

ANNE. Un cachot, sans doute.

GLOSTER. Votre chambre à coucher.

ANNE. Que l'insomnie habite la chambre où tu reposes!

GLOSTER. Il en sera ainsi, madame, jusqu'à ce que j'y repose avec vous.

ANNE. Je l'espère bien.

GLOSTER. J'en suis certain. — Mais, charmante lady Anne, laissons là cet assaut d'épigrammes, et passons à une conversation plus sérieuse. — La cause du trépas prématuré de ces Plantagenets, Henri et Édouard, n'est-elle pas aussi coupable que le bras qui en a été l'instrument?

ANNE. Tu en as été la cause aussi bien que l'instrument.

GLOSTER. Votre beauté en fut la cause, votre beauté, qui me poursuivait dans mon sommeil, au point que j'aurais donné la mort au monde entier, afin de reposer seulement une heure sur votre sein charmant.

ANNE. Si je le croyais, je te le déclare, homicide, ces ongles déchireraient mon visage et en détruiraient la beauté.

GLOSTER. Cette destruction ne se consommerait pas sous mes yeux; je ne le souffrirais pas. Votre beauté est pour moi ce qu'est le soleil pour l'univers; elle est ma lumière, ma vie.

ANNE. Que les ténèbres éteignent ta lumière, et la mort ta vie.

GLOSTER. Ne vous maudissez pas vous-même, créature adorable; vous êtes l'une et l'autre.

ANNE. Je le voudrais, pour me venger de toi.

GLOSTER. C'est un sentiment contre nature, que de vouloir vous venger de celui qui vous aime.

ANNE. C'est un sentiment juste et raisonnable, que de vouloir me venger du meurtrier de mon époux.

GLOSTER. Celui qui vous a privée de votre époux, madame, ne l'a fait que pour vous en offrir un meilleur.

ANNE. Il n'a point son égal sur la terre.

GLOSTER. Il existe un homme qui vous aime plus qu'il ne pouvait vous aimer.

ANNE. Nomme-le

GLOSTER. Plantagenet.

ANNE. C'était son nom.

GLOSTER. C'est le même nom; mais l'homme dont je parle lui est bien supérieur.

ANNE. Où est-il?

GLOSTER. Ici. (*Elle lui crache au visage.*) Pourquoi me crachez-vous au visage?

ANNE. Je voudrais que ce fût pour toi du poison!

GLOSTER. Jamais poison ne sortit d'un lieu aussi charmant.

ANNE. Jamais poison ne s'attacha à un plus odieux reptile. Ote-toi de ma vue ; ta présence est un venin pour mes yeux !

GLOSTER. Vos yeux, femme charmante, ont exercé sur les miens de contagieux ravages.

ANNE. Que ne sont-ils des basilics, pour te donner la mort !

GLOSTER. Plût à Dieu ! Je mourrais d'un seul coup, tandis que maintenant ils ont fait de ma vie une longue agonie. Vos yeux ont arraché des larmes aux miens, honteux de cette puérile faiblesse. Je n'en ai pas versé le jour où mon père York et Édouard pleurèrent en entendant le cri déchirant poussé par Rutland au moment où l'affreux Clifford brandit sont épée contre lui : mes pleurs n'ont pas coulé pour le trépas d'un père, quand le vôtre, ému comme un enfant, nous fit ce douloureux récit qu'interrompirent vingt fois ses sanglots, au point que les visages de tous les assistants étaient baignés de pleurs, comme des arbres arrosés par la pluie. Pour de telles douleurs, mes yeux mâles n'ont pas trouvé de larmes ; mais ce que de pareils chagrins n'ont pu faire, votre beauté l'a fait, et je verse des pleurs. Je n'ai jamais supplié ni ami ni ennemi. Jamais ma bouche n'a su tenir un langage doux et flatteur ; mais maintenant que ta beauté est le prix où j'aspire, mon cœur superbe descend à la prière, et m'oblige à parler. (*Elle jette sur lui un regard de mépris.*) Ne donne pas à ta bouche l'expression du dédain ; elle fut faite pour le baiser et non pour le mépris. Si ton cœur altéré de vengeance ne peut pardonner, tiens, prends ce glaive à la pointe acérée. (*Elle prend l'épée qu'il lui présente.*) Plonge-le dans ce sein loyal, et fais-en partir l'âme qui t'adore. J'offre ma poitrine nue au coup mortel, et je te demande la mort à genoux. (*Il lui présente son sein découvert.*) Frappe, n'hésite plus ; c'est moi qui ai tué le roi Henri. (*Elle dirige l'épée contre sa poitrine.*) Mais c'est ta beauté qui m'a poussé à ce meurtre. — (*Elle laisse retomber l'épée.*) Hâte-toi de frapper ; c'est moi qui ai poignardé le jeune Édouard. (*Elle dirige de nouveau l'épée contre lui.*) Mais ce fut ton visage céleste qui arma mon bras. (*Elle laisse tomber l'épée à terre.*) Reprends cette épée, ou ordonne-moi de me relever.

ANNE. Relève toi, trompeur : je désire ta mort, mais je ne veux pas être ton bourreau[1].

---

[1] Dans *le Cid*, dans une scène qui a quelque ressemblance avec celle-ci, Chimène dit à Rodrigue :

Va, je suis ta partie, et non pas ton bourreau.

GLOSTER. Eh bien ! ordonne-moi de me tuer de mes propres mains, et je le ferai.

ANNE. Je te l'ai déjà dit.

GLOSTER. C'était dans ta colère ; redis-le encore, et au même instant, cette main, qui par amour pour toi a tué celui qui t'aimait, tuera aussi par amour pour toi celui qui t'aime plus sincèrement encore : ainsi tu seras complice de leurs deux morts.

ANNE. Je voudrais pouvoir lire au fond de ton cœur.

GLOSTER. C'est lui qui parle par ma bouche.

ANNE. Ils mentent tous deux, je le crains.

GLOSTER. Nul homme alors ne dit la vérité.

ANNE. Allons, remettez votre épée dans le fourreau.

GLOSTER. Ainsi donc ma paix est faite?

ANNE. Vous le saurez plus tard.

GLOSTER. Mais puis-je espérer?

ANNE. Tous les hommes espèrent, je pense.

GLOSTER, *lui présentant un anneau*. Daignez porter cet anneau.

ANNE. Prendre n'est pas donner.

Elle met l'anneau à son doigt.

GLOSTER. Voyez cet anneau enclore votre doigt ; c'est ainsi que dans votre sein est enchâssé mon pauvre cœur : portez-les l'un et l'autre ; car tous deux sont à vous. Si vous permettiez que votre humble et dévoué serviteur osât encore vous demander une grâce, vous assureriez son bonheur à jamais.

ANNE. Quelle est cette grâce?

GLOSTER. De vouloir bien laisser ces tristes devoirs à celui à qui, dans cette occasion, le deuil convient plus qu'à personne. Veuillez vous rendre à ma résidence de Crosby [1]. C'est là qu'après avoir fait solennellement inhumer ce noble roi au monastère de Chertsey, et avoir arrosé sa tombe de mes pleurs pénitents, j'irai vous présenter mes humbles devoirs. Pour diverses raisons connues de moi seul, je vous en conjure, accordez-moi cette grâce.

ANNE. De tout mon cœur ; et ce m'est une grande joie de

---

[1] Maison appartenant au duc de Gloster, dans Bishopgate Street, cité de Londres.

vous voir devenu si repentant. —Tressel et Berkley, suivez-moi.

GLOSTER. Dites-moi adieu.

ANNE. C'est plus que vous ne méritez ; mais puisque vous m'avez appris à vous flatter, supposez que je vous ai dit adieu.

Lady Anne s'éloigne avec Tressel et Berkley.

GLOSTER. Messieurs, emportez ce corps.

UN DES GARDES. A Chersey, Mylord ?

GLOSTER. Non, à White-Friars ; là vous m'attendrez.

Le cortége s'éloigne avec le corps.

GLOSTER, *seul, continuant.* Vit-on jamais courtiser une femme, et triompher d'elle dans un pareil moment? Je l'épouserai, mais je ne prétends pas la garder longtemps. Eh quoi! moi qui ai tué son époux et son père, je la trouve exhalant contre moi le torrent de sa haine, l'injure à la bouche, et les larmes aux yeux; près d'elle est le témoin sanglant qu'atteste sa vengeance. J'ai contre moi Dieu, ses pleurs, sa conscience; nul ami dont la voix me prête son secours; je n'ai pour tout appui que le diable et ma mine hypocrite, et la voilà conquise! oui, je gage le monde entier contre rien qu'elle est à moi. — Ah! a-t-elle donc déjà oublié ce vaillant prince Édouard, son époux, que dans ma colère j'ai poignardé à Tewksbury il y a trois mois? c'était bien le cavalier le plus aimable et le plus charmant! la nature à plaisir semblait l'avoir formé; jeune, brave, sage, et, sans nul doute, d'un sang royal; tel enfin que l'univers entier ne pourrait offrir son semblable. Et elle ne rougit pas d'abaisser ses regards sur moi qui ai moissonné ce jeune prince dans sa fleur, et lui ai infligé à elle les douleurs du veuvage ; sur moi, dont le tout n'égale pas la moitié d'Édouard; sur moi, boiteux et contrefait? — Mais que dis-je? mon duché contre un denier que j'ai jusqu'ici mal jugé ma personne : il faut, sur ma vie, qu'elle voie en moi ce que je n'y vois pas moi-même, et qu'elle me trouve fort bel homme. Allons, je veux faire la dépense d'un miroir, et avoir à ma suite deux ou trois douzaines de tailleurs, afin de parer ma personne dans le dernier goût. Puisque me voilà réconcilié avec mon individu, je maintiendrai ce bon accord, dût-il m'en coûter quelque argent. Mais d'abord, commençons par installer ce camarade-là dans son tombeau; puis, les larmes aux yeux, allons retrouver mes amours. En attendant que j'aie acheté un miroir, luis, soleil brillant, afin qu'en marchant je puisse voir mon ombre.

Il s'éloigne.

SCÈNE III.

Même ville. — Un appartement du palais.

Entrent LA REINE ÉLISABETH, LORD RIVERS et LORD GREY.

RIVERS. Prenez patience, madame; je ne doute pas que sa majesté ne recouvre bientôt sa santé habituelle.

GREY. Votre impatience empire son mal; au nom du ciel, conservez bonne espérance, et réconfortez sa majesté par l'enjouement de votre conversation.

LA REINE ÉLISABETH. S'il venait à mourir, que deviendrais-je?

GREY. Il n'en résulterait pour vous d'autre malheur que la perte d'un tel époux.

LA REINE ÉLISABETH. La perte d'un tel époux est un malheur qui les comprend tous.

GREY. Le ciel vous a fait don d'un excellent fils qui, après la mort du roi, sera votre consolateur.

LA REINE ÉLISABETH. Hélas! il est jeune, et sa minorité sera confiée à la tutelle de Richard de Gloster, qui n'aime ni moi ni aucun de vous.

RIVERS. Est-il décidé qu'il sera protecteur?

LA REINE ÉLISABETH. C'est un point résolu, bien que la chose ne soit pas encore faite; mais si le roi meurt, cela aura lieu infailliblement.

Entrent BUCKINGHAM et STANLEY.

GREY. Voici les lords Buckingham et Stanley.

BUCKINGHAM. Salut à votre gracieuse majesté.

STANLEY. Dieu rende à votre majesté le bonheur et la joie.

LA REINE ÉLISABETH. Mon cher lord Stanley, la comtesse de Richemond ne se joindrait pas au vœu bienveillant que vous venez de m'exprimer; néanmoins, Stanley, bien qu'elle soit votre femme, et qu'elle ne m'aime pas, soyez certain, mon cher lord, qu'en dépit de son orgueilleuse arrogance je ne vous en veux pas.

STANLEY. Je vous conjure de ne pas ajouter foi aux accusations jalouses de ses calomniateurs, et de voir dans ce qu'elles pourraient présenter de vrai, non le résultat d'une malveillance enracinée, mais d'une faiblesse maladive.

LA REINE ÉLISABETH. Avez-vous vu le roi aujourd'hui, mylord Stanley?

STANLEY. Le duc de Buckingham et moi nous venons à l'instant même de quitter sa majesté.

LA REINE ÉLISABETH. Y a-t-il quelque apparence de mieux?

BUCKINGHAM. Il y a tout à espérer, madame : sa majesté parle avec gaieté.

LA REINE ÉLISABETH. Dieu lui rende la santé! Lui avez-vous parlé?

BUCKINGHAM. Oui, madame : il a exprimé le désir de réconcilier le duc de Gloster avec vos frères, et d'opérer un rapprochement entre ces derniers et le lord chambellan ; à cet effet, il vient de les mander en sa royale présence.

LA REINE ÉLISABETH. Dieu veuille que tout aille bien! — Mais cela ne sera jamais ; je crains que notre bonheur n'ait atteint son apogée.

Entrent GLOSTER, HASTINGS et DORSET.

GLOSTER. Ils me font injure, et je ne le souffrirai pas. Qui sont-ils ceux qui se plaignent au roi que je suis morose, et que je ne les aime pas? Par saint Paul, ceux-là portent à sa majesté bien peu d'affection, qui lui rebattent les oreilles de tracasseries semblables. Parce que je ne suis ni flatteur ni beau parleur, que je ne sais pas sourire à la face des gens, faire patte de velours, tromper, câliner, prodiguer les saluts à la française, et les politesses grimacières, on me fera passer pour un ennemi haineux! Ne peut-on vivre en homme franc, loyal et inoffensif, sans voir sa bonhomie calomniée par les insinuations d'un tas de faquins hypocrites et doucereux?

GREY. A qui dans cette assemblée s'adresse ce discours de votre seigneurie?

GLOSTER. A toi, homme sans probité et sans foi. Quel mal t'ai-je fait? En quoi t'ai-je nui, — à toi, — ou à toi, — ou à qui que ce soit de votre coterie? Malédiction sur vous tous! Sa majesté, — que Dieu veuille longtemps conserver en santé, plus longtemps qu'en secret votre cœur ne le désire, — ne peut respirer un moment en repos, que vos plaintes indécentes ne viennent le troubler.

LA REINE ÉLISABETH. Mon frère de Gloster, vous êtes dans l'erreur; le roi, de son propre mouvement, et sans en être sollicité par personne, ayant sans doute en vue la haine que vous nourrissez secrètement contre mes enfants, mes frères et moi, et qui se manifeste dans tous vos actes, vous mande tous auprès de lui, afin de connaître les motifs de votre animosité, et de les faire cesser.

GLOSTER. Je ne saurais dire : — le monde est devenu si pervers, que le roitelet va chercher sa proie là où l'aigle n'oserait se percher. Depuis que tant de faquins sont devenus gentilshommes, plus d'un gentilhomme est devenu faquin.

LA REINE ÉLISABETH. Allons, allons, mon frère de Gloster, nous devinons votre pensée : vous êtes jaloux de mon élévation et de celle de ma famille. Dieu veuille que nous n'ayons jamais besoin de vous !

GLOSTER. En attendant, Dieu veut que nous ayons besoin de vous. Grâce à vous, mon frère est en prison, moi je suis disgracié, la noblesse traitée avec mépris, tandis que chaque jour voit faire des promotions nouvelles pour anoblir des hommes qui, deux jours auparavant, ne possédaient pas un *noble*[1].

LA REINE ÉLISABETH. Par le Dieu qui me tira de mon heureuse obscurité pour m'élever à ce haut rang que les soucis environnent, je n'ai jamais aigri sa majesté contre le duc de Clarence ; loin de là, j'ai plaidé chaleureusement sa cause. Mylord, c'est me faire gravement injure que d'élever contre moi d'aussi outrageants soupçons.

GLOSTER. Pouvez-vous nier aussi que vous ayez été la cause du récent emprisonnement de lord Hastings ?

RIVERS. Elle le peut, mylord, car, —

GLOSTER. Elle le peut, mylord Rivers ? — Eh mais, qui en doute ? Elle peut faire plus encore que de nier cela : elle peut vous procurer de hautes dignités, et puis nier d'y avoir pris aucune part, et mettre ces honneurs sur le compte de votre éclatant mérite. Que ne peut-elle pas ? Elle peut, —

RIVERS. Que peut-elle, mylord ?

GLOSTER. Mais, parbleu, elle peut épouser un roi célibataire et joli garçon. Si je ne me trompe, votre grand'mère a choisi plus mal.

LA REINE ÉLISABETH. Mylord de Gloster, j'ai trop longtemps enduré vos reproches grossiers et vos amers sarcasmes. Par le ciel, j'instruirai sa majesté de ces ignobles outrages que j'ai trop longtemps soufferts. J'aimerais mieux être une servante de village qu'une grande reine, à la condition d'être

[1] Monnaie du temps valant six schellings huit pence.

aussi en butte à l'injure, au mépris et aux persécutions. Je goûte bien peu de bonheur comme reine d'Angleterre.

LA REINE MARGUERITE entre et reste dans le fond de la scène.

LA REINE MARGUERITE, *à part*. Et ce peu, Dieu veuille le diminuer encore! Tes honneurs, ton rang, ton trône, sont un bien qui m'appartient

GLOSTER, *sans voir Marguerite et s'adressant à la reine Elisabeth*. Quoi! vous me menacez de le dire au roi! Dites-le-lui, ne vous en faites pas faute : sachez que ce que j'ai dit, je le soutiendrai en présence du roi, quand je devrais m'exposer à être envoyé à la Tour. Il est temps de parler ; on a entièrement oublié mes services,

LA REINE MARGUERITE, *à part*. Arrière, démon! je ne me les rappelle que trop bien. Tu as tué Henri, mon époux, à la Tour, et mon pauvre fils Édouard, à Tewksbury.

GLOSTER, *à la reine Elisabeth*. Avant que vous fussiez reine, avant même que votre mari fût roi, j'ai porté la chaleur du jour[1] dans toutes ses affaires importantes ; j'étais l'exterminateur de ses ennemis orgueilleux, le prodigue rémunérateur des services de ses amis : pour royaliser son sang, j'ai versé le mien.

LA REINE MARGUERITE, *à part*. Oui, et même un sang plus pur que le sien ou le tien.

GLOSTER, *à la reine Elisabeth*. Et pendant tout ce temps, vous et votre mari Grey, vous étiez des factieux, soutenant le parti de la maison de Lancastre ; — et vous aussi, Rivers. — Votre époux, à la bataille de Saint-Albans, n'a-t-il pas été tué dans les rangs de Marguerite[2]? Permettez que je vous rappelle, si vous l'avez oublié, ce que vous avez été et ce que vous êtes, comme aussi ce que j'ai été et ce que je suis.

LA REINE MARGUERITE, *à part*. Tu étais un infâme meurtrier, et tu l'es encore.

GLOSTER, *à la reine Elisabeth*. Le pauvre Clarence abandonna les drapeaux de Warwick, son beau-père, et se parjura, — que Jésus lui pardonne! —

LA REINE MARGUERITE, *à part*. Que Dieu l'en punisse!

[1] Il y a dans le texte : « J'ai été un cheval de somme. »
[2] Cette assertion de Gloster est en contradiction avec ce que dit le roi Édouard en présentant lady Grey à ses frères. Voir la troisième partie de Henri VI, acte III, scène II.

GLOSTER, *à la reine Elisabeth.* Pour combattre dans les rangs d'Édouard et lui assurer la couronne; et l'infortuné, voilà que pour toute récompense on l'emprisonne. Plût à Dieu que j'eusse le cœur dur comme Edouard, ou que celui d'Édouard fût tendre et compatissant comme le mien! Ma sotte sensibilité est déplacée dans ce monde.

LA REINE MARGUERITE, *à part.* Quitte la scène de ce monde, démon de perversité, et va cacher ton infamie dans les enfers; c'est là qu'est ton royaume.

RIVERS. Mylord de Gloster, dans ces temps d'agitation que vous rappelez, pour donner à entendre que nous étions vos ennemis, nous servions la cause de notre seigneur et légitime roi, comme nous servirions la vôtre si vous étiez notre roi.

GLOSTER. Si je l'étais? Dieu m'en préserve! j'aimerais mieux être porte-balle! Loin de moi d'en avoir la pensée!

LE REINE ÉLISABETH. Si vous attachez peu de bonheur à l'idée d'être le roi de ce pays, croyez que je n'en éprouve pas davantage à en être la reine.

LA REINE MARGUERITE, *à part.* Elle coûte en effet bien peu de bonheur, la reine d'Angleterre; car cette reine, c'est moi, et j'ai dit adieu à la joie. Je ne puis me contenir plus longtemps. — (*Elle s'avance.*) Ecoutez-moi, pirates en discorde, qui vous querellez dans le partage de mes dépouilles. Qui de vous peut me regarder sans frémir; sinon comme des sujets craintifs devant leur reine, du moins comme des rebelles tremblants en présence de la reine qu'ils ont détrônée? — (*A Gloster.*) Ah! noble scélérat, ne détourne pas de moi ton visage!

GLOSTER. Impure et ridée sorcière, que viens-tu faire en ma présence?

LA REINE MARGUERITE. La récapitulation de tes crimes; voilà ce que je prétends faire avant de te laisser partir.

GLOSTER. N'as-tu pas été bannie sous peine de mort?

LA REINE MARGUERITE. Il est vrai; mais l'exil est pour moi une peine plus forte que la mort à laquelle je m'expose en restant ici. Tu me dois un époux et un fils; — toi, un royaume; — vous tous, l'obéissance. Les chagrins que j'endure vous reviennent de droit; et tous les plaisirs que vous usurpez m'appartiennent.

GLOSTER. Maintenant s'accomplit la malédiction que mon père exhala contre toi dans l'amertume de son âme, le jour où tu ceignis d'un diadème de papier son front belliqueux, où tes outrageants discours firent couler de ses yeux des ruisseaux de larmes, et où, pour les sécher, tu lui donnas un mouchoir trempé dans le sang innocent de l'aimable Rutland; sa malédiction retombe maintenant sur toi : ce n'est pas nous, c'est Dieu qui a puni ton forfait sanguinaire.

LA REINE ÉLISABETH. Dieu est juste; il venge l'innocent.

HASTINGS. Oh! ce fut un crime abominable que le meurtre de cet enfant; c'est l'action la plus barbare dont on ait jamais ouï parler.

RIVERS. Les tyrans eux-mêmes n'ont pu en entendre le récit sans verser des larmes.

DORSET. Tout le monde prédit alors que ce forfait serait vengé.

BUCKINGHAM. Northumberland, qui était présent, pleura en le voyant commettre.

LA REINE MARGUERITE. Eh quoi! vous vous querelliez avant que je vinsse, vous étiez tout prêts à vous prendre à la gorge; et voilà que toutes vos haines se tournent contre moi? Croirai-je que la terrible malédiction d'York a eu auprès du ciel assez de puissance pour que la mort de Henri, celle de mon charmant Édouard, la perte de leur royaume, et mon douloureux bannissement, ne fussent que l'expiation du trépas d'un enfant mutin et maussade? Les malédictions peuvent-elles percer les nues et pénétrer dans le ciel? Eh bien! épais nuages, livrez passage à mes imprécations pénétrantes. Que votre roi meure, sinon par la guerre, du moins par la débauche, comme le nôtre a péri par le meurtre, pour le faire roi! — (*A la Reine.*) Qu'Édouard, ton fils, maintenant prince de Galles, en expiation du trépas de mon fils Édouard, alors prince de Galles, périsse à la fleur de l'âge, moissonné, comme lui, par une mort violente! Et toi, qui es reine, puisses-tu, pour me venger, moi qui fus reine, survivre à tes grandeurs, et devenir aussi malheureuse que moi! Puisses-tu vivre longtemps pour pleurer la perte de tes enfants! Puisses-tu en voir un autre, comme je te vois, revêtue de tes dépouilles comme tu l'es des miennes! Et après une vie prolongée au milieu des douleurs, puisses-tu mourir veuve de tes titres d'épouse, de mère et de reine d'Angleterre!

— Rivers, et toi, Dorset, — vous étiez présents, — et toi aussi, lord Hastings, quand mon fils fut frappé de poignards homicides. Je prie Dieu que nul de vous ne vive jusqu'au terme marqué par la nature, mais que vos jours soient tranchés par quelque accident imprévu.

GLOSTER. Cesse tes conjurations, sorcière odieuse et décharnée.

LA REINE MARGUERITE. Oui, et que je t'oublie, toi, n'est-ce pas? Arrête, monstre; il faut que tu m'entendes. Si le ciel tient en réserve quelques châtiments plus terribles que ceux que j'appelle sur ta tête, qu'il les garde jusqu'à ce que la moisson de tes crimes soit mûre; qu'alors il lance les foudres de son indignation sur toi, sur le perturbateur du repos du monde; que ton âme soit rongée par le ver du remords! Tant que tu vivras, puisses-tu dans tes amis ne voir que des traîtres, et prendre pour tes amis les plus chers des traîtres consommés! Que jamais le sommeil ne vienne fermer tes paupières sans qu'un rêve horrible offre à tes regards effrayés tout un enfer de hideux démons! Avorton prédestiné au crime, pourceau [1] destructeur, toi qu'à ta naissance l'enfer a marqué de son sceau, et la nature des stigmates de l'esclave! opprobre du lit de ta mère, produit impur du sang paternel, guenille d'infamie exécrable —

GLOSTER. Marguerite!

LA REINE MARGUERITE. Richard!

GLOSTER. Quoi?

LA REINE MARGUERITE. Je ne t'appelle pas.

GLOSTER. En ce cas, je te prie de m'excuser; je croyais que c'était à moi que tu adressais tous ces noms odieux.

LA REINE MARGUERITE. Oui, c'était à toi; mais je ne te demandais pas de réponse. Oh! laisse-moi finir mon imprécation.

GLOSTER. Je l'ai terminée moi même par le nom de Marguerite.

LA REINE ÉLISABETH. Ainsi c'est contre vous-même que vous avez exhalé vos malédictions.

LA REINE MARGUERITE. Pauvre reine en peinture, vain simulacre de ma grandeur! pourquoi jettes-tu du sucre sur cette hideuse araignée dont la fatale toile t'enserre de toutes parts? Insensée! insensée! tu aiguises le couteau qui doit t'égorger! Un jour viendra que tu souhaiteras ma présence pour t'aider à maudire ce crapaud venimeux au dos voûté.

HASTINGS. Prophétesse menteuse, finis tes imprécations

---

[1] Allusion au sanglier qui figurait dans les armoiries de la maison d'York.

frénétiques, ou crains, pour ton malheur, de lasser notre patience.

LA REINE MARGUERITE. Opprobre sur vous! vous avez tous laissé la mienne.

RIVERS. Si l'on vous traitait comme vous le méritez, on vous apprendrait votre devoir.

LA REINE MARGUERITE. Si vous me traitiez comme je le mérite, vous me rendriez vos devoirs, vous verriez en moi votre reine, et en vous mes sujets. Traitez-moi donc comme je le mérite, et faites votre devoir.

DORSET. Ne discutez pas avec elle; elle est folle.

LA REINE MARGUERITE. Taisez-vous, monsieur le marquis; vous êtes un sot. Votre noblesse de fraîche date est une monnaie qui n'a point cours encore! Oh! si votre jeunesse pouvait comprendre ce qu'on souffre à perdre son rang et à mener une vie misérable! Ceux qui sont haut placés sont battus de tous les vents, et lorsqu'ils tombent, ils se brisent en morceaux.

GLOSTER. Le conseil est bon; faites-en votre profit, marquis.

DORSET. Il vous concerne tout autant que moi.

GLOSTER. Et beaucoup plus encore; mais je suis né en si haut lieu, que notre aire, bâtie sur la cime du cèdre, insulte à la tempête et brave le soleil.

LA REINE MARGUERITE. Et change sa lumière en ténèbres; — hélas! hélas! témoin mon fils, maintenant couvert des ombres de la mort, lui dont ta noire fureur a éteint les rayons dans la nuit éternelle. C'est dans notre aire que vous avez construit la vôtre. Grand Dieu, qui le voyez, ne le souffrez pas; que le produit du sang périsse dans le sang!

BUCKINGHAM. Silence! silence! par bienséance du moins, si ce n'est par charité.

LA REINE MARGUERITE. Que me parlez-vous de charité ou de bienséance? vous en avez usé avec moi sans charité, et vous avez sans honte assassiné ceux qui faisaient mon espérance. Ma charité, c'est l'outrage; la honte est ma vie; et puisse la rage de ma douleur puiser un aliment dans mon opprobre!

BUCKINGHAM. Finissez, finissez.

LA REINE MARGUERITE. O noble Buckingham! je baise ta main en signe d'union et d'amitié. Que le bonheur plane sur toi et ta noble maison ! Tes vêtements ne sont pas tachés de notre sang, et tu n'es pas compris dans mes malédictions.

BUCKINGHAM. Ni moi, ni aucun de ceux qui sont ici présents ; les malédictions ne vont pas plus loin que les lèvres qui les exhalent.

LA REINE MARGUERITE. Je croirai toujours qu'elles montent aux cieux, et vont y réveiller Dieu dans son repos auguste. O Buckingham! crains ce dogue ; quand il caresse, il mord, et lorsqu'il mord, il laisse dans la blessure un venin mortel. N'aie rien de commun avec lui ; défie-toi de lui : le Crime, la Mort et l'Enfer l'ont marqué de leur sceau, et leurs ministres lui obéissent.

GLOSTER. Que dit-elle, mylord de Buckingham?

BUCKINGHAM. Rien qui mérite attention, mon gracieux lord.

LA REINE MARGUERITE. Eh quoi ! tu réponds par le mépris à mes conseils affectueux, et tu flattes le démon contre lequel je te mets en garde? Un jour tu te rappelleras mes paroles, alors qu'il brisera aussi ton âme de douleur, et tu reconnaîtras que l'infortunée Marguerite t'avait dit la vérité. Que chacun de vous soit en butte à sa haine, lui à la vôtre, et tous à la colère de Dieu !

Elle sort.

HASTINGS. Mes cheveux se dressent d'horreur en entendant ses imprécations.

RIVERS. Les miens aussi : je m'étonne qu'on la laisse ainsi en liberté.

GLOSTER. Par la sainte mère de Dieu, je ne saurais la blâmer : elle n'a que trop souffert, et je me repens, pour ma part, du mal que je lui ai fait.

LA REINE ÉLISABETH. Je ne lui en ai jamais fait, que je sache.

GLOSTER. Vous en avez tout le profit. J'ai mis trop de chaleur à servir un homme qui, maintenant, en met trop peu à s'en souvenir. Pour Clarence, il est, ma foi, bien récompensé ; le voilà enfermé comme un porc qu'on engraisse : Dieu pardonne à ceux qui en sont cause !

RIVERS. C'est le fait d'une âme vertueuse et chrétienne que de prier pour ceux qui nous ont fait du mal.

GLOSTER. C'est toujours ma coutume, et je m'en trouve

bien. — (*A part.*) Car si j'avais maudit en cette occasion, je me serais maudit moi-même.

Entre CATESBY.

CATESBY. Madame, sa majesté vous demande, — (*à Gloster*) ainsi que votre altesse, — et vous aussi, nobles lords.

LA REINE ÉLISABETH. Catesby, j'y vais. — Mylords, venez-vous avec moi ?

RIVERS. Madame, nous suivons votre majesté.

Tous sortent, à l'exception de Gloster.

GLOSTER, *seul*. Je fais le mal, et je suis le premier à jeter les hauts cris. Les méchants tours que je trame dans l'ombre, je les mets sur le compte des autres. Ce Clarence, que j'ai fait emprisonner, j'ai l'air de le plaindre aux yeux d'un tas d'imbéciles, tels que Stanley, Hastings et Buckingham ; et je leur dis que c'est la reine et ses parents qui aigrissent le roi contre le duc mon frère. Maintenant ils le croient, et ils me poussent à la vengeance contre Rivers, Vaughan et Grey ; mais moi, je me prends à soupirer, et citant un passage de l'Écriture sainte, je leur réponds que Dieu nous ordonne de rendre le bien pour le mal ; et c'est ainsi qu'habillant ma scélératesse de sentences prises dans les livres sacrés, je parais un saint quand j'agis le plus en démon.

Entrent DEUX ASSASSINS.

GLOSTER, *continuant*. Mais chut ! je vois venir les exécuteurs de mes hautes œuvres. — Eh bien ! mes braves camarades, allez-vous maintenant expédier cet homme ?

PREMIER ASSASSIN. Nous y allons, mylord ; et nous venons chercher l'ordre au moyen duquel nous pourrons pénétrer jusqu'à lui.

GLOSTER. Bien pensé ; je l'ai sur moi. (*Il leur donne un papier.*) Quand vous aurez fini, venez me trouver à mon hôtel de Crosby. Mais surtout, messieurs, de la célérité dans l'exécution. Soyez inexorables ; n'écoutez pas ce qu'il voudra vous dire ; car Clarence est un beau parleur, et ses paroles pourraient vous attendrir.

PREMIER ASSASSIN. Bah ! bas ! mylord, nous ne nous amuserons pas à babiller : les grands parleurs sont de mauvais faiseurs ; soyez certain que nous allons pour jouer des bras, et non de la langue.

GLOSTER. Je vois que vous avez l'âme ferme comme le roc[1], et que vous laissez les pleurs aux imbéciles. Vous me plaisez, mes braves; vite, à la besogne! allez, allez, dépêchez!

PREMIER ASSASSIN. Nous y allons, mon noble lord.

Ils sortent.

SCÈNE IV.

Même ville. — Une salle dans la Tour.

Entrent CLARENCE et BRAKENBURY.

BRAKENBURY. D'où vient aujourd'hui à votre altesse cet air abattu?

CLARENCE. Oh! j'ai passé une nuit cruelle, si remplie de rêves effrayants et de fantômes hideux, que, foi de chrétien et d'honnête homme, je ne voudrais point passer encore une nuit semblable, dussé-je acheter à ce prix une éternité de jours heureux, tant elle était pleine d'épouvante et d'horreur.

BRAKENBURY. Quel rêve avez-vous fait, mylord? Racontez-le-moi, je vous prie.

CLARENCE. Il me semblait que je m'étais échappé de la Tour et que je faisais voile pour la Bourgogne. Avec moi était mon frère Gloster, qui m'invita à quitter la cabine et à me promener avec lui sur le pont : là, les yeux tournés vers l'Angleterre, nous rappelions le souvenir de tous les mauvais jours que nous avions passés durant les guerres d'York et de Lancastre. Pendant que nous marchions sur le plancher glissant du tillac, Gloster tomba, et dans sa chute, au moment où je voulais le retenir, il me poussa par-dessus le bord au milieu des vagues mugissantes de l'Océan. O Dieu! je crus éprouver le supplice d'un homme qui se noie! Avec quel bruit terrible les eaux bourdonnaient à mes oreilles! sous combien de formes hideuses la mort s'offrait à mes yeux! Il me semblait voir les effrayants débris d'innombrables naufrages; des milliers d'hommes qui servaient de pâture aux poissons; des lingots d'or, des ancres, des monceaux de perles, des pierres précieuses, d'inestimables joyaux, étaient semés çà et là au fond de la mer. Des diamants s'étaient logés dans les crânes des noyés; et dans les cavités qu'occupait autrefois les yeux, — affreuse dérision! — étin-

---

[1] Il y a dans le texte : « Il pleut de vos yeux des meules de moulin, quand les imbéciles versent des larmes. »

celaient des pierreries qui semblaient jeter des regards d'amour sur le fangeux abîme et insulter à tous ces ossements épars.

BRAKENBURY. Aviez-vous donc le loisir, à l'heure de la mort, de contempler les mystères de l'abîme?

CLARENCE. Il me semblait que je l'avais. Plusieurs fois je m'efforçai de rendre le dernier souffle; mais toujours le flot cruel retenait mon âme prisonnière, l'empêchait de s'envoler dans les vides, immenses et libres espaces de l'air, et la refoulait dans ma poitrine haletante, prête à se briser dans les violents efforts qu'elle faisait pour l'exhaler dans l'onde.

BRAKENBURY. Ne vous êtes-vous pas éveillé au milieu d'une si terrible agonie?

CLARENCE. Oh! non; mon rêve s'est prolongé par-delà le trépas. Oh! alors a commencé la tempête pour mon âme! Il m'a semblé que je passais le fleuve de douleur, sous la conduite du sombre nocher dont parlent les poëtes, et que j'entrais dans l'empire de la nuit éternelle. Sur ces bords étrangers, le premier que rencontra mon âme, ce fut mon illustre beau-père, le grand Warwick, qui, à ma vue, s'écria : « Quel supplice destiné au parjure ce noir royaume tient il en réserve pour le perfide Clarence? Il dit, et disparut. Puis je vis errer près de moi une ombre semblable à un ange, dont la chevelure brillante était trempée de sang, et je l'entendis s'écrier : « Clarence est ici, — le perfide, l'inconstant, le parjure Clarence, qui m'a poignardé dans les champs de Tewksbury. Furies, emparez-vous de lui, et infligez-lui vos tortures. » Alors je me suis vu environné d'une légion de hideux démons; ils ont fait retentir à mes oreilles de si effroyables clameurs, qu'à ce bruit, je me suis réveillé tout tremblant, et que, longtemps après, je me croyais encore en enfer, tant mon rêve avait laissé en moi une impression terrible.

BRAKENBURY. Je ne m'étonne pas, mylord, que ce songe vous ait épouvanté; le récit que vous m'en avez fait m'a effrayé moi-même.

CLARENCE. O Brakenbury! ces actes qui maintenant déposent contre mon âme, je les ai faits pour Édouard, et tu vois comme il m'en récompense! O Dieu! si mes ferventes prières ne peuvent t'apaiser, si tu es résolu de tirer vengeance de mes crimes, ne fais du moins tomber que sur moi seul les coups de ta colère; oh! épargne ma femme innocente et mes pauvres enfants! —Je vous en prie, mon ami, restez auprès de moi: mon âme est accablée, et je voudrais m'assoupir.

BRAKENBURY. Volontiers, mylord. Dieu donne à votre altesse un sommeil paisible! (*Clarence s'endort sur une chaise.*) —La douleur intervertit les temps, et change les heures du repos; du matin elle fait le soir, et de la nuit le jour. La gloire des princes se réduit à de vains titres: ils achètent la pompe extérieure au prix des tourments de l'âme; et souvent en échange de plaisirs vides et imaginaires, ils ressentent un monde de soucis trop réels; de sorte qu'entre eux et le vulgaire il n'y a d'autre différence que le vain éclat d'une gloire apparente.

Entrent LES DEUX ASSASSINS.

PREMIER ASSASSIN. Holà! y a-t-il quelqu'un ici?

BRAKENBURY. Que veux-tu, drôle? et comment es-tu venu en ce lieu?

PREMIER ASSASSIN. Je veux parler à Clarence, et je suis venu sur mes jambes.

BRAKENBURY. Voilà un ton bien bref!

DEUXIÈME ASSASSIN. Oh! monsieur, il vaut mieux être bref que d'ennuyer les gens. —Montre-lui notre commission, et trêve de paroles.

On remet un papier à Brakenbury, qui le lit.

BRAKENBURY. Cet écrit m'enjoint de remettre entre vos mains le noble duc de Clarence. Je n'examinerai pas les motifs de cet ordre; quels qu'ils soient, je veux les ignorer. Voici les clefs; — vous voyez là le duc endormi. Je vais trouver le roi, et lui annoncer que je vous ai remis le dépôt dont on m'avait chargé.

PREMIER ASSASSIN. Vous le pouvez, monsieur; c'est agir prudemment. Adieu.

Brakenbury sort.

DEUXIÈME ASSASSIN. Dis donc, le poignarderons-nous dans son sommeil?

PREMIER ASSASSIN. Non; il dirait à son réveil que nous l'avons tué en lâches.

DEUXIÈME ASSASSIN. A son réveil! imbécile, il ne s'éveillera plus qu'au jour du jugement.

PREMIER ASSASSIN. Eh bien, alors il dira que nous l'avons poignardé pendant qu'il dormait.

DEUXIÈME ASSASSIN. Ce mot de jugement a éveillé en moi je ne sais quel remords...

PREMIER ASSASSIN. Quoi donc? as-tu peur?

DEUXIÈME ASSASSIN. Non de le tuer, puisque nous en avons l'ordre; mais j'ai peur, si je le tue, d'être damné, et il n'y a pas d'ordre au monde qui puisse me mettre à l'abri de ce danger-là.

PREMIER ASSASSIN. Je t'avais cru plus résolu.

DEUXIÈME ASSASSIN. Je suis résolu de le laisser vivre.

PREMIER ASSASSIN. Je vais retourner auprès du duc de Gloster, et le lui dire.

DEUXIÈME ASSASSIN. Non; attends un moment encore, je te prie. J'espère que ce pieux accès me passera; d'habitude il ne me dure que le temps de compter jusqu'à vingt.

PREMIER ASSASSIN. Eh bien! comment te trouves-tu maintenant?

DEUXIÈME ASSASSIN. Je t'avouerai qu'il me reste encore là quelque velléité de conscience.

PREMIER ASSASSIN. Songe à la récompense qui nous attend quand la chose sera faite.

DEUXIÈME ASSASSIN. Allons, il mourra: j'avais oublié la récompense.

PREMIER ASSASSIN. Où est ta conscience maintenant?

DEUXIÈME ASSASSIN. Dans la bourse du duc de Gloster.

PREMIER ASSASSIN. De sorte qu'au moment où il ouvrira sa bourse pour nous récompenser, ta conscience s'envolera.

DEUXIÈME ASSASSIN. Cela m'est égal; elle peut partir: il y a peu de gens, si toutefois il en est, qui s'accommodent d'un pareil hôte.

PREMIER ASSASSIN. Et si elle vient te retrouver?

DEUXIÈME ASSASSIN. Je ne veux plus rien avoir de commun avec elle: c'est une créature dangereuse; elle fait d'un homme un lâche : on ne peut voler, qu'elle ne vous accuse; on ne peut jurer, qu'elle ne vous impose silence; on ne peut convoiter la femme de son prochain, qu'elle ne vous trahisse. C'est un lutin à la face timide et toujours prête à rougir qui se révolte au dedans de nous. Elle suscite mille obstacles : elle m'a fait un jour restituer une bourse d'or que j'avais trouvée; elle met à la besace tous ceux qui l'hébergent; elle est proscrite de toutes les villes et cités, comme chose dangereuse; et quiconque veut vivre à son aise doit ne s'en rapporter qu'à lui-même et se passer d'elle.

PREMIER ASSASSIN. Diantre! la voilà maintenant qui rôde autour de moi, et qui voudrait me persuader de ne pas tuer le duc.

DEUXIÈME ASSASSIN. Impose-lui le silence, et ne la crois pas; si tu te laisses enjôler par elle, tu t'en repentiras.

PREMIER ASSASSIN. Je suis de forte trempe; elle ne prévaudra pas contre moi.

DEUXIÈME ASSASSIN. Voilà parler en brave qui tient à sa réputation. Allons, nous mettons-nous à l'œuvre?

PREMIER ASSASSIN. Assène-lui un coup sur la tête avec la garde de ton épée; puis nous le jetterons dans cette cuve de malvoisie qui est dans la pièce voisine.

DEUXIÈME ASSASSIN. Excellente idée! nous ferons de lui une soupe au vin.

PREMIER ASSASSIN. Chut! il s'éveille.

DEUXIÈME ASSASSIN. Frappe.

PREMIER ASSASSIN. Non; parlons-lui.

CLARENCE, *s'éveillant.* Où êtes-vous, mon ami? Donnez-moi une coupe de vin.

DEUXIÈME ASSASSIN. Vous aurez tout à l'heure du vin à foison, mylord.

CLARENCE. Au nom de Dieu, qui es-tu?

PREMIER ASSASSIN. Un homme comme vous.

CLARENCE. Tu n'es pas, comme moi, un personnage royal.

PREMIER ASSASSIN. Vous n'êtes pas, comme nous, un sujet royal.

CLARENCE. Ta voix est un tonnerre; pourtant ta mine est humble.

PREMIER ASSASSIN. En ce moment ma voix est à mon prince, ma mine est à moi.

CLARENCE. Que ton accent est effrayant et terrible! Vos yeux me menacent. Pourquoi êtes-vous si pâles? Qui vous a envoyés ici? pourquoi êtes-vous venus?

LES DEUX ASSASSINS. Pour, pour, pour, —

CLARENCE. Pour m'assassiner?

LES DEUX ASSASSINS. Oui, oui.

CLARENCE. C'est à peine si vous avez le cœur de le dire;

vous n'aurez donc pas le cœur de le faire. En quoi, mes amis, vous ai-je offensés ?

PREMIER ASSASSIN. Ce n'est pas nous, mais le roi, que vous avez offensé.

CLARENCE. On doit me réconcilier avec lui.

DEUXIÈME ASSASSIN. Jamais, mylord. Ainsi préparez-vous à mourir !

CLARENCE. Avez-vous donc été choisis entre tous pour égorger l'innocent ? Quel est mon crime ? quels témoignages déposent contre moi ? Quel jury légal a donné son verdict au juge sévère ? et qui a prononcé contre Clarence la terrible sentence de mort[1] ? Avant que la loi m'ait condamné, me menacer de la mort est un acte illégal. Au nom de la rédemption que vous espérez, par le sang précieux du Christ versé pour nos péchés, je vous somme de sortir d'ici, et de ne pas porter la main sur moi. L'action que vous voulez faire vous damnerait.

PREMIER ASSASSIN. Dans ce que nous voulons faire, nous n'agissons que par ordre.

DEUXIÈME ASSASSIN. Et celui qui nous a donné cet ordre est notre roi.

CLARENCE. Aveugle vassal ! le roi des rois a écrit dans les tables de sa loi : « *Tu ne tueras point.* » Voulez-vous donc enfreindre son commandement, pour obéir à celui d'un homme ? Prenez garde ; car il tient dans sa main la vengeance, pour la faire éclater sur la tête des violateurs de sa loi.

DEUXIÈME ASSASSIN. Cette même vengeance, il la darde sur toi, coupable que tu es de parjure et de meurtre. Tu avais juré sur l'eucharistie de combattre pour la maison de Lancastre ; —

PREMIER ASSASSIN. Et traître au nom de Dieu, tu as violé ton serment ; et ton poignard félon a déchiré le flanc du fils de ton souverain, —

DEUXIÈME ASSASSIN. Que tu avais juré de protéger et de défendre.

PREMIER ASSASSIN. Comment peux-tu alléguer la loi redoutable de Dieu, toi qui l'as enfreinte d'une manière si flagrante ?

CLARENCE. Hélas ! pour qui ai-je commis cet acte coupable ?

---

[1] Ce passage prouve que du temps de Shakspeare l'institution du jury en Angleterre était déjà ancienne et passée dans les mœurs.

Pour Édouard, pour mon frère, pour lui seul; il ne vous a pas chargé de me tuer pour cela, car il a trempé dans ce crime aussi largement que moi. Si Dieu veut en tirer vengeance, il saura faire éclater ses châtiments au grand jour. Laissez à son bras puissant le soin de sa querelle. Il n'a pas besoin de recourir à des moyens indirects et illégaux pour retrancher du monde ceux qui l'ont offensé.

PREMIER ASSASSIN. Qui donc t'avait rendu le ministre de sa colère, le jour où ce jeune et vaillant Plantagenet, qui promettait un si brillant avenir, tomba mort sous tes coups?

CLARENCE. Mon affection pour mon frère, le démon et ma rage.

PREMIER ASSASSIN. Eh bien, c'est notre affection pour ton frère, notre devoir et ton crime, qui nous amènent ici pour t'égorger.

CLARENCE. Si vous aimez mon frère, ne me haïssez pas; je suis son frère, et je l'aime tendrement. Si c'est la promesse d'un salaire qui vous fait agir, retirez-vous, et je vous adresserai à mon frère Gloster, qui vous payera ma vie à plus haut prix qu'Édouard ne vous eût payé ma mort.

DEUXIÈME ASSASSIN. Vous êtes dans l'erreur, votre frère Gloster vous hait.

CLARENCE. Oh! non; il m'aime, et je lui suis cher. Allez le trouver de ma part.

LES DEUX ASSASSINS. C'est bien aussi ce que nous comptons faire.

CLARENCE. Dites-lui que le jour où York, notre illustre père, étendit son bras victorieux sur ses trois fils pour les bénir, et nous recommanda de toute la chaleur de son âme de nous aimer les uns les autres, il était loin de prévoir cette brèche faite à notre amitié. Dites cela à Gloster; et vous le verrez pleurer et s'attendrir.

PREMIER ASSASSIN. Oui, comme un roc; c'est le modèle qu'il nous a proposé!

CLARENCE. Oh! ne le calomniez pas, car il est bon.

PREMIER ASSASSIN. Oui, comme la neige sur la moisson. Allez, vous vous abusez : c'est lui qui nous envoie pour vous faire mourir.

CLARENCE. C'est impossible; car il a pleuré mon malheur, m'a pressé dans ses bras, et m'a juré avec des sanglots de tout faire pour obtenir mon élargissement.

PREMIER ASSASSIN. C'est aussi ce qu'il fait alors qu'il rompt ici-bas votre esclavage et vous envoie goûter les joies du ciel.

DEUXIÈME ASSASSIN. Faites votre paix avec Dieu, car il faut mourir, mylord.

CLARENCE. Eh quoi! tu as assez de piété dans l'âme pour me conseiller de faire ma paix avec Dieu, et tu pousses l'aveuglement sur ton propre salut au point de te mettre en guerre avec Dieu en m'assassinant? Ah! messieurs, songez que celui qui vous a commandé ce meurtre vous détestera pour l'avoir commis.

DEUXIÈME ASSASSIN. Que faire?

CLARENCE. Vous laisser toucher et sauver vos âmes.

PREMIER ASSASSIN. Nous laisser toucher! ce serait lâcheté et faiblesse de femme.

CLARENCE. Rester inflexible est d'une bête féroce et d'un démon. Qui de vous, s'il était fils de roi, et privé de sa liberté comme je le suis maintenant, voyant venir à lui deux meurtriers comme vous, ne supplierait pas qu'on lui laissât la vie? — (*Au deuxième Assassin.*) Mon ami, j'ai surpris une lueur de pitié dans ton regard. Oh! si elle ne m'a pas flatté d'une vaine espérance, embrasse ma défense, et plaide pour moi comme tu ferais pour toi-même, si tu étais dans ma position critique. Quel mendiant ne plaindrait un prince qui mendie!

DEUXIÈME ASSASSIN. Regardez derrière vous, mylord.

PREMIER ASSASSIN, *poignardant Clarence.* Prends cela, et ceci encore : si tout cela ne suffit pas, je vais te noyer dans la cuve de malvoisie.

Il sort, emportant le corps.

DEUXIÈME ASSASSIN, *seul.* O forfait sanguinaire! ô crime forcené! Que ne puis-je, comme Pilate, me laver les mains de ce meurtre abominable!

Rentre LE PREMIER ASSASSIN.

PREMIER ASSASSIN. Eh bien, qu'est-ce que cela signifie? Pourquoi ne m'as-tu pas aidé? Par le ciel, le duc apprendra ta tiédeur.

DEUXIÈME ASSASSIN. Plût à Dieu qu'il pût aussi apprendre que j'ai sauvé son frère! Va recevoir la récompense, et redis-lui mes paroles, car je me repens de la mort du duc.

Il sort.

PREMIER ASSASSIN, *seul.* Moi, je ne m'en repens pas : va, poltron que tu es. — Allons, je vais cacher le corps dans quelque coin, jusqu'à ce que le duc donne des ordres pour l'enterrer ; et quand j'aurai reçu mon salaire, je décamperai ; car tout ceci va s'ébruiter ; et alors il ne serait pas prudent à moi de rester ici.

Il sort.

ACTE DEUXIÈME.

SCÈNE I.

Londres. — Un appartement du palais.

LE ROI ÉDOUARD, malade et que deux lords soutiennent, LA REINE ÉLISABETH, DORSET, RIVERS, HASTINGS, BUCKINGHAM, GREY et Autres.

LE ROI ÉDOUARD. Allons, c'est bien ; — aujourd'hui j'ai utilement rempli ma journée : — nobles pairs, conservez entre vous cette union. — J'attends de jour en jour de mon Rédempteur le message qui doit me rappeler de ce monde ; mon âme partira en paix pour le ciel, maintenant que j'ai réconcilié mes amis sur la terre. — Rivers et Hastings, donnez-vous la main ; plus de haine cachée entre vous ! jurez-vous amitié !

RIVERS. Par le ciel, mon âme ne conserve plus aucun ressentiment, et ma main va sceller l'affection de mon cœur.

HASTINGS. Que le sort me soit propice, comme il est vrai que je fais le même serment en toute sincérité.

LE ROI ÉDOUARD. Gardez-vous bien d'en imposer à votre roi, de peur que le suprême roi des rois ne confonde votre imposture, et ne vous condamne à périr les uns par les autres.

HASTINGS. Puissé-je ne prospérer qu'autant que ce serment d'amitié est sincère !

LE ROI ÉDOUARD, *à la Reine*. Madame, vous n'êtes pas étrangère à ceci, — ni votre fils Dorset, — ni vous, Buckingham : vous avez été hostiles les uns aux autres. — Ma femme, aimez lord Hastings ; donnez-lui votre main à baiser, et que votre réconciliation soit franche.

LA REINE ÉLISABETH. Voilà ma main, Hasting. Je ne veux plus me souvenir de notre haine passée ; j'y engage mon bonheur et celui des miens.

LE ROI ÉDOUARD. Dorset, embrassez-le ; — Hastings, soyez l'ami du marquis.

DORSET. Je proteste que, pour ma part, ce pacte d'amitié sera inviolable.

HASTINGS. Je le jure également.
Il embrasse Dorset.

LE ROI ÉDOUARD. Maintenant, noble Buckingham, mettez le sceau à cette réconciliation en embrassant les parents de ma femme; et que j'aie le plaisir de vous voir amis.

BUCKINGHAM, *à la Reine*. Si jamais Buckingham tourne son ressentiment contre votre majesté, s'il cesse jamais d'avoir pour vous et les vôtres une respectueuse affection, que Dieu me punisse par la haine de ceux dont je dois attendre le plus d'attachement. Quand j'aurai le plus besoin d'un ami, que je croirai le plus pouvoir compter sur son amitié, puissé-je ne trouver en lui qu'un cœur faux et vide, qu'un traître et un fourbe! Voilà ce que je demande au ciel, si jamais il m'arrive de refroidir mon affection pour vous ou les vôtres.
Il embrasse Rivers, etc.

LE ROI ÉDOUARD. C'est pour mon cœur malade un cordial salutaire et doux que cette assurance que vous venez de nous donner. Il ne manque plus ici que la présence de notre frère Gloster pour compléter cette heureuse réconciliation.

BUCKINGHAM. Voici, on ne peut plus à propos, le noble duc qui s'avance.

Entre GLOSTER.

GLOSTER. Salut à mon souverain roi et à la reine! et vous aussi, nobles pairs, je vous souhaite un heureux jour.

LE ROI ÉDOUARD. Ce jour est heureux pour nous, grâce à l'emploi que nous en avons fait. Nous avons accompli, mon frère, une œuvre de charité : nous avons, dans le cœur de ces pairs irrités et implacables, fait succéder la paix à l'hostilité, l'affection à la haine.

GLOSTER. Vous avez fait là une œuvre méritoire, mon souverain seigneur. Si dans cette illustre assemblée il se trouve quelqu'un qui, trompé par de faux rapports et d'injustes soupçons, me regarde comme son ennemi; ou si, sans le vouloir, ou dans un mouvement de colère, il m'est arrivé d'offenser qui que ce soit parmi les personnages ici présents, je désire faire ma paix avec lui. C'est la mort pour moi que de haïr; je déteste l'inimitié, et je recherche l'affection de tous les gens de bien. — Vous d'abord, madame, je vous demande une paix sincère que j'achèterai au prix de mon respectueux dévouement.—Je vous en dis autant, mon noble cousin Buckingham; pour peu que le moindre dissentiment ait existé entre nous, —ainsi qu'à vous, lord Rivers,—et à vous, lord Grey,—à tous ceux qui, sans motif, ont pu nourrir contre moi des dispositions malveillantes, ducs, comtes, lords, gentilshommes, enfin tous. Je ne connais pas un seul Anglais vivant contre lequel mon cœur ait plus de rancune que n'en aurait l'enfant qui vient de naître. Je remercie Dieu de m'avoir donné ces sentiments d'humilité.

LA REINE ÉLISABETH. Ce jour sera dans l'avenir un jour de fête. Dieu veuille que toutes nos querelles soient complètement pacifiées!—(*Au Roi.*) Mon souverain seigneur, je supplie votre majesté de rendre ses bonnes grâces à notre frère Clarence.

GLOSTER. Eh quoi! madame, ne vous ai-je fait de pacifiques avances que pour me voir ainsi raillé en présence du roi? Qui ne sait que le noble duc est mort? (*Tous font un mouvement de surprise.*) Vous lui faites outrage et insultez à son cadavre.

LE ROI ÉDOUARD. Qui ne sait qu'il est mort? Et qui donc le sait?

LA REINE ÉLISABETH. Ciel, qui vois tout, quel monde est celui-ci!

BUCKINGHAM. Lord Dorset, suis-je aussi pâle que tous les autres?

DORSET. Oui, mylord. Il n'est personne dans cette assemblée dont le visage n'ait perdu ses couleurs.

LE ROI ÉDOUARD. Clarence est mort? L'ordre avait été révoqué.

GLOSTER. Il est vrai; mais l'infortuné est mort en vertu de votre premier ordre; et celui-là, un Mercure ailé l'a fait parvenir; le contre-ordre a été porté par quelque messager boiteux arrivé trop tard pour voir enterrer le duc. Dieu veuille que quelqu'un, moins noble et moins loyal que lui, plus rapproché du trône par de sanguinaires espérances, quoique y tenant de moins près par les liens du sang, et sur qui néanmoins aucun soupçon ne plane, n'en ai pas mérité pire que le malheureux Clarence!

Entre STANLEY.

STANLEY, *un genou en terre.* Sire, je vous demande une grâce en retour de mes services.

LE ROI ÉDOUARD. Laisse-moi, je t'en conjure; mon âme est pleine d'affliction.

STANLEY. Je ne me relèverai pas que votre majesté ne m'ait entendu.

LE ROI ÉDOUARD. Parle donc, et dis-moi ce que tu demandes.

STANLEY. Veuillez faire grâce de la vie à l'un de mes gens, qui a tué aujourd'hui un gentilhomme querelleur, attaché depuis peu au duc de Norfolk.

LE ROI ÉDOUARD. Ma bouche a pu prononcer l'arrêt de mort de mon frère, et cette même bouche pardonnerait à un esclave! Mon frère n'avait tué personne; il n'était coupable que de pensée, et cependant une mort cruelle a été son châtiment. Qui m'a demandé sa grâce? qui, dans ma colère, s'est agenouillé devant moi, et m'a supplié de réfléchir? Qui m'a parlé de lien fraternel? qui m'a parlé d'affection? qui m'a remis en mémoire comment l'infortuné avait abandonné le puissant Warwick, et combattu pour moi? Qui m'a dit que sur le champ de bataille de Tewksbury, Oxford m'ayant abattu à ses pieds, il me sauva la vie en me disant : « *Vivez, mon frère, et soyez roi?* » Qui m'a rappelé ce moment où, couchés tous deux sur la terre à demi morts de froid, il me couvrit de ses propres vêtemens, et resta lui-même presque nu exposé aux rigueurs d'une nuit glaciale? Tout cela, ma coupable et brutale colère l'avait effacé de mon souvenir, et nul d'entre vous n'a eu la charité de me le rappeler. Mais lorsqu'un de vos charretiers ou de vos valets a commis un meurtre dans l'ivresse, et détruit l'image précieuse de notre bien-aimé Rédempteur, soudain vous tombez à genoux pour implorer son pardon; et moi, non moins injuste que vous, il faut que je l'accorde. Mais pour mon frère, nul n'a élevé la voix ; et moi-même, ingrat que je suis, mon cœur ne m'a pas parlé pour lui, l'infortuné! Les plus fiers d'entre vous ont été ses obligés pendant sa vie: et cependant il n'en est pas un qui, prenant sa défense, ait essayé de le soustraire à la mort. Ah! je crains que la justice de Dieu, punissant ce forfait, ne s'appesantisse sur moi et les miens, sur vous et les vôtres.—Venez, Hastings ; aidez-moi à regagner mon appartement.—Pauvre Clarence !

Le Roi, la Reine, Hastings, Rivers, Dorset et Grey sortent.

GLOSTER. Voilà les fruits d'une aveugle colère ! N'avez-vous pas remarqué la pâleur qui a paru sur le visage des coupables parents de la reine quand on a annoncé la mort de Clarence? Oh ! ce sont eux qui l'ont conseillée au roi. Dieu en tirera vengeance. Allons, mylords, voulez-vous que nous allions tenir compagnie à Édouard et le consoler?

BUCKINGHAM. Nous sommes aux ordres de votre altesse.

Ils sortent.

SCÈNE II.

Même lieu.

Entre LA DUCHESSE D'YORK avec LE FILS et LA FILLE DE CLARENCE.

LE FILS. Dites-nous, grand'maman, est-ce que notre père est mort?

LA DUCHESSE. Non, mon enfant.

LA FILLE. Pourquoi vous voyons-nous si souvent pleurer, et vous frapper la poitrine en criant : « O Clarence, mon malheureux fils ! »

LE FILS. Pourquoi nous regardez-vous en secouant la tête? pourquoi nous appelez-vous orphelins, pauvres abandonnés, s'il est vrai que notre noble père soit vivant?

LA DUCHESSE. Mes chers petits-enfants, vous vous méprenez tous deux : je m'afflige de la maladie du roi, que nous sommes menacés de perdre, et non de la mort de votre père; pleurer un mort serait peine perdue.

LE FILS. Ainsi, grand'maman, vous convenez qu'il est mort. Le roi mon oncle a fait là une action condamnable. Dieu en tirera vengeance; pour l'obtenir, je l'importunerai de mes prières ferventes.

LA FILLE. Et moi aussi.

LA DUCHESSE. Taisez-vous, enfants, taisez-vous! Le roi vous aime tendrement : pauvres innocents que vous êtes, vous ne pouvez deviner qui a causé la mort de votre père.

LE FILS. Si, grand'maman, nous le pouvons. Mon bon oncle Gloster m'a dit que le roi, à l'instigation de la reine, l'avait fait mettre en prison : en me disant cela, mon oncle pleurait; il s'apitoyait sur moi, et me baisait affectueusement sur la joue. Il me dit que je pouvais compter sur lui comme sur mon père, et qu'il m'aimerait aussi tendrement que si j'étais son fils.

LA DUCHESSE. Ah ! faut-il que l'hypocrisie prenne des formes si séduisantes, et cache tant de perversité sous un masque de vertu ! Il est mon fils, hélas! et ma honte. Pourtant, ce n'est point à ma mamelle qu'il a sucé tant de fourberie.

LE FILS. Vous pensez donc, grand'maman, que mon oncle nous en impose?

LA DUCHESSE. Oui, mon enfant.

ACTE II, SCÈNE II.

LE FILS. Moi, je ne le crois pas. Écoutez! quel est ce bruit?

Entre LA REINE ÉLISABETH, en proie au plus violent désespoir; RIVERS et DORSET la suivent.

LA REINE ÉLISABETH. Oh! qui m'empêchera de gémir et de pleurer, d'accuser le sort et de me désoler? Laissez-moi contre moi-même unir mes efforts à ceux du désespoir, et devenir ma propre ennemie.

LA DUCHESSE. A quoi tendent ces transports furieux?

LA REINE ÉLISABETH. A quelque acte de violence tragique. —Edouard, mon époux, votre fils, votre roi, est mort. Pourquoi les rameaux continuent-ils à pousser quand la racine n'est plus? Pourquoi les feuilles ne se flétrissent-elles pas quand la séve est tarie? Si vous voulez vivre, que ce soit pour pleurer; si vous voulez mourir, hâtez-vous; que nos âmes, dans leur vol rapide, aillent rejoindre celle du roi, ou qu'en fidèles sujettes, elles le suivent dans son nouvel empire, au séjour de l'éternel repos.

LA DUCHESSE. Ah! je prends à ta douleur une part aussi vive qu'étaient étroits les liens qui m'attachaient à ton noble époux! J'ai pleuré la mort d'un époux glorieux, et je ne vivais qu'en contemplant ses vivantes images; mais maintenant deux des miroirs où se reproduisaient ses traits augustes sont brisés par la mort ennemie; et, pour consolation, je n'ai plus qu'une glace infidèle qui afflige ma vue et ne réfléchit que ma honte. Tu es veuve, il est vrai, mais tu es mère encore, et il te reste tes enfants pour consolation; pour moi, la mort, après avoir arraché mon époux de mes bras, m'a ravi encore les deux appuis de ma faiblesse, Clarence et Edouard. Ta douleur n'est que la moitié de la mienne; et il est juste que ma voix étouffe tes plaintes et domine tes clameurs.

LE FILS DE CLARENCE. Ah! ma tante, vous n'avez pas donné des pleurs à la mort de notre père; comment pourrions-nous joindre nos larmes aux vôtres?

LA FILLE DE CLARENCE. Notre douleur d'orphelins n'a pas trouvé d'échos, que votre douleur de veuve n'en trouve pas davantage!

LA REINE ÉLISABETH. Mon affliction n'a pas besoin de la vôtre; les lamentations ne me feront pas faute. Je voudrais que tous les fleuves apportassent à mes yeux le tribut de leurs ondes; devenue alors une vaste mer, soumise à l'influence de la lune, je noierais l'univers sous un déluge de larmes. Ah ! laissez-moi pleurer mon époux, mon bien-aimé Édouard !

LES DEUX ENFANTS. Laissez-nous pleurer notre père, notre bien-aimé Clarence !

LA DUCHESSE. Laissez-les-moi pleurer tous deux, Édouard et Clarence !

LA REINE ÉLISABETH. Édouard était mon unique appui, et il n'est plus.

LES DEUX ENFANTS. Clarence était notre unique appui, et il n'est plus.

LA DUCHESSE. Je n'avais qu'eux pour appui, et ils ne sont plus.

LA REINE ÉLISABETH. Jamais veuve fit-elle une perte plus grande ?

LES DEUX ENFANTS. Jamais orphelins firent-ils une perte plus grande ?

LA DUCHESSE. Jamais mère fit-elle une perte plus grande ? Hélas ! je suis la mère de toutes ces douleurs, les leurs sont partielles, la mienne les réunit toutes. Elle pleure Édouard, et moi aussi ; je pleure Clarence, elle ne le pleure pas : ces enfants pleurent Clarence, et moi aussi ; je pleure Édouard, ils ne le pleurent pas.—Hélas ! c'est sur moi, trois fois malheureuse, que doivent retomber vos larmes à tous trois : mère de vos douleurs, c'est à moi à les nourrir de mes lamentations.

DORSET, *à la Reine.* Consolez-vous, ma mère ; c'est offenser Dieu que d'accueillir ses actes avec ingratitude. Dans les choses ordinaires de la vie, on appelle ingrat celui qui restitue de mauvaise grâce la somme qu'avait prêtée avec bienveillance une main généreuse ; à plus forte raison l'êtes-vous d'accuser ainsi le ciel parce qu'il redemande le prêt royal qu'il vous avait fait.

RIVERS. Madame, que votre sollicitude maternelle reporte ses pensées vers le jeune prince votre fils. Envoyez-le chercher sur-le-champ ; qu'il soit couronné ; c'est en lui que réside votre espoir. Dans la tombe d'Édouard mort ensevelissez vos douleurs ; sur le trône d'Édouard vivant, vos joies vont refleurir.

Entrent GLOSTER, BUCKINGHAM, STANLEY, HASTINGS, RATCLIFF *et Autres.*

GLOSTER. Ma sœur, consolez-vous ; la perte de l'astre brillant qui vient de s'éclipser est pour nous tous un sujet de douleur, mais nul ici-bas ne peut guérir ses maux avec des larmes.—(*A la Duchesse.*) Madame ma mère, veuillez m'excuser; je ne vous voyais pas; je vous demande humblement à genoux votre bénédiction.

LA DUCHESSE. Que Dieu te bénisse, et mette dans ton cœur la douceur, l'affection, la charité, l'obéissance, et la fidélité au devoir!

GLOSTER, *à part, en se relevant.* Ainsi, soit-il; et qu'il m'accorde de mourir vieux; c'est le but obligé de toute bénédiction maternelle, je m'étonne que ma mère l'ait oublié.

BUCKINGHAM. Vous tous, pairs et seigneurs, que l'affliction accable, et qui partagez le poids de la douleur commune, cherchez une consolation dans votre affection mutuelle : nous avons perdu la moisson de bonheur que nous tenions du roi; mais son fils nous en promet une autre dans l'avenir; le ressentiment a disparu de vos cœurs irrités; la bonne intelligence, récemment établie entre vous, doit être soigneusement conservée. Je crois qu'il serait à propos que le jeune prince, avec une suite peu nombreuse, fût ramené de Ludlow à Londres pour y être couronné roi.

RIVERS. Pourquoi avec une suite peu nombreuse, mylord de Buckingham?

BUCKINGHAM. Parce que, dans la confusion d'une agglomération trop nombreuse, les blessures de nos discordes, à peine cicatrisées, pourraient se rouvrir, ce qui serait doublement dangereux dans l'état mal affermi d'un nouveau règne. Quand les chevaux ont la bride sur le cou, et peuvent diriger leur course au gré de leur caprice, il faut, à mon sens, prévenir la crainte du mal autant que le mal lui-même.

GLOSTER. J'espère que le roi a fait cesser entre nous toute mésintelligence; de mon côté, la réconciliation est solide et sincère.

RIVERS. De mon côté aussi; et je pense qu'il en est de même de nous tous. Mais ce lien étant nouveau encore, il faut éviter tout ce qui pourrait l'exposer à se rompre; ce qui serait à craindre peut-être si la foule était trop considérable. Je demande donc, avec Buckingham, que le cortége qui doit ramener le prince soit peu nombreux.

HASTINGS. Je suis du même avis.

GLOSTER. Eh bien! soit; allons déterminer le choix de ceux

qui vont partir pour Ludlow.—Madame,—et vous, ma mère,—voulez-vous venir donner votre avis sur ce point important?

Tous sortent, à l'exception de Buckingham et de Gloster.

BUCKINGHAM. Mylord, qui que ce soit qui se rende auprès du prince, au nom du ciel, nous deux ne restons pas ici; car comme préliminaire à l'arrangement dont nous avons parlé, je trouverai en route l'occasion de séparer du prince l'orgueilleuse parenté de la reine.

GLOSTER. Mon autre moi-même, tabernacle de mes conseils, mon oracle, mon prophète, mon cher cousin, je me laisse guider par toi comme un enfant. A Ludlow donc; car il ne nous faut pas rester en arrière.

Ils sortent.

SCÈNE III.

Même ville. — Une rue.

DEUX BOURGEOIS se rencontrent.

PREMIER BOURGEOIS. Bonjour, voisin. Où allez-vous si vite?

DEUXIÈME BOURGEOIS. Je le sais à peine moi-même, je vous jure. Savez-vous la nouvelle?

PREMIER BOURGEOIS. Oui; on dit que le roi est mort.

DEUXIÈME BOURGEOIS. Mauvaise nouvelle, par Notre-Dame! il est rare que nous en ayons de bonnes. Je crains bien que tout n'aille de travers.

Arrive UN AUTRE BOURGEOIS.

TROISIÈME BOURGEOIS. Voisins, Dieu vous garde.

PREMIER BOURGEOIS. Voisin, je vous donne le bonjour.

TROISIÈME BOURGEOIS. La nouvelle de la mort du bon roi Édouard se confirme-t-elle?

DEUXIÈME BOURGEOIS. Hélas! elle n'est que trop vraie : Dieu nous soit en aide!

TROISIÈME BOURGEOIS. En ce cas, messieurs, attendez-vous à voir luire des temps orageux.

PREMIER BOURGEOIS. Non, non; s'il plaît à Dieu, son fils règnera.

TROISIÈME BOURGEOIS. Malheur au pays qu'un enfant gouverne!

DEUXIÈME BOURGEOIS. Nous avons du moins en lui l'espoir d'un gouvernement; pendant sa minorité, un conseil administrera en son nom ; et quand il sera mûri par l'âge, il règnera par lui-même ; à cette époque, et en attendant qu'elle vienne, je ne doute pas que nous ne soyons bien gouvernés.

PREMIER BOURGEOIS. La situation est la même qu'au temps où Henri VI fut couronné à Paris à l'âge de neuf mois.

TROISIÈME BOURGEOIS. La situation est la même? Non, non, mes amis, Dieu le sait. Le pays alors abondait en hommes d'état supérieurs ; alors le roi avait pour le protéger des oncles vertueux.

PREMIER BOURGEOIS. Celui-ci en a pareillement, tant du côté paternel que du côté maternel.

TROISIÈME BOURGEOIS. Il vaudrait mieux ou qu'ils fussent tous du côté paternel, ou qu'il n'y en eût aucun de ce côté-là; car leur rivalité à qui sera le plus près du roi nous touchera de trop près, si Dieu n'y met ordre. Oh ! c'est un homme dangereux que le duc de Gloster ; et puis les fils et les frères du roi sont orgueilleux et hautains : si tous ces gens-là au lieu de gouverner étaient gouvernés eux-mêmes, la patrie malade pourrait reprendre sa santé première.

PREMIER BOURGEOIS. Allons, allons, nous mettons les choses au pire : tout ira bien.

TROISIÈME BOURGEOIS. Quand le ciel se couvre de nuages, les hommes sages mettent leur manteau ; quand les larges feuilles tombent, l'hiver n'est pas loin ; quand le soleil se couche, qui ne s'attend pas à la nuit? Les orages hors de saison font prévoir la disette. Il est possible que tout aille bien ; mais si Dieu l'ordonne ainsi, c'est plus que nous ne méritons, ou que je n'espère.

DEUXIÈME BOURGEOIS. Ce qu'il y a de certain, c'est que la crainte est dans tous les cœurs : on ne peut entrer en conversation avec un homme qu'on ne lui voie l'air sombre et la terreur dans l'âme.

TROISIÈME BOURGEOIS. C'est le signe précurseur des révolutions. Un instinct fait pressentir aux hommes les périls à venir ; c'est ainsi qu'on voit l'onde s'enfler à l'approche d'une tempête. Mais laissons Dieu régler toutes choses. Où allez-vous ?

DEUXIÈME BOURGEOIS. Nous sommes appelés devant les juges.

TROISIÈME BOURGEOIS. Et moi aussi : je vous tiendrai compagnie.

Ils s'éloignent.

SCÈNE IV.

Londres. — Un appartement du palais.

Entrent L'ARCHEVÊQUE D'YORK, le jeune DUC D'YORK, LA REINE ÉLISABETH et LA DUCHESSE D'YORK.

L'ARCHEVÊQUE. J'apprends qu'hier soir ils ont couché à Northampton ; ils seront ce soir à Stony-Stratford : demain ou après-demain ils seront ici.

LA DUCHESSE. Je suis impatiente de voir le prince : j'espère qu'il est beaucoup grandi depuis la dernière fois que je l'ai vu.

LA REINE ÉLISABETH. J'ai ouï dire que non : on m'assure que mon fils York est presque aussi grand que lui.

YORK. C'est vrai, ma mère ; mais j'en suis fâché.

LA DUCHESSE. Pourquoi, mon enfant? C'est une bonne chose que de grandir.

YORK. Grand'maman, un soir, à souper, mon oncle Rivers ayant dit que je grandissais plus que mes frères, « Oui, a dit mon oncle Gloster, petite plante a des vertus utiles ; mauvaise herbe croît toujours. » Depuis ce temps-là, j'ai souhaité de grandir moins rapidement, par la raison que les fleurs aux doux parfums sont lentes à venir, et que les mauvaises herbes poussent vite.

LA DUCHESSE. Vraiment! vraiment! Celui qui tenait ce propos ne l'a pas justifié par son exemple. C'était dans son enfance l'être le plus chétif qu'on pût voir. Il a été si lent à grandir que, si la règle était vraie, il devrait être plein de bonnes qualités.

L'ARCHEVÊQUE. Et il l'est aussi sans doute, ma gracieuse dame.

LA DUCHESSE. Je l'espère ; mais laissez le doute aux mères.

YORK. Ma foi, si j'y avais pensé, j'aurais, à propos de sa croissance, donné à mon oncle un coup de patte qui aurait porté plus juste que le sien.

LA DUCHESSE. Comment cela, mon jeune York? Dites-le-moi, je vous prie.

YORK. On dit que mon oncle a grandi si vite, que deux heures après sa naissance il pouvait manger une croûte ; or, moi, ce n'est qu'à l'âge de deux ans que j'ai eu ma première dent. N'est-ce pas, grand'maman, que c'eût été là une plaisanterie mordante?

LA DUCHESSE. Mon petit York, qui vous a dit cela?

YORK. Sa nourrice, grand'maman.

LA DUCHESSE. Sa nourrice? Mais elle était morte avant que vous fussiez né.

YORK. Si ce n'est pas elle, je ne saurais dire de qui je le tiens.

LA REINE ÉLISABETH. Voilà un enfant bien jaseur. — Allons, pas tant de malice.

L'ARCHEVÊQUE. Madame, ne le grondez pas.

LA REINE ÉLISABETH. Petites écuelles ont de grandes oreilles.

Entre UN MESSAGER.

L'ARCHEVÊQUE. Voici un messager. Quelles nouvelles?

LE MESSAGER. Des nouvelles d'une telle nature qu'elles me coûtent à dire.

LA REINE ÉLISABETH. Comment se porte le prince?

LE MESSAGER. Il est en bonne santé, madame.

LA DUCHESSE. Quelles sont tes nouvelles?

LE MESSAGER. Lord Rivers, lord Grey et sir Thomas Vaughan, ont été conduits prisonniers à Pomfret.

LA DUCHESSE. Qui les a fait arrêter?

LE MESSAGER. Les puissants ducs de Gloster et de Buckingham.

LA REINE ÉLISABETH. Pour quel crime?

LE MESSAGER. J'ai dit tout ce que je savais. Quant au motif pour lequel ces lords ont été arrêté, je l'ignore entièrement, ma gracieuse dame.

LA REINE ÉLISABETH. Hélas! j'entrevois la ruine de ma maison. Maintenant le tigre a saisi le faon timide; la tyrannie insolente commence à empiéter sur le trône d'un enfant innocent et sans défense. Viennent à présent la destruction, le carnage et le massacre! Je vois clairement, et comme sur un plan tout tracé, le dénouement de tout ceci.

LA DUCHESSE. Combien mes yeux ont déjà vu luire de ces jours maudits, de ces jours de troubles et de discordes! Mon époux a perdu la vie en cherchant à conquérir une couronne; mes fils se sont vus tour à tour favorisés et trahis par la fortune; tantôt je me réjouissais de leurs succès; tantôt je pleurais sur leurs désastres. Enfin, une fois affermis, et les discordes civiles complétement dissipées, les vainqueurs se sont fait la guerre les uns aux autres; frère contre frère, sang contre sang, ils se sont déchirés de leurs propres mains. Mets un terme à tes fureurs, ô courage insensé et frénétique! ou que je meure enfin, pour n'avoir plus devant les yeux ces spectacles de mort!

LA REINE ÉLISABETH. Venez, venez, mon fils; allons chercher un asile dans le sanctuaire. — Adieu, madame.

LA DUCHESSE. Attendez; j'irai avec vous.

LA REINE ÉLISABETH. Vous, rien ne vous y oblige.

L'ARCHEVÊQUE, *à la Reine.* Venez, madame, et portez dans cet asile vos trésors et vos richesses. Pour moi, je remettrai aux mains de votre majesté les sceaux qui m'étaient confiés; et puisse mon destin suivre mon dévouement à vous et à tous les vôtres! Venez, je vais vous conduire au sanctuaire.

Ils sortent.

ACTE TROISIÈME.

SCÈNE I.

Londres. — Une rue.

Les trompettes sonnent. Arrivent LE PRINCE DE GALLES, GLOSTER, BUCKINGHAM, LE CARDINAL BOURCHIER, CATESBY et Autres.

BUCKINGHAM. Aimable prince, soyez le bienvenu dans votre bonne ville de Londres, dans votre capitale.

GLOSTER. Soyez le bienvenu, mon cher neveu, souverain de mes pensées. La fatigue de la route vous a rendu triste.

LE PRINCE. Non, mon oncle; mais nos altercations pendant le voyage me l'ont rendu ennuyeux, pénible et fatigant. Il me manque encore ici des oncles pour me souhaiter la bienvenue.

GLOSTER. Cher prince, l'innocence de votre âge n'a pas encore sondé dans ses profondeurs l'artificieuse perversité du monde; vous ne jugez un homme que par ses qualités extérieures; et Dieu sait que l'extérieur est rarement, pour ne pas dire jamais, l'indice des sentiments du cœur. Ces oncles que vous regrettez de ne point voir ici étaient des hommes dangereux ; votre altesse se laissait prendre au miel de leurs paroles, et ne voyait pas le poison de leur cœur. Dieu vous préserve d'eux et d'amis aussi perfides !

LE PRINCE. Dieu me préserve d'amis perfides ! mais ils ne l'étaient pas.

GLOSTER. Mylord, le maire de Londres vient vous présenter ses hommages.

Arrivent LE LORD MAIRE et son Cortége.

LE LORD MAIRE. Dieu accorde à votre altesse la santé et d'heureux jours !

LE PRINCE. Je vous remercie, mylord ; je vous remercie tous.

Le lord Maire et son Cortége s'éloignent.

LE PRINCE, *continuant*. Ma mère et mon frère York devraient depuis longtemps être venus nous rejoindre en route. Que fait donc ce paresseux d'Hastings, qu'il ne vient pas nous apprendre s'ils viendront ou non ?

Arrive HASTINGS.

BUCKINGHAM. Justement, le voilà qui arrive tout couvert de sueur.

LE PRINCE. Salut, mylord. Eh bien, notre mère va-t-elle venir ?

HASTINGS. La reine votre mère et votre frère York ont cherché un asile dans le sanctuaire ; Dieu sait pour quel motif, quant à moi, je l'ignore. Le jeune prince était disposé à venir avec moi rejoindre votre altesse, mais sa mère s'y est péremptoirement opposée.

BUCKINGHAM. Voilà une conduite bien étrange et bien déplacée ! — Lord cardinal, voulez-vous aller trouver la reine, et la décider à envoyer immédiatement le duc d'York à son auguste frère ? — Lord Hastings, allez avec lui, et si elle refuse, arrachez-le par force de ses bras jaloux.

LE CARDINAL. Mylord de Buckingham, si ma faible éloquence peut obtenir de la reine le jeune duc d'York, attendez-vous à le voir ici dans un moment. Mais si à toutes les instances elle oppose un refus opiniâtre, que le Dieu du ciel nous préserve de violer le saint privilége du divin sanctuaire !

Pour le royaume entier, je ne voudrais pas me rendre coupable d'un tel attentat.

BUCKINGHAM. C'est de votre part, mylord, un entêtement peu raisonnable : vous tenez trop aux formes et aux vieilles traditions. Si vous comparez cet acte aux pratiques licencieuses du siècle, vous trouverez que ce n'est pas violer le sanctuaire que d'y saisir la personne du prince. Le droit d'asile n'est accordé qu'à ceux à qui leurs actes rendent ce refuge nécessaire, et qui sont moralement aptes à le réclamer. Or, le prince ne l'a point réclamé, et n'a rien fait pour en avoir besoin ; j'en conclus qu'il ne saurait jouir de ce privilége. Cela étant, en l'arrachant d'un refuge qui n'est pas fait pour lui, vous ne violez ni charte ni privilége. J'ai souvent entendu parler d'hommes qui réclamaient l'immunité du sanctuaire ; mais je n'ai jamais ouï dire que des enfants l'aient revendiquée.

LE CARDINAL. Mylord, je consens cette fois à faire fléchir mon opinion devant la vôtre. Venez, lord Hastings ; voulez-vous m'accompagner ?

HASTINGS. J'y vais, mylord.

LE PRINCE. Mylords, faites le plus de diligence que vous pourrez.

Le Cardinal et Hastings s'éloignent.

LE PRINCE, *continuant.* Dites-moi, mon oncle Gloster, si mon frère vient, où habiterons-nous jusqu'au jour de notre couronnement ?

GLOSTER. Là où il plaira à votre altesse royale. S'il m'est permis de vous donner un conseil, votre altesse ferait bien de se reposer un jour ou deux à la Tour ; puis elle choisira le séjour qui lui conviendra le mieux dans l'intérêt de sa santé et de ses plaisirs.

LE PRINCE. Je n'aime pas du tout la Tour. N'est-ce pas Jules César qui l'a bâtie, mylord ?

GLOSTER. C'est lui qui l'a commencée, mon gracieux lord ; mais, dans les siècles suivants, elle a été rebâtie plusieurs fois.

LE PRINCE. L'histoire dit-elle que c'est lui qui l'a bâtie, ou n'est-ce qu'une tradition transmise d'une génération à l'autre ?

BUCKINGHAM. L'histoire le dit, mon gracieux lord.

LE PRINCE. Mais, mylord, lors même que le fait ne serait pas consigné dans l'histoire, il me semble que la vérité doit vivre d'âge en âge, transmise à la postérité jusqu'au dernier jour du monde.

GLOSTER, *à part.* Tant de sagesse à son âge! Les enfants précoces, dit-on, ne vivent pas longtemps.

LE PRINCE. Que dites-vous, mon oncle?

GLOSTER. Je dis que la renommée n'a pas besoin d'être consignée par écrit pour vivre longtemps. — (*A part.*) Ainsi, comme le bouffon de notre ancien théâtre, je donne aux mots un double sens!

LE PRINCE. Ce Jules César était un bien grand homme; l'éclat de sa valeur rehaussait son génie, et son génie à son tour a perpétué le souvenir de sa valeur. La mort n'a pu conquérir ce conquérant; sa vie est éteinte, mais sa gloire est toujours vivante. Savez-vous bien une chose, mon cousin Buckingham?

BUCKINGHAM. Quoi, mon gracieux lord?

LE PRINCE. Si j'atteins l'âge d'homme, je veux reconquérir en France nos anciens droits, ou mourir en soldat après avoir vécu en roi.

GLOSTER, *à part.* Les courts étés ont un printemps précoce.

Arrivent YORK, HASTINGS et LE CARDINAL BOURCHIER.

BUCKINGHAM. Voici le duc d'York, qui arrive fort à propos.

LE PRINCE. Richard d'York! comment se porte notre bien-aimé frère?

YORK. Bien, mon redouté seigneur; c'est ainsi que je dois vous appeler désormais.

LE PRINCE. Oui, mon frère, à ma grande douleur ainsi qu'à la vôtre. Plût à Dieu qu'il eût plus longtemps conservé ce titre, celui dont la mort lui a fait perdre une grande partie de sa majesté!

GLOSTER. Comment se porte notre neveu, le noble lord d'York?

YORK. Je vous remercie, gracieux oncle. O mylord! vous disiez que mauvaise herbe croît toujours. Le prince mon frère a grandi beaucoup plus que moi.

GLOSTER. C'est vrai, mylord.

YORK. Il n'est donc qu'une mauvaise herbe?

GLOSTER. O mon beau cousin! je ne dois pas dire cela.

YORK. En ce cas, il vous a plus d'obligation que moi.

GLOSTER. Il peut me commander à titre de souverain; mais vous avez des droits sur moi à titre de parent.

YORK. Je vous en prie, mon oncle, donnez-moi cette dague.

GLOSTER. Ma dague, mon petit cousin? De tout mon cœur.

Il la lui donne.

LE PRINCE. Vous demandez, mon frère?

YORK. Je demande à mon bon oncle, qui n'est pas homme à me refuser; et puis c'est une bagatelle qu'on peut donner sans conséquence.

GLOSTER. Je suis prêt à faire à mon cousin un cadeau plus important.

YORK. Un cadeau plus important? Oh! vous voulez sans doute y joindre l'épée.

GLOSTER. Oui, mon cousin, si elle était plus légère.

YORK. Oh! alors, je vois que vous n'aimez à faire que de légers cadeaux. A qui vous demanderait des choses de plus grand poids, vous diriez : Non !

GLOSTER. Elle est trop lourde pour votre altesse.

YORK. Je la porterais sans peine, fût-elle plus pesante.

GLOSTER. Sérieusement, vous voulez mon épée, mon petit lord?

YORK. Je la veux; et mon remercîment sera conforme à l'épithète que vous me donnez.

GLOSTER. Comment sera-t-il?

YORK. Petit.

LE PRINCE. Mylord d'York aime à contrarier dans la conversation. — Mon oncle, que votre seigneurie ait l'obligeance de le supporter.

YORK. Vous voulez dire me porter, et non me supporter. — Mon oncle, mon frère se moque de vous et de moi : parce que je ne suis pas plus gros qu'un singe, il pense que vous êtes homme à me porter sur vos épaules.

BUCKINGHAM, *à part.* Avec quel à-propos il s'exprime! Pour atténuer le sarcasme qu'il lance à son oncle, il s'exécute lui-même habilement et de bonne grâce. C'est merveilleux de voir tant de finesse dans un âge si tendre!

GLOSTER, *à part.* Mylord, vous plaît-il de continuer votre route? Mon cousin Buckingham et moi, nous allons trouver votre mère, et la prier d'aller vous rejoindre à la Tour, pour vous féliciter de votre heureuse arrivée.

YORK. Eh quoi! monseigneur, est-ce que vous allez à la Tour?

ACTE III, SCÈNE I.

LE PRINCE. Mylord protecteur le veut ainsi.

YORK. Je ne dormirai pas tranquille à la Tour.

GLOSTER. Qu'y pourriez-vous craindre?

YORK. Ma foi, l'ombre irritée de mon oncle Clarence. Ma grand'maman m'a dit qu'il y a été assassiné.

LE PRINCE. En fait d'oncles, je ne crains pas les morts.

GLOSTER. Ni les vivants non plus, je pense.

LE PRINCE. Tant qu'ils vivront, j'espère n'avoir rien à craindre. — (*Au Cardinal.*) Mais marchons, mylord; en songeant à eux, je me rends à la Tour le cœur gros de tristesse.

Le Prince et sa Suite, York, Hastings et le Cardinal s'éloignent.

BUCKINGHAM. Ne soupçonnez-vous pas, mylord, ce petit bavard d'York d'être poussé par sa mère matoise à vous railler et à vous insulter d'une manière si outrageante?

GLOSTER. Oh! sans doute, sans doute! C'est un enfant beau parleur, hardi, vif, spirituel, intelligent et capable : c'est sa mère de la tête aux pieds.

BUCKINGHAM. Laissons là ce sujet. — Approche, Catesby : tu nous as juré d'exécuter nos ordres ponctuellement, et de nous garder le sceau du secret. Nous t'avons dit en chemin nos projets. — Qu'en penses-tu? Ne serait-il pas facile de faire entrer lord William Hastings dans notre dessein de placer le noble duc sur le trône de cette île glorieuse?

CATESBY. Il est tellement dévoué au prince, par attachement pour la mémoire de son père, qu'il ne consentira jamais à rien entreprendre contre lui.

BUCKINGHAM. Et Stanley? Qu'en penses-tu? Y consentira-t-il?

CATESBY. Il agira en tout comme Hastings.

BUCKINGHAM. En ce cas, bornons-nous à ceci. Va, mon cher Catesby, va trouver lord Hastings; tu le sonderas avec précaution, afin de pressentir ses dispositions relativement à nos projets; et tu l'inviteras à se rendre demain à la Tour, pour y délibérer au sujet du couronnement. Si tu le trouves traitable à notre égard, encourage-le, et fais-lui part de tous nos plans : s'il se montre réservé, glacial, froid, mal disposé, montre-toi de même; brise là l'entretien, et viens nous rendre compte de ses dispositions; car, demain, nous tenons deux conseils séparés, où toi-même tu auras à jouer un rôle important.

GLOSTER. Fais mes compliments à lord William : dis-lui,

Catesby, que le vieil essaim de ses dangereux adversaires est au château de Pomfret, où demain leur sang va couler; en réjouissance de cette bonne nouvelle, dis à mon ami de donner à mistress Shore un doux baiser de plus.

BUCKINGHAM. Va, mon cher Catesby; remplis cette tâche avec intelligence.

CATESBY. Mylords, j'y donnerai tous mes soins.

GLOSTER. Aurons-nous de tes nouvelles, Catesby, avant de nous mettre au lit?

CATESBY. Oui, mylord.

GLOSTER. A Crosby; c'est là que tu nous trouveras tous deux.

Catesby s'éloigne.

BUCKINGHAM. Que ferons-nous, mylord, si nous voyons qu'Hastings refuse d'accéder à nos projets?

GLOSTER. On lui tranchera la tête; — nous ferons ce qu'il faudra. — A propos, quand je serai roi, n'oublie pas de me demander le comté d'Hereford avec tous ses biens, meubles, tels que les possédait mon frère.

BUCKINGHAM. Je réclamerai un jour de vous, mylord, l'accomplissement de cette promesse.

GLOSTER. Compte que je la remplirai avec empressement. Viens, allons souper de bonne heure, afin d'avoir le temps de digérer nos plans.

Ils s'éloignent.

SCÈNE II.

Devant la résidence de lord Hastings.

Arrive UN MESSAGER.

LE MESSAGER, *frappant à la porte.* Mylord, mylord, —

HASTINGS, *de l'intérieur.* Qui frappe?

LE MESSAGER. Quelqu'un de la part de lord Stanley.

HASTINGS, *de l'intérieur.* Quelle heure est-il?

LE MESSAGER. Près de quatre heures.

Arrive HASTINGS.

HASTINGS. Est-ce que pendant ces longues nuits ton maître ne peut dormir?

LE MESSAGER. On le croirait, à en juger par ce que j'ai à vous dire. D'abord, il fait ses compliments à votre noble seigneurie.

HASTINGS. Et puis, — .

LE MESSAGER. Puis il vous envoie dire qu'il a rêvé cette nuit que le sanglier[1] lui avait abattu son casque d'un coup de ses défenses. Il ajoute qu'il doit se tenir deux conseils séparés, et que ce qui aura été arrêté dans l'un pourrait bien dans l'autre vous être funeste à tous deux. En conséquence, il désire savoir si vous voulez monter à cheval avec lui et fuir ensemble en toute hâte vers le nord, pour éviter le péril que son âme pressent.

HASTINGS. Va, mon ami, va retrouver ton maître; dis-lui de ne rien craindre des deux conseils distincts; sa seigneurie et moi faisons partie de l'un; j'ai dans l'autre mon bon ami Catesby, et il ne s'y décidera rien contre nous sans que j'en sois instruit. Dis-lui que ses craintes sont frivoles et mal fondées : et quant à ses rêves, — je m'étonne qu'il soit assez faible pour se préoccuper des visions d'un somme agité. Fuir devant le sanglier avant qu'il nous poursuive, ce serait l'exciter à nous donner la chasse alors qu'il n'y songerait pas. Va dire à ton maître de se lever et de venir me voir; nous nous rendrons ensemble à la Tour, où il verra que le sanglier nous fera bon accueil.

LE MESSAGER. Je pars, mylord, et vais lui porter votre réponse.

Il s'éloigne.

Arrive CATESBY.

CATESBY. Mille bonjours à mon noble lord.

HASTINGS. Bonjour, Catesby : vous êtes matinal aujourd'hui. Qu'y a-t-il de nouveau dans notre époque vacillante?

CATESBY. C'est, en effet, un monde vacillant que celui-ci, mylord, et j'ai la conviction qu'il ne sera solidement affermi que le jour où Richard portera le bandeau des rois.

HASTINGS. Comment, le bandeau des rois? Voulez-vous dire la couronne?

CATESBY. Oui, mylord.

HASTINGS. J'aurai la tête abattue de dessus les épaules avant que je voie la couronne aussi indignement placée. Mais croyez-vous en effet qu'il y vise?

CATESBY. Oui, sur ma vie; et dans cette entreprise il espère être secondé par vous. Dans cette conviction, il m'envoie vous

---

[1] Le sanglier désigne Gloster, qui avait un sanglier dans ses armoiries.

annoncer une heureuse nouvelle : — aujourd'hui même vos ennemis, les parents de la reine, doivent être mis à mort à Pomfret.

HASTINGS. Ma foi, je ne prendrai pas le deuil à cette nouvelle ; car de tout temps ces gens-là ont été mes ennemis ; mais pour ce qui est de donner ma voix à Richard, au préjudice de l'héritier direct et légitime de mon maître, Dieu m'est témoin que je n'en ferai rien, dût-il m'en coûter la vie !

CATESBY. Dieu maintienne votre seigneurie dans ces bons sentiments !

HASTINGS. Mais je rirai encore dans un an d'avoir vécu assez pour voir la fin tragique de ceux qui m'avaient attiré la haine de mon maître. Croyez-moi, Catesby, avant que je sois plus vieux de quinze jours, j'enverrai hors de ce monde des gens qui n'y pensent guère.

CATESBY. Mon gracieux lord, c'est affreux de mourir sans s'y être préparé, et lorsqu'on s'y attend le moins.

HASTINGS. Oh! affreux, affreux ! Et c'est ce qui arrive à Rivers, Vaughan, Grey ; et autant en adviendra à certaines gens qui se croient aussi en sûreté que vous et moi, qui sommes, vous le savez, dans les meilleurs termes avec le prince Richard et Buckingham.

CATESBY. Ils font le plus grand cas de vous. — (*A part.*) Ils en font si grand cas, qu'il veulent absolument avoir sa tête.

HASTINGS. Je le sais, et je la mérite.

Arrive STANLEY.

HASTINGS, *continuant*. Arrivez, arrivez : où est donc votre épieu ? Quoi ! vous avez peur du sanglier, et vous marchez ainsi sans défense ?

STANLEY. Bonjour, mylord ; bonjour, Catesby. — Vous pouvez plaisanter ; mais, par la sainte croix, pour mon compte, je n'aime pas ces conseils.

HASTINGS, *à part*. Mylord, je tiens à ma vie, autant que vous à la vôtre, et je vous proteste qu'elle ne m'a jamais été aussi chère que maintenant. Croyez-vous qui si je n'étais pas en parfaite sécurité, j'aurais l'air radieux que vous me voyez ?

STANLEY. Les lords qui sont à Pomfret, quand ils ont quitté Londres, étaient gais et pleins de sécurité ; en effet, ils n'avaient aucun sujet de défiance ; et cependant vous voyez que pour eux l'horizon s'est bientôt rembruni. — Ce coup subit, cet acte de vengeance m'inspire des craintes; fasse le ciel que j'aie tremblé sans motif! Eh bien, allons-nous à la Tour? le jour s'avance.

HASTINGS. Allons, allons, venez. Savez-vous bien, mylord, que les lords dont vous parlez seront aujourd'hui même décapités?

STANLEY. En fait de loyauté, ils étaient plus dignes de porter leur tête que certains de leurs accusateurs de porter leurs chapeaux. Mais, venez, mylord; partons.

Arrive UN POURSUIVANT D'ARMES [1].

HASTINGS, *à Stanley.* Allez devant, j'ai un mot à dire à cet homme.

Stanley et Catesby s'éloignent.

HASTINGS, *continuant, au Poursuivant.* Eh bien, mon brave, comment vont pour toi les affaires?

LE POURSUIVANT. D'autant mieux que votre seigneurie me fait l'honneur de me le demander.

HASTINGS. Et moi, mon cher, tu sauras que mes affaires sont en meilleure posture que la dernière fois où nous nous sommes rencontrés en ce même endroit; alors je me rendais à la Tour comme prisonnier, à l'instigation des parents de la reine; mais aujourd'hui, je te le dis en confidence, ces mêmes ennemis vont être mis à mort; et moi, je suis en meilleure situation que je ne l'ai jamais été.

LE POURSUIVANT. Dieu veuille vous y maintenir, à la satisfaction de votre seigneurie!

HASTINGS. Grand merci, mon ami : tiens, voilà pour boire à ma santé.

Il lui jette sa bourse.

LE POURSUIVANT. Je remercie votre seigneurie.

Le Poursuivant s'éloigne.

Arrive UN PRÊTRE.

LE PRÊTRE. Salut, mylord: je suis charmé de voir votre seigneurie.

HASTINGS. Je vous rends grâce, messire Jean, et de tout cœur, croyez-moi. Je vous suis redevable pour votre dernier exercice; venez me voir dimanche prochain, et je m'acquitterai envers vous.

[1] C'est le nom qu'on donnait à ceux qui, se proposant d'obtenir l'office de héraut, en faisaient pendant sept ans l'apprentissage.

Arrive BUCKINGHAM.

BUCKINGHAM. Eh quoi! en conversation avec un prêtre, mylord chambellan? Ce sont vos amis à Pomfret qui ont besoin de prêtres; mais je ne pense pas que votre seigneurie ait besoin de se confesser.

HASTINGS. Vous avez raison : quand j'ai rencontré ce saint homme, les gens dont vous me parlez me sont revenus en mémoire. Eh bien, allez-vous à la Tour?

BUCKINGHAM. J'y vais, mylord; mais je n'y pourrai rester longtemps; j'en sortirai avant votre seigneurie.

HASTINGS. C'est probable; car je compte y dîner.

BUCKINGHAM, *à part.* Tu y souperas aussi, quoique tu ne t'en doutes guère. — (*Haut.*) Eh bien, venez-vous?

HASTINGS. Je suis aux ordres de votre seigneurie.

Ils s'éloignent.

SCÈNE III.

Pomfret. — Devant le château.

Arrive RATCLIFF, *avec des Gardes conduisant au supplice* RIVERS, GREY *et* VAUGHAN.

RATCLIFF. Allons, amenez les prisonniers.

RIVERS. Richard Ratcliff, écoute : tu vas voir aujourd'hui mourir un sujet fidèle, victime de son dévouement, de son zèle et de sa loyauté.

GREY. Dieu préserve le prince de votre maudite engeance, damnés buveurs de sang que vous êtes!

VAUGHAN. Il en est qui vivent maintenant et qui plus tard porteront la peine de tout ceci.

RATCLIFF. Dépêchons; le terme de votre existence est expiré.

RIVERS. O Pomfret, Pomfret! prison sanglante, prison sinistre et fatale aux pairs de ce royaume! Dans la coupable enceinte de tes murs, Richard II fut massacré; et pour ajouter encore à ta funeste renommée, nous te donnons à boire notre sang innocent.

GREY. Maintenant retombe sur nos têtes la malédiction de Marguerite, alors qu'elle nous reprochait, à Hastings, à vous et à moi, d'être restés spectateurs impassibles pendant que Richard poignardait son fils.

RIVERS. Alors elle a maudit Hastings, elle a maudit Buckingham, elle a maudit Richard! Souviens-toi, grand Dieu, d'exaucer ses prières pour eux comme pour nous ! Et pour ce qui est de ma sœur et des princes ses fils, mon Dieu, contente-toi de notre sang fidèle, qui, nous t'en prenons à témoin, va être injustement versé.

RATCLIFF. Finissons ; l'heure de votre mort est déjà passée.

RIVERS. Viens, Grey ; — viens, Vaughan : embrassons-nous ici. Adieu, nous nous reverrons dans le ciel.

Ils s'éloignent.

SCÈNE IV.

Londres. — Une salle dans la Tour.

Autour d'une table sont assis BUCKINGHAM, STANLEY, HASTINGS, L'ÉVÊQUE D'ÉLY, CATESBY, LOVEL *et Autres ; les Huissiers du conseil sont debout.*

HASTINGS. Nobles pairs, l'objet de cette réunion est de fixer le jour du couronnement. Au nom de Dieu, parlez, quel sera ce jour solennel ?

BUCKINGHAM. Tout est-il prêt pour cette auguste cérémonie ?

STANLEY. Tout est prêt ; il ne reste plus qu'à fixer le jour.

L'ÉVÊQUE D'ÉLY. Je pense que demain serait un jour convenable.

BUCKINGHAM. Qui connaît sur ce point les intentions du Protecteur ? Qui de vous est le plus avant dans la confiance du noble duc ?

L'ÉVÊQUE D'ÉLY. Nous pensons que votre seigneurie est, plus que personne, à même de connaître ses intentions.

BUCKINGHAM. Il connaît mon visage, moi le sien ; quant à nos cœurs, — il ne connaît pas plus le mien que moi les vôtres ; et moi je ne connais pas plus le sien, mylord, que vous le mien. — Lord Hastings, vous et lui vous êtes intimes.

HASTINGS. Je sais que sa seigneurie me porte de l'affection, et je lui en rends grâces ; quant à ses intentions au sujet du couronnement, je ne les lui ai point demandées, et il ne m'a pas fait connaître sur ce point ses gracieuses volontés. Mais vous, mon noble lord, vous pourriez nommer le jour ; je donnerai ma voix au nom du noble duc, et j'espère qu'il le prendra en bonne part.

Entre GLOSTER.

L'ÉVÊQUE D'ÉLY. Voici le duc lui-même qui vient fort à propos.

GLOSTER. Mes nobles lords et cousins, je vous donne à tous le bonjour. Je me suis levé tard ce matin ; mais j'espère que mon absence n'a fait négliger aucune affaire importante pour laquelle ma présence fût nécessaire.

BUCKINGHAM. Si vous n'étiez pas venu si à propos, mylord, lord William Hastings aurait opiné pour vous, — je veux dire qu'il aurait donné votre voix pour le couronnement du roi.

GLOSTER. C'est une liberté que nul plus que lord Hastings n'eût été en droit de prendre. Sa seigneurie me connaît à fond et m'est tendrement attachée.

HASTINGS. Je remercie votre altesse.

GLOSTER. Mylord d'Ély, la dernière fois que je me suis trouvé à Holborn [1], j'ai vu dans votre jardin de fort belles fraises : je vous serais obligé de m'en envoyer chercher.

L'ÉVÊQUE D'ÉLY. De tout mon cœur, mylord.

Il sort.

GLOSTER. Mon cousin Buckingham, j'ai un mot à vous dire. (*Il le prend à part.*) Catesby a sondé Hastings sur notre projet ; il l'a trouvé inébranlable, et décidé à perdre la tête plutôt que de consentir à ce que le fils de son maître, c'est ainsi que le qualifie sa loyauté, soit frustré de ses droits au trône d'Angleterre.

BUCKINGHAM. Sortez un instant ; je vous suivrai.

Gloster et Buckingham sortent.

STANLEY. Nous n'avons pas encore arrêté le jour solennel. Demain, à mon avis, serait trop tôt ; car moi-même, je ne suis pas aussi bien préparé que je le serais si on fixait un jour plus éloigné.

Rentre L'ÉVÊQUE D'ÉLY.

L'ÉVÊQUE D'ÉLY. Où est mylord protecteur ? J'ai envoyé chercher les fraises en question.

HASTINGS. Son altesse paraît gaie et de bonne humeur ce matin : il faut que le duc soit occupé de quelque idée qui lui plaise, pour nous avoir souhaité le bonjour avec tant de cordialité. A mon avis, il n'y a personne, dans toute la chrétienté, moins capable que lui de déguiser son affection ou sa haine : on peut sur-le-champ lire sur son visage ce qu'il a dans le cœur.

STANLEY. Et que lisez-vous donc sur son visage, d'après ses manifestations d'aujourd'hui ?

---

[1] C'est aujourd'hui un quartier populeux de Londres.

HASTINGS. Qu'il n'a de mauvais vouloir contre personne dans cette assemblée; car, si cela était, il l'aurait laissé voir dans ses traits.

STANLEY. Dieu veuille qu'il en soit ainsi!

Rentrent GLOSTER et BUCKINGHAM.

GLOSTER. Je vous le demande à tous, quel châtiment méritent ceux qui conspirent ma mort par les damnables complots d'une magie infernale, et qui ont soumis mon corps à leurs charmes diaboliques?

HASTINGS. La tendre affection que je porte à votre altesse, mylord, m'enhardit à prendre l'initiative dans cette noble assemblée pour prononcer l'arrêt des coupables. Quels qu'ils soient, je dis, mylord, qu'ils ont mérité la mort.

GLOSTER. Soyez donc témoins oculaires du mal qu'ils m'ont fait. Voyez le résultat de leurs sortiléges; regardez: mon bras est desséché comme une branche morte. C'est l'ouvrage de la femme d'Édouard, cette monstrueuse sorcière, liguée avec Shore la prostituée; ce sont elles qui, par leurs maléfices, m'ont marqué ainsi.

HASTINGS. Si elles sont coupables de ce crime, mon noble lord, —

GLOSTER. Si! Protecteur de cette damnée courtisane, que parles-tu de si? Tu es un traître! Qu'on lui coupe la tête.— Je le jure par saint Paul, je ne dînerai pas qu'on ne me l'ait apportée. — Lovel et Catesby, veillez à ce que cela s'exécute.

Gloster et Buckingham sortent; le Conseil se lève et les suit. Il ne reste avec Hastings que Lovel et Catesby.

HASTINGS. Malheur, malheur à l'Angleterre! Et pas un regret pour moi! Insensé que je suis, j'aurais pu prévenir ce qui arrive! Stanley avait rêvé que le sanglier lui avait jeté bas son casque; mais j'ai méprisé cet avertissement, et j'ai dédaigné de fuir. Trois fois mon cheval s'est cabré; trois fois il a bronché à la vue de la Tour, comme s'il eût refusé de mener son maître à la boucherie. Oh! maintenant j'aurais besoin du prêtre qui m'a parlé tantôt: je me repens d'avoir dit au poursuivant, d'un air de triomphe, qu'aujourd'hui, à Pomfret, devait couler le sang de mes ennemis, et que moi, j'étais plus que jamais en grâce et en faveur. O Marguerite, Marguerite! c'est maintenant que ta malédiction retombe de tout son poids sur la tête du malheureux Hastings!

CATESBY. Dépêchez, mylord ; le duc attend son dîner : faites une courte confession ; il lui tarde de voir votre tête.

HASTINGS. O faveur passagère des mortels, que nous recherchons avec plus d'ardeur que la grâce de Dieu! O grands! celui qui bâtit ses espérances sur la foi de votre sourire, ressemble au matelot ivre au haut d'un mât, prêt, au moindre souffle, à tomber dans les fatals abîmes de l'Océan.

LOVEL. Allons, allons, vite ; il ne sert de rien de vous lamenter.

HASTINGS. O sanguinaire Richard ! — Malheureuse Angleterre! je te prédis les jours les plus désastreux qu'aient jamais vu luire les siècles les plus misérables! Allons, conduisez-moi au billot ; portez-lui ma tête : parmi ceux qui sourient à mon malheur, il en est qui seront bientôt morts.

Ils sortent.

SCÈNE V.

Même ville. — Les remparts de la Tour.

Arrivent GLOSTER et BUCKINGHAM, couverts d'armures rouillées et étrangement accoutrés.

GLOSTER. Dis-moi, mon cousin, peux-tu trembler et changer de couleur, t'interrompre tout à coup au milieu d'un mot, recommencer, puis t'arrêter encore, comme un homme égaré et dont la terreur a troublé la raison ?

BUCKINGHAM. Bah! je puis contrefaire le tragédien consommé : je puis parler en regardant derrière moi et en promenant çà et là un œil inquiet ; trembler et tressaillir au froissement d'une paille, et simuler enfin le plus complet effroi : les regards effarés et les sourires forcés sont à mes ordres, prêts à toute heure à faire leur office et à servir mes stratagèmes. Mais quoi! Catesby est-il parti ?

GLOSTER. Oui! et le voici qui nous amène le lord maire.

Arrivent LE LORD MAIRE et CATESBY.

BUCKINGHAM. Laissez-moi lui parler seul. — Lord maire, —

GLOSTER, *simulant le plus grand effroi.* Qu'on ait l'œil sur le pont-levis.

BUCKINGHAM. Écoutez! le bruit d'un tambour.

GLOSTER. Catesby, regarde par-dessus les remparts.

BUCKINGHAM. Lord maire, — le motif pour lequel nous vous avons envoyé chercher ; —

GLOSTER. Regarde derrière toi, défends-toi ; voilà les ennemis.

BUCKINGHAM. Que Dieu et notre innocence nous défendent et nous protégent !

Arrivent LOVEL *et* RATCLIFF, *portant la tête d'Hastings.*

GLOSTER. Rassure-toi ; ce sont des amis, Ratcliff et Lovel.

LOVEL. Voici la tête de cet ignoble traître, de ce dangereux Hastings, dont personne ne se défiait.

GLOSTER. Cet homme m'était si cher que je ne puis retenir mes larmes ; je le prenais pour la créature la plus simple, le chrétien le plus inoffensif qui respirât sur la face de la terre ; il était le livre où mon âme écrivait l'histoire de ses pensées les plus secrètes ; il était si habile à couvrir ses vices d'un semblant de vertu, que si l'on excepte sa culpabilité évidente et notoire, je veux dire ses relations avec la femme de Shore, il vivait à l'abri de toute accusation.

BUCKINGHAM. Oh ! c'était le traître le plus dissimulé qui ait jamais vécu. (*Au lord Maire.*) Par exemple, mylord, pourriez-vous croire, ou même vous imaginer, si, miraculeusement préservés, nous ne vivions pour vous le dire, que le rusé scélérat avait comploté aujourd'hui, dans la chambre du conseil, de nous assassiner, moi et mylord de Gloster ?

LE LORD MAIRE. Comment ! serait-il vrai ?

GLOSTER. Quoi donc ? Nous prenez-vous pour des Turcs ou des infidèles ? Croyez-vous que nous aurions ainsi, contrairement aux formes légales, consommé violemment la mort du scélérat, si l'urgence du péril, le repos de l'Angleterre et la sûreté de nos personnes, ne nous avaient forcés à cette exécution ?

LE LORD MAIRE. Alors, que tout vous prospère ! Il a mérité la mort ; vos seigneuries ont sagement agi en faisant un exemple capable de détourner les traîtres de pareilles tentatives. Je n'attendais rien de bon de sa part depuis qu'il s'est mis à fréquenter mistriss Shore.

BUCKINGHAM. Toutefois, notre intention n'était pas qu'il mourût avant que votre seigneurie fût là pour assister à sa fin ; mais nos amis que vous voyez, dans la chaleur de leur zèle, ont procédé plus rapidement que nous ne le voulions. Nous aurions désiré, mylord, que vous entendissiez le traître, et qu'il vous avouât lui-même en tremblant les moyens et le but de sa trahison, afin que vous pussiez en rendre compte aux citoyens qui pourraient mal interpréter nos actes à son égard, et plaindre sa mort.

LE LORD MAIRE. Mylord, il me suffit de la parole de votre seigneurie ; c'est comme si je l'avais vu et entendu parler. Et ne doutez pas, très-nobles princes, que je n'informe nos citoyens fidèles de la justice qui a présidé à vos actes dans cette circonstance.

GLOSTER. C'était pour cela que nous souhaitions ici la présence de votre seigneurie, afin d'éviter la censure des mauvaises langues.

BUCKINGHAM. Mais puisque vous êtes venu trop tard pour remplir nos intentions, prenez acte de ce que nous avons dit sur les motifs qui ont guidé notre conduite ; sur ce, mylord, adieu.

Le lord Maire s'éloigne.

GLOSTER. Suis-le, suis-le, mon cousin Buckingham. Le maire va se rendre en toute hâte à Guild-Hall[1] ; vas-y avec lui : là, quand tu trouveras le moment favorable, mets en avant la bâtardise des enfants d'Édouard ; dis-leur comme quoi Édouard fit mettre à mort un citoyen pour avoir dit qu'il ferait de son fils l'héritier de la couronne, voulant parler de sa maison, qui avait une couronne pour enseigne. En outre, parle-leur de ses impudiques amours et de la brutalité de ses volages convoitises, qui s'attaquaient indistinctement à leurs servantes, à leurs filles et à leurs femmes, partout où son œil lascif, son cœur grossier et sans frein voyaient une proie. Tu pourras même, au besoin, frapper plus près de ma personne. Dis-leur que lorsque ma mère était enceinte de cet insatiable Édouard, le noble York, mon illustre père, était occupé à faire la guerre en France, et qu'un calcul exact du temps écoulé le convainquit que l'enfant n'était pas de lui ; ce qu'indiquaient suffisamment ses traits, qui ne ressemblaient en rien à ceux du noble duc mon père. Toutefois, ne touche ce chapitre qu'avec ménagement, car tu sais que ma mère vit encore.

BUCKINGHAM. Soyez tranquille, mylord : je vais m'acquitter du rôle d'orateur comme si le brillant salaire pour lequel je plaiderai devait m'appartenir. Sur ce, mylord, adieu.

GLOSTER. Si tu réussis, amène-les au château de Baynard[2],

---

[1] C'est la maison commune de la cité de Londres.

[2] Ce château, bâti, dit-on, par un nommé Baynard, venu en Angleterre à la

où tu me trouveras accompagné de révérends pères et de savants évêques.

BUCKINGHAM. J'y vais; vers trois ou quatre heures, attendez-vous à recevoir des nouvelles de Guild-Hall.

Buckingham s'éloigne.

GLOSTER. Lovel, rends-toi sur-le-champ chez le docteur Shaw; — (*à Catesby*) toi, va trouver le moine Penker[1]; — dites-leur de venir me joindre, d'ici à une heure, au château de Baynard.

Lovel et Catesby s'éloignent.

GLOSTER, *seul, continuant.* Maintenant, rentrons; allons donner secrètement l'ordre d'éloigner de tous les regards les marmots de Clarence, et recommander que personne ne puisse, sous aucun prétexte, avoir accès auprès des princes.

Il s'éloigne.

SCÈNE VI.

Une rue de Londres.
Arrive UN CLERC.

LE CLERC. Voici l'acte d'accusation de ce bon lord Hastings : je l'ai copié au net, et on doit aujourd'hui en donner lecture à Saint-Paul; voyez le volume que cela fait. J'ai mis onze heures à le transcrire; car c'est hier soir que Catesby me l'a envoyé; la minute a dû demander autant de temps à rédiger; et cependant, il y a cinq heures, Hastings vivait encore, non suspect, inaccusé et libre. Le joli monde que celui dans lequel nous vivons! Qui serait assez stupide pour ne pas voir ce grossier artifice? Mais qui serait assez hardi pour dire qu'il le voit? Le monde est bien pervers! et tout est perdu sans ressource, du moment où, voyant de si vilaines choses, il faut garder le silence.

Il s'éloigne.

SCÈNE VII.

Même ville. — La cour du château de Baynard.
GLOSTER et BUCKINGHAM *se rencontrent.*

GLOSTER. Eh bien, eh bien, que disent les bourgeois?

---

suite de Guillaume le Conquérant, était situé à Londres, rue de la Tamise, au bord de ce fleuve. On voit encore à la marée basse des vestiges de ses fondations colossales.

[1] Le docteur Shaw et le moine Penker étaient de célèbres prédicateurs de l'époque. Selon la coutume de ce temps, Richard leur confia la mission de prêcher en faveur de ses droits au trône; tâche dont ils s'acquittèrent avec succès dans l'église Saint-Paul.

BUCKINGHAM. Par la sainte mère de Notre-Seigneur, les bourgeois sont muets et ne disent pas un mot.

GLOSTER. As-tu touché l'article de la bâtardise des enfants d'Édouard ?

BUCKINGHAM. Je l'ai fait ; j'ai parlé de ses engagements avec lady Lucy, et de son mariage contracté en France par ambassadeur ; j'ai peint son insatiable convoitise, ses violences sur les femmes de la Cité ; ses rigueurs tyranniques pour des riens ; sa bâtardise, attendu qu'il était né pendant que votre père était en France, et n'avait aucune ressemblance avec le duc. J'ai parlé alors de vous, comme étant le véritable portrait de votre père, tant par les formes physiques que par la noblesse de l'âme ; j'ai rappelé toutes vos victoires en Écosse, vos talents dans la guerre, votre sagesse dans la paix, votre générosité, vos vertus, votre humble modestie : en un mot, je n'ai rien négligé, rien omis dans ma harangue de ce qui pouvait servir vos vues. En terminant, j'ai adjuré ceux qui voulaient le bien de leur pays, de crier avec moi : « Vive Richard, roi d'Angleterre ! »

GLOSTER. Et l'ont-ils fait ?

BUCKINGHAM. Non, Dieu me pardonne ; ils n'ont pas soufflé un mot. Ils sont restés là comme des statues muettes ou des pierres insensibles, se regardant l'un l'autre, ébahis et le visage couvert d'une pâleur mortelle ; ce que voyant, je leur en ai fait des reproches, et j'ai demandé au maire ce que signifiait ce silence obstiné. Il m'a répondu que le peuple n'était pas habitué à être harangué par d'autres que par le recorder [1]. Alors j'ai chargé ce dernier de répéter mon discours, ce qu'il a fait, en ayant soin toutefois d'employer cette formule : « Ainsi dit le duc, ainsi pense le duc, » mais sans rien avancer de son chef. Son discours terminé, quelques-uns de mes partisans, postés à l'extrémité de la salle, ont jeté leurs bonnets en l'air, et une douzaine de voix ont crié : « Vive le roi Richard ! » Alors, prenant avantage de cette manifestation équivoque : « Je vous remercie, chers concitoyens, braves amis, » ai-je repris aussitôt ; « ces applaudissements unanimes, ces acclamations enthousiastes témoignent de votre sagesse et de votre affection pour Richard. » Cela dit, je me suis retiré.

GLOSTER. Muets stupides ! quoi ! ils n'ont rien dit ? Ainsi le maire et ses collègues ne viendront point ?

[1] L'un des officiers municipaux.

ACTE III, SCÈNE VII.

BUCKINGHAM. Le maire est à deux pas d'ici. Simulez l'inquiétude et la crainte; ne consentez à l'entendre qu'après les plus vives instances; ayez soin de tenir à la main un livre de prières et d'être accompagné de deux ecclésiastiques, mylord. Je bâtirai sur ce texte un sermon des plus édifiants. Ne vous rendez qu'avec répugnance à notre requête; faites la jeune fille : dites non, tout en acceptant.

GLOSTER. Je vais rentrer, et si tu mets autant d'habileté à plaider pour eux que j'en mettrai à te répondre non, je ne doute pas que nous ne conduisions l'affaire à bonne fin.

BUCKINGHAM. Allez, montez là-haut; voilà le maire qui frappe.

Gloster rentre dans le château.

Arrivent LE LORD MAIRE, LES ALDERMEN *et* PLUSIEURS BOURGEOIS.

BUCKINGHAM, *continuant.* Soyez le bienvenu, mylord. J'attends ici audience. Je ne crois pas que le duc veuille recevoir.

Arrive CATESBY, *venant du château.*

BUCKINGHAM, *continuant.* Eh bien, Catesby, que répond mylord à ma requête?

CATESBY. Mon noble lord, il supplie votre seigneurie de revenir le voir demain ou après-demain : il est renfermé avec deux révérends pères, et occupé de saintes méditations; il désire qu'aucune affaire mondaine ne vienne le distraire de ses pieux exercices.

BUCKINGHAM. Retournez, mon cher Catesby, vers le gracieux duc : dites-lui que le maire, les aldermen et moi, venus pour affaires importantes, d'une urgence extrême, et qui intéressent le bien du royaume, nous demandons à conférer un moment avec son altesse.

CATESBY. Je vais sur-le-champ l'en instruire.

Il rentre.

BUCKINGHAM. Ah! ah! mylord, ce prince n'est pas un Édouard; il n'est pas nonchalamment couché sur un lit de repos, mais à genoux et en contemplation; il n'est pas à folâtrer avec une couple de courtisanes, mais en conférence avec deux savants docteurs; il ne passe point son temps à dormir pour engraisser son corps oisif, mais à prier pour enrichir son âme vigilante. Heureuse l'Angleterre, si ce vertueux prince voulait consentir à la gouverner! mais c'est, je le crains, ce que nous n'obtiendrons jamais de lui.

LE LORD MAIRE. Dieu nous préserve d'un refus de son altesse [1] !

BUCKINGHAM. J'en ai peur. Voici Catesby de retour.

Revient CATESBY.

BUCKINGHAM, *continuant.* Eh bien ! Catesby, que dit son altesse ?

CATESBY. Le duc se demande ce qui peut amener devant lui un si nombreux rassemblement de citoyens, sans qu'il lui en ait été donné aucun avis préalable. Il craint, mylord, que vous ne nourrissiez contre lui quelque mauvais dessein.

BUCKINGHAM. Je suis peiné de voir mon noble cousin soupçonner mes intentions à son égard. Par le ciel, nous venons à lui dans les sentiments les plus affectueux ; retournez, je vous prie, vers son altesse, et dites-le-lui.

Catesby rentre.

BUCKINGHAM, *continuant.* Quand ces hommes pieux sont à leur rosaire, il est difficile de les en arracher, tant pour eux les contemplations ferventes ont de charmes !

On voit paraître dans une galerie élevée GLOSTER *entre deux évêques ;* CATESBY *l'accompagne.*

LE LORD MAIRE. Tenez, voilà son altesse qui s'avance entre deux ecclésiastiques.

BUCKINGHAM. Deux vertueux appuis pour un prince chrétien, et qui le garantissent des chutes de la vanité. Voyez, il tient à la main un livre de prières : à ces attributs, on reconnaît un saint homme — Illustre Plantagenet, très-gracieux prince, daignez prêter à notre requête une oreille favorable, et nous pardonner d'interrompre vos dévotions et les exercices d'un zèle vraiment chrétien.

GLOSTER. Mylord, vous n'avez pas besoin d'excuses ; c'est bien plutôt à moi de vous en faire, moi, qui, tout entier au au service de mon Dieu, néglige la visite de mes amis. Mais laissons cela : que demande de moi votre seigneurie ?

BUCKINGHAM. Une chose qui sera, je l'espère, agréable à Dieu ainsi qu'à tous les gens de bien de cette île sans gouvernement.

GLOSTER. Je crains d'avoir, par quelque faute, offensé les

---

[1] Ce lord maire si pieux et si courtois était Edmond Shaw, frère du docteur Shaw dont il a été question plus haut.

ACTE III, SCÈNE VII.

habitants de cette ville, et vous venez sans doute réprimander mon ignorance.

BUCKINGHAM. Il est vrai, mylord. Plût à Dieu que, cédant à nos instances, votre altesse voulût réparer sa faute !

GLOSTER. Si j'en agissais autrement, mériterais-je de vivre dans un pays chrétien ?

BUCKINGHAM. Sachez donc que vous commettez une faute grave quand vous abandonnez le siége de suprématie, le trône de majesté, le sceptre qu'ont porté vos ancêtres, le rang qui vous est dû et que vous assigne votre naissance, la gloire héréditaire de votre royale maison, au rejeton corrompu d'une tige souillée : pendant que vous restez plongé dans le sommeil de l'insouciance, sommeil dont nous venons vous tirer dans l'intérêt du pays, cette noble île languit privée de l'usage de ses forces, voit sa face défigurée par les stigmates de l'infamie, d'ignobles plantes greffées sur son arbre royal, et se voit elle-même sur le point de disparaître dans le gouffre de l'oubli et du néant. Pour l'arracher à ses périls, nous vous sollicitons avec instances de vouloir bien prendre en main le gouvernement de ce pays, non en qualité de protecteur, de lieutenant, de substitut, d'agent subalterne, fonctionnant pour le compte d'un autre, mais par droit de succession et de primogéniture, en vertu de votre naissance, et comme souverain d'un empire qui vous appartient légitimement ; à cet effet, nos amis respectueux et dévoués, de concert avec les bourgeois de la Cité, et cédant à leurs instigations pressantes, viennent présenter à votre altesse leur juste requête.

GLOSTER. Je ne sais ce qui convient le mieux à mon rang ou à votre condition, de m'éloigner en silence ou de vous adresser d'amers reproches ; si je me tais, vous pourrez penser que l'ambition enchaîne ma langue, et induire de mon silence que je consens à porter ce joug doré du pouvoir que vous voulez follement m'imposer : d'un autre côté, si je réponds par des reproches à cette requête empreinte d'une si fidèle affection pour moi, je m'expose à maltraiter des amis. Je parlerai donc, afin d'éviter le premier de ces inconvénients ; mais, ne voulant pas, en vous répondant, tomber dans le second, voici définitivement ma réponse : Votre affection est digne de toute ma reconnaissance ; mais mon peu de mérite ne me permet pas d'accepter des offres d'une nature si élevée. D'abord, si tous les obstacles étaient aplanis, si le chemin du trône m'était ouvert, si la couronne me revenait de droit, et en vertu de ma naissance, ma capacité est si faible, mes imperfections sont si grandes et si nombreuses, que je chercherais à me dérober à mon élévation, tant ma frêle barque est peu propre à affronter la haute mer, plutôt que de m'exposer à me voir perdu sous l'éclat de ma grandeur, étouffé sous les vapeurs de ma gloire. Mais, Dieu soit loué, on n'a nul besoin de moi, et si ce besoin existait, mon insuffisance ne pourrait y répondre. L'arbre royal nous a laissé un fruit royal, qui, mûri par le temps et la fuite des heures, ne déparera pas la majesté du trône, et je ne doute pas que nous ne soyons heureux sous son règne. C'est à lui que je renvoie la mission que vous voudriez m'imposer; il la tient de son droit et de son heureuse étoile, — et à Dieu ne plaise que je la lui ravisse!

BUCKINGHAM. Mylord, c'est là, dans votre altesse, un honorable scrupule; mais ses motifs sont frivoles et dénués d'importance, si l'on considère mûrement les choses: vous dites qu'Édouard est le fils de votre frère, nous le disons aussi; mais Édouard ne l'a pas eu de sa légitime épouse : il s'était d'abord marié à lady Lucy; votre mère est vivante pour attester ses serments; plus tard, il fut uni en légitime mariage par procuration à Bona, sœur du roi de France. Toutes deux mises à l'écart, une humble solliciteuse, une mère chargée d'une nombreuse famille, une veuve affligée, déjà dans l'automne de sa beauté, et sur le déclin de l'âge, fascina ses yeux libertins, et maîtrisa toutes ses pensées, au point de l'amener à un lâche avilissement, à une infâme bigamie. De cette union illégitime est né Édouard, à qui, par courtoisie, nous donnons le titre de prince. Je pourrais en dire davantage, si par respect pour certaine personne vivante, je n'imposais à ma langue un frein respectueux. Veuillez donc accepter, mylord, et prendre en vos royales mains, cette dignité qui vous est offerte, sinon dans notre intérêt et celui du pays, du moins pour soustraire votre noble race à la corruption et à l'imposture, et la rendre à son cours direct et légitime.

LE LORD MAIRE. Acceptez, mylord; vos concitoyens vous en conjurent.

BUCKINGHAM. Ne refusez pas, puissant lord, cette offre de notre amour.

CATESBY. Oh! comblez leurs vœux; faites droit à leur légitime requête.

GLOSTER. Hélas! pourquoi voulez-vous m'imposer le fardeau de tant de soucis? je ne suis pas fait pour le trône et les grandeurs. Je vous en conjure, ne vous offensez pas de mon refus; je ne puis ni ne veux accéder à votre demande.

BUCKINGHAM. Si vous nous refusez, — si par un excès d'affection et de zèle, vous répugnez à détrôner un enfant, le fils de votre frère; — car la bonté de votre cœur nous est connue; nous avons été témoins de la tendresse affectueuse de vos sentiments, non-seulement pour votre famille, mais pour toutes les classes de citoyens indistinctement; — sachez-le bien, néanmoins, que vous acceptiez ou non notre offre, le fils de votre frère ne régnera pas sur nous; nous élèverons quelque autre sur votre trône, au mépris et au détriment de votre maison : dans cette ferme résolution, nous prenons congé de vous. Venez, citoyens; ne supplions pas plus longtemps.

Buckingham, le lord Maire, les Aldermen et les Bourgeois s'éloignent.

CATESBY. Rappelez-les, cher prince ; acceptez leur offre ; si vous refusez, le pays tout entier en portera la peine.

GLOSTER. Voulez-vous donc absolument m'imposer ce fardeau de douleurs? Eh bien! rappelle-les; je ne suis pas de marbre; je me rends à vos affectueuses instances, —

Catesby s'éloigne.

GLOSTER, *continuant.* Bien que je fasse violence à ma conscience et à mes sentiments...

Reviennent BUCKINGHAM, LE LORD MAIRE, LES ALDERMEN et LES BOURGEOIS.

GLOSTER, *continuant.* Mon cousin Buckingham, — et vous, hommes prudents et graves, — puisque vous voulez absolument m'imposer malgré moi le fardeau des grandeurs, il faut bien que je me résigne à le porter; mais si la noire calomnie, le reproche odieux, sont la conséquence de la violence que vous me faites, cette violence même sera ma justification, et me lavera de toute tache et de tout blâme qui pourraient en résulter pour moi. Car Dieu sait, et vous pouvez voir vous-même, combien tout ceci était loin de mes désirs.

LE LORD MAIRE. Dieu bénisse votre altesse! nous le voyons et nous le dirons.

GLOSTER. En le disant, vous ne direz que la vérité.

BUCKINGHAM. Je vous salue donc du titre de roi. — Vive le roi Richard, le digne souverain de l'Angleterre!

TOUS. Ainsi soit-il!

BUCKINGHAM. Vous plaît-il d'être couronné demain?

GLOSTER. Ce sera quand il vous plaira, puisque vous le voulez absolument.

BUCKINGHAM. Demain donc, nous serons aux ordres de votre altesse. Sur ce, nous prenons congé de vous, le cœur comblé de joie.

GLOSTER, *aux deux évêques.* Venez; allons reprendre notre saint exercice. —(*A Buckingham.*) Adieu, mon cher cousin. —(*Au lord Maire, aux Aldermen et aux Bourgeois.*) Adieu, mes bons amis.

Ils s'éloignent.

ACTE QUATRIÈME.

SCÈNE I.

Devant la Tour de Londres.

Arrivent d'un côté LA REINE ÉLISABETH, LA DUCHESSE D'YORK et LE MARQUIS DE DORSET; de l'autre, ANNE, duchesse de Gloster, conduisant par la main la jeune MARGUERITE PLANTAGENET, fille du duc de Clarence.

LA DUCHESSE. Qui rencontrons-nous ici?— Ma petite-fille Plantagenet, que conduit par la main sa bonne tante Anne de Gloster. Sans doute qu'elle se rend à la Tour pour complimenter le jeune prince. — Ma fille, je me réjouis de vous voir.

ANNE. Dieu vous donne à toutes deux un heureux jour!

LA REINE ÉLISABETH. Je vous en souhaite autant, ma chère sœur. Où allez-vous?

ANNE. Pas plus loin qu'à la Tour, et dans le même sentiment qui vous y conduit vous-même, pour présenter nos félicitations aux jeunes princes.

LA REINE ÉLISABETH. Merci, ma chère sœur : nous entrerons ensemble. Voilà fort à propos le lieutenant qui vient à nous. —

Arrive BRAKENBURY.

LA REINE ÉLISABETH, *continuant.* Monsieur le lieutenant, seriez-vous assez bon pour nous dire comment se portent le prince et mon jeune fils York?

BRAKENBURY. Très-bien, madame. Veuillez me pardonner,

ACTE IV, SCÈNE 1.

mais je ne puis vous permettre de les voir; le roi l'a strictement défendu.

LA REINE ÉLISABETH. Le roi! quel roi?

BRAKENBURY. Je veux dire le lord Protecteur.

LA REINE ÉLISABETH. A Dieu ne plaise qu'il porte jamais le titre de roi! Prétend-il donc élever des barrières entre leur affection et moi? Je suis leur mère : qui m'empêchera de les voir?

LA DUCHESSE. Je suis la mère de leur père; je veux les voir.

ANNE. Je suis leur tante par alliance, et leur mère par ma tendresse; conduisez-moi donc vers eux; je prends sur moi la faute, et je lève votre consigne, à mes risques et périls.

BRAKENBURY. Non, madame, non; je ne puis laisser aller ainsi les choses : je suis lié par mon serment; veuillez donc m'excuser.

Brakenbury s'éloigne.

Arrive STANLEY.

STANLEY, *à la duchesse d'York.* Madame, dans une heure si je vous rencontre, je pourrai saluer en vous la respectable mère de deux reines charmantes. —(*A la duchesse de Gloster.*) Venez, madame; j'ai l'ordre de vous conduire sur-le-champ à Westminster, pour y être couronnée reine, en votre qualité d'épouse de Richard.

LA REINE ÉLISABETH. Ah! coupez mon lacet, que mon cœur oppressé puisse battre en liberté; ou je sens que je vais m'évanouir à cette foudroyante nouvelle.

ANNE. O funeste événement! ô fâcheuse nouvelle!

DORSET. Remettez-vous, ma mère; comment vous trouvez-vous?

LA REINE ÉLISABETH. O Dorset! ne me parle pas; sauve-toi; le trépas et la destruction te poursuivent : le nom de ta mère porte malheur à ses enfants. Si tu veux éviter la mort, passe les mers, et va vivre avec Richemond loin des atteintes de l'enfer. Fuis, te dis-je, fuis ce charnier sanglant, si tu ne veux augmenter le nombre des morts, et que je meure en réalisant la malédiction de Marguerite, veuve de mes titres de mère, d'épouse et de reine d'Angleterre

STANLEY. Votre conseil est sage, madame. — (*A Dorset.*) Ne perdez pas un moment; en route vous recevrez des lettres de recommandation pour mon fils. Ne vous laissez pas surprendre par d'imprudents délais.

LA DUCHESSE. Ô vent du malheur qui ne cesse de souffler sur nous! ô flanc malheureux qui avez enfanté la mort, et d'où le monde a vu éclore un serpent fatal dont le regard inévitable fait mourir!

STANLEY, *à la duchesse de Gloster.* Venez, madame, venez; on m'a recommandé la célérité.

ANNE. Je vais vous suivre, mais à contre-cœur. Oh! plût à Dieu que le cercle d'or qui doit ceindre mon front fût un fer rouge qui me brûlât le crâne! Qu'un poison mortel remplace l'huile sainte! et que je meure avant que personne ai pu dire: Vive la reine!

LA REINE ÉLISABETH. Va! femme infortunée! je ne t'envie pas ta gloire : ma douleur n'a pas besoin de se repaître de la tienne, et je ne te souhaite aucun mal.

ANNE. Non! Pourquoi? — Quand celui qui maintenant est mon époux, au moment où je suivais le cercueil de Henri, vint à moi, les mains à peine lavées du sang de cet ange qui fut mon premier époux, et de ce saint roi dont je suivais en pleurant la dépouille mortelle; en cet instant, quand mes yeux se portèrent sur le visage de Richard, voici quel fut mon vœu : — « Sois maudit, » m'écriai-je, « toi qui m'as condamnée si jeune aux douleurs d'un long veuvage; quand tu te marieras, que les chagrins assiégent ta couche nuptiale; et s'il se trouve une femme assez insensée pour accepter ta main, puisse ta vie la rendre plus misérable que tu ne m'as rendue malheureuse par la mort de mon époux bien aimé! » Hélas! en moins de temps qu'il ne m'en faut pour répéter cette imprécation, mon cœur de femme s'est grossièrement laissé prendre au miel de ses paroles, et je suis moi-même devenue l'objet de mes propres malédictions. A dater de ce jour, mes yeux ne se sont plus fermés; jamais dans sa couche il ne m'est arrivé de savourer une heure la rosée bienfaisante du sommeil, sans être réveillée en sursaut par ses rêves terribles. D'ailleurs, il me hait à cause de mon père Warwick; et je ne doute pas que bientôt il ne se défasse de moi.

LA REINE ÉLISABETH. Infortunée, adieu! j'ai pitié de tes chagrins.

ANNE. Et moi, du plus profond de mon âme, je déplore les tiens.

DORSET, *à la duchesse de Gloster.* Adieu, toi qui fais aux grandeurs un si triste accueil.

ANNE, *à la reine Elisabeth.* Adieu, pauvre âme, qui prends congé d'elles.

LA DUCHESSE, *à Dorset.* Allez rejoindre Richemond, et que le bonheur vous accompagne! — (*A la duchesse de Gloster.*) Allez trouver Richard, et que les bons anges veillent sur vous! — (*A la reine Elisabeth.*) Rendez-vous au sanctuaire, et que de salutaires pensées y remplissent votre âme! — Moi, je vais à mon tombeau, et puissent la paix et le repos y descendre avec moi! J'ai vu quatre-vingts ans de chagrins, et j'ai payé chaque heure de joie par une semaine de douleur.

LA REINE ÉLISABETH. Arrêtez; jetons encore un regard vers la Tour. Antique forteresse, aie pitié des enfants délicats que la haine a renfermés dans l'enceinte de tes murailles, rude berceau pour ces pauvres petits! âpre et dure nourrice, vieille et lugubre compagne des jeux de deux princes si jeunes, sois bonne pour mes enfants! ce sont les adieux que t'adresse ma douleur insensée.

Ils s'éloignent.

SCÈNE II.

Le palais. — La salle du trône.

Fanfares. RICHARD, revêtu des insignes de la royauté, est assis sur son trône ; à quelque distance se tiennent debout BUCKINGHAM, CATESBY, UN PAGE et divers Lords.

LE ROI RICHARD. Écartez-vous tous. — Mon cousin Buckingham.

BUCKINGHAM. Mon gracieux souverain.

LE ROI RICHARD. Donne-moi ta main. Le roi Richard est assis sur le trône, grâce à tes conseils et à ton assistance : mais ces grandeurs ne doivent-elles vivre qu'un jour, ou seront-elles durables, et en jouirons-nous sans partage?

BUCKINGHAM. Elles vivent, et puissent-elles durer toujours!

LE ROI RICHARD. Ah! Buckingham, je te soumets maintenant à l'épreuve de la pierre de touche, pour connaître si ton or est de bon aloi. Le jeune Édouard est vivant : — Tâche de me comprendre.

BUCKINGHAM. Parlez, mon bien aimé souverain.

LE ROI RICHARD. Buckingham, je dis que je voudrais être roi.

BUCKINGHAM. Vous l'êtes, mon très-illustre souverain.

LE ROI RICHARD. Ah! je suis roi! c'est vrai; mais Édouard est vivant.

BUCKINGHAM. Il est vrai, noble prince.

LE ROI RICHARD. Ah! conséquence amère! Edouard est vivant, et tu en conclus que c'est un vrai et noble prince! Mon cousin, tu n'as pas eu toujours l'entendement aussi dur. — Faut-il m'expliquer clairement? je voudrais que les bâtards fussent morts; je voudrais que cela se fît sur-le-champ. Que dis-tu maintenant? parle vite, sois bref.

BUCKINGHAM. Votre majesté peut faire ce qu'il lui plaira.

LE ROI RICHARD. Allons donc, tu es de glace; ton dévouement se refroidit. Parle, consens-tu à leur mort?

BUCKINGHAM. Laissez-moi, sire, me consulter un instant, avant que je vous donne, à ce sujet, une réponse positive. Dans un moment votre majesté connaîtra ma détermination.

Buckingham sort.

CATESBY, *à part*. Le roi est en colère; le voilà qui se mord les lèvres.

LE ROI RICHARD, *descendant de son trône*. Je ne veux désormais avoir affaire qu'à des têtes de fer, sans cervelle, à de jeunes fous; celui qui veut de trop près scruter mes desseins, celui-là n'est pas mon homme. L'ambitieux Buckingham devient circonspect. — Page!

LE PAGE. Sire!

LE ROI RICHARD. Connaîtrais-tu, par hasard, un homme que le pouvoir corrupteur de l'or déciderait à commettre secrètement un meurtre?

LE PAGE. Je connais un gentilhomme mécontent, dont l'humble fortune n'est point en rapport avec la hauteur de ses prétentions; l'or ferait sur lui plus d'effet que vingt orateurs, et le déterminerait sans doute à tout entreprendre.

LE ROI RICHARD. Quel est son nom?

LE PAGE. Son nom, sire, est Tyrrel.

LE ROI RICHARD. Je crois le connaître; va le chercher.

Le Page sort.

LE ROI RICHARD, *continuant*. Le profond et rusé Buckingham ne sera plus le bras droit de mes conseils. Jusqu'ici il avait marché avec moi sans se lasser; et voilà maintenant qu'il s'arrête pour reprendre haleine! Allons, c'est bien.

ACTE IV, SCÈNE II.

Entre STANLEY.

LE ROI RICHARD, *continuant*. Eh bien, lord Stanley, quelles nouvelles ?

STANLEY. J'ai appris, mon bien aimé souverain, et je viens vous annoncer que le marquis de Dorset s'est enfui pour aller rejoindre Richemond au pays qu'il habite.

LE ROI RICHARD. Approche, Catesby ; fais circuler le bruit qu'Anne ma femme est dangereusement malade ; je prendrai des mesures pour qu'elle ne sorte pas. Cherche-moi quelque gentilhomme obscur que je marierai sur-le-champ avec la fille de Clarence ; quant au fils, il est idiot, et je ne le crains pas. Eh bien ! est-ce que tu rêves ? — Aie soin, dis-je, d'annoncer partout qu'Anne est malade et n'en relèvera pas. Dépêche-toi, car il m'importe de couper court aux espérances qui plus tard pourraient me nuire.

Catesby sort.

LE ROI RICHARD, *continuant*. Il faut que j'épouse la fille de mon frère, sans quoi mon trône n'a qu'une base fragile. Faire mourir ses frères, et puis l'épouser, c'est un moyen de réussite bien chanceux ! Mais je suis si avant dans le sang, qu'un crime doit suivre l'autre ; la pitié larmoyante n'habite pas dans ces yeux-là.

Rentre LE PAGE, *accompagné de* TYRREL.

LE ROI RICHARD, *continuant*. Tu te nommes Tyrrel ?

TYRREL. James Tyrrel, votre très-obéissant sujet.

LE ROI RICHARD. Est-ce bien vrai ?

TYRREL. Mettez-moi à l'épreuve, mon gracieux souverain.

LE ROI RICHARD. Es-tu homme à tuer un de mes amis ?

TYRREL. Comme il vous plaira ; mais je préférerais tuer deux ennemis.

LE ROI RICHARD. Tu l'as dit : ce sont deux ennemis acharnés de mon repos, deux perturbateurs de mon doux sommeil, que ceux contre qui je voudrais employer ton bras ; Tyrrel, je veux parler des bâtards qui sont à la Tour.

TYRREL. Donnez-moi les moyens d'arriver jusqu'à eux et je vous promets de vous en débarrasser.

LE ROI RICHARD. Tu fais entendre à mon oreille une délicieuse harmonie. Viens ici, Tyrrel ; tiens, prends cet ordre. (*Il lui remet un papier.*) Avance, et approche ton oreille. (*Il lui parle tout bas.*) Voilà tout ce qu'il y aura à faire. Viens m'annoncer que c'est fait, et je t'aimerai; et un brillant avenir sera ton partage.

TYRREL. Je vais sur-le-champ exécuter la chose.

Il s'éloigne.

Rentre BUCKINGHAM.

BUCKINGHAM. Mylord, j'ai réfléchi à la proposition que vous m'aviez faite tout à l'heure.

LE ROI RICHARD. C'est bien; n'en parlons plus. Dorset est allé rejoindre Richemond.

BUCKINGHAM. Je l'ai entendu dire, sire.

LE ROI RICHARD. Stanley, Richemond est le fils de ta femme: — aie l'œil à cela.

BUCKINGHAM. Sire, je réclame le don que vous vous êtes engagé sur votre honneur et sur votre foi à m'accorder, à savoir le comté de Hereford et ses dépendances, dont vous m'avez promis la possession.

LE ROI RICHARD. Stanley, veille avec soin sur ta femme; si elle porte des lettres à Richemond, tu en répondras.

BUCKINGHAM. Que répond votre majesté à ma juste requête?

LE ROI RICHARD. Je me souviens d'avoir entendu le roi Henri VI prédire que Richemond serait roi, à une époque où Richemond n'était encore qu'un enfant maussade. Richemond roi! — peut-être, —

BUCKINGHAM. Sire, —

LE ROI RICHARD. Comment se fait-il que le prophète ne m'ait pas dit, à moi qui étais alors auprès de lui, que je le tuerais un jour?

BUCKINGHAM. Sire, le comté que vous m'avez promis, —

LE ROI RICHARD. Richemond! La dernière fois que je me suis trouvé à Exeter, le maire, pour me faire honneur, me montra le château qu'il appelait Rougemont; à ce nom je tressaillis, parce qu'un barde d'Irlande m'a dit autrefois que je ne vivrais pas longtemps après avoir vu Richemond.

BUCKINGHAM. Sire, —

LE ROI RICHARD. Quelle heure est-il?

BUCKINGHAM. Je prends la liberté de rappeler à votre majesté la promesse qu'elle m'a faite.

LE ROI RICHARD. Oui, mais quelle heure est-il?

BUCKINGHAM. Dix heures vont sonner.

ACTE IV, SCÈNE III.

LE ROI RICHARD. Eh bien! qu'elles sonnent.

BUCKINGHAM. Pourquoi cela?

LE ROI RICHARD. Parce que, comme l'automate d'une horloge, tu interposes ton bruit monotone entre ta demande et ma méditation. Je ne suis pas aujourd'hui en veine de générosité.

BUCKINGHAM. Eh bien! dites-moi si vous voulez, oui ou non, tenir votre promesse.

LE ROI RICHARD. Tu m'importunes; je ne suis pas en veine.

Le roi Richard et sa suite sortent.

BUCKINGHAM, *seul.* Ah! c'est comme cela? c'est par de tels mépris qu'il récompense mes services? Est-ce donc pour cela que je l'ai fait roi? Oh! rappelons-nous le sort de Hastings, et partons pour Brecknock [1], pendant que ma tête en péril est encore sur mes épaules.

Il sort.

SCÈNE III.

Même lieu.

Entre TYRREL.

TYRREL. Il est consommé l'acte de tyrannie et de sang, le plus grand forfait, le meurtre le plus inhumain dont ce pays se soit jamais rendu coupable. Ceux que j'avais chargés de cette horrible boucherie, Dighton et Forest, bien que ce soient des scélérats endurcis, des dogues sanguinaires, émus de pitié et de compassion, pleuraient comme des enfants en me racontant cette douloureuse histoire de mort. « Voilà, disait Dighton, comme étaient couchés ces pauvres petits. » — « Voilà, continuait Forest, comme ils se tenaient mutuellement enlacés dans leurs bras innocents et blancs comme l'albâtre. A voir leurs lèvres, on eût cru voir sur une même tige quatre roses vermeilles, dans tout l'éclat de leur beauté, et se baisant l'une l'autre. Sur leur chevet était posé un livre de prière; et cette vue, ajoutait Forest, a failli changer ma résolution; mais le démon, » — Ici, le scélérat s'est arrêté, et Dighton a continué en ces termes : « Nous avons étouffé le plus parfait ouvrage que, depuis la création, la nature ait jamais formé. » Aussitôt ils m'ont quitté, le cœur si pénétré de douleur et de remords, qu'ils ne pouvaient parler; et je les ai laissés aller, pour apporter cette nouvelle au roi sanguinaire.

[1] Nom d'un château du duc de Buckingham, dans le pays de Galles.

Entre LE ROI RICHARD.

TYRREL, *continuant.* Le voilà qui vient. — Santé et joie à mon souverain maître!

LE ROI RICHARD. Mon bon Tyrrel, la nouvelle que tu m'apportes va-t-elle me rendre heureux?

TYRREL. Si la certitude que l'ordre donné par vous a été exécuté peut vous procurer le bonheur, soyez donc heureux; car la chose est faite.

LE ROI RICHARD. Mais les as-tu vus morts?

TYRREL. Oui, sire.

LE ROI RICHARD. Et enterrés, mon bon Tyrrel?

TYRREL. Le chapelain de la Tour les a enterrés; quant à vous dire où, la vérité est que je n'en sais rien.

LE ROI RICHARD. Tyrrel, viens me trouver après souper; tu me conteras les détails de leur mort. En attendant, cherche dans ta pensée en quoi je puis t'être utile, et sois assuré de voir tes désirs satisfaits. Adieu jusque là.

TYRREL. Je prends humblement congé de vous.

Il sort.

LE ROI RICHARD, *seul.* J'ai fait renfermer le fils de Clarence; j'ai marié sa fille à un homme obscur; les fils d'Edouard dorment dans le sein d'Abraham, et Anne ma femme a dit adieu au monde. Je sais que Richemond de Bretagne [1] vise à la main de la jeune Elisabeth, fils de mon frère, et que son ambition voudrait se faire de cette alliance un titre à la couronne; moi, je vais la trouver, et, amant heureux, lui faire gaiement ma cour.

Entre CATESBY.

CATESBY. Sire, —

LE ROI RICHARD. Sont-ce de bonnes ou de mauvaises nouvelles que tu viens m'apporter si brusquement?

CATESBY. De mauvaises nouvelles, sire: Morton [2] est parti pour rejoindre Richemond; Buckingham, à la tête des audacieux Gallois, est entré en campagne, et voit à chaque instant ses forces s'accroître.

LE ROI RICHARD. Ely allant rejoindre Richemond me donne

---

[1] Ainsi nommé parce qu'après la bataille de Tewksbury il s'était réfugié à la cour de François II, duc de Bretagne.
[2] Évêque d'Ely.

plus de soucis que Buckingham et sa téméraire levée de boucliers. Viens, — J'ai appris par expérience que l'irrésolution parleuse est la tardive compagne du délai : le délai amène après lui l'impuissante misère qui marche à pas de tortue. Empruntons donc les ailes de la célérité, la messagère de Jupiter, et le digne héraut d'un roi ! Allons rassembler nos troupes ; mon intelligence est un bouclier. Il faut de la promptitude quand les traîtres ont l'audace de lever l'étendard.

Ils sortent.

SCÈNE IV.

Même ville. — Devant le palais.

Arrive LA REINE MARGUERITE.

LA REINE MARGUERITE. Maintenant la prospérité des York commence à décliner, et, pareille à un fruit mûr, ne tardera pas à tomber dans la gueule infecte de la mort. Je viens secrètement rôder en ces lieux pour suivre des yeux le déclin de mes ennemis. J'en ai déjà vu le sinistre prologue, et je retourne en France, dans l'espoir que la suite ne sera pas moins amère, lugubre et tragique. Tiens-toi à l'écart, malheureuse Marguerite ! Qui vient ici ?

Arrivent LA REINE ÉLISABETH et LA DUCHESSE D'YORK.

LA REINE ÉLISABETH. Ah ! mes pauvres princes, mes pauvres enfants, fleurs non épanouies, boutons naissants ! si vos ombres innocentes voltigent dans l'air ; si vous n'êtes point encore fixés dans votre éternel séjour, que vos ailes aériennes planent au-dessus de moi, et entendez les gémissements de votre mère.

LA REINE MARGUERITE. Planez au-dessus d'elle ; dites-lui que la loi du talion a étendu sur votre jeune aurore le voile de l'éternelle nuit.

LA DUCHESSE. Tant de misères ont brisé ma voix, que ma langue usée par la plainte est immobile et muette. Édouard Plantagenet, pourquoi es-tu mort ?

LA REINE MARGUERITE. Un Plantagenet est tombé en retour d'un Plantagenet ; un Édouard en mourant a expié la mort d'un Édouard.

LA REINE ÉLISABETH. As-tu bien pu, grand Dieu, abandonner ces innocents agneaux, et les jeter dans la gueule du loup ? Pourquoi fermais-tu les yeux quand s'accomplissait un tel crime ?

LA REINE MARGUERITE. Et quand on égorgeait le pieux Henri et mon fils bien aimé?

LA DUCHESSE. Spectre vivant dont la vue est éteinte et dont l'existence ne tient plus qu'à un souffle, monument d'infortune, opprobre du monde, propriété du tombeau que retient injustement la vie; abrégé et archives de jours malheureux, repose tes douleurs sans repos sur le sol de l'Angleterre, sur cette terre légale, illégalement abreuvée de sang innocent.

Elle s'assied à terre.

LA REINE ÉLISABETH. O terre! que ne peux-tu m'offrir un tombeau aussi promptement que tu m'offres un siége de douleur! alors tu recouvrirais mes os au lieu de les reposer. Ah! qui plus que nous a sujet de gémir?

Elle s'assied auprès de la Duchesse.

LA REINE MARGUERITE. Si la plus ancienne douleur est la plus digne de respect, cédez à la mienne le droit d'aînesse, et que mes chagrins aient la prééminence sur les vôtres. — (*Elle s'assied à côté d'elles.*) Si la douleur admet la société, que le souvenir de mes malheurs vous rappelle les vôtres. J'avais un Edouard; un Richard l'a tué: j'avais un Henri; un Richard l'a tué! — (*A la reine Elisabeth.*) Tu avais un Edouard; un Richard l'a tué: tu avais un Richard; un Richard l'a tué.

LA DUCHESSE. Et moi aussi, j'avais un Richard, et tu l'as tué; j'avais un Rutland, et tu as aidé à le tuer.

LA REINE MARGUERITE. Tu avais aussi un Clarence, et Richard l'a tué. De tes flancs malheureux est sorti un limier infernal qui nous donne à tous la chasse jusqu'à ce que mort s'ensuive. Ce limier, qui avait des dents avant d'avoir des yeux, pour déchirer les agneaux et s'abreuvrer de leur sang innocent; cet impur destructeur des œuvres de Dieu; ce tyran par excellence; cet oppresseur de la terre, qui se délecte aux pleurs des malheureux, ton ventre l'a vomi pour nous poursuivre jusqu'au tombeau. O Dieu juste, équitable dispensateur, combien je bénis ta justice, qui a permis que ce dogue sanguinaire exerçât sa fureur sur le fruit des entrailles de sa propre mère, et la forçât de joindre sa douleur à la douleur des autres!

LA DUCHESSE. Épouse de Henri, ne triomphe pas de mes malheurs: Dieu m'est témoin que mes larmes ont coulé pour les tiens.

LA REINE MARGUERITE. Pardonnez-moi; je suis affamée de vengeance, et maintenant qu'elle est sous mes yeux, j'en repais mes regards. Il est mort ton Édouard, qui a tué mon Édouard; en expiation de ce trépas, ton autre Édouard est également mort, et le jeune York par-dessus le marché; car à eux deux ils ne sauraient compenser la grandeur de ma perte. Il est mort ton Clarence, qui a poignardé mon Édouard; et les témoins de ce drame tragique, l'adultère Hastings [1], Rivers, Vaughan, Grey, sont descendus avant le temps dans la nuit du tombeau. Richard vit encore, lui, le noir émissaire de l'enfer, chargé de lui acheter des âmes et de les lui envoyer : mais elle approche à grands pas sa fin déplorable, et qui ne sera point pleurée. La terre s'entr'ouvre, l'enfer jette des flammes, les démons hurlent, les saints prient, demandant qu'il soit promptement retranché de ce monde. Romps le fil de ses jours, ô Dieu! je t'en conjure, afin qu'avant de cesser de vivre, je puisse dire : Le monstre est mort!

LA REINE ÉLISABETH. Oh! tu m'as prédit qu'un jour viendrait où je t'appellerais pour m'aider à maudire cette hideuse araignée, ce crapaud impur au dos voûté.

LA REINE MARGUERITE. Je t'appelai alors, futile simulacre de ma grandeur; je t'appelai alors, ombre chétive, reine en peinture, vaine représentation de ce que j'étais, programme flatteur d'un spectacle lugubre, femme élevée si haut pour être précipitée si bas, mère dérisoire de deux beaux enfants, rêve de ce que tu semblais être, drapeau éclatant servant de but aux coups les plus dangereux, insigne de dignité, souffle, bulle d'eau. Où est ton époux maintenant? où sont tes frères? où sont tes deux fils? où sont tes joies? Qui t'implore? qui s'agenouille et dit : Dieu sauve la reine! Où sont les grands respectueux qui te flattaient? où est la foule qui accompagnait tes pas? Repasse tous ces souvenirs dans ta mémoire, et vois ce que tu es maintenant. L'épouse heureuse est devenue une veuve désolée; mère pleine de joie, tu déplores aujourd'hui ce titre; toi que l'on suppliait, tu n'es plus qu'une humble suppliante; de reine que tu étais, tu n'es plus qu'une malheureuse couronnée de douleurs; tu me méprisais, maintenant je te méprise; tous te craignaient, aujourd'hui il est un homme que tu redoutes; celle qui commandait à tous n'a plus personne qui lui obéisse. Ainsi la roue de la justice a tourné et t'a laissée en pâture au temps; il ne te reste plus que le souvenir du passé pour aggraver encore le supplice du présent. Toi qui avais pris

---

[1] À cause de ses liaisons avec Jeanne Shore.

ma place, tu as également pris une large part de mes douleurs. Aujourd'hui ta tête orgueilleuse porte la moitié de mon joug, et voilà que je dégage ma tête fatiguée pour te laisser porter le fardeau tout entier. Adieu, épouse d'York, reine de malheur; ces maux de l'Angleterre feront ma joie en France.

LA REINE ÉLISABETH. O toi qui excelles à maudire, reste encore un instant, et apprends-moi à maudire mes ennemis.

LA REINE MARGUERITE. Ne dors pas la nuit, et jeûne le jour; compare ta félicité morte avec tes douleurs vivantes; représente-toi tes enfants plus beaux qu'ils n'étaient, et leur meurtrier plus hideux qu'il n'est; exagère le prix de ce que tu as perdu, pour haïr davantage l'auteur de cette perte; que ce soient là les pensées qui t'occupent, et tu apprendras à maudire.

LA REINE ÉLISABETH. Mes paroles sont sans force; que les tiennes les ravivent.

LA REINE MARGUERITE. Tes douleurs les aiguiseront et les rendront perçantes comme les miennes.

La reine Marguerite s'éloigne.

LA DUCHESSE. La douleur est-elle donc si prodigue de paroles?

LA REINE ÉLISABETH. Avocats qui n'ont que du souffle à mettre au service du malheur, leur client; vaines héritières d'un bonheur intestat; impuissants orateurs prêtant leur voix à nos misères! laissons-leur un libre cours: elles ne sont pas tout à fait inutiles; elles soulagent le cœur.

LA DUCHESSE. S'il en est ainsi, donne carrière à ta langue; viens avec moi, et sous le souffle de nos paroles amères, étouffons mon fils maudit qui a étouffé tes deux fils charmants. (*Bruit de tambours.*) J'entends le bruit de ses tambours: n'épargne pas les imprécations.

Arrive LE ROI RICHARD, *à la tête de ses troupes.*

LE ROI RICHARD. Qui ose m'arrêter dans ma marche?

LA DUCHESSE. Celle qui, à ta naissance, aurait dû t'arrêter au passage, en t'étouffant dans son sein maudit, et prévenir ainsi, misérable, tous les meurtres que tu as commis.

LA REINE ÉLISABETH. Quoi! tu veux ceindre d'une couronne d'or ce front où, si l'on faisait justice, devraient être gravés avec un fer chaud le meurtre du prince à qui appartenait cette couronne, et la mort lamentable de mes fils et de mes frères?

ACTE IV, SCÈNE IV.

LA DUCHESSE. Reptile immonde, où est ton frère Clarence?

LA REINE ÉLISABETH. Où sont le noble Rivers, Vaughan et Grey?

LA DUCHESSE. Où est le généreux Hastings?

LE ROI RICHARD. Sonnez, trompettes! — battez, tambours! empêchez que le ciel n'entende la voix menteuse de ces femmes insulter à l'oint du Seigneur. Sonnez, vous dis-je. — (*Bruit de trompettes et de tambours.*) Modérez-vous et parlez-moi avec plus de douceur, sinon la voix bruyante de la guerre couvrira vos clameurs.

LA DUCHESSE. Es-tu mon fils?

LE ROI RICHARD. Oui, j'en rends grâces à Dieu, à mon père et à vous.

LA DUCHESSE. Écoute donc patiemment l'expression de ma colère.

LE ROI RICHARD. Madame, j'ai un peu hérité de votre caractère, et ne saurais supporter patiemment le reproche.

LA DUCHESSE. Oh! laisse-moi parler.

LE ROI RICHARD. Parlez donc; mais je ne vous écouterai pas.

LA DUCHESSE. Je serai douce et modérée dans mes paroles.

LE ROI RICHARD. Abrégez, ma mère, car je suis pressé.

LA DUCHESSE. Tu es pressé! je t'ai bien attendu, moi. Dieu sait dans quels tourments et dans quelle agonie.

LE ROI RICHARD. Et ne suis-je pas venu enfin vous consoler de vos souffrances?

LA DUCHESSE. Non, par la sainte croix, tu le sais fort bien; tu vins au monde pour me faire de la terre un enfer. Ta naissance fut pour moi une douloureuse affliction; ton enfance a été méchante et colère; ton adolescence intolérable, violente, sauvage et furieuse; ta jeunesse audacieuse, téméraire, avide de dangers. Dans l'âge mûr tu as été hautain, rusé, dissimulé, sanguinaire, plus doux en apparence, mais plus dangereux, caressant dans ta haine. M'est-il jamais arrivé de passer avec toi un seul instant heureux?

LE ROI RICHARD. Aucun, à l'exception de l'instant qui vous appelait hors de ma présence. Si je suis si déplaisant, à vos yeux, laissez-moi continuer ma marche, et vous débarrasser de ma vue importune. — Tambours, battez.

LA DUCHESSE. Je t'en prie, écoute-moi.

LE ROI RICHARD. Vous mettez dans votre langage trop d'amertume.

LA DUCHESSE. Deux mots seulement : ce seront les derniers que tu entendras de moi.

LE ROI RICHARD. Soit.

LA DUCHESSE. Ou, par un juste décret de Dieu, tu mourras avant de revenir de cette guerre triomphant et vainqueur ; ou je mourrai de chagrins et de vieillesse sans plus jamais revoir ton visage. Emporte donc avec toi ma plus formidable malédiction ; et puisse-t-elle, au jour du combat, peser sur toi plus lourdement que ton armure ! Je prierai le ciel pour tes adversaires ; les jeunes âmes des enfants d'Édouard souffleront le courage au cœur de tes ennemis, et leur promettront le succès et la victoire. Homme de sang, ta fin sera sanglante ; l'opprobre qui plana sur ta vie accompagnera ta mort.

Elle s'éloigne.

LA REINE ÉLISABETH. J'ai beaucoup plus de motifs, mais bien moins de force qu'elle pour maudire : je ne puis que joindre mes vœux aux siens.

Elle fait quelques pas pour s'éloigner.

LE ROI RICHARD. Arrêtez, madame ; j'ai un mot à vous dire.

LA REINE ÉLISABETH. Je n'ai plus de fils du sang royal que tu puisses égorger. Quant à mes filles, Richard, elles seront des religieuses en prières, non des reines en pleurs ; ne cherche donc pas à attenter à leur vie.

LE ROI RICHARD. Vous avez une fille appelée Élisabeth, vertueuse, belle et ornée d'une grâce toute royale.

LA REINE ÉLISABETH. Et pour cela faut-il donc qu'elle meure ? Oh ! laisse-la vivre ; et je corromprai ses mœurs, je flétrirai sa beauté, je me déshonorerai moi-même, comme infidèle à la couche d'Édouard ; je jetterai sur elle le voile de l'infamie. Pour la soustraire au poignard sanglant, je déclarerai qu'elle n'est pas la fille d'Édouard.

LE ROI RICHARD. Ne portez pas atteinte à l'honneur de sa naissance ; elle est du sang royal.

LA REINE ÉLISABETH. Pour sauver sa vie, je dirai qu'elle n'en est pas.

LE ROI RICHARD. Sa naissance assure son salut.

LA REINE ÉLISABETH. C'est là ce qui a causé la mort de ses frères.

LE ROI RICHARD. Ils étaient nés sous une funeste étoile.

LA REINE ÉLISABETH. Non, des amis pervers leur ont été funestes.

LE ROI RICHARD. On ne peut éviter sa destinée.

LA REINE ÉLISABETH. Il est vrai, quand c'est le crime qui en dispose. Mes enfants auraient eu une mort moins horrible si le ciel t'avait donné en partage une vie moins criminelle.

LE ROI RICHARD. Vous parlez comme si j'avais tué mes neveux.

LA REINE ÉLISABETH. Tes neveux, en effet; c'est leur oncle qui leur a ravi le bonheur, la couronne, leurs parents, leur liberté, leur vie. Quelle que soit la main qui ait percé leurs jeunes cœurs, c'est toi qui l'as conduite. Sans nul doute, le fer homicide fût resté impuissant, émoussé, s'il n'eût été aiguisé sur ton cœur de pierre avant d'être plongé dans les entrailles de mes innocents agneaux. Si la continuité de la douleur ne lui ôtait de sa violence, avant que ma bouche fît entendre à ton oreille le nom de mes enfants, mes ongles jetteraient l'ancre dans tes yeux; et moi, dans ces désolés parages de la mort, barque frêle et chétive, dépouillée de voiles et d'agrès, je me briserais en éclats contre le roc dont est formé ton cœur inhumain.

LE ROI RICHARD. Madame, puissé-je échouer dans mon entreprise et revenir vaincu de cette guerre périlleuse, s'il n'est pas vrai que je vous veux, ainsi qu'aux vôtres, plus de bien que je ne vous ai fait de mal!

LA REINE ÉLISABETH. Quel bien peut-il encore exister pour moi sous la voûte des cieux?

LE ROI RICHARD. L'élévation de vos enfants, madame.

LA REINE ÉLISABETH. Sur un échafaud, sans doute, pour y perdre leurs têtes?

LE ROI RICHARD. Non, au faîte de la fortune, à l'apogée des gloires de la terre.

LA REINE ÉLISABETH. Flatte ma douleur de cette illusion; dis-moi de quelle fortune, de quelles dignités, de quels honneurs tu peux disposer en faveur de l'un de mes enfants?

LE ROI RICHARD. Tous ceux que je possède, et moi-même avec eux, je veux les donner à l'un de vos enfants. Ainsi votre âme irritée noiera dans le fleuve d'oubli le souvenir des torts que vous me supposez envers vous.

LA REINE ÉLISABETH. Abrége, de peur que ta munificence

ne dure moins de temps que tu n'en auras mis à l'exprimer.

LE ROI RICHARD. Apprenez donc que j'aime votre fille de toute mon âme.

LA REINE ÉLISABETH. La mère de ma fille le croit de toute son âme.

LE ROI RICHARD. Que croyez-vous ?

LA REINE ÉLISABETH. Que tu aimes ma fille de toute ton âme. C'était de toute ton âme aussi que tu aimais ses frères ; et c'est de toute mon âme que je t'en remercie.

LE ROI RICHARD. Ne vous hâtez pas de juger défavorablement mes intentions. Je veux dire que j'aime votre fille en toute sincérité, et je me propose de la faire reine d'Angleterre.

LA REINE ÉLISABETH. Qui veux-tu donc lui donner pour roi ?

LE ROI RICHARD. Celui-là même qui la fera reine ; quel autre pourrait-ce être ?

LA REINE ÉLISABETH. Qui ? toi ?

LE ROI RICHARD. Moi, moi-même ; qu'en dites-vous, madame ?

LA REINE ÉLISABETH. Comment feras-tu pour lui faire agréer ta recherche ?

LE ROI RICHARD. C'est ce que vous pourriez m'apprendre, comme étant, mieux que personne, au fait de son caractère.

LA REINE ÉLISABETH. Tu veux le savoir de moi ?

LE ROI RICHARD. De tout mon cœur, madame.

LA REINE ÉLISABETH. Envoie-lui, par l'homme qui a tué ses frères, deux cœurs sanglants, sur lesquels tu auras tracé deux noms : ÉDOUARD et YORK ; à cet aspect, sans doute, elle versera des larmes ; alors, présente-lui un mouchoir, comme autrefois à ton père Marguerite en présenta un trempé dans le sang de Rutland ; tu lui diras qu'il a bu le sang vermeil de ses frères bien aimés, et l'engageras à s'en servir pour essuyer ses pleurs. Si cela ne suffit pas pour la persuader, envoie-lui la liste de tes hauts faits : dis-lui que tu as fait périr ses oncles Clarence et Rivers, et que, pour lui plaire, tu as promptement expédié sa bonne tante Anne.

LE ROI RICHARD. Vous vous moquez de moi, madame ; ce n'est pas là le moyen de gagner le cœur de votre fille.

LA REINE ÉLISABETH. Il n'y en a pas d'autre, à moins que

tu ne te métamorphoses et ne sois plus le Richard qui a fait tout cela.

LE ROI RICHARD. Et si je ne l'avais fait que pour l'amour d'elle ?

LA REINE ÉLISABETH. Alors, en vérité, elle ne peut que te haïr, si c'est à un prix aussi sanglant qu'elle a acquis ton amour.

LE ROI RICHARD. Écoutez, ce qui est fait ne peut plus maintenant se réparer. On commet quelquefois des actes inconsidérés dont on a plus tard tout le loisir de se repentir. Si j'ai ravi la couronne à vos fils, pour réparer mes torts, je veux la rendre à votre fille : si j'ai tué le fruit de vos entrailles, pour rendre la vie à votre postérité, je veux faire naître de votre fille une postérité nouvelle. Le nom d'aïeul n'est guère moins cher et moins doux que le tendre nom de mère. Ses enfants seront les vôtres, bien qu'à un degré plus éloigné ; formés de votre sang, ils tiendront de vous ; ils ne vous auront coûté de moins qu'une nuit de douleurs, endurée par celle pour qui vous avez souffert les mêmes douleurs. Vos enfants ont été une source de désagréments pour votre jeunesse ; mais les miens seront la consolation de vos vieux jours. Vous avez perdu l'assurance de voir votre fils roi ; mais, par cette perte même, votre fille devient reine. Je ne puis vous faire toutes les réparations que je voudrais ; veuillez donc accepter celles qu'il est en mon pouvoir de vous offrir. Dorset, votre fils, qui, cédant à ses appréhensions, a porté ses mécontentements sur la terre étrangère, rappelé dans sa patrie par cette heureuse alliance, va voir s'ouvrir devant lui le chemin de la fortune et des dignités les plus hautes. Le roi qui donnera à votre fille charmante le nom d'épouse appellera familièrement votre Dorset son frère. Vous serez encore la mère d'un roi, et les ruines d'un passé malheureux seront réparées par un redoublement de bonheur. Eh quoi ! l'avenir nous tient encore en réserve d'heureux jours. Les larmes que vous avez versées reviendront transformées en perles orientales ; et la somme de vos félicités, grossie par l'intérêt, vous sera rendue deux fois décuplée. Allez donc, ô ma mère, allez trouver votre fille ; que votre expérience enhardisse sa timide jeunesse ; préparez son oreille à entendre les vœux de mon amour ; allumez dans son jeune cœur le noble désir de régner ; dites à la princesse le bonheur de l'hymen et ses joies silencieuses : et dès que ce bras aura châtié un rebelle méprisable, l'insensé Buckingham, je reviendrai, le front ceint de palmes triomphales, conduire votre fille à la couche du vainqueur; je déposerai à ses pieds mes conquêtes; la victoire sera pour elle seule, et, César véritable, elle régnera sur César.

LA REINE ÉLISABETH. Que lui dirai-je? Comment lui désignerai-je celui qui demande à être son époux? Dirai-je que c'est le frère de son père, ou son oncle, ou le meurtrier de ses frères et de ses oncles? En lui parlant pour toi, quel nom te donnerai-je que Dieu, les lois, mon honneur et ses affections puissent rendre acceptable et doux à sa tendre jeunesse?

LE ROI RICHARD. Dites-lui que la paix de l'Angleterre sera le prix de cette alliance.

LA REINE ÉLISABETH. Paix qu'elle achètera au prix d'interminables guerres.

LE ROI RICHARD. Dites-lui que le roi, qui pourrait commander, la supplie.

LA REINE ÉLISABETH. Pour obtenir d'elle ce que le Roi des rois lui défend[1].

LE ROI RICHARD. Dites-lui qu'elle sera une haute et puissante reine.

LA REINE ÉLISABETH. Pour en déplorer le titre, comme fait sa mère.

LE ROI RICHARD. Dites-lui que je l'aimerai toujours.

LA REINE ÉLISABETH. Combien de temps durera ce *toujours?*

LE ROI RICHARD. Autant que sa belle vie.

LA REINE ÉLISABETH. Mais combien de temps sa belle vie doit-elle durer?

LE ROI RICHARD. Aussi longtemps que voudront la prolonger le ciel et la nature.

LA REINE ÉLISABETH. Aussi longtemps que l'enfer et Richard le permettront.

LE ROI RICHARD. Dites-lui que moi, son souverain, je suis son humble sujet.

LA REINE ÉLISABETH. Mais elle, ta sujette, abhorre un souverain tel que toi.

LE ROI RICHARD. Employez pour moi votre éloquence auprès d'elle.

LA REINE ÉLISABETH. La sincérité, quand son langage est simple, n'en persuade que mieux.

---

[1] Allusion aux prohibitions de la loi judaïque.

LE ROI RICHARD. Exposez-lui donc simplement mon amour.

LA REINE ÉLISABETH. Une proposition malhonnête faite sans art et sans détour n'en est que plus choquante.

LE ROI RICHARD. Vos raisons sont trop superficielles et trop vives.

LA REINE ÉLISABETH. Mes raisons sont trop profondes et trop mortes. Ils sont mort, mes pauvres enfants, et leur fosse est profonde.

LE ROI RICHARD. Ne touchez point cette corde, madame; cela est passé.

LA REINE ÉLISABETH. Je continuerai à la toucher jusqu'à ce que celles de mon cœur se soient brisées.

LE ROI RICHARD. Par mon saint George, ma jarretière [1], et ma couronne, —

LA REINE ÉLISABETH. Tu as profané l'un, déshonoré l'autre, et la troisième est usurpée.

LE ROI RICHARD. Je jure, —

LA REINE ÉLISABETH. Par rien; ce n'est pas là un serment. Ton saint George profané a perdu son lustre sacré; ta jarretière déshonorée n'a plus sa vertu chevaleresque; ta couronne usurpée a perdu son éclat glorieux. Si donc tu veux qu'on ajoute foi à ton serment, jure par quelque chose que tu n'aies pas souillée.

LE ROI RICHARD. Eh bien, par l'univers, —

LA REINE ÉLISABETH. Il est plein de tes crimes.

LE ROI RICHARD. Par la mort de mon père, —.

LA REINE ÉLISABETH. Ta vie l'a déshonorée.

LE ROI RICHARD. Par moi-même, —

LA REINE ÉLISABETH. Tu t'es toi-même avili.

LE ROI RICHARD. Eh bien donc, par le ciel, —

LA REINE ÉLISABETH. C'est envers le ciel que tu es le plus coupable. Si tu avais craint de violer un serment fait en son nom, la réconciliation que ton frère avait effectuée n'aurait pas été brisée, et mon frère n'aurait pas été égorgé. Si tu avais craint de violer un serment fait en son nom, le royal diadème qui ceint en ce moment ta tête brillerait sur le jeune front de mon fils; et ils vivraient encore ces deux princes, tendres hôtes de la tombe, et que ton parjure a livrés en proie aux vers. Par quoi peux-tu jurer maintenant?

[1] L'ordre de la Jarretière.

LE ROI RICHARD. Par l'avenir,—

LA REINE ÉLISABETH. Tu l'as flétri dans le passé; car moi, j'ai bien des larmes à essuyer pour le passé que m'ont fait tes crimes. Ils vivent les enfants dont tu as assassiné les pères; et leur jeunesse, laissée sans guide, lèguera ses douleurs à leur âge mûr. Ils vivent les pères dont tu as massacré les enfants; vieilles plantes stériles dont la vieillesse est condamnée aux larmes. Ne jure pas par l'avenir, car tu l'as vicié d'avance par le coupable usage que tu as fait du passé.

LE ROI RICHARD. S'il n'est pas vrai que je veux revenir au bien et au repentir, puissé-je échouer dans la lutte que j'entreprends contre mes ennemis en armes! Puissé-je moi-même me détruire! Puissent le ciel et la fortune ne point m'accorder un seul instant de bonheur! Que le jour me refuse sa lumière, et la nuit son repos! Que tous les astres propices me soient contraires, s'il n'est pas vrai que je ressens pour votre charmante et auguste fille l'amour le plus pur, le dévouement le plus vertueux, les sentiments les plus saints! C'est d'elle que dépendent mon bonheur et le vôtre! Sans elle, pour vous, pour moi, pour elle-même, pour le pays et pour bien des âmes chrétiennes, il n'y a que mort, désolation, ruine et malheurs à attendre. Ces maux ne peuvent être et ne seront détournés que par cet hymen. Ainsi, mère chérie,—permettez-moi de vous donner ce nom,—soyez auprès d'elle l'interprète de mon amour. Dites-lui ce que je serai, non ce que j'ai été; non mes démérites passés, mais mes mérites futurs. Représentez-lui la nécessité des temps, et que d'étroits ressentiments ne vous fassent pas perdre de vue de grands desseins.

LA REINE ÉLISABETH. Me laisserai-je ainsi tenter par le démon?

LE ROI RICHARD. Oui, si le démon vous pousse à faire le bien.

LA REINE ÉLISABETH. Pour redevenir moi, m'oublierai-je moi-même?

LE ROI RICHARD. Oui, si ce souvenir est pour vous un mal.

LA REINE ÉLISABETH. Mais tu as tué mes enfants.

LE ROI RICHARD. Je leur donne pour sépulture la couche nuptiale de votre fille; là, dans ce lieu de délices, ils se reproduiront eux-mêmes pour votre consolation.

LA REINE ÉLISABETH. Dois-je aller préparer ma fille à accueillir tes vœux?

ACTE IV, SCÈNE IV.

LE ROI RICHARD. Allez ; et ce faisant, devenez une heureuse mère.

LA REINE ÉLISABETH. J'y vais. — Écrivez-moi sans délai, et vous connaîtrez par moi ses intentions.

LE ROI RICHARD. Portez-lui ce baiser en témoignage de mon tendre amour, et recevez mes adieux.

Il l'embrasse. Elle s'éloigne.

LE ROI RICHARD, *continuant*. Femme sans caractère ! femme sotte et changeante ! — Eh bien ! quelle nouvelle ?

Arrive RATCLIFF ; *puis* CATESBY.

RACTLIFF. Très-puissant souverain, sur la côte occidentale on signale une flotte formidable ; on voit accourir sur le rivage une foule d'amis équivoques, d'hommes peu dévoués : ils sont sans armes, et ne paraissent point disposés à repousser l'ennemi. Ces vaisseaux sont, dit-on, commandés par Richemond ; ils attendent, les voiles en panne, que Buckingham vienne leur prêter appui et protéger le débarquement.

LE ROI RICHARD. Qu'un courrier agile soit dépêché au duc de Norfolk : — toi, Ratcliff, — ou Catesby ; où est-il ?

CATESBY. Sire, me voici.

LE ROI RICHARD. Catesby, vole vers le duc.

CATESBY. J'y cours, sire, avec toute la célérité possible.

LE ROI RICHARD. Ractliff, approche ; rends-toi en toute hâte à Salisbury : quand y seras-tu arrivé, — (*A Catesby.*) — Manant stupide et sans mémoire, que fais-tu là ? Pourquoi ne vas-tu pas trouver le duc ?

CATESBY. Il faudrait d'abord, sire, que je connusse le bon plaisir de votre majesté, et quels ordres je dois porter au duc.

LE ROI RICHARD. Oh ! tu as raison, mon bon Catesby ; dis-lui de lever sur-le-champ toutes les forces qu'il pourra réunir et de venir au plus tôt me rejoindre à Salisbury.

CATESBY. J'y vais.

Il s'éloigne.

RATCLIFF. Que votre majesté veut-elle que je fasse à Salisbury ?

LE ROI RICHARD. Que voudrais-tu y faire avant mon arrivée ?

RATCLIFF. Votre majesté m'avait dit de m'y rendre avant elle.

LE ROI RICHARD. J'ai changé d'idée.

Arrive STANLEY.

LE ROI RICHARD, *continuant.* Stanley, quelles nouvelles m'apportes-tu?

STANLEY. Aucune qui ne soit assez bonne pour vous plaire, aucune assez mauvaise pour qu'il faille la taire.

LE ROI RICHARD. Oh! oh! une énigme! des nouvelles qui ne sont ni bonnes ni mauvaises! Pourquoi prendre tous ces détours, au lieu d'en venir sur-le-champ au fait? Encore une fois, quelles nouvelles?

STANLEY. Richemond est en mer.

LE ROI RICHARD. Que la mer l'engloutisse et qu'il y reste! Ce lâche renégat, que fait-il en mer?

STANLEY. Sire, je ne puis faire à cet égard que des conjectures.

LE ROI RICHARD. Eh bien! quelles sont-elles?

STANLEY. Je pense que, stimulé par Dorset, Buckingham, et Morton, il fait voile vers l'Angleterre, pour revendiquer la couronne.

LE ROI RICHARD. Le trône est-il vacant? l'épée royale sans maître? Le roi est-il mort? L'empire est-il sans possesseur? Quel autre héritier de la maison d'York vit encore, si ce n'est moi? Et qui est roi d'Angleterre, si ce n'est l'héritier de l'illustre York? Dis-moi donc ce qu'il fait en mer?

STANLEY. Si ce n'est pas là son projet, je ne saurais le deviner.

LE ROI RICHARD. Si ce n'est pas pour être ton roi, tu ne saurais deviner ce que ce Gallois vient faire? Tu veux me trahir et passer de son côté; je le crains.

STANLEY. Non, mon puissant maître; ne vous défiez pas de moi.

LE ROI RICHARD. Quelles troupes as-tu donc réunies pour le repousser? Où sont tes vassaux et tes amis? Ne sont-ils pas en ce moment sur la côte occidentale, occupés à débarquer sains et saufs les rebelles?

STANLEY. Non, sire, mes amis sont dans le nord.

LE ROI RICHARD. Ce sont là pour moi des amis bien froids. Que font-ils dans le nord, quand ils devraient servir leur souverain dans le sud?

STANLEY. Ils n'ont point reçu d'ordres, roi puissant. Si

ACTE IV, SCÈNE IV.

votre majesté veut bien me le permettre, je vais rassembler mes amis, et j'irai rejoindre votre majesté au lieu et au jour qu'il lui plaira de m'indiquer.

LE ROI RICHARD. Oui, oui, tu voudrais déjà être parti pour aller rejoindre Richemond; je ne me fie point à vous, monsieur.

STANLEY. Très-puissant souverain, vous n'avez aucun sujet de mettre ma fidélité en doute : je n'ai jamais été et ne serai jamais un traître.

LE ROI RICHARD. Va donc réunir tes troupes; mais écoute; tu me laisseras en otage ton fils George Stanley : que ton cœur reste inébranlable dans son devoir, sinon sa tête ne tient qu'à un fil.

STANLEY. Agissez-en avec lui comme j'en agirai avec vous.

Stanley s'éloigne.

Arrive UN MESSAGER.

LE MESSAGER. Mon gracieux souverain, suivant l'avis que m'en ont donné des amis sûrs, sir Édouard Courtney et l'orgueilleux prélat, l'évêque d'Exeter, son frère aîné, sont en armes dans le Devonshire avec un parti nombreux.

Arrive UN SECOND MESSAGER.

LE SECOND MESSAGER. Sire, dans le comté de Kent, les Guildford ont pris les armes; à chaque instant de nouveaux partisans viennent grossir les rangs des rebelles, dont les forces augmentent à vue d'œil.

Arrive UN TROISIÈME MESSAGER.

LE TROISIÈME MESSAGER. Sire, l'armée du puissant Buckingham,—

LE ROI RICHARD. Arrière, oiseaux de mauvais augure! Quoi! rien que des chants de mort!—(*Au troisième Messager.*) Tiens, prends cela, en attendant que tu m'apportes de meilleures nouvelles.

Il le frappe.

LE TROISIÈME MESSAGER. La nouvelle que je viens annoncer à votre majesté est celle-ci : Par suite des pluies et de la crue subite des eaux, l'armée de Buckingham est rompue et dispersée; lui-même il erre seul et sans escorte, on ne sait dans quelle direction.

LE ROI RICHARD. Oh! je te demande pardon! tiens, voilà ma bourse pour guérir le coup que je t'ai donné. (*Il lui donne une bourse.*)—Quelqu'un de nos amis a-t-il eu le bon esprit de faire publiquement annoncer une récompense pour celui qui nous amènera le traître?

LE TROISIÈME MESSAGER. Sire, une proclamation de cette nature a été faite.

Arrive UN QUATRIÈME MESSAGER.

LE QUATRIÈME MESSAGER. Sire, le bruit court que sir Thomas Lovel et le marquis Dorset sont en armes dans l'Yorkshire. Mais j'ai une bonne nouvelle à apprendre à votre majesté.— La flotte de Bretagne est dispersée par la tempête. Sur les côtes du Dorsetshire, Richemond a envoyé une chaloupe à terre pour demander à ceux qui se tenaient sur le rivage s'ils étaient pour ou contre lui. Ils lui ont répondu qu'ils venaient de la part de Buckingham se réunir à lui; mais Richemond, ne se fiant pas à eux, a remis à la voile et a repris le chemin de la Bretagne.

LE ROI RICHARD. Marchons, marchons, puisque nous sommes sous les armes, sinon pour combattre l'ennemi étranger, du moins pour écraser les rebelles de l'intérieur.

Arrive CATESBY.

CATESBY. Sire, le duc de Buckingham est pris, c'est la meilleure nouvelle. Il en est une autre moins agréable, et qui, néanmoins, doit être dite; c'est que le comte de Richemond est débarqué à Milford à la tête d'une armée formidable.

LE ROI RICHARD. Partons pour Salisbury; dans le temps que nous employons ici à causer, une bataille décisive peut être gagnée ou perdue. Que l'un de vous se charge de faire conduire Buckingham à Salisbury; que tous les autres me suivent.

Ils s'éloignent.

SCÈNE V.

Un appartement dans la résidence de lord Stanley.

Entrent STANLEY et CHRISTOPHE URSWICK [1].

STANLEY. Messire Christophe, vous direz de ma part à Richemond, que mon fils Georges Stanley est retenu comme otage dans le repaire de ce sanglier féroce [2]: si je lève l'éten-

---

[1] C'était le chapelain de la comtesse de Richemond, femme de Stanley, mère du prétendant.
[2] Richard III.

dard, sa tête tombera; c'est cette crainte qui m'empêche, pour le moment, de prêter mon appui au comte. Mais, dites-moi, où est maintenant l'illustre Richemond?

URSWICK. A Pembroke, ou à Hardford-Ouest, dans le pays de Galles.

STANLEY. Quels hommes de marque se sont réunis à lui?

URSWICK. Sir Walter Herbert, guerrier renommé, sir Gilbert Talbot, sir William Stanley, Oxford, le redoutable Pembroke, sir James Blunt et Rice ap Thomas, avec une troupe aguerrie; ainsi qu'un grand nombre d'autres seigneurs de mérite et de renom; ils se portent sur Londres, à moins qu'on ne leur livre bataille en route.

STANLEY. Fort bien; allez rejoindre le comte; portez-lui mon hommage : dites-lui que la reine consent de grand cœur à ce qu'il épouse sa fille Élisabeth. Voilà des lettres qui lui feront connaître mes intentions. Adieu.

Il lui remet divers papiers. Ils sortent dans deux directions opposées.

ACTE CINQUIÈME.

SCÈNE I.

Salisbury. — Une place publique.

Arrivent LE SHÉRIFF et des Gardes conduisant BUCKINGHAM au supplice.

BUCKINGHAM. Le roi Richard ne veut donc pas me permettre de lui parler?

LE SHÉRIFF. Non, mylord; ainsi résignez-vous.

BUCKINGHAM. Hastings, et vous, enfants d'Edouard, Rivers, Grey, saint roi Henri, et ton aimable fils Edouard, Vaughan, vous tous qui êtes tombés sous la main perverse d'un tyran hypocrite, si, à travers les nuages, vos ombres affligées et plaintives me contemplent en cet instant fatal, applaudissez à ma mort qui vous venge!—N'est-ce pas aujourd'hui le jour des morts?

LE SHÉRIFF. Oui, mylord.

BUCKINGHAM. Eh bien, le jour des morts sera mon dernier jour. C'est le jour que, du vivant du roi Edouard, j'ai appelé sur ma tête, si jamais il m'arrivait de me montrer perfide envers ses enfants ou les parents de sa femme ; c'est le jour où j'ai demandé à Dieu de me faire périr par la trahison de l'homme en qui j'aurais le plus de confiance. Ce jour des morts est pour mon âme tremblante le terme assigné pour le châtiment de mes fautes. Ce Dieu qui voit tout, et dont je me jouais alors, a tourné contre moi mon vœu hypocrite, et ce que je demandais d'une voix mensongère, il me l'a accordé tout de bon. C'est ainsi qu'il force les glaives des méchants à tourner leur pointe contre la poitrine de leurs maîtres ; ainsi retombe de tout son poids sur ma tête la malédiction de Marguerite : « Lorsqu'il brisera ton cœur de douleur, me disait-» elle, souviens-toi que Marguerite te l'a prédit. » Allons, messieurs, conduisez-moi au billot de l'infamie. Le crime est puni par le crime, l'injustice par l'injustice.

Il s'éloigne avec le Shériff et les Gardes.

SCÈNE II.

Une plaine près de Tainworth.

Arrivent RICHEMOND, OXFORD, SIR JAMES BLUNT, SIR WALTER HERBERT *et Autres, suivis de l'armée de Richemond, tambours battant, enseignes déployées.*

RICHEMOND. Chers amis et compagnons d'armes, écrasés sous le joug de la tyrannie, nous avons jusqu'ici pénétré sans obstacles dans les entrailles du pays, et nous venons de recevoir de Stanley, notre beau-père, des lettres qui nous inspirent confiance et courage. L'usurpateur pervers, le sanglier féroce, qui, après avoir ravagé vos moissons et vos vignobles fertiles, se vautre dans votre sang fumant encore, et fait son auge de vos entrailles, ce pourceau immonde est maintenant couché, dit-on, au centre de cette île, dans le voisinage de la ville de Leicester. De Tainworth jusque-là, nous n'avons qu'un jour de marche. Au nom de Dieu, allons gaiement en avant, courageux amis ; et au prix des sanglants hasards d'un combat meurtrier, allons recueillir la moisson d'une paix éternelle.

OXFORD. La conscience de chacun de nous équivaut à mille épées pour combattre ce sanguinaire assassin.

HERBERT. Je ne doute pas que ses amis ne passent dans nos rangs.

BLUNT. Il n'a d'amis que ceux que lui donne la crainte. Au moment où il aura le plus besoin d'eux, ils l'abandonneront.

RICHEMOND. Tant mieux pour nous. Ainsi, au nom de Dieu,

marchons. L'espérance vertueuse va vite; elle a les ailes de l'hirondelle ; des rois elle fait des dieux, et des mortels vulgaires elle fait des rois.

Ils s'éloignent.

SCÈNE III.

La plaine de Bosworth.

Arrive, à la tête de ses troupes, LE ROI RICHARD ; LE DUC DE NORFOLK, LE COMTE DE SURREY et Autres l'accompagnent.

LE ROI RICHARD. Dressons nos tentes ici, dans la plaine de Bosworth.—Mylord de Surrey, pourquoi cet air sombre?

SURREY. J'ai le cœur dix fois plus gai que la mine.

LE ROI RICHARD. Mylord de Norfolk, —

NORFOLK. Me voici, mon très-gracieux souverain.

LE ROI RICHARD. Norfolk, il y aura aujourd'hui des coups d'échangés ; — ha ! ha ! n'est-il pas vrai ?

NORFOLK. Nous en donnerons et nous en recevrons, mon bien-aimé souverain.

LE ROI RICHARD. Qu'on dresse ma tente : je reposerai ici cette nuit. (*Des soldats se mettent à dresser la tente du roi.*) Mais où reposerai-je demain ? — N'importe. — Qui a reconnu le nombre des rebelles ?

NORFOLK. Ils sont tout au plus six à sept mille hommes.

LE ROI RICHARD. Notre armée est trois fois plus nombreuse : en outre, le nom du roi est une puissance formidable qui manque aux factieux. Qu'on dresse ma tente. — Venez, nobles lords, allons reconnaître le terrain : qu'on appelle quelques officiers d'un jugement sûr; observons une exacte discipline, et point de perte de temps; car, mylords, nous aurons demain une rude journée.

Ils s'éloignent.

De l'autre côté de la plaine on voit arriver RICHEMOND, SIR WILLIAM BRANDON, OXFORD et autres Lords. Des Soldats dressent la tente de Richemond.

RICHEMOND. Le soleil fatigué s'est couché dans l'or; et la traînée de lumière que laisse après lui son char étincelant nous annonce pour demain un beau jour. — Sir Willam Brandon, vous porterez mon étendard. — Qu'on me donne de l'encre et du papier dans ma tente; je veux tracer le plan de la bataille, assigner à chacun son poste et répartir avec sagesse les forces de notre petite armée. — Mylord Oxford, — vous, sir William

Brandon, — et vous, sir Walter Herbert, vous resterez avec moi. — Le comte de Pembroke est avec son régiment ; capitaine Blunt, allez souhaiter au comte une bonne nuit de ma part, et dites-lui de venir sur les deux heures du matin me trouver dans ma tente. J'ai encore une chose à vous demander, mon cher capitaine : où est le quartier de lord Stanley ? le savez-vous ?

BLUNT. A moins que je n'aie confondu ses étendards avec ceux d'un autre, — et cela n'est pas, j'en ai l'assurance, — son régiment a pris position à un demi-mille au moins au sud de la formidable armée du roi.

RICHEMOND. Si la chose peut se faire sans courir trop de risques, mon cher Blunt, faites en sorte de le voir, et remettez-lui cette dépêche, qui est des plus importantes.

BLUNT. Au péril de ma vie, mylord, je m'en charge ; Dieu veuille vous accorder, cette nuit, un sommeil paisible !

RICHEMOND. Bonne nuit, mon cher capitaine Blunt. — Venez, messieurs. Allons conférer sur les opérations de demain. Entrons dans ma tente ; l'air est piquant et froid.

Ils entrent dans la tente de Richemond.

LE ROI RICHARD entre dans sa tente, suivi de NORFOLK, de RATCLIFF et de CATESBY.

LE ROI RICHARD. Quelle heure est-il ?

CATESBY. Il est six heures, l'heure du souper.

LE ROI RICHARD. Je ne souperai pas ce soir. — Donnez-moi de l'encre et du papier. — Mon casque est-il plus commode qu'il ne l'était, et toutes les pièces de mon armure sont-elles dans ma tente ?

CATESBY. Oui, sire ; tout est prêt.

LE ROI RICHARD. Cher Norfolk, rendez-vous à votre poste ; faites bonne garde ; ayez des sentinelles sûres.

NORFOLK. J'y vais, sire.

LE ROI RICHARD. Levez-vous demain avec l'alouette, mon cher Norfolk.

NORFOLK. Je vous le promets, sire.

Il sort.

LE ROI RICHARD. Ratcliff, —

RATCLIFF. Sire ?

LE ROI RICHARD. Envoie un poursuivant d'armes au régiment de Stanley, avec l'ordre d'amener sa troupe, s'il ne veut pas que son fils Georges tombe dans la caverne sombre de la nuit éternelle. Remplis-moi une coupe de vin. — (*A Catesby.*) Donne-moi une lumière. — (*A un autre.*) Tu selleras pour demain Surrey, mon cheval blanc. — (*A un autre.*) Aie soin que le bois de mes lances soit solide, et pas trop lourd. — Ratcliff, —

RATCLIFF. Sire?

LE ROI RICHARD. As-tu vu le mélancolique lord Northumberland?

RATCLIFF. Vers le coucher du soleil, Thomas, comte de Surrey, et lui, ont parcouru l'armée, allant de rang en rang animer les soldats.

LE ROI RICHARD. C'est bien; je suis content. Donne-moi une coupe de vin. Je n'ai pas cette allégresse du cœur, cette gaieté de l'esprit que j'avais coutume d'avoir. — Bon, pose-les ici. — L'encre et le papier sont-ils prêts?

RATCLIFF. Oui, sire.

LE ROI RICHARD. Ratcliff, dis à ma garde d'être vigilante; laisse-moi. Vers le milieu de la nuit viens dans ma tente; tu m'aideras à m'armer. Laisse-moi, te dis-je.

Ratcliff et Catesby sortent; la tente du roi Richard se referme sur lui. — La tente de Richemond s'ouvre; on voit le Comte et ses officiers.

Entre STANLEY.

STANLEY. Que la fortune et la victoire planent sur ton cimier!

RICHEMOND. Que tout le bonheur que peut apporter la nuit sombre accompagne tes pas, mon noble beau-père! Dis-moi, comment se porte notre mère bien-aimée?

STANLEY. Elle m'a chargé de te bénir en son nom, et ne cesse de prier pour le bonheur de Richemond. Mais c'en est assez sur ce sujet. Les heures silencieuses s'enfuient, et déjà les premières clartés de l'Orient percent l'épaisseur des ombres. Pour abréger, car le temps presse, prépare tout pour la bataille au point du jour; commets ta fortune au sanglant arbitrage des combats et de la guerre au regard meurtrier. Pour moi, en tant qu'il me sera possible, — car je ne puis tout ce que je voudrais, — je chercherai à gagner du temps et à te prêter main-forte dans cette lutte incertaine; mais il me faut éviter toute démonstration trop ouverte en ta faveur, si je ne veux voir ton frère Georges exécuté sous les yeux de son père. Adieu;

l'urgence et le péril des circonstances coupent court aux protestations réitérées d'attachement, aux douceurs d'un long enéntretien qui plairaient tant à deux amis depuis si longtemps séparés. Dieu veuille nous donner le loisir d'accomplir ces rites de l'amitié! Encore une fois, adieu : sois vaillant et heureux!

RICHEMOND. Mylords, conduisez-le jusqu'à son régiment. Au milieu de mes préoccupations pénibles, je vais essayer de dormir, de peur d'être alourdi demain par un sommeil de plomb, alors qu'il me faudra, pour voler, les ailes de la victoire. Encore une fois, bonne nuit, mylords et messieurs.

Tous sortent, à l'exception de Richemond.

RICHEMOND, *seul, continuant.* O toi, dont je me considère ici comme le capitaine, jette sur mon armée un regard favorable; mets dans nos mains les carreaux exterminateurs de ta colère, afin que, dans leur chute pesante, ils écrasent les cimiers usurpateurs de nos ennemis! Fais de nous les ministres de tes châtiments, afin que nous puissions te glorifier dans ta victoire! Je mets sous ta garde mon âme inquiète avant que le sommeil abaisse le rideau de mes yeux! Endormi ou éveillé, oh! défends-moi toujours!

Il s'endort. Les tentes du roi Richard et de Richemond sont ouvertes; tous deux sont endormis.

L'OMBRE DU PRINCE ÉDOUARD, fils de Henri VI, s'élève entre les deux tentes.

L'OMBRE, *au roi Richard.* Que demain mon souvenir pèse sur ton âme! Souviens-toi que tu m'as assassiné à Tewksbury, au printemps de mon âge : c'est pourquoi désespère et meurs! — (*A Richemond.*) Courage, Richemond; les âmes irritées des princes assassinés combattent pour toi : Richemond, c'est le fils du roi Henri qui vient te rassurer.

L'OMBRE DU ROI HENRI VI s'élève.

L'OMBRE, *au roi Richard.* Lorsque j'étais mortel, mon corps, que l'huile sainte avait consacré, fut criblé par toi de mortelles blessures. Souviens-toi de la Tour et de moi; désespère et meurs : Henri VI t'ordonne de désespérer et de mourir! — (*A Richemond.*) Vertueux et saint, à toi la victoire! Henri, qui t'a prédit que tu serais roi, t'encourage dans ton sommeil : vis et prospère!

L'OMBRE DE CLARENCE s'élève.

L'OMBRE, *au roi Richard.* Que demain mon souvenir pèse

ACTE V, SCÈNE III.

sur ton âme, moi, l'infortuné Clarence, que l'on noya dans les flots d'un malvoisie impur, et dont ta perfidie a causé la mort! Demain, dans la bataille, pense à moi, et que ton glaive retombe émoussé; désespère, et meurs! — (*A Richemond.*) Rejeton de la maison de Lancastre, les héritiers d'York, injustement immolés, prient pour toi. Que les bons anges veillent sur ton armée! Vis et prospère!

LES OMBRES DE RIVERS, DE GREY et DE VAUGHAN s'élèvent.

L'OMBRE DE RIVERS, *au roi Richard.* Que demain mon souvenir pèse sur ton âme! je suis Rivers, que tu fis mourir à Pomfret. Désespère, et meurs!

L'OMBRE DE GREY, *au roi Richard.* Souviens-toi de Grey, et que ton âme désespère!

L'OMBRE DE VAUGHAN, *au roi Richard.* Souviens-toi de Vaughan, et saisi de la terreur qui suit le crime, laisse tomber ta lance! Désespère, et meurs!

LES TROIS OMBRES, *à Richemond.* Éveille-toi avec la pensée que le souvenir de nos injures, attaché au cœur de Richard, suffira pour le terrasser; éveille-toi, et sois vainqueur!

L'OMBRE D'HASTINGS s'élève.

L'OMBRE, *au roi Richard.* Homme de sang et de crime, lève-toi avec la conscience d'un criminel, et termine tes jours dans une bataille sanglante! Souviens-toi de lord Hastings: désespère, et meurs! — (*A Richemond.*) Ame paisible et pure, éveille, éveille-toi! prends tes armes, et, pour la cause de l'Angleterre, va combattre et vaincre!

LES OMBRES DES DEUX JEUNES PRINCES, fils du roi Édouard, s'élèvent.

LES DEUX OMBRES, *au roi Richard.* Souviens-toi de tes neveux étouffés dans la Tour. Que notre souvenir, ô Richard, pèse sur ton cœur comme une masse de plomb, et t'entraîne à ta ruine, à l'opprobre, à la mort! Les âmes de tes neveux t'ordonnent de désespérer et de mourir. — (*A Richemond.*) Dors, Richemond, dors en paix, et réveille-toi dans la joie! Que les bons anges te protégent contre les attaques du sanglier! Vis et sois le père d'une brillante race de rois. Les malheureux enfants d'Édouard font des vœux pour que tu prospères.

L'OMBRE DE LA REINE ANNE s'élève.

L'OMBRE, *au roi Richard.* Richard, ta femme, la malheureuse Anne, qui jamais ne goûta auprès de toi une heure de sommeil tranquille, vient maintenant troubler le tien. Demain, dans la bataille, pense à moi, et que ton glaive retombe émoussé; désespère, et meurs! — (*A Richemond.*) Toi, âme paisible, dors d'un paisible sommeil : rêve le bonheur et la victoire : la femme de ton ennemi prie pour toi.

L'OMBRE DE BUCKINGHAM s'élève.

L'OMBRE, *au roi Richard.* C'est moi qui le premier t'aidai à monter sur le trône; c'est moi qui suis la dernière victime de ta tyrannie. Oh! dans la bataille, pense à Buckingham, et meurs en proie aux terreurs d'une âme coupable! Rêve, rêve de sang et de mort! Désespère, et dans l'agonie du désespoir exhale ton dernier souffle. — (*A Richemond.*) Je suis mort pour avoir voulu te servir, et avant d'avoir pu t'être utile; mais prends courage, et ne te laisse point effrayer. Dieu et ses anges combattent pour Richemond, et Richard va tomber de toute la hauteur de son orgueil.

Les ombres disparaissent. Le roi Richard se réveille en sursaut.

LE ROI RICHARD. Donnez-moi un autre cheval, bandez mes blessures. — Jésus, ayez pitié de moi! — doucement; — ce n'était qu'un rêve. O lâche conscience, que tu me fais souffrir! Ce flambeau jette une clarté bleuâtre. — Il est maintenant minuit. La sueur glacée de la crainte couvre ma chair tremblante. De quoi ai-je peur? De moi-même? Il n'y a ici que moi : Richard aime Richard, et je suis encore moi. Y a-t-il ici un meurtrier? Non. — Oui; j'en suis un. — Fuyons donc. — Me fuir moi-même? Oui, et ce serait avec grande raison. Pourquoi? De peur que je ne venge, — Quoi? Moi? sur qui? sur moi-même? Mais je m'aime, moi. Pour quel motif? pour le bien que je me suis fait à moi-même? Oh! non; je me hais bien plutôt pour les actes odieux que j'ai commis. Je suis un scélérat. — Mais non, je mens; cela n'est pas. — Insensé, dis du bien de toi-même. — Insensé, ne va pas te flatter. Ma conscience a des milliers de voix, et chaque voix élève contre moi une accusation différente, et chaque accusation me dénonce comme un scélérat. Le parjure, mais le parjure au premier chef; le meurtre impitoyable, le meurtre dans tout ce qu'il y a de plus hideux; tous les crimes enfin, dans tous leurs degrés de culpabilité, se pressent en foule à la barre, en criant : *Coupable! coupable!* Je n'ai de refuge que dans le désespoir. Il n'y a pas une créature au monde qui m'aime; et si je meurs, pas une âme ne me plaindra. — Et pourquoi me plaindrait-on, puisque moi-même je ne trouve en moi aucune pitié pour moi ? Il m'a semblé que les âmes de tous ceux que j'ai assassinés venaient dans ma tente, et que chacune d'elles appelait pour demain la vengeance sur la tête de Richard.

Entre RATCLIFF.

RATCLIFF. Sire, —

LE ROI RICHARD. Qui est là ?

RATCLIFF. Ratcliff, sire : c'est moi. Le coq du village, de sa voix matinale, a deux fois salué l'aurore : vos amis sont debout et revêtent leur armure.

LE ROI RICHARD. O Ratcliff, j'ai fait un rêve épouvantable ! Penses-tu que nos amis seront tous fidèles ?

RATCLIFF. Sans nul doute, sire.

LE ROI RICHARD. Ratcliff, je crains, je crains, —

RATCLIFF. Allons, sire, ne vous laissez pas effrayer par des fantômes.

LE ROI RICHARD. Par l'apôtre Paul, cette nuit, des fantômes ont jeté plus de terreur dans l'âme de Richard que ne l'auraient pu dix mille soldats en chair et en os, armés de pied en cap, et commandés par l'écervelé Richemond. Le jour est loin encore. Viens avec moi ; je vais rôder autour des tentes et me mettre aux écoutes, afin de savoir s'il en est qui songent à m'abandonner.

Le roi Richard et Ratcliff s'éloignent.

RICHEMOND *s'éveille. Entrent dans sa tente* OXFORD *et autres* LORDS.

LES LORDS. Salut, Richemond.

RICHEMOND. Mylords et messieurs, guerriers diligents, veuillez excuser ma paresse.

LES LORDS. Comment avez-vous reposé, mylord ?

RICHEMOND. Depuis votre départ, mylords, j'ai goûté le sommeil le plus doux, et j'ai fait les rêves les plus heureux qui soient jamais entrés dans le cerveau d'un dormeur. Il m'a semblé que les âmes dont Richard a assassiné les corps entraient dans ma tente, et me criaient : En avant ! victoire ! Le souvenir d'un si beau rêve remplit mon cœur de joie, je vous assure. A quelle heure du matin sommes-nous, mylords ?

LES LORDS. Quatre heures vont sonner.

RICHEMOND. En ce cas, il est temps de s'armer et de donner des ordres. (*Il s'avance vers ses troupes rangées en bataille.*)

Mes chers compatriotes, je n'ajouterai que peu de choses à ce que je vous ai déjà dit; car le temps presse, et les longs discours sont hors de saison. Souvenez-vous toutefois que nous avons pour nous Dieu et la justice de notre cause. Les prières des saints et les ombres des victimes élèvent autour de nous un invincible rempart. Richard excepté, ceux contre qui nous allons combattre nous souhaitent la victoire plutôt qu'au chef dont ils suivent l'étendard. Car ce chef, qu'est-il autre chose qu'un tyran sanguinaire, un homicide élevé par le meurtre, et dont le sang a cimenté la puissance; un homme à qui aucun moyen n'a coûté pour arriver où il est, et qui ensuite a égorgé ceux qui avaient servi d'instrument à son élévation; une pierre vile et grossière qui doit tout son lustre à l'éclat que fait rejaillir sur elle le trône d'Angleterre, auquel elle s'est illégitimement enchâssée; un homme qui de tout temps a été l'ennemi de Dieu? Si donc vous combattez l'ennemi de Dieu, vous êtes les soldats de Dieu, qui, dans sa justice, vous couvrira de son bouclier; si vous faites d'héroïques efforts pour renverser un tyran, le tyran une fois renversé, vous dormirez en paix; si vous faites la guerre aux ennemis de votre patrie, le bonheur de votre patrie vous paiera de vos peines; si vous combattez pour défendre vos femmes, vos femmes, à votre retour, viendront au-devant de vous accueillir les vainqueurs; si vous mettez vos enfants à l'abri du glaive, la reconnaissance des enfants de vos enfants entourera vos vieux jours. Ainsi donc, au nom de Dieu et à tous ces titres, en avant vos étendards, et tirez avec joie vos épées! Pour moi, si j'échoue, la récompense de mon audacieuse entreprise sera mon froid cadavre gisant sur la froide surface de la terre. Mais si je réussis, le dernier d'entre vous aura sa part du gain de la victoire. — Sonnez, trompettes; battez, tambours, hardiment et avec joie! Dieu et saint George! Richemond et victoire!

Ils s'éloignent.

Reviennent LE ROI RICHARD *et* RATCLIFF; *le roi est à la tête de ses troupes et accompagné des Officiers de sa suite.*

LE ROI RICHARD. Que disait Northumberland au sujet de Richemond?

RATCLIFF. Qu'il n'a pas été élevé dans le métier des armes.

LE ROI RICHARD. Il a dit vrai. Et que disait à cela lord Surrey?

RATCLIFF. Il a répondu, en souriant, que c'était tant mieux pour nous.

ACTE V, SCÈNE III.

LE ROI RICHARD. Il avait raison; c'est la vérité. (*L'horloge sonne.*) Quelle heure est-il? — Donne-moi un calendrier. Qui a vu le soleil aujourd'hui?

RATCLIFF. Ce n'est pas moi, sire.

LE ROI RICHARD. C'est qu'alors il dédaigne de luire; car, selon le calendrier, voilà déjà une heure qu'il devrait briller à l'Orient. Ce jour sera un jour néfaste pour quelqu'un! Ratcliff, —

RATCLIFF. Sire?

LE ROI RICHARD. Le soleil refuse de se montrer aujourd'hui; le ciel montre à notre armée un front sombre et courroucé. Point de soleil aujourd'hui! Eh! que m'importe à moi plus qu'à Richemond? Le même ciel qui est menaçant pour moi, l'est également pour lui.

Arrive NORFOLK.

NORFOLK. Aux armes, sire, aux armes! l'ennemi s'avance fièrement dans la plaine.

LE ROI RICHARD. Allons, alerte, alerte! — Caparaçonnez mon cheval; — qu'on appelle lord Stanley; qu'on lui dise d'amener ses troupes. Je veux conduire en personne mes soldats dans la plaine, et voici quel sera mon ordre de bataille : mon avant-garde se déploiera toute sur une ligne, composée moitié de cavalerie et moitié d'infanterie; au centre seront placés nos archers; cette cavalerie et cette infanterie seront commandées par Jean, duc de Norfolk, et Thomas, comte de Surrey. Leur position ainsi assignée, nous les suivrons avec le corps de bataille, qui sera flanqué sur ses ailes par le gros de notre cavalerie. Après cela, que saint George nous soit en aide! — Qu'en dis-tu, Norfolk?

NORFOLK. Ce sont d'excellentes dispositions, mon belliqueux souverain. J'ai trouvé ce papier ce matin dans ma tente.

Il lui remet un papier.

LE ROI RICHARD, *lisant.*

« Jean de Norfolk, ne chante pas victoire;
« Car ton maître est vendu comme un mulet en foire. »

C'est un stratagème de l'ennemi. — Que chacun de vous, messieurs, aille occuper son poste : que nos âmes ne se laissent pas effrayer par des rêves stupides. La conscience est un mot à l'usage des lâches, et inventé pour en imposer aux forts. Qu'un bras vigoureux soit notre conscience; que nos épées soient notre loi. Marchons, abordons bravement l'ennemi;

jetons-nous dans la mêlée, et nous donnant la main, à défaut du ciel, allons tous ensemble en enfer. — Que vous dirai-je de plus? Rappelez-vous quels sont ceux que vous allez combattre; — un ramas de vagabonds, de misérables, de bandits, l'écume de la Bretagne, lâches et vils manants, fléau de leur patrie, qui les rejette de son sein et les pousse à des entreprises désespérées, à une mort certaine. Vous dormez en paix, ils viennent troubler votre repos : vous possédez des terres, vous avez en partage des épouses charmantes; ils viennent vous exproprier des unes, et vous ravir les autres. Et quel est celui qui les conduit? un misérable, longtemps hébergé en Bretagne aux frais de notre mère! une soupe au lait, un homme qui n'a jamais dans sa vie bravé le froid au point seulement d'avoir de la neige par-dessus ses souliers! Renvoyez-moi à coups de gaules ces coquins au-delà des mers; chassez-moi ces orgueilleux manants de France, ces mendiants affamés, las de vivre, qui, s'ils n'avaient rêvé ce bel exploit, pauvres diables, n'auraient eu d'autres ressources que de se pendre. Si nous devons être vaincus, soyons-le du moins par des hommes, et non par ces bâtards de Bretons, que nos pères ont chez eux conspués, battus, et houspillés, et à qui, l'histoire en fait foi, ils ont laissé pour adieux le déshonneur et l'opprobre. Et ces gens-là posséderaient nos terres! ils coucheraient avec nos femmes! ils défloreraient nos filles! — Écoutez, j'entends leurs tambours. Au combat, gentilshommes d'Angleterre! au combat, brave milice! Archers, visez à la tête, donnez de l'éperon à vos coursiers, et galopez dans le sang; effrayez le firmament des éclats de vos lances!

Arrive UN MESSAGER.

LE ROI RICHARD, *continuant*. Que dit lord Stanley? Va-t-il amener ses troupes?

LE MESSAGER. Sire, il refuse de marcher.

LE ROI RICHARD. A bas la tête de son fils George!

NORFOLK. Sire, l'ennemi a passé le marais : remettez après la bataille la mort de George Stanley.

LE ROI RICHARD. Je sens dans ma poitrine mille cœurs gros de courage. En avant nos étendards! marchons à l'ennemi; que notre ancien cri de guerre, *saint George!* nous inspire la rage de dragons furieux. Allons à eux! la victoire plane sur nos cimiers!

Ils s'éloignent.

SCÈNE IV.

Une autre partie du champ de bataille.

Bruit de trompettes. Escarmouches. Arrivent d'un côté NORFOLK avec des troupes ; de l'autre CATESBY.

CATESBY. Du secours, mylord de Norfolk, du secours, du secours ! Le roi fait des prodiges surhumains ; il fait face à tous les dangers ; son cheval est tué ; il continue à combattre à pied, cherchant Richemond jusque dans la gueule de la mort. Du secours, mylord, ou la bataille est perdue.

Bruit de trompettes. Arrive LE ROI RICHARD.

LE ROI RICHARD. Un cheval ! un cheval ! mon royaume pour un cheval !

CATESBY. Retirez-vous, sire ; je vais vous procurer un cheval.

LE ROI RICHARD. Esclave, j'ai joué ma vie sur un coup de dés, j'en courrai la chance. Je crois, en vérité, qu'il y a six Richemonds sur le champ de bataille ; aujourd'hui j'en ai déjà tué cinq que j'ai pris pour lui. Un cheval ! un cheval ! mon royaume pour un cheval !

Ils s'éloignent.

Bruit de trompettes. Arrivent LE ROI RICHARD et RICHEMOND. Ils s'éloignent en combattant. On sonne la retraite ; puis on entend jouer une fanfare. Alors arrivent RICHEMOND et STANLEY portant la couronne de Richard ; ils sont suivis de plusieurs lords et d'une foule de soldats.

RICHEMOND. Grâces soient rendues à Dieu et à vos armes, victorieux amis ; la victoire est à nous ; le monstre est mort.

STANLEY. Courageux Richemond, tu t'es dignement conduit ! vois ce royal diadème, trop longtemps usurpé ; je l'ai arraché du front sanglant de ce misérable pour en décorer le tien ; porte-le ; jouis-en, et puisses-tu le conserver longtemps !

RICHEMOND. Dieu puissant, daigne confirmer ce vœu ! — Mais, dites-moi, le jeune George Stanley est-il vivant ?

STANLEY. Sire, il est sain et sauf dans la ville de Leicester ; c'est là, si vous le jugez bon, que nous allons à présent nous retirer.

RICHEMOND. Quels hommes de marque ont péri dans l'une et l'autre armée ?

STANLEY. Jean, duc de Norfolk, Walter lord Ferrers, sir Robert Brakenbury et sir William Brandon.

RICHEMOND. Qu'on leur rende des honneurs funèbres conformes à leur rang. Qu'on publie un pardon général pour tous les soldats en fuite qui voudront faire leur soumission; puis, ainsi que nous en avons fait serment sur l'eucharistie, nous unirons la rose blanche à la rose rouge. Veuille sourire à leur union ce ciel qui a longtemps vu avec colère leur hostilité! Quel rebelle ici m'entend, et ne dit pas *amen* à mes paroles? Trop longtemps l'Angleterre insensée s'est déchirée de ses propres mains; le frère a versé aveuglément le sang de son frère; le père a d'un bras égaré immolé son propre fils; le fils a malgré lui égorgé son père. Tels ont été les fruits amers de la division des deux maisons d'York et de Lancastre. Que maintenant Richemond et Élisabeth, légitimes héritiers des deux races royales, s'unissent sous les yeux et de l'aveu du Seigneur; et que leurs héritiers, s'il plaît à Dieu de leur en donner, lèguent aux générations à venir une paix sans nuage, une heureuse abondance, et des jours prospères! Dieu bienfaisant, fais tomber l'épée des traîtres qui tenteraient de ramener ces jours funestes, et de faire encore verser à l'Angleterre des larmes de sang! Qu'ils ne vivent pas pour goûter la prospérité de ce royaume, les pervers qui voudraient troubler par la trahison le repos de ce beau pays! Enfin les plaies de la guerre civile sont fermées, et la paix est de retour. Permets, grand Dieu, que ce soit pour longtemps!

Ils s'éloignent.

FIN DE RICHARD III.

bien portant et toujours dans une admiration nouvelle de ce que j'ai vu dans ce pays.

BUCKINGHAM. Une fièvre malencontreuse me retenait prisonnier dans ma chambre quand ces soleils de gloire, ces deux luminaires du monde, se sont abouchés dans la vallée d'Ardres.

NORFOLK. Entre Guines et Ardres. J'étais présent; je les vis se saluer à cheval; je les vis mettre pied à terre, et se tenir si étroitement embrassés, qu'on eût dit que les deux rois n'en faisaient qu'un : s'il en eût été ainsi, où sont les quatre monarques qui à eux tous eussent pu valoir celui-là?

BUCKINGHAM. J'ai passé tout ce temps-là emprisonné dans ma chambre.

NORFOLK. Alors vous avez perdu le spectacle le plus éblouissant que la terre ait jamais présenté. Rien d'admirable comme ces deux splendeurs réunies, et pour ainsi dire mariées [1]. Chaque journée l'emportait sur la journée précédente, et la dernière résumait les merveilles de toutes les autres : aujourd'hui les Français, resplendissants et couverts d'or, comme des dieux païens, éclipsaient les Anglais; le lendemain l'Angleterre étalait les richesses de l'Inde : on eût pris chaque personnage pour une mine d'or; leurs petits pages étaient comme des chérubins tout dorés; les dames elles-mêmes, peu faites à la fatigue, fléchissaient sous le poids de leur parure; l'effort qu'elles faisaient colorait leurs joues, et leur tenait lieu de fard; la fête d'aujourd'hui était proclamée incomparable; comparée à celle du lendemain, elle n'était que chétive et misérable. Les deux rois brillaient d'un égal éclat; celui des deux qui était présent l'emportait sur l'autre; c'était lui qui obtenait tous les suffrages; mais quand tous deux étaient présents, on eût dit qu'on n'en voyait qu'un, et il était impossible de distinguer entre eux. Lorsque ces soleils — c'est ainsi qu'on les appelait, — eurent fait, par leurs hérauts d'armes, donner aux nobles preux le signal des joutes, il se fit des prodiges inimaginables, au point de rendre vraisemblables tous les récits fabuleux des anciens temps, et de rendre l'histoire de Bévis même croyable [2].

BUCKINGHAM. C'est beaucoup dire.

[1] Il y a dans le texte : « Jusque-là on avait pu dire que la splendeur était fille, mais alors elle était mariée à quelqu'un au-dessus d'elle. »

[2] Allusion à la vieille légende de Bévis de Southampton.

NORFOLK. Aussi vrai que je tiens à l'honneur et à ma réputation de loyauté, dans la description de ces fêtes, la parole la plus habile ne pourrait qu'en affaiblir les couleurs, et resterait bien au-dessous de la réalité. Tout y était royal ; tout s'y harmonisait ; un ordre intelligent mettait toute chose en son jour et assignait à chacun et à chaque chose sa place distincte et son rôle véritable.

BUCKINGHAM. Qui a ordonné l'ensemble de cette fête, je veux dire qui a mis en mouvement les membres divers de ce grand corps? Pourriez-vous me le dire?

NORFOLK. C'est un homme de qui certes on ne pouvait attendre les connaissances les plus élémentaires dans une affaire de ce genre.

BUCKINGHAM. Qui donc, je vous prie?

NORFOLK. Tout a été dirigé par le prudent discernement du très-vénérable cardinal d'York.

BUCKINGHAM. Que le diable l'emporte! il ne se peut rien faire qu'il n'y mette les doigts. Qu'avait-il à s'ingérer dans ces vanités mondaines? C'est merveille comme cette masse de graisse intercepte les rayons bienfaisants du soleil au détriment du reste du monde.

NORFOLK. Sans nul doute, mylord, il trouve dans son propre fonds de quoi suffire à tout cela. Car, n'ayant à s'appuyer ni sur d'illustres aïeux, dont le mérite fraie la route à leurs successeurs, ni sur d'éminents services rendus à la couronne, ni sur de nobles alliances, pareil à l'araignée qui tire d'elle-même la toile qu'elle ourdit, il s'est fait connaître et a fait son chemin par la force de son propre mérite. Grâce à ce don du ciel, il a conquis la première place après celle du roi.

ABERGAVENNY. J'ignore quels dons il a reçus du ciel ; j'abandonne à des yeux plus exercés le soin de sonder ces mystères ; mais je vois son orgueil percer en lui de toutes parts. D'où le tient-il? si ce n'est pas de l'enfer, il faut que le diable ait été bien chiche ; peut-être aussi a-t-il depuis longtemps épuisé ses dons envers le cardinal, qui se voit maintenant forcé de recréer en lui-même un nouvel enfer.

BUCKINGHAM. Comment diable, en cette occasion, a-t-il pu prendre sur lui, sans consulter le roi, de désigner ceux qui devaient accompagner sa majesté? Lui-même il a dressé la liste des gentilshommes ainsi requis, ayant grand soin de choisir de préférence ceux à qui son intention était d'imposer une énorme dépense en retour d'un fort petit honneur ; et sans prendre l'avis des honorables membres du conseil, une simple lettre de lui obligeait celui qu'il désignait à se rendre à ses ordres.

ABERGAVENNY. Je sais au moins trois de mes parents qui, en cette circonstance, ont tellement épuisé leurs fortunes, qu'ils ne s'en relèveront jamais.

BUCKINGHAM. Oh! il en est un grand nombre qui ont été écrasés sans retour, en emportant sur leur dos, pour ce coûteux voyage, le produit de leurs manoirs. On pouvait prévoir que cette vanité n'amènerait que de pitoyables résultats.

NORFOLK. Je le dis avec peine, mais je pense que la paix conclue entre les Français et nous ne vaut pas ce qu'elle a coûté.

BUCKINGHAM. Après l'orage affreux qui suivit immédiatement, chacun se sentit prophète, et par un mouvement unanime et simultané, vit dans la tempête qui dispersa les ornements de cette paix le présage de sa rupture prochaine.

NORFOLK. La prophétie commence à se réaliser ; car la France vient de faire une brèche au traité, et a mis l'embargo sur les marchandises de nos négociants à Bordeaux.

ABERGAVENNY. Est-ce pour cela qu'on a refusé audience à l'ambassadeur ?

NORFOLK. C'est pour cela même.

ABERGAVENNY. Voilà une jolie paix, ma foi, et qui nous a coûté beaucoup trop cher !

BUCKINGHAM. Toute cette affaire a été conduite par notre vénérable cardinal.

NORFOLK. Que votre seigneurie me permette de le lui dire, le public a remarqué la mésintelligence particulière qui s'est élevée entre vous et le cardinal. J'ai un conseil à vous donner, et j'espère que vous voudrez bien l'accueillir comme venant d'un cœur à qui votre gloire et votre sûreté sont chères ; ne voyez pas seulement la malveillance du cardinal, voyez aussi sa puissance ; considérez en outre que ce que sa haine a la volonté de faire, sa puissance lui en fournit les moyens. Vous connaissez son caractère vindicatif ; moi, je sais que son épée est tranchante ; elle est longue, elle atteint de loin, et où elle ne peut arriver, il la lance. Recueillez mon conseil, vous le trouverez salutaire. Mais voici venir l'écueil que je vous avertis d'éviter.

Entre LE CARDINAL WOLSEY ; on porte la bourse devant lui ; plusieurs Gardes et DEUX SECRÉTAIRES l'accompagnent. Le Cardinal, en passant, jette un regard dédaigneux sur Buckingham, qui le lui rend.

WOLSEY. L'intendant du duc de Buckingham ? Ah ! où est sa déposition ?

PREMIER SECRÉTAIRE. La voici, mylord.

WOLSEY. Est-il prêt à comparaître en personne ?

PREMIER SECRÉTAIRE. Oui, mylord.

WOLSEY. C'est bien ; nous en saurons davantage, et Buckingham rabattra de son orgueil.

Wolsey sort avec sa suite.

BUCKINGHAM. Ce chien de boucher[1] a la dent venimeuse, et je ne suis pas assez fort pour le museler ; en conséquence, il vaut mieux ne pas l'éveiller. La science d'un gueux a le pas sur le sang d'un noble.

NORFOLK. Eh quoi ! vous êtes courroucé ? Demandez à Dieu de la modération ; c'est le seul remède que votre maladie exige.

BUCKINGHAM. J'ai lu sur son visage quelque projet funeste contre moi ; il a laissé tomber sur moi un regard de mépris comme sur la créature la plus abjecte. En ce moment, il me frappe de quelque coup perfide ; il est allé chez le roi ; je vais l'y suivre et l'obliger à baisser les yeux.

NORFOLK. Restez, mylord ; que votre raison, discutant avec votre colère, examine ce que vous allez faire. Quand on veut gravir une montagne escarpée, il faut commencer par marcher lentement ; la colère est pareille à un cheval fougueux ; si on lui lâche la bride, son trop d'ardeur l'a bientôt épuisé. Il n'est personne en Angleterre dont je reçusse un conseil plus volontiers que de vous : soyez pour vous ce que vous seriez pour votre ami.

BUCKINGHAM. Je vais trouver le roi, je veux que devant lui la bouche d'un gentilhomme rabatte l'insolence de ce roturier d'Ipswich, ou je proclamerai à haute voix que tous les hommes sont égaux.

NORFOLK. Consultez la prudence ; n'allumez pas pour votre ennemi une fournaise si chaude qu'elle vous brûle vous-même. Un excès de vitesse peut nous faire dépasser le but et nous empêcher d'atteindre l'objet après lequel nous courons. Ne

---

[1] Le cardinal Wolsey était fils d'un boucher.

savez-vous pas que le feu qui fait déborder le liquide, tout en paraissant l'augmenter, le diminue par le fait? Soyez prudent. Je vous le répète, il n'y a personne en Angleterre plus en état de bien vous diriger que vous-même, si vous voulez bien permettre à la sève de la raison d'éteindre ou du moins de calmer le feu de la passion.

BUCKINGHAM. Mylord, je vous suis reconnaissant, et je suivrai vos conseils : mais ce mortel orgueilleux, — et ce n'est pas la haine, mais le zèle d'une vertueuse indignation qui m'anime contre lui, — j'ai acquis des preuves aussi claires que le cristal des ruisseaux en juillet, alors qu'on peut distinguer au fond de l'eau chaque grain de sable ; j'ai, dis-je, acquis la preuve que c'est un homme corrompu et un traître.

NORFOLK. Ne dites pas un traître.

BUCKINGHAM. Je le dirai au roi, et je le soutiendrai avec la fermeté d'un roc. Écoutez-moi, ce pieux renard ou ce loup, car il est l'un et l'autre, aussi féroce que subtil, aussi enclin à concevoir le mal que capable de l'exécuter, son cœur et sa place exerçant l'un sur l'autre une influence délétère ; c'est uniquement dans le but de faire étalage de sa grandeur en France aussi bien qu'ici, qu'il a suggéré au roi notre maître l'idée de cette entrevue qui a englouti tant de trésors, de ce traité coûteux et fragile comme un verre que l'on casse en le rinçant.

NORFOLK. C'est, ma foi, vrai.

BUCKINGHAM. Permettez, mylord. Ce rusé cardinal a dressé les articles du traité comme il lui a plu, et ils ont été ratifiés conformément à sa volonté suprême. Il est bien vrai que ce traité est aussi inutile que le serait une béquille à un mort ; mais c'est notre comte cardinal qui l'a fait, et tout est pour le mieux ; c'est l'ouvrage du grand Wolsey, qui ne saurait mal faire. Or, voilà ce qui s'en est suivi, ce que je considère comme frisant de très-près la haute trahison. L'empereur Charles, sous prétexte de voir la reine, sa tante, — c'est le prétexte qu'il a pris, mais il est certain qu'il n'est venu que pour s'entendre secrètement avec Wolsey, — a fait une visite dans ce pays : il craignait que l'amitié établie entre les rois de France et d'Angleterre, à la suite de leur entrevue, ne lui causât quelque préjudice ; car cette alliance était menaçante pour lui. Le voilà donc qui entame avec le cardinal des négociations secrètes ; en cela je ne crois pas me tromper ; j'ai la conviction que l'empereur a payé avant de promettre ; aussi sa demande lui a-t-elle été accordée avant même qu'il l'eût formulée. — La voie ainsi préparée et pavée avec de l'or, l'empereur exprima le désir qu'il voulût bien modifier les vues du roi et faire rompre la susdite paix. Il faut que le roi sache — et bientôt il le saura par moi, — que le cardinal trafique de son honneur comme il lui plaît, et à son profit particulier.

NORFOLK. Je suis fâché d'apprendre cela de lui, et je souhaiterais qu'il y eût erreur dans l'opinion que vous m'exprimez sur son compte.

BUCKINGHAM. Ce que je vous dis est vrai jusqu'à la dernière syllabe : je vous le représente tel qu'il est en effet, tel que les preuves le montreront.

Entre BRANDON, *précédé d'un* SERGENT D'ARMES *et de deux ou trois Gardes.*

BRANDON. Sergent, faites votre devoir.

LE SERGENT. Mylord, duc de Buckingham, comte de Hereford, de Stafford et de Northampton, je vous arrête pour crime de haute trahison, au nom de notre souverain roi.

BUCKINGHAM, *à Norfolk*. Vous le voyez, mylord, me voilà pris dans les filets. Je périrai victime de perfides menées.

BRANDON. Je suis fâché de vous voir privé de votre liberté, et d'être témoin de ce qui vous arrive ; c'est la volonté de sa majesté que vous alliez à la Tour.

BUCKINGHAM. Il ne me servira de rien d'attester mon innocence ; car j'ai contre moi un grief qui noircit mes actes les plus purs. La volonté de Dieu soit faite en ceci comme en toute autre chose ! — J'obéis. — Mylord Abergavenny, adieu.

BRANDON. Il faut qu'il vous accompagne. — (*A lord Abergavenny.*) Le roi ordonne que vous alliez à la Tour pour y attendre sa volonté ultérieure.

ABERGAVENNY. Comme a dit le duc, la volonté de Dieu soit faite ; je me soumets au bon plaisir du roi.

BRANDON. Voici un ordre du roi pour arrêter lord Montaigu, le confesseur du duc, Jean de la cour, un nommé Gilbert Peck, son chancelier, —

BUCKINGHAM. Bien, bien ; voilà les membres du complot ; il n'y en a pas d'autres, j'espère.

BRANDON. Un moine de l'ordre des Chartreux.

BUCKINGHAM. Oh ! Nicolas Hopkins ?

BRANDON. Lui-même.

BUCKINGHAM. Mon intendant est un traître : le trop puissant cardinal lui a montré de l'or : mes jours sont comptés : je ne suis plus que l'ombre du malheureux Buckingham, dont ce nuage vient de prendre la forme pour éclipser mon brillant soleil. Adieu, mylord.

Ils sortent.

SCÈNE II.

La chambre du conseil.

Fanfares. Entrent LE ROI HENRI, LE CARDINAL WOLSEY, les Lords du Conseil, SIR THOMAS LOVELL, les Officiers et Huissiers du Conseil. Le Roi entre appuyé sur l'épaule du Cardinal.

LE ROI HENRI. Ma vie elle-même, et ce qu'elle a de plus précieux vous rendent grâce de cette extrême sollicitude. J'étais menacé par une conspiration prête à éclater, et je vous remercie d'en avoir prévenu l'explosion. Qu'on fasse venir devant nous cet homme attaché au service de Buckingham. Je veux l'entendre lui-même confirmer ses dépositions. Je veux qu'il redise de point en point les trahisons de son maître.

Le Roi s'assied sur son trône ; les Lords du conseil occupent leurs siéges respectifs ; le Cardinal se place aux pieds du roi, à sa droite.

Un bruit s'entend de l'extérieur ; on crie : « *Place à la Reine!* » LA REINE entre précédée des DUCS DE NORFOLK et DE SUFFOLK ; elle se prosterne aux pieds du Roi, qui se lève de son trône, la relève, l'embrasse et la fait asseoir auprès de lui.

LA REINE CATHERINE. Laissez-moi prosternée ; je suis une suppliante.

LE ROI HENRI. Relevez-vous, et prenez place à nos côtés. Vous pouvez nous taire la moitié de votre demande, car vous avez la moitié de notre pouvoir ; l'autre vous est accordée avant que vous l'ayez exprimée ; dites quelle est votre volonté, et vous serez obéie.

LA REINE CATHERINE. Je rends grâce à votre majesté. Je viens vous demander de vous aimer vous-même, et de ne pas oublier le soin de votre honneur et de votre dignité : tel est l'objet de ma requête.

LE ROI HENRI. Continuez, madame.

LA REINE CATHERINE. On se plaint à moi — et ceux qui se plaignent sont nombreux et bien nés, — que vos sujets gémissent sous d'accablants abus. Il a été établi parmi eux de nouvelles taxes qui ont porté une grave atteinte à leurs sentiments de fidélité. — A cette occasion, mylord cardinal, bien que les plus amers reproches aient été déversés sur vous comme auteur de ces exactions, toutefois, le roi notre maître, — que le ciel veuille préserver sa gloire de toute souillure! — n'est pas lui-même à l'abri des expressions d'un langage irrespectueux, qui foule aux pieds l'obéissance et qui a presque l'apparence d'une révolte déclarée.

NORFOLK. Elle n'en a pas seulement l'apparence, mais la réalité; car à la vue des taxes nouvelles, les fabricants de drap, dans l'impuissance de continuer à donner de l'ouvrage à leurs nombreux ouvriers, ont renvoyé les fileurs, les cardeurs, les fouleurs, les tisserands. Ces malheureux, incapables de tout autre travail, poussés par la faim, sans ressource, abjurant toute crainte et n'écoutant que leur désespoir, sont dans une agitation croissante et prêts à braver tous les périls.

LE ROI HENRI. Des taxes! De quoi s'agit-il? Quelles taxes? — Mylord cardinal, vous à qui l'on s'en prend aussi bien qu'à moi, avez-vous connaissance de ces taxes?

WOLSEY. Sire, je ne connais des affaires de l'état que ce qui se réfère à la part individuelle que j'y prends; j'agis concurremment avec d'autres et marche du même pas qu'eux.

LA REINE CATHERINE. Il est vrai, mylord, vous n'en connaissez pas plus que les autres; mais vous êtes le premier moteur des mesures qui sont ensuite portées à la connaissance de tous. Ces mesures funestes, ils voudraient en vain les ignorer; force leur est de les connaître. Quant aux exactions sur lesquelles mon souverain demande des renseignements, le seul récit en fait frémir; elles écrasent le peuple auquel elles sont imposées. — (*A Wolsey.*) On prétend que c'est vous qui en êtes l'auteur; si cela n'est pas, on vous calomnie étrangement.

LE ROI HENRI. Des exactions! Quelle en est la nature? De quelle espèce sont ces exactions?

LA REINE CATHERINE. Je vais trop loin, et j'abuse de votre patience; mais la promesse de votre pardon m'enhardit à continuer. Le mécontentement public provient d'un ordre nouvellement promulgué, en vertu duquel chacun est tenu de livrer sans délai la sixième partie de son revenu; et le prétexte qu'on donne à cet impôt, ce sont vos guerres en France. Aussi tous s'expriment sans ménagement; chacun abjure son devoir, et la fidélité se glace dans tous les cœurs : ils maudissent aujourd'hui celui qu'ils bénissaient, et chacun n'obéit plus qu'au sentiment d'indignation qui l'anime. Je supplie votre majesté de donner à cet objet son attention immédiate; car il n'en est pas de plus important.

LE ROI HENRI. Sur ma vie, voilà qui nous déplaît fort.

WOLSEY. Pour moi, je n'ai pris à tout ceci d'autre part que de donner ma voix comme les autres; et je ne l'ai fait qu'après avoir consulté l'opinion éclairée des juges. Si je suis calomnié par une foule ignorante qui ne connaît ni mes facultés ni ma personne, il n'est pas étonnant qu'on censure injustement mes actes. — C'est là le destin des hommes du pouvoir; ce sont là les rudes obstacles qui entravent la marche de la vertu. Nous ne devons pas surseoir à l'accomplissement d'actes nécessaires, dans la crainte d'être en butte au blâme de censeurs malveillants, qui, pareils au requin vorace, suivent le sillage de tout navire fraîchement équipé, sans recueillir aucun fruit de leur vaine poursuite. Le bien que nous faisons, trop souvent des commentateurs insensés nous en refusent le mérite; et parfois aussi les pires d'entre nos actes, appréciés par des esprits grossiers et vulgaires, sont exaltés comme nos chefs-d'œuvre. Si nous voulons rester immobiles de peur que nos actes ne prêtent à la malignité, il faut nous résoudre à prendre racine là où nous sommes, ou à n'avoir d'autre rôle que celui de statues d'apparat.

LE ROI HENRI. Quand on agit bien et avec discernement, on n'a aucune crainte à concevoir; au contraire, les innovations qu'aucun précédent ne justifie entraînent après elles des dangers. Avez-vous un précédent à l'appui de la taxe en question? Je ne le pense pas. Nous ne devons pas briser le lien qui unit les sujets à la loi et les enchaîner à notre caprice. La sixième partie de leur revenu! Quelle effrayante contribution! c'est enlever à chaque arbre les branches, l'écorce et une partie du tronc; et bien que nous lui laissions sa racine, ainsi mutilé, l'air en boira la sève. Qu'on écrive dans tous les comtés où il a été question de cet impôt, et qu'on proclame un pardon absolu pour tous ceux qui ont refusé de s'y soumettre. — (*A Wolsey.*) Veillez à ce que cela s'exécute; c'est vous que je charge de ce soin.

WOLSEY, *bas, à l'un de ses secrétaires.* J'ai un mot à vous dire. Que des lettres soient expédiées dans chaque comté, annonçant la grâce et le pardon du roi. Le peuple mécontent porte sur moi un jugement peu favorable. Qu'on fasse répandre le bruit que le retrait de la taxe et le pardon des coupables sont dus à mon intercession. Tout à l'heure, je vous donnerai à ce sujet des instructions particulières.

Le Secrétaire sort.

On introduit L'INTENDANT du duc de Buckingham.

LA REINE CATHERINE. Je suis fâchée que le duc de Buckingham ait encouru votre déplaisir.

LE ROI HENRI. Beaucoup en sont affligés. C'est un savant gentilhomme, doué d'un merveilleux talent de parole; nul n'a été mieux partagé de la nature; son instruction est telle qu'il peut en remontrer aux plus grands maîtres, sans avoir jamais besoin du secours de lumières étrangères. Toutefois, remarquez-le bien, quand d'aussi nobles qualités ne sont pas accompagnées d'une bonne nature, l'âme une fois corrompue, elles se transforment en vices qui ont dix fois plus de laideur qu'elles n'avaient de beauté. Cet homme si parfait, qu'on regardait comme un prodige, qui ravissait notre oreille par sa conversation, au point qu'en l'écoutant les heures passaient comme des minutes, — eh bien, madame, cet homme a perverti en de monstrueuses pratiques les dons qu'il avait en partage, et il est devenu aussi noir que s'il avait été plongé dans la fumée de l'enfer. Siégez à côté de nous; vous allez entendre de la bouche de cet homme (*montrant l'Intendant*) des choses bien faites pour porter l'affliction dans toute âme honnête. — (*A Wolsey.*) Dites-lui de répéter les faits qu'il a déjà révélés, contre lesquels nous ne pouvons trop nous mettre en garde, et que nous ne saurions trop entendre.

WOLSEY, *à l'Intendant*. Avancez, et rapportez sans crainte ce qu'en sujet fidèle vous avez recueilli dans vos rapports avec le duc de Buckingham.

LE ROI HENRI. Parlez librement.

L'INTENDANT. D'abord il avait coutume de dire, et il ne se passait pas un jour sans que de tels propos n'infectassent sa conversation, que si le roi mourait sans postérité, il ferait en sorte que le sceptre lui revînt. Je lui ai entendu tenir positivement ce langage à son gendre lord Abergavenny, et lui jurer qu'il se vengerait du cardinal.

WOLSEY. Que votre majesté veuille bien remarquer cette partie de ses funestes projet. Désaffectionné dans ses vœux, son mauvais vouloir s'attaque méchamment à votre personne sacrée, et s'étend même à la personne de ceux qui vous sont dévoués.

LA REINE CATHERINE. Savant lord cardinal, soyez un peu plus charitable dans vos interprétations.

LE ROI HENRI. Parlez : sur quoi fondait-il ses titres à la couronne, à défaut de postérité de notre part ? L'avez-vous entendu s'expliquer sur ce point ?

L'INTENDANT. Il se fondait sur une sotte prédiction de Nicolas Hopkins.

LE ROI HENRI. Quel était cet Hopkins ?

L'INTENDANT. Sire, un moine chartreux, son confesseur, qui ne cessait de nourrir son orgueil de rêves de souveraineté.

LE ROI HENRI. Comment savez-vous cela ?

L'INTENDANT. Quelque temps avant le départ de votre majesté pour la France, le duc étant à l'hôtel de *la Rose*[1], dans la paroisse de Saint-Laurent-Poultney, me demanda ce qu'on disait à Londres du voyage du roi en France ; je répondis qu'on craignait que les Français ne jouassent au roi quelque mauvais tour qui mettrait sa vie en danger. Le duc me dit alors qu'en effet cela était à craindre ; il ajouta : Cela tend à confirmer la vérité des paroles d'un certain moine ; ce saint homme a souvent envoyé chez moi demander la permission d'entretenir en particulier Jean de la Cour, mon chapelain, voulant, disait-il, lui faire une révélation importante. Après lui avoir fait jurer, sous le sceau de la confession, de ne révéler à aucune créature vivante, hormis moi, ce qu'il allait lui-même communiquer, il lui dit d'une voix grave et solennelle : — « Dites au duc que ni le roi ni ses héritiers ne prospéreront ; dites-lui de faire tout son possible pour se concilier l'attachement du peuple ; le duc gouvernera l'Angleterre. »

LA REINE CATHERINE. Si je ne me trompe, vous avez été l'intendant du duc, et vous avez perdu votre place sur les plaintes de ses tenants[2]. N'allez pas accuser par dépit un noble personnage, et perdre votre âme plus noble encore. Prenez-y garde, vous dis-je ; oui, je vous le recommande avec instance.

---

[1] Cet édifice, situé à Londres dans Suffolk-lane, fut acheté en 1561 par Richard Hill, alors président de la compagnie des marchands tailleurs, et sert maintenant de maison d'école à cette corporation, qui réunit tout ce que l'aristocratie anglaise a de plus éminent.

[2] Ceux qui tiennent des terres à bail.

LE ROI HENRI. Qu'il poursuive. — Continuez.

L'INTENDANT. Sur mon âme, je ne dis que la vérité. Je dis à mylord le duc qu'il était possible que ce moine fût égaré par les inspirations du démon, qu'il y avait danger pour lui à trop s'arrêter à de pareilles idées, qu'il en pourrait résulter dans sa pensée quelque projet arrêté qu'une conviction forte l'engagerait vraisemblablement à mettre à exécution. « Bah ! répondit-il, il n'en peut résulter pour moi aucun mal. » Il ajouta que si le roi était mort, lors de sa dernière maladie, les têtes du cardinal et de sir Thomas Lovell auraient sauté.

LE ROI HENRI. Comment donc ? sa haine va jusque-là ? Ah ! ah ! cet homme est dangereux. En savez-vous davantage ?

L'INTENDANT. Oui, sire.

LE ROI HENRI. Poursuivez.

L'INTENDANT. Le duc se trouvant à Greenwich, le jour où votre majesté lui témoigna son déplaisir au sujet de sir William Blomer, —

LE ROI HENRI. Je me rappelle ce jour-là : bien qu'il fût à mon service, le duc l'avait pris au sien : — mais, continuez.

L'INTENDANT. « Si, pour ce fait, me dit-il, j'avais été arrêté et envoyé à la Tour, j'aurais agi comme mon père se proposait d'agir à l'égard de l'usurpateur Richard ; étant à Salisbury, il demanda à être conduit en présence du roi ; si on le lui avait accordé, il se serait approché de lui sous prétexte de lui rendre son hommage, et lui aurait enfoncé son poignard dans le sein. »

LE ROI HENRI. L'effroyable traître !

WOLSEY, *à la Reine*. Je vous le demande, madame, la vie de sa majesté peut-elle être en sûreté, et cet homme rester libre ?

LA REINE CATHERINE. Que le ciel ordonne tout pour le mieux !

LE ROI HENRI, *à l'Intendant*. Vous semblez avoir encore quelque chose à ajouter. Parlez.

L'INTENDANT. Après ces paroles, sur le duc son père et sur son poignard, il a pris une attitude d'exaltation menaçante, et une main sur sa dague, l'autre sur sa poitrine, les yeux levés vers le ciel, il a juré, en accompagnant son serment des imprécations les plus horribles, que si on en usait mal avec lui, il irait plus loin que son père de toute la distance qui sépare l'exécution d'un projet indécis.

LE ROI HENRI. Voilà sa conclusion, c'est de nous plonger son poignard dans le sein. Il est arrêté; qu'on lui fasse immédiatement son procès; si la justice lui est indulgente, qu'il en ait le bénéfice; dans le cas contraire, qu'il n'attende de nous aucune grâce. Par le jour et la nuit, c'est un traître au premier chef.

Ils sortent.

SCÈNE III.

Un appartement du palais.

Entrent LE LORD CHAMBELLAN et LORD SANDS.

LE LORD CHAMBELLAN. Est-il bien possible que les talismans de France exercent à ce point sur les gens leur magique pouvoir?

SANDS. Les modes nouvelles, quelque ridicules, quelque indignes de l'homme qu'elles soient, n'en sont pas moins suivies.

LE LORD CHAMBELLAN. Autant que j'en puis juger, tout le profit que nos Anglais ont rapporté de leur dernier voyage se réduit à une ou deux grimaces; mais elles ont bien leur mérite, car lorsqu'ils les font, il n'est pas jusqu'à leurs nez qu'on ne prît pour des conseillers de Pépin ou de Clotaire, tant leur morgue est imposante.

SANDS. Ils ont tous des jambes neuves et boiteuses; quelqu'un qui ne les aurait jamais vus marcher pourrait croire qu'ils ont l'éparvin[1].

LE LORD CHAMBELLAN. Mort de ma vie, mylord, la coupe de leurs habits est tellement païenne, qu'elle doit sûrement être antérieure au christianisme! — Eh bien, quelles nouvelles, sir Thomas Lovell?

Entre SIR THOMAS LOVELL.

LOVELL. Ma foi, mylord, la seule que je sache, c'est le nouvel édit qu'on vient d'afficher aux portes du palais.

LE LORD CHAMBELLAN. Quel en est l'objet?

LOVELL. La réforme de nos petits maîtres voyageurs, qui encombrent la cour de leurs querelles, de leur babil et de leurs tailleurs.

LE LORD CHAMBELLAN. J'en suis bien aise; maintenant je conseille à ces messieurs de vouloir bien croire qu'un courtisan

---

[1] Maladie des chevaux.

anglais peut n'être pas un sot, sans qu'il soit pour cela nécessaire qu'il ait vu le Louvre.

LOVELL. Il leur est enjoint par cet édit d'abandonner les velléités folles qu'ils ont rapportées de France, avec toutes les futilités ignorantes qui s'y rattachent, tels que combats et feux d'artifices, toutes choses à l'aide desquelles ils en imposent à des gens qui valent mieux qu'eux, par un vernis de qualités étrangères ; d'abjurer tout net leur enthousiasme pour le jeu de paume, les longs bas, les chausses bouffantes, signes distinctifs auxquels se reconnaît le voyageur, et de redevenir des hommes comme tout le monde ; sinon, ils ont ordre de plier bagage, et d'aller rejoindre leurs compagnons de sottise ; là il leur sera donné, je pense, toute licence, pour user les restes de leur folie et se faire moquer d'eux.

SANDS. Il est temps d'entreprendre la cure, car leur maladie est contagieuse.

LE LORD CHAMBELLAN. Quelle perte nos dames vont faire dans ces damoiseaux !

LOVELL. Oh ! Il y aura bien des cœurs contristés, mylord ; les rusés vauriens avaient un moyen prompt pour triompher des dames ; pour cela il n'y a rien de tel qu'une chanson française et un violon.

SANDS. Qu'ils aillent au diable avec leur violon ! je suis bien aise qu'ils décampent ; car, assurément, ils ne sont pas gens à se convertir. Au moins, maintenant, un honnête gentilhomme campagnard comme moi, obligé depuis longtemps à battre en retraite, pourra, sans prétention, placer son mot comme un autre, et se faire écouter une heure, sans trop écorcher les oreilles.

LE LORD CHAMBELLAN. A merveille, lord Sands ; vous avez encore des velléités de jeunesse.

SANDS. Je les conserverai tant que je pourrai faire feu qui flambe.

LE LORD CHAMBELLAN. Sir Thomas, où alliez-vous ?

LOVELL. Chez le cardinal ; votre seigneurie aussi est invitée.

LE LORD CHAMBELLAN. Oh ! c'est vrai ; ce soir, il donne un grand souper à quantité de lords et de ladies ; je vous promets que vous y verrez la fleur des beautés d'Angleterre.

LOVELL. Ce prêtre a le cœur libéral, et la main aussi prodigue de ses dons que la terre qui nous nourrit ; il répand partout sa rosée.

LE LORD CHAMBELLAN. Il est certain qu'il agit noblement; ce serait le calomnier que de dire autrement.

SANDS. Il le peut, mylord; il en a les moyens; en lui, la lésinerie serait pire que l'hérésie. Les hommes de son rang sont tenus d'être généreux; ils doivent donner l'exemple.

LE LORD CHAMBELLAN. Il est vrai qu'ils le doivent; mais il en est peu qui en donnent d'aussi grands. Ma barque m'attend [1]. Votre seigneurie m'accompagnera. Venez, mon cher sir Thomas; sans quoi, nous arriverions trop tard, ce que je veux éviter; car sir Henri Guildford et moi nous devons être les ordonnateurs de la fête.

SANDS. Je suis aux ordres de votre seigneurie.

Ils sortent.

SCÈNE IV.

La salle d'honneur dans York-Place.

On entend les sons du hautbois. On voit une petite table à part, sous un dais, pour le cardinal; une autre plus longue est dressée pour les convives. Entre par une porte ANNE BULLEN, accompagnée de plusieurs Lords et Ladies; par une autre, SIR HENRI GUILDFORD.

GUILDFORD. Mesdames, son éminence vous adresse à toutes ses salutations et ses compliments. Il consacre cette soirée à la joie et à vous. Il espère qu'il n'en est pas une, dans cette noble assemblée, qui ait apporté avec elle un souci du dehors : son désir est de vous voir toutes aussi gaies que peuvent l'être d'honnêtes gens qui ont bonne compagnie, bon vin et bon accueil. — Oh! mylords, vous êtes en retard.

Entrent LE LORD CHAMBELLAN, LORD SANDS *et* SIR THOMAS LOVELL.

GUILDFORD, *continuant.* L'idée seule de me trouver en si belle compagnie m'a donné des ailes.

LE LORD CHAMBELLAN. Vous êtes jeune, sir Henri Guildford.

SANDS. Sir Thomas Lovell, si le cardinal avait la moitié seulement de mes sentiments laïques, quelques-unes de ces dames, avant de dormir, trouveraient à qui parler; et je pense que cela ne leur déplairait pas. Sur ma vie, voilà un admirable cercle de beautés.

---

[1] Il parle dans le palais du roi à Bridewell, d'où il va se rendre par eau à la résidence du cardinal, à York-Place, maintenant Whitehall.

LOVELL. Que n'êtes-vous le confesseur d'une ou deux de ces dames!

SANDS. Je voudrais l'être ; je leur imposerais une pénitence bien douce.

LOVELL. Comment douce?

SANDS. Aussi douce qu'un lit de plume peut l'offrir.

LE LORD CHAMBELLAN. Belles dames, vous plaît-il de vous asseoir? — Sir Henri, placez-vous de ce côté ; je me charge de celui-ci. Son éminence va entrer. — Oh! mesdames, je ne veux pas que vous geliez ; deux dames placées l'une à côté de l'autre ont froid. — Mylord Sands, c'est vous qui les tiendrez éveillées ; veuillez vous asseoir entre ces dames.

SANDS. Ma foi, je remercie votre seigneurie. — Avec votre permission, belles dames. (*Il s'assied entre Anne Bullen et une autre dame.*) Si je déraisonne un peu, veuillez me le pardonner ; c'est un défaut que j'ai hérité de mon père.

ANNE. Est-ce qu'il était fou, mylord?

SANDS. Oh! extrêmement fou, on ne peut plus fou, surtout en amour : mais il ne mordait personne ; seulement il vous donnait vingt baisers en un clin d'œil, comme je fais maintenant.

Il l'embrasse.

LE LORD CHAMBELLAN. A merveille, mylord. Maintenant tout le monde est assis. — Messieurs, ce sera votre faute si ces dames sont mécontentes.

SANDS. Pour ce qui me regarde, laissez-moi faire.

On entend le son des hautbois. LE CARDINAL WOLSEY, accompagné de sa suite, entre et s'assied à la place qui lui est réservée.

WOLSEY. Vous êtes les bien venus, mes aimables hôtes. Quiconque, noble dame ou cavalier, qui n'est pas franchement gai, n'est pas mon ami ; en foi de quoi, je vide cette coupe à votre santé à tous.

Il boit.

SANDS. Votre éminence est pleine de grandeur. Qu'on me donne une coupe assez ample pour contenir mes remercîments ; on m'épargnera bien des paroles.

WOLSEY. Mylord Sands, je vous rends grâce : égayez vos voisines. — Mesdames, vous n'êtes pas gaies ; — messieurs, à qui la faute ?

SANDS. Il faut d'abord qu'un vin vermeil colore leurs joues charmantes ; alors leur babil fera taire le nôtre.

ACTE I, SCÈNE IV.

ANNE. Vous faites gaiement votre partie, mylord Sands.

SANDS. Oui, quand on me laisse choisir mon jeu. Je bois à vous, madame; et veuillez me faire raison; car mon défi s'adresse à un objet merveilleux, —

ANNE. Que vous seriez très-embarrassé de me montrer.

SANDS. Quand je disais à votre éminence que ces dames parleraient bientôt.

On entend le bruit des tambours et des trompettes; le canon tire.

WOLSEY. Qu'est-ce que cela?

LE LORD CHAMBELLAN. Que l'un de vous aille voir ce que c'est.

Un Domestique sort.

WOLSEY. Quels sont ces bruits belliqueux? et à quelle fin? — N'ayez pas peur, mesdames; par toutes les lois de la guerre vous êtes privilégiées.

Rentre LE DOMESTIQUE.

LE LORD CHAMBELLAN. Eh bien? qu'est-ce que c'est?

LE DOMESTIQUE. Une société d'illustres étrangers, si j'en juge par leur apparence. Ils ont quitté leur barque, sont descendus à terre et s'avancent vers ces lieux; on les prendrait pour des ambassadeurs députés par des princes étrangers.

WOLSEY. Mylord chambellan, allez les recevoir; vous parlez le français; veuillez, je vous prie, les accueillir avec distinction, et les conduire dans cette salle, où tous ces astres de beauté resplendiront à la fois à leurs yeux éblouis. — Que quelques-uns d'entre vous l'accompagnent.

Le lord Chambellan sort; plusieurs Lords le suivent; tout le monde se lève, et on fait disparaître les tables.

WOLSEY, *continuant*. Voilà le banquet interrompu; mais nous réparerons cela. Bonne digestion à tous, et une fois encore, mille remerciements : soyez tous les bienvenus.

Au son des hautbois, entrent LE ROI et douze Lords masqués et habillés en bergers; ils sont accompagnés de seize Serviteurs portant des torches. Introduits par le Lord Chambellan, ils défilent devant le Cardinal et lui font en passant un salut gracieux.

WOLSEY, *continuant* Voilà une brillante compagnie. Que demandent-ils?

LE LORD CHAMBELLAN. Comme ils ne parlent pas l'anglais, ils m'ont prié de dire à votre éminence, — qu'ayant entendu parler de cette noble et charmante réunion, si grand est le respect qu'ils portent à la beauté, qu'ils n'ont pu moins faire que de quitter leurs troupeaux ; et ils vous demandent la permission de jouir de la vue de ces dames et de passer une heure de divertissement avec elles.

WOLSEY. Mylord chambellan, dites-leur qu'ils font beaucoup d'honneur à mon humble logis ; je leur en fais mille remerciements, et les prie de vouloir bien prendre part à nos plaisirs.

L'orchestre donne le signal de la danse. Chaque cavalier choisit sa dame ; le Roi choisit Anne Bullen.

LE ROI HENRI. Voilà la plus belle main que j'aie jamais touchée. O beauté, je te connais aujourd'hui pour la première fois !

La musique joue. On danse.

WOLSEY. Mylord, —

LE LORD CHAMBELLAN. Votre éminence ?

WOLSEY. Dites-leur de ma part qu'il y a parmi eux un personnage qui par son rang est plus digne que moi d'occuper cette place, et à qui, si je le connaissais, je la céderais en lui offrant l'hommage de mes respects et de mes devoirs.

LE LORD CHAMBELLAN. Je vais le leur dire, mylord.

Il aborde les masques et revient un moment après.

WOLSEY. Que disent-ils ?

LE LORD CHAMBELLAN. Ils avouent la présence d'un tel personnage ; ils prient votre éminence de vouloir bien le découvrir vous-même, et alors il ne s'en défendra plus.

WOLSEY, *quittant son siége*. Voyons donc. — Avec votre permission, messieurs. (*Il désigne un masque.*) C'est ici que je fixe mon choix, et je le crois royal.

LE ROI HENRI, *se démasquant*. Vous avez deviné juste, cardinal. Vous avez là, vraiment, une réunion charmante ; c'est à merveille, cardinal : vous êtes homme d'église, sans quoi, je vous jure, cardinal, qu'en ce moment je vous jugerais d'une manière peu favorable.

WOLSEY. Je suis charmé de voir votre majesté d'humeur si joviale.

LE ROI HENRI. Mylord chambellan, approchez, je vous prie. Quelle est cette belle dame ?

LE LORD CHAMBELLAN. Sous le bon plaisir de votre majesté, c'est la fille de sir Thomas Bullen, vicomte de Rochefort, l'une des dames d'honneur de la reine.

LE ROI HENRI. Par le ciel, c'est un friand morceau. — (*A Anne Bullen.*) Bel ange, c'est bien impoli à moi de vous avoir invitée sans vous embrasser. (*Il l'embrasse.*) Portons une santé, messieurs; une santé à la ronde.

WOLSEY. Sir Thomas Lovell, le banquet est-il prêt dans le petit salon?

LOVELL. Oui, mylord.

WOLSEY, *au roi.* Votre majesté, je le crains, est un peu échauffée par la danse.

LE ROI HENRI. Beaucoup trop, j'en ai peur.

WOLSEY. Sire, l'air est plus frais dans la pièce voisine.

LE ROI HENRI. Allons, conduisez chacun vos dames. — (*A Anne Bullen.*) Ma belle compagne, je ne dois pas vous quitter encore. — Soyons gais. — Mylord cardinal, j'ai une demi-douzaine de santés à boire à ces charmante ladies, et une sarabande encore à leur faire danser; et après, se croie qui voudra le plus favorisé. Que la musique joue.

Ils sortent au son des fanfares.

ACTE DEUXIÈME.

SCÈNE I.

Une rue.

DEUX BOURGEOIS se rencontrent.

PREMIER BOURGEOIS. Où allez-vous donc si vite?

DEUXIÈME BOURGEOIS. Oh! — Dieu vous garde! je vais à la salle de justice, pour apprendre quel sera le sort de l'illustre duc de Buckingham.

PREMIER BOURGEOIS. Je puis vous épargner cette peine. Tout est fini; il ne reste plus à remplir que la formalité de ramener le prisonnier dans sa prison.

DEUXIÈME BOURGEOIS. Étiez-vous présent?

PREMIER BOURGEOIS. Oui, sans doute.

DEUXIÈME BOURGEOIS. Quel est le résultat, je vous prie?

PREMIER BOURGEOIS. Vous pouvez aisément le deviner.

DEUXIÈME BOURGEOIS. A-t-il été déclaré coupable?

PREMIER BOURGEOIS. Oui, certes, et sa condamnation a été prononcée.

DEUXIÈME BOURGEOIS. J'en suis fâché.

PREMIER BOURGEOIS. Beaucoup d'autres le sont pareillement.

DEUXIÈME BOURGEOIS. Apprenez-moi, de grâce, comment les choses se sont passées.

PREMIER BOURGEOIS. Je vais vous le dire en peu de mots. Le noble duc est venu à la barre ; là, aux accusations dirigées contre lui, il a persisté à répondre qu'il n'était pas coupable ; et il a allégué plusieurs raisons habiles pour se soustraire aux atteintes de la loi. De son côté, l'avocat du roi a fait valoir les dépositions, les preuves, les confessions de divers témoins que le duc a désiré entendre face à face et de vive voix. Alors ont déposé contre lui son intendant ; sir Gilbert Peck, son chancelier ; Jean de la Cour, son confesseur, et ce maudit moine, Hopkins, qui a fait tout le mal.

DEUXIÈME BOURGEOIS. Celui qui nourrissait son orgueil de ses prophéties ?

PREMIER BOURGEOIS. Lui-même. Tous ont proféré contre lui les accusations les plus fortes, qu'il a cherché, mais en vain, à repousser. Sur quoi ses pairs, en présence de toutes ces preuves, l'ont déclaré coupable de haute trahison. Il a parlé longuement et savamment pour écarter l'application de la peine capitale, mais son discours n'a produit d'autre effet qu'une pitié stérile.

DEUXIÈME BOURGEOIS. Après tout cela, quelle a été son attitude ?

PREMIER BOURGEOIS. Quand on l'a ramené à la barre, — pour entendre sonner son glas de mort, prononcer son jugement, — il s'est trouvé saisi d'une agonie si intense, que la sueur lui coulait à grosses gouttes ; il a prononcé à la hâte quelques paroles d'irritation : mais bientôt il a repris possession de lui-même, et il n'a cessé de montrer depuis une douceur et une résignation exemplaires.

DEUXIÈME BOURGEOIS. Je ne pense pas qu'il craigne la mort.

PREMIER BOURGEOIS. Non, assurément ; il n'est pas pusillanime à ce point. Mais ce qui doit quelque peu l'affecter, c'est la cause qui a amené ce résultat.

ACTE II, SCÈNE I.

DEUXIÈME BOURGEOIS. Certainement, le cardinal est au fond de tout cela!

PREMIER BOURGEOIS. C'est probable; toutes les conjectures semblent l'établir; d'abord, la mise en accusation de Kildare, alors gouverneur de l'Irlande, où pour le remplacer on s'est hâté d'envoyer le comte de Surrey, dans la crainte qu'il ne défendît son père.

DEUXIÈME BOURGEOIS. Ce fut l'acte d'une politique bien profondément perverse.

PREMIER BOURGEOIS. A son retour, sans nul doute, il en témoignera sa reconnaissance à qui de droit. Il y a une remarque que tout le monde a faite; quelqu'un obtient-il la faveur du roi, à l'instant le cardinal lui trouve de l'emploi, et se hâte de l'éloigner de la cour.

DEUXIÈME BOURGEOIS. Autant le peuple le hait cordialement et voudrait le voir à dix pieds sous terre, autant le duc est aimé et idolâtré; on ne l'appelle que le bienfaisant Buckingham, l'homme affable par excellence. —

PREMIER BOURGEOIS. Restez ici un moment, et vous allez voir l'illustre malheureux dont vous parlez.

Arrive BUCKINGHAM, revenant du tribunal; il est précédé de plusieurs Huissiers à verge; on porte devant lui la hache, dont le tranchant est tourné de son côté; à droite et à gauche marchent des Hallebardiers; puis viennent SIR THOMAS LOVELL, SIR NICOLAS DE VAUX, SIR WILLIAM SANDS et la Foule du peuple.

DEUXIÈME BOURGEOIS. Tenons-nous ici, et regardons-le.

BUCKINGHAM. Bonnes gens, vous tous qui êtes venus jusqu'ici pour vous apitoyer sur mon sort, écoutez ce que je vais vous dire; après quoi rentrez chacun chez vous, et oubliez-moi. J'ai été aujourd'hui condamné comme traître, et c'est comme tel que je vais mourir; toutefois, j'en prends le ciel à témoin, — puissé-je tomber foudroyer sous les coups du remords avant d'être frappé par la hache, s'il n'est pas vrai que je n'ai cessé d'être un sujet fidèle. Je n'en veux point à mes juges, et leur pardonne ma mort; en l'état de la cause, ils n'ont pu juger autrement; mais quant à ceux qui ont voulu ma mort, je pourrais les souhaiter plus chrétiens qu'ils ne sont. Qu'ils soient ce qu'ils voudront, je leur pardonne de grand cœur : néanmoins, qu'ils ne se glorifient pas du mal qu'ils commettent, et qu'ils n'élèvent pas sur la tombe des grands l'édifice de leur perversité; car alors mon sang innocent crierait contre eux vengeance. Je n'espère pas que ma vie soit prolongée en ce monde; je ne le demanderai même pas, quoique la bonté du roi soit plus inépuisable que mes fautes ne pourraient être nombreuses. O vous, cœurs d'élite qui chérissez Buckingham, et ne craignez pas de lui donner des pleurs, vous, ses nobles amis, ses compagnons fidèles, dont il lui est si pénible de se séparer, et pour qui seuls il regrette de mourir, accompagnez-moi, comme de bons anges, jusqu'à mon trépas; et quand la hache, qui doit faire entre nous un long divorce, tombera sur moi, que vos prières s'exhalent ensemble et portent mon âme vers les cieux. — (*Aux gardes*.) Conduisez-moi, au nom de Dieu.

LOVELL. Au nom de la charité, je supplie votre seigneurie, si jamais il vous est arrivé de nourrir un sentiment malveillant contre moi, de vouloir bien maintenant me pardonner en toute sécurité.

BUCKINGHAM. Sir Thomas Lovell, je vous pardonne d'aussi bon cœur que je désire être pardonné; je pardonne à tous; quelque nombreux que puissent être ceux qui m'ont voulu nuire, je fais ma paix avec eux : je ne veux emporter dans ma tombe aucun sentiment de haine. Recommandez-moi à sa majesté; et s'il vous parle de Buckingham, dites-lui que vous l'avez rencontré en route pour le ciel; mes vœux et mes prières sont encore pour le roi; et jusqu'à ce que mon âme m'ait quitté, je ne cesserai d'appeler sur lui les bénédictions divines. Qu'il vive plus d'années que je ne pourrais en compter dans le temps qui me reste à vivre! Que son règne soit doux, et que son peuple l'aime! et lorsque, plein de jours, il arrivera au terme de sa carrière, que la bonté et lui descendent dans le même tombeau!

LOVELL. Je dois conduire votre seigneurie au bord du fleuve; là je vous remettrai entre les mains de sir Nicolas de Vaux, qui est chargé de vous accompagner jusqu'à votre fin.

DE VAUX, *à quelques officiers*. Allez tout préparer; le duc va venir : ayez soin que le bateau soit prêt, et décoré comme il convient à la grandeur de son rang.

BUCKINGHAM. Non, sir Nicolas; laissez ce soin; le faste en ce moment ne serait pour moi qu'une dérision. En arrivant ici, j'étais lord grand connétable et duc de Buckingham; maintenant je ne suis que le chétif Édouard Bohun; néanmoins je suis plus grand que mes accusateurs, qui n'ont jamais su ce que c'était que la vérité : moi, maintenant je la scelle de mon sang, et ils porteront un jour la peine de ce sang. Mon noble père, Henri de Buckingham, le premier qui ait levé l'étendard contre l'usurpateur Richard, ayant dans sa détresse cherché un asile chez son serviteur Banister, fut livré par ce misérable et mis à mort sans jugement : la paix de Dieu soit avec lui ! Henri VII, son successeur, douloureusement affecté de la perte de mon père, en prince généreux, me rétablit dans les honneurs de ma race, fit sortir ma maison de ses ruines et lui rendit son premier lustre. Maintenant, son fils Henri VIII me ravit d'un seul coup la vie, l'honneur, mon nom et tout ce qui me rendait heureux. J'ai eu des juges, je l'avoue, et l'avantage d'un débat solennel ; en cela j'ai été mieux partagé que mon malheureux père. Mais il est un point sur lequel nos deux destinées se ressemblent ; — tous deux nous avons été victimes de nos serviteurs, des hommes que nous aimions le mieux ; conduite dénaturée et perfide ! En toute chose le ciel a ses desseins. Vous qui m'écoutez, recevez et tenez pour vrai ce conseil d'un mourant : — A ceux qui ont votre affection et votre confiance ne vous livrez pas avec trop d'abandon ; car ceux dont vous faites vos amis, et à qui vous donnez votre cœur, dès qu'ils aperçoivent le moindre déclin dans votre fortune, vous échappent comme une onde fugitive, et vous ne les retrouvez plus qu'au bout de l'abîme où ils veulent vous précipiter. Vous tous, bonnes gens, priez pour moi ! Il faut maintenant que je vous quitte : la dernière heure de ma longue et pénible existence est venue. Adieu : quand vous voudrez conter quelque histoire douloureuse, dites comment je suis mort. J'ai fini ; et que Dieu me pardonne !

Buckingham et sa suite s'éloignent.

PREMIER BOURGEOIS. Oh ! cela navre le cœur ! Cette mort attirera bien des malédictions sur ses auteurs.

DEUXIÈME BOURGEOIS. Si le duc est innocent, c'est chose déplorable : mais je puis vous faire part en confiance d'un autre événement qui, s'il arrive, sera plus malheureux encore.

PREMIER BOURGEOIS. Que les bons anges nous en préservent ! De quel événement voulez-vous parler ? vous ne doutez pas, j'espère, de ma discrétion ?

DEUXIÈME BOURGEOIS. Ce secret est si important, qu'il faut à le garder une fidélité à toute épreuve.

PREMIER BOURGEOIS. Faites-m'en part; je ne suis pas indiscret.

DEUXIÈME BOURGEOIS. Je le sais : je vais donc vous le dire. N'avez-vous pas depuis quelques jours entendu circuler le bruit d'un divorce entre le roi et la reine Catherine?

PREMIER BOURGEOIS. Oui, mais il n'a pas pris de consistance; car ce bruit étant parvenu aux oreilles du roi, plein de colère, il a envoyé au lord maire l'ordre d'arrêter sur-le-champ cette rumeur, et d'imposer silence aux bouches qui la propageaient.

DEUXIÈME BOURGEOIS. Mais ce bruit mensonger est devenu aujourd'hui une vérité; il a repris son cours de plus belle; et tenez pour certain que le roi tentera l'aventure. Le cardinal ou quelque autre de ceux qui l'approchent, par animosité contre notre bonne reine, a mis dans l'esprit du roi des scrupules qui finiront par la perdre. Ce qui le confirme, c'est l'arrivée récente du cardinal Campéius, qui vient, dit-on, pour cette affaire.

PREMIER BOURGEOIS. C'est l'ouvrage du cardinal; il a voulu par là se venger de l'empereur, pour lui avoir refusé l'archevêché de Tolède qu'il lui avait demandé.

DEUXIÈME BOURGEOIS. Je pense que vous avez deviné juste; mais n'est-il pas cruel que ce soit la reine qu'on punisse? Le cardinal en viendra à ses fins, et il faudra qu'elle succombe.

PREMIER BOURGEOIS. C'est douloureux. Nous sommes ici trop en public pour traiter cette matière; allons causer ensemble plus en particulier.

Ils s'éloignent.

SCÈNE II.

Une antichambre du palais.

Entre LE LORD CHAMBELLAN, lisant une lettre.

LE LORD CHAMBELLAN. « Mylord, je me suis procuré les
» chevaux que désirait votre seigneurie; j'ai mis le plus grand
» soin à les choisir; je les ai pris bien dressés et bien équipés :
» ils étaient jeunes et beaux, et d'une des meilleures races du
» nord. Au moment où ils étaient prêts à partir pour Londres,
» un des gens de mylord cardinal, muni d'ordres et de pleins
» pouvoirs, me les a enlevés, en me donnant pour raison que
» son maître devait être servi avant un sujet, si même il ne
» devait pas l'être avant le roi; cela nous a fermé la bouche,
» mylord. » Effectivement, il faudra bientôt le servir avant le

roi, je le crains. Eh bien, qu'il les garde ; il faut que tout lui appartienne, je pense.

Entrent LES DUCS DE NORFOLK et DE SUFFOLK.

NORFOLK. Nous vous rencontrons à propos, mylord chambellan.

LE LORD CHAMBELLAN. Salut à vos seigneuries.

SUFFOLK. Que fait le roi en ce moment?

LE LORD CHAMBELLAN. Je l'ai laissé seul, livré à des pensées douloureuses et inquiètes.

NORFOLK. Quel en est le motif?

LE LORD CHAMBELLAN. Il paraît que son mariage avec la femme de son frère a touché de trop près sa conscience.

SUFFOLK. Non, c'est sa conscience qui a touché de trop près une autre dame.

NORFOLK. C'est vrai ; c'est l'œuvre du cardinal, du roi-cardinal : ce prêtre aveugle, en fils aîné de la fortune, retourne la carte qu'il lui plaît. Le roi le connaîtra un jour.

SUFFOLK. Plût à Dieu ! sans quoi il ne se connaîtra jamais lui-même.

NORFOLK. Avec quelle onction sainte il procède dans tout ce qu'il entreprend ! et avec quel zèle ! Maintenant qu'il a rompu l'alliance formée entre nous et l'empereur, le puissant neveu de la reine, il s'insinue dans l'âme du roi, il y sème les alarmes, les doutes, les remords de conscience, les craintes, les désespoirs, et tout cela à propos de son mariage : pour délivrer le roi de tous ces tourments, il conseille un divorce ; il veut qu'il se sépare du joyau qui est resté vingt ans suspendu à son cou sans rien perdre de son lustre, de la femme qui l'aime de cet amour parfait dont les anges aiment les hommes de bien ; de celle qui sous les coups les plus poignants de la fortune bénirait encore le roi. Et n'est-ce pas là l'œuvre d'un homme pieux?

LE LORD CHAMBELLAN. Le ciel me garde d'un pareil conseiller ! Il n'est que trop vrai ; cette nouvelle est dans toutes les bouches ; chacun en parle, et tous les cœurs s'en affligent. Tous ceux dont le regard osent pénétrer dans cette affaire voient le but auquel on tend, et nomment la sœur du roi de France[1]. Le ciel ouvrira un jour les yeux du roi, tenus si longtemps fermés sur cet homme audacieux.

[1] La duchesse d'Alençon.

SUFFOLK. Et il nous affranchira de sa tyrannie.

NORFOLK. Nous aurions grand besoin de prier, et avec ferveur, pour notre délivrance, si nous ne voulons que ce mortel impérieux nous réduise tous de la condition de princes à celle de pages : tous les honneurs, toutes les dignités des grands sont entassées en bloc devant lui, et sa main, les façonnant à son gré, leur donne les proportions qu'il lui plaît.

SUFFOLK. Quant à moi, mylords, je ne l'aime ni ne le crains ; voilà ma profession de foi : comme je ne lui dois pas ce que je suis, je me maintiendrai sans lui, s'il plaît au roi ; sa haine et sa faveur me sont également indifférentes ; je n'ai foi ni à l'une ni à l'autre. Je l'ai connu, et je le connais, et je l'abandonne à celui dont son orgueil est l'ouvrage, au pape.

NORFOLK. Entrons, et cherchons par quelque autre objet à distraire le roi de ces sombres pensées, qui le préoccupent beaucoup trop. Mylord, voulez-vous nous accompagner ?

LE LORD CHAMBELLAN. Veuillez m'excuser ; les ordres du roi m'appellent ailleurs : en outre, vous prenez mal votre temps pour troubler sa solitude. Je salue vos seigneuries.

NORFOLK. Merci, mylord chambellan.

Le Lord Chambellan sort.—Norfolk ouvre le battant d'une porte ; on aperçoit le roi assis, un livre à la main et absorbé par sa lecture.

SUFFOLK. Qu'il a l'air sombre ! il faut qu'il soit bien profondément affligé.

LE ROI HENRI. Qui est là ? Ha ?

NORFOLK. Dieu veuille qu'il ne se mette pas en colère !

LE ROI HENRI. Qui est là, dis-je ? Comment osez-vous troubler la solitude de mes méditations ? Qui suis-je ? Ha ?

NORFOLK. Un gracieux monarque qui pardonne toutes les offenses involontaires. Si nous avons commis une faute, c'est pour vous entretenir d'une affaire d'état sur laquelle nous venons prendre les ordres de votre majesté.

LE ROI HENRI. Vous poussez trop loin la hardiesse ; allez ; je vous apprendrai à connaître les heures destinées aux affaires. Est-ce maintenant le moment de s'occuper de choses temporelles ? Ha ? —

Entrent WOLSEY et CAMPÉIUS.

LE ROI HENRI, *continuant*. Qui est là ? mylord cardinal ?— O mon cher Wolsey, pacificateur de ma conscience blessée, vous êtes digne d'être l'Esculape d'un roi. — (*A Campéius.*) Vous êtes le bienvenu dans notre royaume, savant et vénérable prélat; disposez-en ainsi que de nous. — (*A Wolsey.*) Mylord, ayez soin de veiller à ce que ce ne soient pas là de ma part de vaines paroles.

WOLSEY. Sire, vous en êtes incapable. Je désirerais que votre majesté voulût bien nous accorder une heure d'entretien particulier.

LE ROI HENRI, *à Norfolk et à Suffolk*. Nous sommes en affaires; retirez-vous.

NORFOLK, *bas, à Suffolk*. Ce prêtre n'est pas pétri d'orgueil? non?

SUFFOLK. Pas le moins du monde; je ne voudrais pas, dût-on me donner sa place, être aussi malade qu'il est orgueilleux. Mais cela ne peut durer.

NORFOLK. Si cela dure, il aura, coûte que coûte, affaire à moi.

SUFFOLK. Et à moi aussi.

Norfolk et Suffolk sortent.

WOLSEY. Votre majesté a donné à tous les rois un exemple éminent de sagesse, en soumettant sans réserve vos scrupules à l'arbitrage de la chrétienté. Qui pourrait maintenant s'offenser? quelle haine peut vous atteindre? L'Espagnol, que les liens du sang et de l'amitié attachent à la reine, s'il a dans le cœur quelque droiture, doit reconnaître la justice et l'importance de ce débat. Tout ce que les royaumes chrétiens comptent de clercs instruits a pu donner librement son opinion; Rome, cette mamelle de science et d'équité, nous a envoyé, comme organe universel, ce mortel vertueux, cet ecclésiastique intègre et savant, le cardinal Campéius, que je présente de nouveau à votre majesté.

LE ROI HENRI. Et de nouveau je le presse dans mes bras, en l'assurant du plaisir que me fait sa présence; et je remercie le conclave de sa bienveillance affectueuse; il m'a envoyé l'homme que j'aurais moi-même choisi.

CAMPÉIUS. Votre majesté, par la noblesse de ses procédés, mérite l'amour de tous les étrangers. J'ai l'honneur de présenter à votre majesté copie des pouvoirs en vertu desquels la cour de Rome me charge, moi son serviteur,—ainsi que vous, mylord cardinal d'York,—de rendre un jugement impartial dans cette affaire.

LE ROI HENRI. Deux hommes d'un mérite égal. La reine sera immédiatement informée du motif qui vous amène. Où est Gardiner?

WOLSEY. Je sais que votre majesté a toujours voué à la reine une affection si tendre, que vous ne lui refuserez pas ce que la loi accorderait à une femme d'un rang moins élevé, des conseils qui lui prêtent le libre appui de leurs talents.

LE ROI HENRI. Oui, elle aura les plus habiles, et je promets ma faveur à qui la défendra le mieux. A Dieu ne plaise qu'il en soit autrement! — (*A Wolsey.*) Cardinal, veuillez, je vous prie, faire venir Gardiner, mon nouveau secrétaire; c'est un homme qui me convient.

Wolsey sort.

WOLSEY rentre avec **GARDINER**.

WOLSEY, *à Gardiner*. Donnez-moi votre main; je vous souhaite félicité et faveur. Maintenant vous appartenez au roi.

GARDINER, *bas, à Wolsey*. Je serai toujours aux ordres de votre éminence, à qui je dois mon élévation.

LE ROI HENRI. Approchez, Gardiner.

Ils s'entretiennent à part.

CAMPÉIUS. Mylord d'York, n'était-ce pas un certain docteur Pace qui occupait l'emploi que remplit actuellement cet homme?

WOLSEY. Oui, c'était lui.

CAMPÉIUS. N'avait-il pas une haute réputation de science?

WOLSEY. Oui, assurément.

CAMPÉIUS. Croyez-moi, lord cardinal, il court sur vous à ce sujet des bruits peu favorables.

WOLSEY. Comment! sur moi?

CAMPÉIUS. On ne se fait pas faute de dire que vous étiez jaloux de lui, et que dans la crainte de voir un homme si vertueux s'élever par son mérite, vous l'avez tenu éloigné en l'employant à des missions à l'étranger, ce qui l'a tant affecté, qu'il en a perdu la raison et en est mort.

WOLSEY. Que la paix du ciel soit avec lui! C'est un vœu charitable et chrétien: quant aux vivants qui murmurent, il est pour eux des lieux de répression. C'était un sot qui voulait à toute force faire de la vertu. — (*Montrant Gardiner.*) Cet honnête homme que vous voyez, dès que je commande, obéit à mes ordres; je ne permets qu'à cette condition d'approcher le roi d'aussi près. Apprenez, mon collègue, que nous ne sommes pas faits pour être desservis par des subalternes.

LE ROI HENRI, *à Gardiner*. Dites ceci à la reine en termes doux et modérés.

Gardiner sort.

LE ROI, *continuant*. Le lieu le plus convenable pour recevoir les dépositaires de tant de science est Black-Friars; c'est là que vous vous réunirez pour traiter cette importante affaire. — Mon cher Wolsey, veillez à ce que tout y soit disposé en conséquence. — O monsieur le cardinal! n'est-ce pas désolant pour un homme encore dans la force de l'âge, de perdre une compagne de lit aussi charmante? mais la conscience, la conscience! — oh! c'est une chose bien délicate! — et il faut que je la quitte.

Ils sortent.

SCÈNE III.

Une antichambre dans les appartements de la reine.

Entrent ANNE BULLEN et UNE VIEILLE DAME.

ANNE. Pas même à ce prix-là[1]. — Ah! c'est là une douleur poignante. Après que sa majesté a vécu si longtemps avec elle, — elle si vertueuse que jamais la médisance n'a pu l'atteindre; — sur ma vie, elle n'a jamais su ce que c'était que de faire du mal; — après tant d'années passées sur le trône, au milieu de la pompe et des grandeurs, dont il est mille fois plus amer de se séparer qu'il n'est doux de les acquérir; — après tout cela, la rejeter loin de lui! Il y a là de quoi émouvoir un monstre.

LA VIEILLE DAME. Les cœurs les plus durs s'attendrissent et s'affligent pour elle.

ANNE. O volonté de Dieu! Mieux eût valu pour elle qu'elle n'eût jamais connu la grandeur! Bien qu'elle ne soit que passagère, s'il arrive que la fortune, cette querelleuse, nous oblige à faire divorce avec elle, oh! alors c'est une souffrance égale à celle qui accompagne la séparation de l'âme d'avec le corps.

---

[1] Elle dit qu'elle ne voudrait pas même être reine à ce prix-là; c'est la suite d'une conversation commencée.

LA VIEILLE DAME. Hélas! l'infortunée! la voilà redevenue étrangère.

ANNE. Elle n'en est que plus digne de pitié. En vérité, je le proteste, il vaut mieux être né dans une condition obscure et vivre heureux dans une humble atmosphère, que de porter sur le trône l'auréole d'une éclatante infortune et de cacher la douleur sous l'or d'une couronne.

LA VIEILLE DAME. Le contentement est le premier des biens.

ANNE. Sur ma parole et mon honneur de jeune fille, je ne voudrais pas être reine.

LA VIEILLE DAME. Je voudrais l'être, moi, et à ce prix, j'aventurerais mon honneur de femme; et vous-même vous en feriez tout autant, en dépit de vos airs hypocrites. Vous qui réunissez à un si haut point tous les charmes de la femme, vous avez aussi un cœur de femme, et ce cœur-là a toujours aimé passionnément l'élévation, l'opulence, la souveraineté; ce sont, il faut l'avouer, de bien bonnes choses; et quoique vous fassiez la petite bouche, je ne doute pas qu'avec un peu d'effort la capacité de votre conscience élastique ne se prête à les recevoir.

ANNE. Non, en vérité.

LA VIEILLE DAME. Oui, en vérité. — Vous ne voudriez pas être reine?

ANNE. Non, pas pour toutes les richesses qui sont sous le ciel.

LA VIEILLE DAME. C'est singulier; pour moi, toute vieille que je suis, je ne me ferais pas prier pour être reine; mais, dites-moi, que pensez-vous du titre de duchesse? Avez-vous les épaules assez fortes pour le porter?

ANNE. Non, certes.

LA VEILLE DAME. En ce cas, il faut que vous soyez bien faiblement constituée. — Descendons un degré plus bas: au prix de quelque chose de plus que ce qui fait rougir la pudeur, je ne voudrais pas être un jeune comte et me trouver dans votre chemin; si vous n'avez pas la force de porter ce fardeau-là, vous n'aurez jamais celle de mettre au jour un garçon.

ANNE. Comme vous babillez! Je jure de nouveau que je ne voudrais pas être reine pour le monde entier.

LA VIEILLE DAME. Sur ma parole, pour la petite Angleterre seule vous risqueriez l'aventure; je la tenterais, moi, pour le comté de Carnarvon, quand il ne resterait pas à la couronne d'autre territoire. Mais qui vient à nous?

Entre LE LORD CHAMBELLAN.

LE LORD CHAMBELLAN. Bonjour, mesdames. Peut-on vous demander le secret de votre entretien?

ANNE. Cela ne mérite pas que vous nous le demandiez, mylord. Nous déplorions les chagrins de notre maîtresse.

LE LORD CHAMBELLAN. C'est une occupation des plus humaines, et qui sied bien à des femmes. Il y a lieu d'espérer que tout ira bien.

ANNE. Je prie Dieu que cela soit!

LE LORD CHAMBELLAN. Vous avez une âme compatissante; et les bénédictions du ciel sont le partage des cœurs qui vous ressemblent. Pour vous prouver, belle dame, que je parle en toute sincérité, et que vos nombreuses vertus ont attiré l'attention en haut lieu, sa majesté vous envoie ses compliments respectueux, et se propose de vous honorer du titre éclatant de marquise de Pembroke, auquel il daigne ajouter une pension annuelle de mille livres sterling.

ANNE. Je ne sais comment lui témoigner ma reconnaissance; tout ce que j'ai est sans valeur; mes prières n'ont point de vertu efficace; mes vœux ne sont que d'impuissantes paroles; et toutefois des prières et des vœux sont tout ce que je puis offrir en retour. Je supplie votre seigneurie de vouloir bien être, auprès de sa majesté, l'interprète de mes sentiments de gratitude et de dévouement, tels que peut les offrir une jeune fille timide. Je prie le ciel pour la prolongation de ses jours et de son règne.

LE LORD CHAMBELLAN. Madame, je ne manquerai pas d'appuyer par mon suffrage la haute opinion que le roi a conçue de vous. (*A part.*) Je l'ai suffisamment examinée; la beauté et la vertu sont tellement unies en elle, qu'elles ont captivé le cœur du roi. Et qui sait si de cette dame ne doit pas naître un glorieux joyau qui éclairera cette île de sa splendeur? — (*A Anne de Bullen.*) Je vais trouver le roi et lui dire que je vous ai parlé.

ANNE. Mon honoré lord, —

Le Lord Chambellan sort.

LA VIEILLE DAME. Eh bien, voyez donc ; voilà seize ans que je sollicite à la cour, et c'est un métier que je continue encore ; toujours mes demandes sont arrivées trop tôt ou trop tard, et je n'ai jamais pu obtenir une obole ; et vous, — ô destinée ! — vous qui êtes ici fraîchement débarquée, maudite soit la capricieuse fortune ! — on vous accorde tout avant que vous ayez rien demandé.

ANNE. Cela me paraît bien étrange.

LA VIEILLE DAME. Quel goût trouvez-vous à la chose ? Vous paraît-elle amère ? Non, parbleu. Il y avait une fois une dame, — c'est une vieille histoire, — une dame qui ne voulait pas être reine, qui n'en aurait pas voulu pour tout le limon de l'Égypte : — Connaissez-vous ce conte ?

ANNE. Allons, vous êtes en humeur de rire.

LA VIEILLE DAME. Sur un si beau sujet, ma voix joyeuse dominerait le chant de l'alouette. Marquise de Pembroke ! mille livres sterling par an ! Par pure estime, sans autre obligation. Sur ma vie, voilà un début qui promet bien d'autres mille livres ; la fortune, quand elle commence, ne s'arrête pas en si bon chemin. Maintenant je vois que vous êtes de force à porter le titre de duchesse. — Dites, ne vous sentez-vous pas plus forte que vous ne l'étiez ?

ANNE. Ma chère dame, égayez-vous avec des sujets de votre propre fonds, et laissez-moi en dehors de votre gaieté. Je veux mourir si cet incident me cause la moindre sensation de joie : je ne puis sans douleur penser à ce qui va suivre. La reine est plongée dans l'affliction, et nous l'oublions dans notre longue absence. Ne lui dites pas, je vous prie, ce que vous venez d'entendre.

LA VIEILLE DAME. Pour qui me prenez-vous ?

Elles sortent.

SCÈNE IV.

Une salle dans le palais de Black-Friars.

Bruit de trompettes et fanfares. L'assemblée entre dans l'ordre suivant : deux Huissiers à verge, portant à la main une courte baguette d'argent; deux Secrétaires en robes de docteur; L'ARCHEVÊQUE DE CANTERBURY; LES ÉVÊQUES DE LINCOLN, D'ÉLY, DE ROCHESTER et de SAINT-ASAPH; un Officier portant la bourse, le grand sceau et un chapeau de cardinal; deux Prêtres, portant chacun une croix d'argent; un HUISSIER, tête nue, accompagné d'un SERGENT D'ARMES, portant une masse d'argent; deux Officiers, portant chacun une grande colonne d'argent[1]; LES DEUX CARDINAUX WOLSEY et CAMPÉIUS; deux Lords, portant l'un l'épée, l'autre la masse. Puis, entrent LE ROI, LA REINE et leur Suite. Le Roi prend place sous le dais; les deux Cardinaux siégent au-dessous de lui, en qualité de juges. La Reine prend place à quelque distance du Roi. Les Évêques se rangent à droite et à gauche de la cour en forme de consistoire ; au-dessous d'eux se placent les Secrétaires. Les Lords siégent à côté des Évêques ; l'Audiencier et les autres Officiers de la cour se tiennent debout à leur place respective.

WOLSEY. Pendant qu'on va donner lecture des pouvoirs que Rome nous a envoyés, qu'on ordonne le silence.

LE ROI HENRI. A quoi bon? Cette lecture a déjà été faite publiquement, et vos pouvoirs ne sont contestés par personne; c'est une perte de temps que vous pouvez nous épargner.

WOLSEY. Soit. Qu'on procède.

UN DES SECRÉTAIRES. Appelez Henri, roi d'Angleterre, à comparaître devant la cour.

L'AUDIENCIER. Henri, roi d'Angleterre, comparaissez devant la cour.

LE ROI HENRI. Me voici.

LE SECRÉTAIRE. Appelez Catherine, reine d'Angleterre, à comparaître devant la cour.

L'AUDIENCIER. Catherine, reine d'Angleterre, comparaissez devant la cour.

La Reine ne répond pas; elle se lève de son siége, traverse la salle, s'approche du Roi, s'agenouille devant lui, et lui adresse ce discours :

LA REINE CATHERINE. Sire, je vous demande de me rendre justice et de m'accorder votre pitié; car je suis une faible femme, une étrangère, née hors des limites de votre empire; je n'ai point ici de juge impartial, et je ne puis compter sur un jugement équitable. Hélas! sire, en quoi vous ai-je offensé! quelle cause de déplaisir vous a donnée ma conduite, que vous

---

[1] Ces colonnes étaient portées devant les cardinaux, comme insignes de leur dignité.

vous apprêtez à me répudier et à me retirer vos bonnes grâces ? Le ciel m'est témoin que je me suis conduite avec vous en épouse humble et fidèle ; soumise en tout temps à votre bon plaisir ; attentive à ne pas éveiller votre mécontentement, et composant mon visage sur votre physionomie gaie ou sombre. Quand m'est-il arrivé de contredire votre volonté et de ne pas y conformer la mienne ? Quel est celui de vos amis que je ne me suis pas efforcée d'aimer, alors même que je savais qu'il était mon ennemi ? S'il arrivait qu'un de mes amis devînt l'objet de votre colère, je lui retirais à l'instant mon amitié, et l'avertissais de ne plus, à l'avenir, approcher de ma personne. Rappelez-vous, sire, que, fidèle à cette obéissance, j'ai été votre épouse pendant plus de vingt années, et que j'ai eu le bonheur de vous donner plusieurs enfants. Si pendant ce long intervalle vous pouvez articuler contre moi, et prouver la moindre atteinte à mon honneur, à la foi conjugale, à mon affection et à mes devoirs envers votre personne sacrée, — au nom de Dieu, chassez-moi ; que l'opprobre devienne à jamais mon partage, et livrez-moi aux plus redoutables rigueurs de la loi. Sire, souffrez que je vous le dise, le roi votre père était renommé pour sa prudence et l'excellence de son jugement ; Ferdinand, mon père, roi d'Espagne, passait pour un des princes les plus sages qu'on eût vus sur le trône depuis bien des années. On ne saurait douter que cette question n'ait été débattue devant eux par les hommes les plus éclairés, par des conseillers d'élite, qui ont admis la légitimité de notre mariage. Je vous supplie donc humblement, sire, de m'épargner, jusqu'à ce que j'aie envoyé en Espagne consulter mes amis, dont je vais solliciter le conseil : si vous me refusez, au nom de Dieu, que votre volonté s'accomplisse.

WOLSEY. Vous avez devant vous, madame, ces personnages vénérables choisis par vous-même, hommes d'une science et d'une intégrité rares, l'élite du pays, qui sont assemblées ici pour plaider votre cause ; il est donc inutile d'ajourner plus longtemps la décision de la cour ; cette décision est utile dans l'intérêt de votre repos, et pour apaiser les scrupules du roi.

CAMPÉIUS. Ce que vient de dire son éminence est raisonnable et juste ; il convient donc, madame, que l'examen de cette affaire continue, et que les arguments pour et contre soient sans délai produits et entendus.

LA REINE CATHERINE, *à Wolsey.* Mylord cardinal ! — c'est à vous que je parle.

WOLSEY. Quel est votre bon plaisir, madame?

LA REINE CATHERINE. Mylord, je suis prête à pleurer; mais songeant que je suis reine, — du moins je l'ai longtemps rêvé, et dans la certitude que je suis fille de roi, je veux refouler mes larmes, et les remplacer par les flammes de l'indignation.

WOLSEY. Daignez être patiente.

LA REINE CATHERINE. Je le serai quand vous serez humble; je le serai même avant, ou Dieu me punira. J'ai de fortes raisons de croire que vous êtes mon ennemi, et je vous récuse pour mon juge; car c'est vous qui avez allumé entre mon époux et moi cet incendie. Dieu veuille l'éteindre avec la rosée de sa grâce ! Je répète que, mue par un profond sentiment de répulsion, je vous refuse pour mon juge. Je répète que je vous considère comme mon ennemi le plus acharné, et qu'il m'est impossible de voir en vous un ami de la vérité.

WOLSEY. Je ne vous reconnais point dans ce langage, vous dont la bienveillance ne s'est jamais démentie, et qui avez toujours déployé une douceur et une sagesse au-dessus de votre sexe. Madame, vous me faites injure; je n'ai contre vous, ni contre qui que ce soit au monde, aucun sentiment de haine ou d'injustice. Dans tout ce que j'ai fait, dans tout ce que je pourrai faire encore, je n'ai agi qu'en vertu des pouvoirs émanés du consistoire de Rome, unanime sur ce point. Vous m'accusez d'avoir allumé cet incendie; je le nie. Le roi est présent : s'il sait que je renie mes actes, il lui est aussi facile de démasquer mon imposture, qu'à vous de faire injure à ma véracité. C'est donc à lui à me justifier et à bannir de votre cœur ces pensées. Avant que sa majesté s'explique sur ce point, je vous conjure, madame, de rétracter vos paroles, et de ne pas persister dans vos accusations.

LA REINE CATHERINE. Mylord, mylord, je ne suis qu'une femme simple, beaucoup trop faible pour lutter contre les ressources de votre esprit. Vous êtes doux et humble de langage; vous apportez dans vos fonctions une apparence de candeur et d'humilité; mais votre cœur est gonflé d'arrogance, de haine et d'orgueil. Parti de très-bas, grâce à votre bonne étoile et à la faveur de sa majesté, vous vous êtes rapidement élevé. Maintenant dans la haute position où vous êtes, vous disposez en maître de vos facultés, et la parole est à vos ordres; l'ambition vous préoccupe bien plus que vos devoirs spirituels. Je proteste de nouveau que je ne vous accepte pas pour mon juge ; et en présence de toute cette assemblée, je déclare en appeler au pape ; je veux porter ma cause devant sa sainteté, et demande à être jugée par elle.

<small>Elle salue le Roi et fait quelques pas pour sortir ; sa suite imite son exemple.</small>

CAMPÉIUS. La reine s'obstine ; rebelle à la justice qu'elle accuse, elle refuse de se soumettre à ses décisions : cela n'est pas bien. Elle se prépare à sortir.

LE ROI HENRI. Qu'on la rappelle.

L'AUDIENCIER. Catherine, reine d'Angleterre, présentez-vous devant la cour.

GRIFFITH, *l'écuyer de la reine*. Madame, on vous appelle.

LA REINE CATHERINE. Que vous importe ? suivez votre chemin, je vous prie ; quand on vous appellera, vous reviendrez sur vos pas. Le Seigneur me soit en aide ; ils mettent ma patience à l'épreuve au delà de toutes les bornes ! Sortons, je vous prie ; je ne resterai pas plus longtemps. Désormais je ne comparaîtrai au sujet de cette affaire devant aucune de leurs cours.

<small>La Reine sort avec Griffith et le reste de sa suite.</small>

LE ROI HENRI. Va, Catherine, l'homme qui osera soutenir qu'il a une femme meilleure que toi, qu'il ne soit cru en rien, car il ment. Si tes rares qualités, ta douceur charmante, ton humilité sainte, ton attitude dans ton intérieur, où tu commandes en obéissant, et le pieux attrait de tes vertus souveraines, pouvaient parler pour toi, tu serais la reine des reines de la terre. — Elle est d'un noble sang, et sa conduite envers moi a été digne de sa noblesse.

WOLSEY. Très-gracieux monarque, je supplie humblement votre majesté de vouloir bien déclarer devant toutes les personnes qui nous écoutent, — car puisque c'est ici qu'il m'a été fait injure, il est juste que ce soit ici qu'ait lieu la réparation, toute insuffisante qu'elle puisse être, — de déclarer, dis-je, si c'est moi qui le premier ai entretenu votre majesté de cette affaire ; si j'ai fait naître en vous des scrupules propres à appeler votre attention sur cette matière ; si jamais je vous ai parlé de la reine autrement que pour remercier Dieu de vous avoir donné une épouse si accomplie ; si jamais il m'est échappé une parole au préjudice de son rang actuel, ou qui pût le moins du monde porter atteinte à sa bonne réputation.

LE ROI HENRI. Mylord cardinal, je vous disculpe de tout reproche ; oui, sur mon honneur, vous êtes pleinement absous. Je n'ai pas besoin de vous apprendre que vous avez beaucoup d'ennemis qui ne savent pas pourquoi ils le sont, mais qui, pareils aux dogues d'un village, aboient quand ils entendent aboyer les autres : ce sont ces gens-là qui ont indisposé la reine contre vous. Vous êtes disculpé ; mais voulez-vous être justifié plus complétement encore ? Vous avez toujours souhaité qu'on assoupît cette affaire ; vous n'avez jamais désiré qu'on la réveillât : loin de là, vous avez souvent opposé des obstacles à ses progrès ; — sur mon honneur, je rends justice sur ce point à mylord cardinal, et je le déclare à l'abri de toute imputation à cet égard. Quant à ce qui m'a engagé à mettre sur le tapis cette affaire, — si vous me permettez d'abuser de votre temps et de votre attention, je vais vous en dire les motifs. Voilà comment la chose est venue, — veuillez m'écouter, je vous prie : — Les scrupules de ma conscience furent éveillés pour la première fois par certains propos tenus par l'évêque de Bayonne, alors ambassadeur de France, qui avait été chargé de venir ici négocier un mariage entre le duc d'Orléans et notre fille Marie. Dans le cours de cette négociation, avant d'en venir à une résolution arrêtée, cet homme, je veux dire l'évêque, demanda un ajournement, afin de pouvoir consulter le roi son maître sur la question de savoir si notre fille était légitime, étant née de notre mariage avec l'épouse de notre frère[1]. Cet ajournement blessa ma conscience au vif, la perça de part en part, et ébranla mon âme dans ses plus intimes profondeurs. Ce sentiment pénétra si avant, que des milliers de considérations compliquées, nées de ce premier avertissement, vinrent en foule m'assiéger. D'abord je me dis que le ciel refusait de me sourire, lui qui, prescrivant ses volontés à la nature, avait ordonné que si le sein de mon épouse venait à concevoir un enfant mâle de mes œuvres, il ne lui prêtât pas plus de vie que le tombeau n'en donne aux morts ; et, en effet, tous ses enfants mâles sont morts dans le sein de leur mère, ou peu de temps après avoir vu le jour. Je pensai que c'était un jugement de Dieu ; que mon royaume, bien digne du premier héritier du monde, n'obtiendrait jamais par

---

[1] Catherine d'Aragon, fille de Ferdinand et d'Isabelle d'Espagne, avait épousé en 1501, Arthur, frère aîné de Henri VIII, mort cinq mois après son mariage, âgé de dix-sept ans.

moi un tel bienfait. Par une suite toute naturelle, je songeai aux périls que pouvait entraîner pour mes états le défaut de postérité mâle, et cela me fit éprouver de cruelles angoisses. Ainsi flottant sur la mer agitée de ma conscience, je dirigeai ma marche vers le remède pour lequel nous sommes ici rassemblés en ce jour ; j'ai voulu, pour fixer les incertitudes de ma conscience, longtemps malade et qui n'est pas encore bien rétablie, invoquer les lumières de tous les vénérables prélats, de tous les savants docteurs du pays. J'ai commencé par m'en ouvrir en particulier avec vous, mylord de Lincoln : vous devez vous rappeler de quel poids accablant j'étais oppressé, quand je vous parlai de cet objet pour la première fois.

LINCOLN. Je me le rappelle, sire.

LE ROI HENRI. J'ai parlé longtemps ; ayez la bonté de dire vous-même quel conseil vous m'avez alors donné.

LINCOLN. Avec la permission de votre majesté, la question me frappa tout d'abord par son extrême importance et par les conséquences graves qu'elle pouvait entraîner ; — si bien que mes conseils n'osèrent aller au delà du doute, et que je suppliai votre majesté d'adopter la marche qu'elle suit aujourd'hui.

LE ROI HENRI. Je vous parlai alors, mylord de Canterbury, et j'obtins votre assentiment pour convoquer cette assemblée : je pris l'avis de tous les vénérables membres de cette cour, sans en oublier aucun ; et je n'ai agi qu'après avoir obtenu votre consentement à tous, signé de votre main, et scellé de votre sceau. Poursuivez donc votre œuvre ; car ce qui m'engage à persévérer dans cette voie, ce n'est pas un sentiment d'antipathie contre la personne de l'excellente reine, je n'éprouve rien de semblable ; ce sont les douloureux scrupules fondés sur les raisons que je viens d'exposer. Prouvez seulement que notre mariage est légitime, par ma vie et ma dignité royale, je ne demande pas mieux que d'achever ma carrière mortelle avec Catherine, mon épouse, et je la préfère à tout ce que l'univers contient de plus parfaites créatures.

CAMPÉIUS. Avec la permission de votre majesté, la reine étant absente, il est nécessaire d'ajourner cette cour à un jour ultérieur : dans l'intervalle, la reine devra être pressée instamment de se désister de l'appel qu'elle se propose de faire à sa sainteté.

L'assemblée se lève pour sortir.

LE ROI HENRI, *à part*. Je vois que ces cardinaux se moquent de moi : j'abhorre les lenteurs et la politique cauteleuse de Rome. Cranmer, mon savant et bien aimé serviteur, reviens, je t'en conjure : avec toi, je le sais, ma consolation s'approche. — (*Haut.*) Levez la séance ; que chacun se retire.

L'assemblée sort dans l'ordre dans lequel elle est entrée.

ACTE TROISIÈME.

SCÈNE I.

Le palais de Bridewell.

Une chambre dans les appartements de la Reine. LA REINE travaille avec quelques-unes de ses femmes.

LA REINE CATHERINE. Jeune fille, prends ton luth : j'ai l'âme triste et agitée; chante, et si tu peux, dissipe mes ennuis : quitte ton ouvrage.

UNE JEUNE FILLE *chante en s'accompagnant de son luth.*

Quand Orphée exhalait ses chants mélodieux,
   A sa parole cadencée
Les arbres s'agitaient, et les monts sourcilleux
   Inclinaient leur tête glacée ;
Et l'on voyait plantes et fleurs
   A ses accents s'épanouir plus belles;
   Et sa voix remplaçait pour elles,
Le soleil et ses feux, la rosée et ses pleurs.

Aux magiques accords de sa lyre brillante;
   Soudain de la mer turbulente
   On voyait les flots s'aplanir,
Et les douleurs de l'âme, affligée et souffrante,
   S'arrêter, sommeiller, mourir.

Entre UN OFFICIER de la maison de la Reine.

LA REINE CATHERINE. Qu'y a-t-il ?

L'OFFICIER. Sous le bon plaisir de votre majesté, les deux illustres cardinaux attendent dans la salle d'audience.

LA REINE CATHERINE. Veulent-ils me parler?

L'OFFICIER. Ils m'ont chargé de vous le dire, madame.

LA REINE CATHERINE. Priez leurs éminences d'entrer.

L'Officier sort.

LA REINE, *continuant.* Quel motif les amène auprès de moi, chétive et faible femme, tombée en disgrâce ? Je n'augure rien de bon de leur visite, toute réflexion faite. Ils devraient être des hommes justes ; tous leurs actes devraient être vertueux ; mais l'habit ne fait pas le moine.

Entrent WOLSEY et CAMPÉIUS.

WOLSEY. Paix à votre majesté.

LA REINE CATHERINE. Vos éminences me trouvent ici au milieu des occupations d'une ménagère. Dans ma position, je dois être préparée aux extrémités les plus dures. Que me voulez-vous, vénérables lords ?

WOLSEY. Si vous voulez, madame, que nous allions dans une pièce plus retirée, nous vous expliquerons en détail le sujet qui nous amène.

LA REINE CATHERINE. Dites-le-moi ici : ma conscience me rend ce témoignage que je n'ai rien fait encore qui demande le secret et l'ombre. Plût à Dieu que toutes les autres femmes pussent en dire autant, et avec autant de vérité que moi. Mylords, plus heureuse que beaucoup d'autres, peu m'importe que mes actions soient commentées par toutes les bouches, que tous les yeux les voient, qu'elles soient en butte à l'envie et à la calomnie, tant j'ai la certitude que ma vie est irréprochable. Si donc vous venez m'examiner dans ma conduite comme épouse, dites-le sans détour ; la vérité aime la franchise.

WOLSEY. *Tanta est erga te mentis integritas, regina serenissima*[1].

LA REINE CATHERINE. Point de latin, mylords : depuis mon arrivée je n'ai pas été paresseuse au point de ne pas savoir la langue du pays dans lequel j'ai vécu. Un idiome étrange rend ma cause plus étrange encore, et lui donne un air suspect. Veuillez parler en anglais ; il y a ici des personnes qui, si vous dites la vérité, vous en sauront gré dans l'intérêt de leur malheureuse maîtresse. Croyez-moi, on a été bien cruel à son égard. Mylord cardinal, le péché le plus intentionnel que j'aie commis peut-être absous en anglais.

WOLSEY. Noble dame, je regrette que mon intégrité et mon zèle pour sa majesté et vous fassent naître de si violents soupçons, alors que je suis animé des intentions les plus pures. Nous ne venons point, en accusateurs, pour flétrir votre honneur, dont l'éloge est dans toutes les bouches, ni pour vous préparer de nouvelles douleurs ; vous n'en avez déjà que trop,

[1] Si grande est notre intégrité d'esprit à votre égard, reine sérénissime.

madame ; nous venons pour savoir quelles dispositions d'esprit vous apportez dans l'importante question pendante entre le roi et vous ; nous venons vous donner, en hommes loyaux et sincères, notre opinion consciencieuse, et vous offrir nos services à l'appui de votre cause.

CAMPÉIUS. Très-honorée dame, mylord d'York, obéissant à sa nature généreuse, et guidé par le zèle et l'obéissance qu'il a toujours professés pour votre majesté, oubliant, en homme de bien, la censure récemment dirigée par vous contre sa personne et sa moralité, censure dans laquelle vous avez été trop loin, vous offre, ainsi que moi, en signe de paix ses services et ses conseils.

LA REINE CATHERINE, *à part.* Pour me trahir. — (*Haut.*) Mylords, je vous remercie tous deux de vos bonnes intentions ; votre langage est celui d'hommes loyaux ; — fasse le ciel que vous vous montriez tels ! — Mais comment avec mon faible jugement répondre à des hommes aussi graves, aussi savants que vous ? comment, dis-je, vous faire une réponse immédiate sur un objet si important, qui touche de si près à mon honneur, et même à ma vie, je le crains ? En vérité, je l'ignore. J'étais ici occupée avec mes femmes, et Dieu m'est témoin que j'étais peu préparée à recevoir une telle visite et à traiter une affaire de cette importance. En considération de ce que j'ai été, — car je touche aux derniers moments de ma grandeur, — veuillez, mylords, me laisser le temps nécessaire et le choix de mes conseils pour défendre ma cause.

WOLSEY. Madame, ces craintes sont un outrage à la tendresse du roi ; vos espérances sont sans limites, et vos amis sans nombre.

LA REINE CATHERINE. En Angleterre, ils ne peuvent m'être d'aucune utilité. Croyez-vous, mylords, qu'aucun Anglais ose m'offrir le secours de ses conseils, et se déclarer ouvertement pour moi contre la volonté de sa majesté ? Le sujet qui pousserait la vertu jusqu'à cet excès d'audace serait-il assuré de vivre ? Ah ! les amis qui pourraient contrebalancer le poids de mes afflictions, ceux qui ont ma confiance, ne sont point ici, mylords. Ils sont, ainsi que tous les objets qui me sont chers, bien loin de ces lieux, dans mon pays natal.

CAMPÉIUS. Je désirerais que votre majesté voulût bien faire trêve à ses chagrins, et accepter mon conseil.

LA REINE CATHERINE. Quel est-il, mylord ?

CAMPÉIUS. Remettez votre cause à la protection du roi. Il vous aime; il est généreux; vous servirez beaucoup mieux par là l'intérêt de votre honneur et celui de votre cause; car si la loi vous frappe de ses rigueurs, vous partirez déshonorée.

WOLSEY. Ce qu'il vous dit est vrai.

LA REINE CATHERINE. Vous me conseillez ce que vous désirez tous deux, ma ruine. Est-ce là un conseil chrétien? Honte sur vous! mais le ciel est au-dessus de tout; là siége un juge qu'aucun roi ne peut corrompre.

CAMPÉIUS. La passion vous rend injuste; vous vous méprenez sur notre compte.

LA REINE CATHERINE. La honte n'en est que plus grande pour vous; sur mon âme, je vous prenais pour des hommes pieux; je voyais en vous deux vertus cardinales; mais vous n'êtes, je le crains, que des péchés cardinaux, que des cœurs hypocrites. Fi donc, mylords; hâtez-vous de vous réformer. Sont-ce là vos consolations? est-ce là le baume que vous apportez aux maux d'une femme malheureuse, isolée au milieu de vous, outragée, insultée? Je ne vous souhaite pas la moitié de mes misères : j'ai trop de charité pour cela : mais je vous donne un avertissement salutaire; craignez, au nom du ciel, craignez que tout le poids de mes douleurs ne retombe à la fois sur vous.

WOLSEY. Madame, c'est véritablement du délire. Vous réduisez à des calculs de haine l'offre de notre dévouement.

LA REINE CATHERINE. Vous me réduisez à néant. Malheur à vous et à tous les hypocrites qui vous ressemblent! Si vous aviez au cœur le moindre sentiment de justice ou de pitié, si vous aviez du prêtre autre chose que l'habit, voudriez-vous me voir remettre ma cause en péril entre les mains de celui qui m'abhorre? Hélas! il m'a déjà bannie de son lit, depuis longtemps de son amour : je suis vieille, mylords, et je ne lui suis plus attachée que par le lien de l'obéissance. Que peut-il m'arriver de pire qu'une telle misère? Que toute votre science me trouve une malédiction égale à celle-là.

CAMPÉIUS. Vos craintes vont trop loin.

LA REINE CATHERINE. Je parlerai pour moi-même, puisque la vertu ne trouve pas de défenseur. Ai-je donc vécu si longtemps épouse loyale et fidèle, en femme, je puis le dire sans vaine gloire, que le soupçon ne flétrit jamais? ai-je reporté sur le roi toutes mes affections? a-t-il été après le ciel mon amour le plus cher? lui ai-je obéi? l'ai-je idolâtré avec une tendresse superstitieuse, oubliant presque mes prières, dans ma sollicitude à lui complaire, et tout cela pour me voir ainsi récompensée? Cela n'est pas bien, mylords. Montrez-moi une femme fidèle à son époux, une femme qui n'ait jamais rêvé d'autre joie que ce qui peut lui plaire, et au mérite de cette femme, lorsqu'elle aura poussé aux dernières limites l'accomplissement du devoir, j'en ajouterai un plus glorieux que tous les autres,— une grande résignation.

WOLSEY. Madame, vous perdez de vue l'objet utile qui nous amène.

LA REINE CATHERINE. Mylord, je ne commettrai pas le crime de résigner volontairement le noble titre d'épouse que je tiens de votre maître. La mort seule pourra effectuer un divorce entre ma dignité et moi.

WOLSEY. Veuillez m'entendre.

LA REINE CATHERINE. Plût à Dieu que je n'eusse jamais mis le pied sur le sol de l'Angleterre, ni respiré les parfums adulateurs qui s'en exhalent! Vous avez des visages d'ange, mais le ciel connaît vos cœurs. Malheureuse, que vais-je devenir maintenant? Jamais femme fut-elle plus à plaindre que moi? — (*A ses femmes.*) Hélas! pauvres filles, à présent quelle destinée est la vôtre, comme moi, jetées par la tempête dans un royaume où il n'y a pour vous ni pitié, ni amis, ni espérance, où je n'ai point à attendre de larmes sympathiques, où je puis à peine espérer un tombeau! Pareil au lis naguère florissant et l'orgueil du vallon, j'incline ma tête et je meurs.

WOLSEY. Si votre majesté nous permettait de lui faire comprendre la loyauté de nos intentions, ce serait un adoucissement à vos maux. Pourquoi, madame, par quels motifs voudrions-nous vous nuire? Hélas! de telles vues seraient en contradiction avec la place que nous occupons, avec les devoirs de notre ministère. Nous avons mission de guérir de telles douleurs, non de les faire naître. Au nom du ciel, considérez ce que vous faites; songez que la marche que vous suivez peut vous causer un grave préjudice, et vous aliéner complétement le cœur du roi. L'obéissance est chère aux cœurs des princes; ils en sont amoureux; mais dès qu'on leur résiste, ils se courroucent, ils éclatent terribles comme la tempête. Je sais que votre nature est bienveillante et généreuse; que votre âme est paisible comme la mer dans un calme. Daignez voir en nous, ce que nous faisons profession d'être, des pacificateurs, des amis, qui s'offrent à vous servir.

CAMPÉIUS. Madame, l'événement vous le prouvera. Vous faites tort à vos vertus par ces craintes d'une âme faible, efféminée. Un noble cœur tel que le vôtre doit rejeter ces défiances comme monnaie de mauvais aloi. Le roi vous aime ; ne vous exposez pas à perdre son affection : quant à nous, si vous daignez nous accorder votre confiance dans cette affaire, nous sommes prêts à mettre à votre service tout ce nous avons de lumières.

LA REINE CATHERINE. Faites ce que vous jugerez à propos, mylords ; et veuillez me pardonner de vous avoir traités avec si peu de ménagements. Vous savez que je ne suis qu'une femme, dépourvue de la capacité nécessaire pour répondre convenablement à des personnages tels que vous. Portez, je vous prie, à sa majesté l'expression de mon dévouement. Il a encore mon cœur, et il aura mes vœux et mes prières tant que durera ma vie. Venez, vénérables prélats ; venez me donner vos conseils : elle implore aujourd'hui celle qui, en posant le pied sur ce rivage, ne s'attendait pas à payer ses dignités si cher.

Ils sortent.

SCÈNE II.

Une antichambre de l'appartement du roi.

Entrent LE DUC DE NORFOLK, LE DUC DE SUFFOLK, LE COMTE DE SURREY, LE LORD CHAMBELLAN.

NORFOLK. Si vous voulez maintenant réunir vos plaintes, et y mettre de la persévérance, le cardinal ne pourra vous résister ; si vous laissez échapper l'occasion actuelle, je vous prédis que vous ajouterez de nouvelles disgrâces à celles que vous subissez déjà.

SURREY. Je me félicite de la plus légère occasion qui me remet en mémoire l'obligation de venger sur lui la mort du duc mon beau-père.

SUFFOLK. Quel est le pair qui n'ait pas essuyé ses mépris, ou qu'il n'ait pas laissé dans un étrange oubli ? A-t-il jamais respecté le rang et la dignité ailleurs que dans sa propre personne ?

LE LORD CHAMBELLAN. Mylord, vous direz tout ce qu'il vous plaira. Je sais ce qu'il a mérité de vous et de moi ; mais quoique maintenant l'occasion semble nous sourire, je crains beaucoup que nous ne puissions pas grand'chose contre lui. Si vous ne parvenez à lui interdire tout accès auprès du roi, tout ce que vous tenterez contre lui sera inutile ; car sa parole a un charme qui maîtrise le roi.

NORFOLK. Oh! soyez tranquille; son charme est détruit sous ce rapport. Le roi a contre lui des griefs qui gâtent pour toujours le miel de son langage. Non, il est tombé dans la disgrâce de manière à ne s'en relever jamais.

SURREY. Mylord, ce serait une grande joie pour moi que d'apprendre d'heure en heure de pareilles nouvelles.

NORFOLK. Croyez-moi, la chose est certaine. Sa conduite équivoque dans l'affaire du divorce est démasquée, et il y joue un rôle tel que je le pourrais souhaiter à mon ennemi.

SURREY. Comment sa conduite a-t-elle été dévoilée?

SUFFOLK. De la manière la plus étrange.

SURREY. Oh! comment, comment?

SUFFOLK. La lettre du cardinal au pape a été interceptée, et a été mise sous les yeux du roi. On y a vu comment le cardinal conjurait sa sainteté d'arrêter la procédure relative au divorce. « Empêchez qu'il n'ait lieu, » y disait-il, « car je m'aperçois que les affections du roi se portent sur une créature de la reine, lady Anne Bullen. »

SURREY. Le roi a-t-il cette lettre?

SUFFOLK. Vous pouvez m'en croire.

SURREY. Cela produira-t-il quelque effet?

LE LORD CHAMBELLAN. Le roi voit tous les détours qu'il prend pour en venir à ses fins : mais, sur ce point, tout son manége est en pure perte, et son remède arrive après la mort du malade ; le roi a déjà épousé la belle.

SURREY. Plût à Dieu!

SUFFOLK. Réjouissez-vous donc, mylord; car, je vous le proteste, votre vœu est accompli.

SURREY. J'applaudis avec transport à cette union.

SUFFOLK. Elle a tous mes vœux.

NORFOLK. Et les vœux de tous.

SUFFOLK. Les ordres sont donnés pour son couronnement; il est vrai que c'est encore du fruit nouveau, et il ne faut pas en parler à tout le monde. — Mais, mylords, je vous dirai entre nous que c'est une charmante créature, joignant au charme de la beauté les perfections de l'esprit. Je me flatte que d'elle il sortira pour le pays quelque bienfait mémorable.

SURREY. Mais croyez-vous que le roi digérera cette lettre du cardinal? A Dieu ne plaise!

NORFOLK. J'en dis autant que vous.

SUFFOLK. Non, non; d'autres mouches bourdonnent à son oreille, qui lui rendront encore cette piqûre plus sensible. Le cardinal Campéius est parti secrètement pour Rome, sans prendre congé, laissant la cause du roi sans solution; il est parti en toute hâte pour servir d'agent au cardinal, et appuyer son intrigue. Je vous assure qu'à cette nouvelle le roi a crié : Ha!

LE LORD CHAMBELLAN. Dieu veuille enflammer de plus en plus son courroux et lui faire crier ha! plus énergiquement encore!

NORFOLK. Mais, mylord, quand revient Cranmer?

SUFFOLK. Il est de retour, persistant dans ses opinions antérieures, qui ont déterminé le roi à demander le divorce; il les rapporte, appuyées de la décision de tous les collèges célèbres de la chrétienté. Je pense que sous peu le second mariage du roi sera publié, et que le couronnement de sa nouvelle épouse ne tardera pas. Catherine n'aura plus le titre de reine, mais celui de princesse douairière, veuve du prince Arthur.

NORFOLK. Ce Cranmer est un honnête homme, et il s'est donné bien des peines dans l'affaire du roi.

SUFFOLK. C'est vrai, et pour sa récompense nous le verrons archevêque.

NORFOLK. C'est ce que j'ai ouï dire.

SUFFOLK. Cela sera. — Le cardinal!

Entrent WOLSEY *et* CROMWELL.

NORFOLK. Remarquez-le bien; il a de l'humeur.

WOLSEY. Ce paquet, Cromwell, — l'as-tu remis au roi?

CROMWELL. Je l'ai remis à lui-même, dans sa chambre à coucher.

WOLSEY. A-t-il jeté les yeux sur ce qu'il contenait?

CROMWELL. Il l'a décacheté sur-le-champ; au premier papier qui a frappé sa vue, il a pris un air sérieux; une vive préoccupation était peinte sur son visage, et il m'a chargé de vous dire de venir le trouver ici ce matin.

WOLSEY. Se disposait-il à sortir?

CROMWELL. Je crois qu'il va sortir dans l'instant.

WOLSEY. Laisse-moi un moment.

Cromwell sort.

WOLSEY, *continuant*. Ce sera la duchesse d'Alençon, la sœur du roi de France, — il faut qu'il l'épouse. —Anne Bullen! Je ne veux pas d'Anne Bullen pour lui : il nous faut ici quelque chose de plus qu'un beau visage. — Bullen! non, point de Bullen. — Il me tarde de recevoir des nouvelles de Rome. — La marquise de Pembroke!

NORFOLK. Il est mécontent.

SUFFOLK. Peut-être a-t-il appris que le roi aiguise sa colère contre lui.

SURREY. Rends-la tranchante, ô ciel, dans ta justice!

WOLSEY. Une dame d'honneur de la ci-devant reine, la fille d'un simple baronnet, serait la maîtresse de sa maîtresse! la reine de la reine! — Cette bougie n'éclaire pas; c'est à moi de la moucher; et en même temps de l'éteindre. —Je connais ses qualités et ses mérites; mais je la connais aussi pour une enragée luthérienne, et il n'est pas bon pour notre cause qu'elle repose dans les bras de notre roi, déjà si difficile à gouverner. Et puis, voilà un certain Cranmer qui commence à surgir, un archihérétique, qui s'est insinué dans la faveur du roi, et qui est devenu son oracle.

NORFOLK. Quelque chose le dépite.

SURREY. Je voudrais qu'elle le dépitât au point de lui déchirer la principale fibre de son cœur!

Entrent LE ROI, lisant un papier, et LOVELL.

SUFFOLK. Le roi, le roi!

LE ROI HENRI. Quel amas de richesses il a accumulées à son profit particulier! Et quels flots de dépense son luxe fait couler! Comment, et par quelle âpreté au gain, a-t-il pu réunir une fortune pareille? — (*Apercevant les lords.*) Mylords, avez-vous vu le cardinal?

NORFOLK, *montrant Wolsey*. Voilà quelque temps que nous sommes occupés ici à l'observer. Son cerveau est en proie à quelque étrange commotion; il se mord les lèvres; on le voit tressaillir; il s'arrête brusquement, fixe les yeux en terre, pose son doigt sur sa tempe; puis tout à coup marche à pas précipités, s'arrête de nouveau, frappe sa poitrine à coups redoublés, puis lève les yeux au ciel : en un mot, nous l'avons vu prendre les postures les plus étranges.

LE ROI HENRI. Cela ne m'étonne pas; il y a du désordre dans ses idées. Ce matin, il m'a envoyé des papiers d'état que je lui avais demandés à lire; et savez-vous ce que j'y ai trouvé, mêlé sans doute par inadvertance? Un inventaire contenant un état détaillé de toutes les parties de son argenterie, de son trésor, des riches étoffes et ameublements de ses maisons; le tout porté à un tel excès d'opulence, que cela dépasse de beaucoup les limites de la fortune d'un sujet.

NORFOLK. C'est l'œuvre du ciel; quelque esprit invisible aura glissé ce papier dans le paquet, afin qu'il arrivât sous les yeux de votre majesté.

LE ROI HENRI. Si je pouvais croire que sa pensée plane au-dessus des choses de la terre, et qu'elle est uniquement fixée sur les intérêts spirituels, je le laisserais poursuivre ses méditations; mais je crains que ses préoccupations n'aient pour objet le monde sublunaire, et qu'elles ne méritent pas de l'absorber aussi sérieusement.

Il s'assied et dit quelques mots à l'oreille de Lovell, qui s'approche de Wolsey.

WOLSEY. Que le ciel me pardonne! — Que Dieu bénisse à jamais votre majesté!

LE ROI HENRI. Mylord, vous abondez en célestes trésors; c'est dans votre esprit que vous portez l'inventaire de vos richesses les plus précieuses, et vous étiez en ce moment occupé à en faire la récapitulation : c'est à peine si vous pouvez dérober à vos loisirs spirituels quelques rapides instants pour vous occuper du règlement de vos comptes temporels. En cela je vous trouve un assez mauvais économe, et je vois avec plaisir que vous me ressemblez sur ce point.

WOLSEY. Sire, je consacre une certaine portion de mon temps aux saints devoirs de mon ministère; une autre à l'accomplissement des fonctions que je remplis dans l'état; la nature, dans l'intérêt de sa conservation, réclame aussi ses heures; et moi, son enfant fragile, je suis, tout comme mes frères mortels, forcé de me prêter à ses besoins.

LE ROI HENRI. C'est fort bien dit.

WOLSEY. Et puisse votre majesté, ainsi que j'espère lui en

donner toujours l'occasion, ne jamais séparer dans sa pensée mon bien dire de mon bien faire !

LE ROI HENRI. Voilà encore qui est on ne peut mieux dit ; et c'est un acte louable que de bien dire, et pourtant les paroles ne sont pas des actes. Mon père vous aimait ; il le disait, et ses actes ont à votre égard confirmé ses paroles. Depuis que je remplis mes fonctions royales, vous avez occupé la première place dans mon cœur : non-seulement je vous ai confié des emplois dont vous pouviez retirer de grands profits ; j'ai même pris sur ce que je possédais pour répandre sur vous mes bontés.

WOLSEY, à part. Où veut-il en venir ?

SURREY, à part. Dieu veuille que la suite justifie ce début !

LE ROI HENRI. N'ai-je pas fait de vous le premier personnage de l'état ? Dites-moi, je vous prie, si vous reconnaissez la vérité de ce que je vous dis en ce moment ; et si vous en convenez, dites si vous m'avez, oui ou non, des obligations. Que répondez-vous ?

WOLSEY. Mon souverain, je l'avoue, vos royales faveurs, versées chaque jour sur moi, comme une pluie bienfaisante, ont de beaucoup dépassé ce que pouvait mériter mon zèle persévérant poussé au delà des forces de l'homme ; mes efforts, bien que restés au-dessous de mes désirs, ont été en raison de mes facultés : personnellement, j'ai toujours eu en vue le bien de votre personne sacrée et l'avantage de l'état. En retour des grâces sans nombre que vous avez accumulées sur moi, bien au delà de mes faibles mérites, je ne puis vous offrir que mon dévouement reconnaissant, les prières que j'adresse au ciel pour vous, ma loyale fidélité, qui a toujours augmenté, et qui ne cessera de croître que lorsque l'hiver de la mort l'aura fait périr.

LE ROI HENRI. Voilà une fort belle réponse, telle qu'on la devait attendre d'un sujet obéissant et loyal. L'honneur qu'il retire de sa loyauté en est la récompense ; de même que l'opprobre attaché à une conduite contraire en est le châtiment. Par cela même que ma main a généreusement déversé sur vous plus de grâces, mon cœur plus d'affection, mon pouvoir plus d'honneurs que sur aucun autre mortel, je présume que votre intelligence, toutes vos facultés, indépendamment des obligations que le devoir vous impose, me sont dévouées avec toute la chaleur d'une amitié particulière, et que moi, votre ami, je puis, plus que personne, compter sur vous.

WOLSEY. Je proteste que j'ai toujours travaillé dans l'intérêt de votre majesté plus que dans le mien; tel je suis, tel j'ai été, tel je serai toujours. Quand le reste des hommes briseraient envers vous les liens du devoir et en rejeteraient de leur âme jusqu'au dernier vestige, quand vous seriez entouré de périls aussi nombreux que peut les imaginer la pensée, et sous les formes les plus effrayantes; — mon dévouement, tel qu'un rocher battu des vagues, soutiendrait le choc des flots mugissants, et resterait inébranlable.

LE ROI HENRI. Vous tenez là un noble langage. — Soyez témoins, mylords, de la loyauté de son cœur; car il vient de le découvrir devant vous. — (*Il lui remet des papiers.*) Lisez cet écrit, ensuite cet autre; puis allez déjeuner avec l'appétit que vous pourrez avoir.

Le Roi sort en lançant au cardinal Wolsey un regard courroucé. Les lords se pressent sur ses pas en souriant et en se parlant tout bas.

WOLSEY, *seul*. Que veut dire ceci? D'où vient cette colère subite? comment me la suis-je attirée? Il m'a quitté en me lançant des regards terribles, comme s'il eût voulu m'anéantir d'un coup d'œil. Tel est le regard que lance le lion irrité au chasseur téméraire qui l'a blessé, et qu'ensuite il extermine. Lisons ce papier; c'est, je le crains, ce qui a provoqué sa colère. En effet, ce papier m'a perdu; — c'est l'état des immenses richesses que j'ai accumulées dans mon intérêt privé, et spécialement pour obtenir la papauté, et soudoyer mes amis à Rome. O négligence qui cause ma ruine, et qu'un insensé a seul pu se permettre! Quel démon ennemi m'a fait placer cette pièce importante et secrète parmi les papiers que j'envoyais au roi? N'y a-t-il aucun moyen de remédier au mal? Nul expédient nouveau pour chasser ceci de sa pensée? Je comprends qu'il a dû en être fortement courroucé. Mais je sais un moyen qui, bien employé, pourra, en dépit de la fortune, me tirer de ce mauvais pas. — Quel est cet autre papier? « Au pape. » Sur ma vie, c'est la lettre que j'ai écrite à sa sainteté, et qui contient tous les détails de l'affaire. C'en est fait, j'ai atteint l'apogée de ma puissance, et mon astre, du méridien de sa gloire s'avance rapidement vers son déclin : je tomberai comme ces brillants météores qui le soir sillonnent les airs, et l'œil des hommes ne me reverra plus.

ACTE III, SCÈNE II.

Rentrent LES DUCS DE NORFOLK et DE SUFFOLK, LE COMTE DE SURREY et LE LORD CHAMBELLAN.

NORFOLK. Écoutez, cardinal, la volonté du roi ; il vous ordonne de remettre sur-le-champ le grand sceau entre nos mains, et de vous retirer dans le château d'Esther, résidence de mylord de Winchester, jusqu'à ce qu'il vous ait fait connaître ses intentions ultérieures.

WOLSEY. Un instant ; où sont vos pouvoirs, mylords ? Pour assumer une autorité si imposante, des paroles ne suffisent pas.

SUFFOLK. Qui ose contester les pouvoirs que nous tenons de la bouche même du roi ?

WOLSEY. Jusqu'à ce qu'on me donne d'autres preuves que votre volonté et vos paroles inspirées par la haine, sachez-le bien, lords officieux, j'oserai et je dois révoquer en doute votre autorité. Je vois maintenant de quel dur métal vous êtes faits ; c'est celui de l'envie. Avec quelle avidité vous poursuivez ma disgrâce, comme pour vous en repaître ! Et quel air dégagé vous apportez dans tout ce qui se rattache à ma ruine ! Suivez votre marche jalouse, hommes haineux ; elle est conforme, sans doute, à la charité chrétienne, et un jour viendra qu'elle trouvera sa récompense. Ce sceau que vous me demandez avec tant de violence, le roi, — mon maître et le vôtre, — me l'a remis de ses propres mains, me disant d'en jouir, ainsi que de la place et des honneurs qui y sont attachés, pendant la durée de ma vie ; et pour donner plus de solidité encore à ce don de sa bienveillance, il me l'a confirmé par lettres patentes. Après cela, qui osera me le reprendre ?

SURREY. Le roi, qui l'a donné.

WOLSEY. Il faut donc que ce soit lui-même en personne.

SURREY. Prêtre, tu es un traître orgueilleux.

WOLSEY. Lord orgueilleux, tu mens : il y a quarante heures, Surrey aurait préféré se voir brûler la langue plutôt que d'articuler ce qu'il vient de dire.

SURREY. Péché revêtu d'écarlate, ton ambition a ravi à ce pays en deuil le noble Buckingham, mon beau-père. Les têtes de tous les cardinaux tes confrères, en y joignant la tienne, et tout ce que tu as de meilleur, ne valaient pas un cheveu de la sienne. Malédiction sur ta politique ! Tu m'envoyas en Irlande en qualité de gouverneur, loin de celui que j'aurais pu seconrir, loin du roi, loin de tous ceux qui pouvaient procurer le pardon de la faute que tu lui imputais ; et pendant ce temps ta bonté suprême, émue pour lui d'une pitié sainte, l'absolvait avec la hache.

WOLSEY. Je réponds que ceci et tout ce que ce lord babillard met sur mon compte est de la dernière fausseté. Le duc a reçu le châtiment qu'il avait légalement mérité : combien, dans sa mort, j'ai été innocent de toute haine privée, son noble jury et l'infamie de sa cause sont là pour l'attester. Si j'aimais à parler, mylords, je vous dirais qu'il y a en vous aussi peu de bonne foi que d'honneur ; j'ajouterais que sous le rapport de la loyauté et de la fidélité au roi, mon royal maître, je puis mettre au défi de me valoir un homme plus solide que Surrey et tous ceux qui se plaisent à ses extravagances.

SURREY. Par mon âme, prêtre, ta longue robe te protége ; sans quoi tu sentirais dans sa poitrine la lame de mon épée. — Mylords, pouvez-vous endurer tant d'arrogance, et de la part d'un pareil homme ? Si nous nous laissons ainsi lâchement dominer par un morceau d'écarlate, adieu la noblesse ; son éminence peut hardiment lever la tête ; pour nous effrayer comme des moineaux, il suffira de son chapeau rouge.

WOLSEY. Toute vertu est du poison pour ton estomac.

SURREY. Oui, la vertu qui consiste à réunir dans tes mains, par d'odieuses exactions, toutes les richesses du pays ; la vertu de tes lettres interceptées, de tes missives au pape contre le roi ; ta vertu, puisque tu m'y provoques, sera rendue notoire. — Mylord de Norfolk, au nom de votre sang véritablement noble, par votre sollicitude pour le bien public, pour les prérogatives de notre noblesse méprisée, de nos enfants, qui, si cet homme continue à vivre, seront à peine des gentilshommes ; déroulez la longue liste de ses crimes, les méfaits de sa coupable vie. — (*A Wolsey.*) Je veux que ce récit te fasse lever en sursaut, lord cardinal, comme le jour où le bruit de la sainte crecelle t'éveilla dans les bras de ta brune maîtresse.

WOLSEY. Quel profond mépris j'éprouverais pour cet homme, si je n'étais retenu par la charité !

NORFOLK. Ces faits, mylord, ont été mis sous les yeux du roi ; dans tous les cas, ils sont abominables.

WOLSEY. Mon innocence n'en apparaîtra que plus brillante et plus pure, quand le roi connaîtra ma loyauté.

SURREY. Cela ne vous sauvera pas. Je rends grâce à ma mémoire de ce que je me rappelle quelques-uns des méfaits en question ; et je vais les produire : maintenant, si vous pouvez rougir, et vous avouer coupable, cardinal, vous montrerez du moins un reste de pudeur.

WOLSEY. Parlez ; je brave toutes vos accusations : si je rougis, ce sera de voir un gentilhomme manquer de savoir-vivre.

SURREY. J'aime mieux manquer de savoir-vivre, et conserver ma tête sur mes épaules. Écoutez donc : vous êtes accusé premièrement d'avoir, sans le consentement et à l'insu du roi, travaillé à vous faire nommer légat, et, à l'aide de ce pouvoir, invalidé la juridiction de tous nos évêques.

NORFOLK. D'avoir dans toutes vos lettres adressées à Rome, et aux princes étrangers, adopté cette formule : *ego et rex meus*[1], dans laquelle vous preniez le pas sur le roi lui-même.

SUFFOLK. En outre, quand vous fûtes envoyé en ambassade auprès de l'empereur, sans en donner connaissance ni au roi ni au conseil, vous avez eu l'audace d'emporter en Flandre le grand sceau.

SURREY. *Item*, vous avez envoyé de pleins pouvoirs à Grégoire de Cassalis pour conclure, sans l'autorisation du roi ou le consentement de l'état, une alliance entre sa majesté et Ferrare.

SUFFOLK. Par un excès d'orgueil, vous avez fait frapper l'empreinte de votre chapeau de cardinal sur la monnaie du roi.

SURREY. De plus, vous avez envoyé à Rome des sommes énormes. — Par quels moyens acquises, j'en fais juge votre conscience, pour vous aplanir les voies aux dignités, au grave préjudice de tout le royaume. Il est encore un grand nombre d'autres méfaits dont, attendu qu'ils sont de vous, et infâmes, je ne veux pas souiller ma bouche.

LE LORD CHAMBELLAN. O mylord, n'accablez pas trop rudement un homme qui tombe ; c'est vertu de l'épargner. Ses fautes sont soumises à la juridiction des lois ; que ce soient elles, et non vous, qui le punissent. Mon cœur saigne de le voir déchu à ce point de sa grandeur première.

SURREY. Je lui pardonne.

[1] Moi et mon roi.

SUFFOLK. Mylord cardinal, attendu que tous les actes récemment accomplis par vous dans ce royaume en vertu de vos pouvoirs de légat, tombent sous la juridiction pénale, — la volonté du roi est que les dispositions de la loi vous soient appliquées; qu'on procède à la confiscation de toutes vos propriétés, terres, domaines, biens meubles et immeubles quelconques; et que vous soyez mis hors de la protection du roi : voilà ce que j'ai ordre de vous annoncer.

NORFOLK. Sur ce, nous vous laissons à vos méditations, pour réformer votre vie. Quant à votre refus insolent de nous rendre le grand sceau, le roi en sera informé, et vous en remerciera sans doute. Adieu donc, mon bon petit lord cardinal.

Tous sortent, à l'exception de Wolsey.

WOLSEY, *seul.* Adieu donc au peu de bien que vous me voulez; adieu, un long adieu à toutes mes grandeurs! Telle est la destinée de l'homme; aujourd'hui il déploie les tendres feuilles de l'espérance; demain il se couvre de fleurs, et s'épanouit dans tout son orgueil : le troisième jour, survient une gelée, une gelée meurtrière; et au moment où il croit, dans sa simplicité naïve, que sa grandeur touche au point de sa maturité, — le froid tue sa racine, et alors il tombe comme moi. Comme ces enfants imprudents qui nagent avec des vessies, pendant un grand nombre d'étés je me suis hasardé dans un océan de gloire où mes pieds ne touchaient pas le fond; à la fin, mon orgueil gonflé d'air a crevé sous moi; et voilà qu'il me laisse, vieux et délabré, à la merci d'une mer redoutable qui va pour jamais m'engloutir. Pompes vaines, frivoles grandeurs de ce monde, je vous hais : je sens mon cœur s'ouvrir à de nouveaux sentiments. Oh! combien est malheureux l'homme qui fait dépendre son bonheur de la faveur des grands! Entre le sourire auquel nous aspirons, le caressant regard des princes, et la ruine qu'entraîne leur disgrâce, il y a pour lui plus de transes et d'angoisses que la guerre n'en fait éprouver, que n'en ressentent les femmes; et quand il tombe, il tombe comme Lucifer, en disant adieu à l'espérance.

Entre CROMWELL, l'air consterné.

WOLSEY, *continuant.* Eh bien, qu'y a-t-il, Cromwell?

CROMWELL. Je n'ai pas la force de parler, mylord.

WOLSEY. Quoi donc! te voilà consterné à la vue de mes malheurs? Peux-tu t'étonner qu'un homme puissant décline? Ah!

si tu pleures, c'est l'annonce que ma chute est complète et certaine.

CROMWELL. Comment se trouve votre éminence?

WOLSEY. Mais bien ; je n'ai jamais été si heureux, mon cher Cromwell ; je sens au-dedans de moi une paix bien supérieure à toutes les grandeurs de la terre, une conscience calme et tranquille. Le roi m'a guéri ; je lui en rends d'humbles actions de grâces ; il a par pitié déchargé mes épaules, ces piliers en ruines, d'un fardeau sous lequel une flotte coulerait à fond. Un excès de grandeur, oh! c'est un fardeau, Cromwell, c'est un fardeau trop pesant pour un homme qui aspire au ciel.

CROMWELL. Je suis charmé de voir votre éminence faire de l'adversité un si bon usage.

WOLSEY. Je l'espère, du moins : j'ai dans l'âme une telle fortitude, que je me sens capable de supporter des malheurs plus nombreux et plus grands que la faiblesse de mes ennemis n'oserait m'en infliger. Quelles nouvelles dans le monde?

CROMWELL. La plus douloureuse et la pire est votre disgrâce auprès du roi.

WOLSEY. Dieu le bénisse!

CROMWELL. La seconde, c'est que sir Thomas More est nommé lord chancelier à votre place.

WOLSEY. C'est procéder un peu vite; mais c'est un homme instruit. Puisse-t-il conserver longtemps la faveur du roi, et rendre la justice en n'obéissant qu'à la vérité et à sa conscience! Arrivé au terme de sa carrière, puisse-t-il dormir en paix, et les larmes des orphelins arroser sa tombe!

CROMWELL. Cranmer est de retour ; il a reçu un gracieux accueil, et il est installé lord archevêque de Canterbury.

WOLSEY. Voilà du nouveau, en effet.

CROMWELL. Enfin, lady Anne, que le roi a depuis longtemps épousée en secret, a été vue aujourd'hui publiquement, se rendant à la chapelle, dans l'appareil des reines, et il n'est bruit que de son prochain couronnement.

WOLSEY. Voilà le poids qui a précipité ma chute. O Cromwell! le roi m'échappe sans retour. C'est cette femme qui a causé à jamais ma ruine. Nul soleil ne luira plus sur ma gloire, et ne dorera de sa lumière les flots de courtisans qui briguaient mon sourire. Va, quitte-moi, Cromwell; je ne suis plus qu'un homme déchu, indigne maintenant d'être ton seigneur et ton maître. Va trouver le roi; — puisse ce soleil-là n'avoir jamais de déclin! — Je lui ai dit quel homme tu es, et combien tu es fidèle : il favorisera ton avancement. En souvenir de moi, — car je connais sa noble nature, — il ne voudra pas laisser sans récompense tes loyaux services. Mon cher Cromwell, ne le néglige point; songe à tes intérêts, et assure-toi un port dans l'avenir.

CROMWELL. O mylord! faut-il donc que je vous quitte? faut-il que j'abandonne un maître si bon, si noble, si loyal? Soyez témoins, ô vous qui n'avez pas un cœur de fer, avec quelle douleur Cromwell se sépare de son maître. Le roi aura mes services; mais mes vœux et mes prières seront à jamais pour vous.

WOLSEY. Cromwell, je ne croyais pas répandre une seule larme dans toutes mes infortunes; mais tu me forces, par ton loyal attachement, à montrer la faiblesse d'une femme. Essuyons nos pleurs, Cromwell, et entends mes derniers conseils. Quand je serai oublié, comme j'ai la certitude de l'être, quand je dormirai sous le marbre glacé de la tombe, et qu'il ne sera plus question de moi dans le monde, dis que je t'ai donné une leçon utile; dis que ce même Wolsey, — qui avait marché dans les sentiers de la gloire, et sondé toutes les profondeurs, tous les écueils de la puissance, — a tiré pour toi de son naufrage même un moyen d'assurer ton élévation, un moyen certain et infaillible, bien que ton maître l'eût négligé. Observe seulement ma chute, et ce qui l'a causée. Cromwell, je t'en conjure, rejette loin de toi l'ambition; c'est par ce péché que sont tombés les anges; comment donc l'homme, image de son créateur, pourrait-il espérer d'y trouver un moyen de succès? Ne songe à toi qu'en dernière ligne; affectionne les cœurs qui te haïssent : la corruption n'obtient pas plus que la probité. Porte toujours dans ta main droite la paix bienveillante, pour imposer silence à l'envie. Sois juste, et ne crains rien. N'aie en vue que l'intérêt de ton pays, la gloire de ton Dieu et la vérité; alors, si tu tombes, ô Cromwell, tu tomberas avec la couronne bienheureuse des martyrs. Sers le roi; et maintenant, viens me reconduire chez moi. Là, fais un inventaire de tout ce que je possède, jusqu'à la dernière obole; tout appartient au roi; ma robe et ma fidélité à mon divin maître sont tout ce que je puis dire mien. O Cromwell, Cromwell, si j'avais servi mon Dieu avec la moitié seulement du zèle que j'ai mis à servir mon roi, il ne m'aurait pas, dans ma vieillesse, livré sans défense en butte à mes ennemis.

CROMWELL. Mylord, ayez de la résignation.

WOLSEY. J'en ai aussi. Adieu, espérances de cour! c'est dans le ciel que réside désormais mon espoir.

Ils sortent.

ACTE QUATRIÈME.

SCÈNE I.

Une rue dans Westminster.

DEUX BOURGEOIS se rencontrent.

PREMIER BOURGEOIS. Je suis charmé que nous nous retrouvions ensemble.

DEUXIÈME BOURGEOIS. J'en suis bien aise également.

PREMIER BOURGEOIS. Vous venez pour prendre ici votre place, et voir passer lady Anne, à son retour du couronnement?

DEUXIÈME BOURGEOIS. Je ne viens pas dans un autre but. La première fois que nous nous sommes vus, le duc de Buckingham revenait du tribunal.

PREMIER BOURGEOIS. C'est vrai; mais alors c'était un jour de deuil; aujourd'hui c'est un jour de joie universelle.

DEUXIÈME BOURGEOIS. C'est fort bien : certes, on peut dire que les bourgeois ont amplement donné carrière à leurs sentiments d'affection pour le roi; et on doit leur rendre cette justice qu'ils ne sont jamais en retard quand il s'agit de célébrer des jours comme celui-ci par les spectacles, la pompe extérieure, et les manifestations publiques.

PREMIER BOURGEOIS. Il n'y en eut jamais de plus éclatantes, et jamais, je vous assure, de mieux placées.

DEUXIÈME BOURGEOIS. Puis-je prendre la liberté de vous demander ce que contient ce papier que vous tenez à la main?

PREMIER BOURGEOIS. C'est la liste de ceux qui, en vertu d'anciens usages, ont le privilége de figurer aujourd'hui dans la solennité du couronnement. Le duc de Suffolk est le premier, et devra figurer comme grand-maître de la maison du roi; puis vient le duc de Norfolk, comme comte maréchal; vous pouvez lire le reste.

DEUXIÈME BOURGEOIS. Je vous remercie; si je n'étais pas au fait de ce cérémonial, j'aurais consulté ce papier pour m'en instruire. Mais, dites-moi, je vous prie, qu'est devenue Catherine, la princesse douairière? quelle est sa position?

PREMIER BOURGEOIS. C'est ce que je puis également vous apprendre. L'archevêque de Canterbury, accompagné d'autres savants et vénérables ecclésiastiques, a tenu dernièrement une cour de justice à Dunstable, à six milles d'Ampthill, où résidait la princesse; sommée plusieurs fois de comparaître devaant eux, elle s'y est refusée; bref, on a donné défaut contre elle, et prenant en considération les récents scrupules du roi, le divorce a été prononcé, et le mariage annulé; après quoi elle a été transférée à Kimbolton, où elle est actuellement souffrante et malade.

DEUXIÈME BOURGEOIS. Hélas! la vertueuse dame! — (*Bruit de trompettes.*) J'entends les trompettes; tenons-nous ici; la va reine venir.

Arrive LE CORTÉGE DU COURONNEMENT.

ORDRE DU CORTÉGE.

1. DEUX JUGES; — 2. LE LORD CHANCELIER, devant qui on porte la bourse et la masse; — 3. UN CHOEUR DE CHANTEURS, dont la musique accompagne la voix; — 4. LE MAIRE DE LONDRES, portant la masse, suivi du ROI D'ARMES LAJARRETIÈRE, vêtu de sa cotte d'armes, et portant sur sa tête une couronne de cuivre doré; — 5. LE MARQUIS DE DORSET, tenant en main un sceptre d'or et ayant sur la tête une demi-couronne d'or; à côté de lui, LE COMTE DE SURREY, une couronne de comte sur la tête, et tenant à la main la verge d'argent surmontée d'une colombe. Tous deux portent le collier de l'ordre du Saint-Esprit; — 6. LE DUC DE SUFFOLK, dans sa robe de cérémonie, sa couronne ducale sur la tête, et portant une longue baguette blanche, en sa qualité de grand-maître de la maison du roi; à côté de lui, LE DUC DE NORFOLK, sa couronne sur la tête et son bâton de maréchal à la main. Tous deux portent le collier de l'ordre du Saint-Esprit; — 7. Un dais porté par quatre des barons des cinq ports [1]; sous ce dais marche LA REINE, revêtue des insignes de la royauté; la couronne est sur sa tête, et des perles magnifiques sont entremêlées à sa chevelure; à ses côtés, sont LES ÉVÊQUES DE LONDRES et DE WINCHESTER; — 8. LA VIEILLE DUCHESSE DE NORFOLK, la tête ceinte d'une couronne d'or entremêlée de fleurs, porte la queue de la robe de la Reine; — 9. plusieurs LADIES ou COMTESSES, la tête ceinte d'un cercle d'or tout uni, sans mélange de fleurs.

DEUXIÈME BOURGEOIS. Voilà un cortége vraiment royal, sur

---

[1] Les cinq ports d'Angleterre du côté de la France, savoir: Douvres, Sandwich, Hithe, Rumney, Hastings, auxquels on ajoute Rye et Winchelsea. Le duc de Wellington est actuellement baron des cinq ports.

ma parole! — Je connais ceux-ci. Quel est celui qui porte le sceptre?

PREMIER BOURGEOIS. Le marquis de Dorset; celui qui tient à la main la verge d'argent est le comte de Surrey.

DEUXIÈME BOURGEOIS. C'est un gentilhomme fier et de bonne mine. C'est autre est le duc de Suffolk?

PREMIER BOURGEOIS. Lui-même, le grand-maître de la maison du roi.

DEUXIÈME BOURGEOIS. Et celui-ci est mylord de Norfolk?

PREMIER BOURGEOIS. Oui.

DEUXIÈME BOURGEOIS, *apercevant la reine*. Que Dieu répande sur toi ses bénédictions! — Voilà bien le plus charmant visage que j'aie vu de ma vie, aussi vrai que j'ai une âme, c'est un ange; quand notre roi presse cette lady dans ses bras, il peut se vanter de posséder un trésor plus précieux que toutes les richesses de l'Inde. Je ne puis blâmer sa conscience.

PREMIER BOURGEOIS. Ceux qui portent le dais au-dessus de sa tête sont les quatre barons des cinq ports.

DEUXIÈME BOURGEOIS. Ces hommes sont heureux, ainsi que tous ceux qui sont près d'elle. Si je ne me trompe, celle qui porte la queue de sa robe est cette noble lady, la vieille duchesse de Norfolk?

PREMIER BOURGEOIS. C'est elle; et toutes les autres sont des comtesses.

DEUXIÈME BOURGEOIS. Leurs couronnes l'annoncent; ce sont des astres, et parfois des étoiles qui tombent.

PREMIER BOURGEOIS. Laissons cela.

Le cortége s'éloigne au bruit des fanfares.

Arrive UN TROISIÈME BOURGEOIS.

PREMIER BOURGEOIS, *continuant*. Bonjour, messire! Où avez-vous été, que vous êtes tout en nage?

TROISIÈME BOURGEOIS. Parmi les spectateurs qui encombraient l'abbaye; la foule y était tellement pressée qu'on n'aurait pu y faire pénétrer le petit doigt; l'explosion de leur joie a failli m'étouffer.

DEUXIÈME BOURGEOIS. Vous avez vu la cérémonie?

TROISIÈME BOURGEOIS. Oui, certes.

PREMIER BOURGEOIS. Comment était-elle?

TROISIÈME BOURGEOIS. Cela méritait d'être vu.

DEUXIÈME BOURGEOIS. Contez-nous cela, je vous prie.

TROISIÈME BOURGEOIS. Je vais vous le conter de mon mieux. Un brillant cortége de lords et de ladies ayant conduit la reine à la place qui lui était destinée dans le chœur, tous se sont aussitôt retirés à quelque distance, et sa majesté s'est reposée environ l'espace d'une demi-heure, assise dans un riche fauteuil, exposant pleinement la beauté de sa personne aux regards du peuple. Croyez-moi, c'est la plus belle femme qu'aucun homme ait jamais possédée. Lorsqu'elle a paru ainsi complétement en vue du peuple, il s'est élevé un bruit formé de mille bruits divers, pareil à celui que font les voiles d'un navire, pendant une violente tempête; chapeaux, manteaux, pourpoints même, je crois, ont volé en l'air ; et si leurs visages avaient pu se détacher, nombre de gens les auraient perdus aujourd'hui. Je n'ai jamais vu de pareils transports de joie. Des femmes touchant au terme de leur grossesse, et n'ayant plus que quelques jours à attendre, frappaient la foule de leur ventre, comme autrefois les béliers battaient les remparts, et faisaient tout céder devant elles. Pas un homme n'eût pu dire : « Voilà ma femme, » tant la confusion était grande.

DEUXIÈME BOURGEOIS. Mais contez-nous la suite.

TROISIÈME BOURGEOIS. Enfin, sa majesté s'est levée, et avec une gravité modeste elle s'est approchée de l'autel; là elle s'est agenouillée, et, levant ses beaux yeux vers le ciel, s'est mise à prier avec ferveur : ensuite elle s'est relevée et s'est inclinée devant le peuple; alors elle a reçu avec dignité des mains de l'archevêque de Canterbury tous les attributs du couronnement des reines, l'huile sainte, la couronne d'Édouard le Confesseur, le sceptre et l'oiseau de paix, et autres emblèmes. Cela fait, le chœur, accompagné de la plus belle musique du royaume, a chanté le *Te Deum*. Puis la reine a quitté l'église, et elle est revenue dans le même appareil à York-Place, où se donne la fête.

PREMIER BOURGEOIS. Messire, ce n'est plus York-Place que vous devez l'appeler ; cela est du vieux style; depuis la chute du cardinal, ce palais a changé de nom; aujourd'hui il appartient au roi, et s'appelle Whitehall.

TROISIÈME BOURGEOIS. Je le sais : mais le changement est si récent, que l'ancien nom me revient toujours.

DEUXIÈME BOURGEOIS. Quels étaient les deux vénérables évêques qui marchaient aux côtés de la reine?

TROISIÈME BOURGEOIS. Stokesly et Gardiner; ce dernier, évêque de Winchester, siége auquel il a été récemment promu, de secrétaire du roi qu'il était; l'autre, évêque de Londres.

DEUXIÈME BOURGEOIS. On dit que l'évêque de Winchester est médiocrement l'ami de l'archevêque, le vertueux Cranmer.

TROISIÈME BOURGEOIS. Tout le pays sait cela. Néanmoins, jusqu'à présent, il n'y a pas eu de rupture ouverte; quand cela viendra, Cranmer trouvera un ami qui ne l'abandonnera pas.

DEUXIÈME BOURGEOIS. Quel est-il, je vous prie?

TROISIÈME BOURGEOIS. Thomas Cromwell, homme fort estimé du roi, ami loyal et sincère. Le roi l'a créé grand-maître des joyaux de la couronne, et il est déjà membre du conseil privé.

DEUXIÈME BOURGEOIS. Son mérite le mènera plus loin encore.

TROISIÈME BOURGEOIS. Sans aucun doute. Venez, messires; accompagnez-moi; je vais à la cour, et vous y serez mes hôtes. J'y jouis de quelque autorité; chemin faisant, je vous en dirai davantage.

LES DEUX AUTRES BOURGEOIS. Nous sommes à vos ordres.

Ils s'éloignent.

SCÈNE II.

Le palais de Kimbolton.

Entre LA REINE DOUAIRIÈRE CATHERINE; elle est malade, et s'appuie sur GRIFFITH et PATIENCE.

GRIFFITH. Comment se trouve votre majesté?

CATHERINE. O Griffith! malade à mourir. Mes jambes, pareilles à des rameaux surchargés, ploient vers la terre, comme pour y déposer leur fardeau. Approchez un siége. — bien; — à présent il me semble que je me sens un peu mieux. — Ne me disais-tu pas, Griffith, en me conduisant, que cet illustre enfant de la grandeur, le cardinal Wolsey, était mort?

GRIFFITH. Oui, madame; mais je crois qu'absorbée par ses souffrances, votre majesté ne m'écoutait pas.

CATHERINE. Mon cher Griffith, dis-moi, je te prie, comment il est mort. S'il a fait une bonne fin, peut-être m'a-t-il précédée pour me servir d'exemple?

GRIFFITH. Sa fin a été bonne, madame ; tout le monde s'accorde à le dire. — Le puissant comte de Northumberland l'ayant arrêté à York pour le traduire en jugement, sous le poids des accusations les plus graves, il tomba tout à coup malade, et le mal fit tant de progrès, qu'il ne put se tenir en selle sur sa mule.

CATHERINE. Hélas! le pauvre homme!

GRIFFITH. Voyageant à petites journées, il arriva enfin à Leicester, et alla loger dans l'abbaye. Le vénérable abbé, avec tout son couvent, étant venu à sa rencontre, pour lui faire un accueil honorable, il leur adressa ces paroles : « Mon père, un vieillard qu'ont brisé les tempêtes politiques vient déposer parmi vous ses os fatigués : donnez-lui par charité un peu de terre ! » Il se mit au lit, où son mal ne fit qu'empirer ; la troisième nuit, vers la huitième heure, qu'il avait lui-même désignée comme devant être sa dernière, plein de repentance, dans un recueillement absolu, au milieu des larmes et des soupirs, il a rendu ses dignités au monde, son âme au ciel, et il s'est endormi en paix.

CATHERINE. Puisse-t-il reposer de même ! que ses fautes lui soient légères ! Toutefois, Griffith, permets que, sans blesser la charité, je dise de lui ce que j'en pense. C'était un homme d'un orgueil sans limite, voulant toujours marcher l'égal des princes ; un homme qui par ses conseils tenait le royaume entier sous le joug. Il se faisait un jeu de la simonie ; son opinion était sa loi : devant le roi, il déguisait la vérité ; ses paroles et sa pensée avaient toujours un double objet. Il ne témoignait de l'intérêt qu'à ceux dont il méditait la ruine : ses promesses étaient ce qu'il était alors, magnifiques et brillantes ; mais l'exécution était ce qu'il est aujourd'hui, néant ; sa personne était atteinte des infirmités du vice ; et il donnait au clergé un mauvais exemple.

GRIFFITH. Madame, les torts des hommes vivent sur le bronze ; leurs vertus sont écrites dans l'onde. Votre majesté veut-elle maintenant me permettre de dire le bien qu'il y avait en lui?

CATHERINE. Oui, mon cher Griffith ; autrement, il y aurait de ma part de la malveillance.

GRIFFITH. Ce cardinal, bien que sa naissance fût humble, était incontestablement fait pour briller au premier rang. Dès son jeune âge, il était savant, d'un esprit mûr et capable ; il était éclairé, éloquent, persuasif ; hautain et dur avec ceux qui ne l'aimaient pas, mais doux comme l'été à ceux qui recherchaient son amitié ; et bien que d'une avidité insatiable pour acquérir des richesses, ce qui était un péché, il était dans ses dons grand et généreux : j'en atteste ces deux sanctuaires de la science, élevés par lui à Ipswich et à Oxford, dont l'un est mort avec lui, ne voulant pas survivre à son fondateur, et dont l'autre, bien qu'imparfait encore, a déjà tant de célébrité, de supériorité scientifique, et fait des progrès si rapides, que sa renommée vivra éternellement dans la chrétienté. Quant à lui, sa félicité a daté de sa chute ; car c'est alors seulement qu'il s'est connu lui-même, et qu'il a senti le bonheur de vivre obscur ; et pour couronner sa vieillesse de plus de gloire que les hommes n'en peuvent donner, il est mort dans la crainte de Dieu.

CATHERINE. Après ma mort, je ne veux d'autre historien, d'autre panégyriste de ma vie, pour protéger ma mémoire contre la calomnie, qu'un chroniqueur aussi honnête homme que Griffith. Celui que je haïssais vivant, ta pieuse et modeste sincérité me fait honorer sa cendre. Que la paix soit avec lui ! — Patience, demeure auprès de moi. Place-moi plus bas, je n'ai plus longtemps à t'importuner. — Mon cher Griffith, dis aux musiciens de jouer cet air mélancolique que, l'autre jour, je nommais mon glas funéraire, pendant que je resterai ici absorbée dans la contemplation de la céleste harmonie dont je jouirai bientôt.

On entend les sons d'une musique lugubre et solennelle ; Catherine s'endort.

GRIFFITH. Elle dort. Asseyons-nous, et ne bougeons pas, de peur de la réveiller. — Doucement, ma bonne Patience.

Catherine a une vision. On voit entrer l'un après l'autre six personnages vêtus de robes blanches, portant sur la tête des guirlandes de laurier, des masques d'or sur le visage, et tenant à la main des branches de laurier ou des palmes. Ils commencent par saluer la reine, puis ils dansent ; par intervalles, les deux premiers tiennent une guirlande suspendue sur sa tête, et les quatre autres lui font de respectueux saluts ; ensuite les deux qui tenaient la guirlande la remettent aux deux suivants, qui observent le même ordre dans les évolutions, et tiennent à leur tour la guirlande suspendue sur sa tête ; cela fait, ils la cèdent aux deux derniers, qui exécutent les mêmes mouvements. Alors on voit la reine, comme par inspiration, donner dans son sommeil des signes de joie, et lever ses mains vers le ciel. Puis les esprits s'évanouissent en dansant, emportant la guirlande avec eux. Pendant tout ce temps, la musique continue à se faire entendre.

CATHERINE, *s'éveillant*. Esprits de paix, où êtes-vous ?

m'avez-vous donc tous quittée en m'abandonnant ici à ma misère?

GRIFFITH. Madame, nous sommes ici.

CATHERINE. Ce n'est pas vous que j'appelle. Depuis que je suis endormie, n'avez-vous vu entrer personne?

GRIFFITH. Personne, madame.

CATHERINE. Non? N'avez-vous pas vu à l'instant même une troupe d'esprits bienheureux m'inviter à un banquet? leurs faces brillantes comme le soleil dardaient sur moi mille rayons; ils m'ont promis une félicité éternelle, Griffith, et m'ont apporté des guirlandes que je ne suis pas encore digne de porter; mais je le serai, j'en suis sûre.

GRIFFITH. Je me réjouis, madame, que d'aussi doux songes bercent votre imagination.

CATHERINE. Fais cesser la musique; elle me blesse et m'importune.

La musique cesse.

PATIENCE, *à Griffith*. Remarquez-vous le changement subit qui s'est opéré dans sa majesté? Comme sa figure est allongée! comme elle est froide et pâle! voyez ses yeux.

GRIFFITH. Elle va passer : prions.

PATIENCE. Que le ciel lui vienne en aide!

Entre UN MESSAGER.

LE MESSAGER. Avec la permission de madame,—

CATHERINE. Tu es un impudent : ne dois-tu pas me témoigner plus de respect?

GRIFFITH, *au Messager*. Vous avez tort, sachant le soin qu'elle apporte à maintenir les marques extérieures de son ancienne grandeur, de vous présenter si cavalièrement devant elle. Allons, un genou en terre!

LE MESSAGER. Je supplie humblement votre majesté de me pardonner; ma précipitation m'a rendu impoli. Une personne, qui vient de la part du roi, demande à vous parler.

CATHERINE. Fais-le entrer, Griffith. Quant à ce drôle, que je ne le revoie plus.

Griffith et le Messager sortent.

GRIFFITH rentre avec CAPUCIUS.

CATHERINE, *continuant*. Si mes yeux ne me trompent pas,

vous êtes l'ambassadeur de l'empereur, mon royal neveu, et votre nom est Capucius?

CAPUCIUS. Oui, madame, je suis Capucius, votre dévoué serviteur.

CATHERINE. O seigneur, les temps et ma position sont bien changés depuis que vous ne m'avez vue : mais, je vous prie, que désirez-vous de moi?

CAPUCIUS. D'abord, je viens offrir mes services à votre majesté; ensuite, madame, je vous dirai que c'est par ordre du roi que je viens vous voir; il est affligé de l'affaiblissement de votre santé; il vous envoie, par mon organe, la royale assurance de ses sentiments, et vous prie instamment de ne pas repousser toutes consolations.

CATHERINE. Seigneur, ces consolations viennent trop tard; c'est la grâce qui arrive après l'exécution : ce baume bienfaisant administré à temps m'aurait guérie; mais maintenant, tout ce qu'on ferait pour moi serait impuissant, je n'ai plus besoin que de prières. Comment se porte sa majesté?

CAPUCIUS. Sa santé est bonne, madame.

CATHERINE. Qu'elle le soit toujours! qu'il vive florissant et prospère, lorsque j'habiterai avec les vers, et que mon triste nom sera oublié dans ce royaume! — Patience, la lettre que je t'ai dictée est-elle partie?

PATIENCE. Non, madame.

Elle remet une lettre à Catherine.

CATHERINE, *la présentant à Capucius.* Seigneur, je vous prie humblement de vouloir bien remettre cette lettre à monseigneur le roi.

CAPUCIUS. Très-volontiers, madame.

CATHERINE. J'y recommande à sa bienveillance le fruit de nos chastes amours, sa jeune fille[1]. — Veuille le ciel verser sur elle en abondance la rosée de ses bénédictions! — Elle est jeune et d'un naturel noble et modeste; j'espère qu'elle justifiera ses soins; qu'il lui donne une éducation vertueuse, et qu'il l'aime un peu en mémoire de celle qui l'aima, lui, le ciel sait avec quelle tendresse. Ce que je demande ensuite à sa majesté, c'est de vouloir bien prendre quelque pitié de mes malheureuses femmes qui ont si longtemps et si fidèlement suivi ma fortune. Je le déclare, et dans un pareil moment je ne

---

[1] Depuis reine sous le nom de Marie 1re.

voudrais pas mentir, il n'est pas une d'entre elles qui, pour la vertu, la beauté de l'âme, la seule véritable, pour l'honnêteté et la modestie de la conduite, n'ait mérité un mari estimable, fût-il même gentilhomme; et certes, ceux qui les auront pour épouses seront heureux. Ma dernière demande a pour objet mes serviteurs; — ils sont bien pauvres, mais la pauvreté n'a jamais pu les séparer de moi. Je prie que leurs gages leur soient exactement payés, et qu'on y ajoute quelque chose pour qu'ils se ressouviennent de moi. S'il avait plu au ciel de m'accorder une vie plus longue et des moyens suffisants, nous ne nous serions pas séparés ainsi. Voilà tout le contenu de ma lettre. Seigneur, par tout ce que vous avez de plus cher au monde, par cette paix chrétienne que vous souhaitez aux âmes des morts, soyez l'avocat de ces pauvres gens, et pressez le roi d'accomplir pour moi ce dernier acte de justice.

CAPUCIUS. Par le ciel, je le ferai, ou puissé-je perdre à jamais mes droits au titre d'homme!

CATHERINE. Je vous remercie, seigneur. Rappelez-moi en toute humilité au souvenir de sa majesté : dites-lui que l'auteur de ses longs troubles est sur le point de quitter ce monde; dites-lui que sur mon lit de mort je l'ai béni, comme en effet je le bénirai. — Un nuage s'étend sur ma vue. — Adieu, seigneur. — Griffith, adieu. — Patience, ne me quitte pas encore; il faut que tu me conduises à mon lit : appelle quelques-unes de mes femmes. Quand je serai morte, ma fille, que je sois traitée avec honneur; semez sur moi des fleurs virginales; afin que le monde entier sache que j'ai été jusqu'à ma mort épouse chaste : embaumez-moi, et qu'on m'expose ensuite aux regards du public; quoique dépouillée de mon titre, je veux être enterrée en reine et en fille de roi. Je n'en puis dire davantage.

Ils sortent, emmenant Catherine.

ACTE CINQUIÈME.

SCÈNE 1.

Une galerie dans le palais.

GARDINER, évêque de Winchester, entre précédé d'un Page qui porte un flambeau. Il est abordé par SIR THOMAS LOVELL.

GARDINER. Page, il est une heure?

LE PAGE. Une heure vient de sonner.

GARDINER. Ces heures devraient être consacrées à des besoins indispensables, et non aux plaisirs; c'est un temps pendant lequel la nature doit réparer ses forces par un repos salutaire, et nous ne devons pas le perdre en frivolités. — Bonne nuit, sir Thomas; où allez-vous si tard?

LOVELL. Venez-vous de chez le roi, mylord?

GARDINER. J'en viens, sir Thomas, et je l'ai laissé jouant à la prime[1] avec le duc de Suffolk.

LOVELL. Il faut que je le voie avant son coucher. Je vais prendre congé de vous.

GARDINER. Pas encore, sir Thomas. De quoi s'agit-il? vous semblez pressé : si vous le pouvez sans crime, dites à votre ami quelques mots de l'affaire qui vous oblige à être sur pied si tard. Les affaires qui rôdent dans les ténèbres de la nuit, comme on dit que font les esprits, sont d'une nature tout autrement redoutable que celles qui se traitent au grand jour.

LOVELL. Mylord, je vous aime, et j'ose vous confier à l'oreille un secret des plus importants. La reine est en travail; elle court, dit-on, les plus grands dangers, et on craint qu'elle ne survive pas à l'accouchement.

GARDINER. Je prie de tout cœur pour le fruit qu'elle porte; quant à l'arbre, sir Thomas, je ne souhaite rien tant que de le voir déraciné.

LOVELL. Je serais tenté de joindre mes vœux aux vôtres; et pourtant ma conscience me dit que c'est une bonne créature, et une femme charmante qui mérite de nous des vœux plus bienveillants.

[1] Jeu de cartes de ce temps-là.

GARDINER. Mais, sir Thomas, sir Thomas, — écoutez-moi. Je sais que vous pensez comme moi; je vous connais pour un homme moral et religieux; eh bien, c'est moi qui vous le dis, les choses n'iront jamais bien, jamais, sir Thomas; retenez-le, tant que cette femme et ses deux bras, Cranmer et Cromwell, ne dormiront pas dans leurs tombeaux.

LOVELL. Vous me parlez là, mylord, des deux personnages qui fixent le plus l'attention publique. Quant à Cromwell, en addition à la charge de grand-maître des joyaux de la couronne, il vient d'être créé directeur des archives de la chancellerie et secrétaire du roi; d'autres dignités l'attendent encore, et le temps se chargera de les accumuler sur sa tête. L'archevêque est la main et la langue du roi; et qui oserait articuler une syllabe contre lui?

GARDINER. Oui, oui, sir Thomas, il en est qui ont cette audace; et moi-même je me suis hasardé à déclarer ma pensée sur son compte. Aujourd'hui même, je puis vous le dire, je pense avoir convaincu les membres du conseil que cet homme est — et je sais qu'il l'est, et ils le savent aussi, — un archi-hérétique, une peste qui infecte le pays. Dans cette persuasion, ils en ont parlé au roi; dans sa royale sollicitude, comprenant la gravité des dangers que nous lui dénoncions, il a prêté l'oreille à nos plaintes, et a ordonné qu'il fût sommé de comparaître demain matin devant le conseil assemblé. Sir Thomas, c'est une herbe malfaisante que cet homme, et il nous faut l'arracher. Mais je vous retiens trop longtemps : bonne nuit, sir Thomas.

LOVELL. Mille fois bonne nuit, mylord : je reste votre serviteur.

Gardiner et le Page sortent.

Au moment où Lovell va sortir, entrent LE ROI et LE DUC DE SUFFOLK.

LE ROI HENRI. Charles, je ne joue plus cette nuit; mon esprit est préoccupé; vous êtes trop fort pour moi.

SUFFOLK. Sire, c'est la première fois que je vous gagne.

LE ROI HENRI. Vous m'avez rarement gagné; et cela ne vous arrivera pas quand mon attention sera au jeu. — Eh bien, Lovell, quelles nouvelles de la reine?

LOVELL. Je n'ai pu lui délivrer en personne le message dont vous m'aviez chargé pour elle; mais je le lui ai transmis par une de ses femmes, qui m'a rapporté sa réponse; elle vous envoie ses très-humbles remercîments, et désire que votre majesté veuille bien prier avec ferveur pour elle.

LE ROI HENRI. Que dis-tu? ah! prier pour elle! Eh quoi! elle est dans les douleurs?

LOVELL. Ses femmes le disent; ses souffrances sont si aiguës, que chaque accès de douleur équivaut presque à une mort.

LE ROI HENRI. Hélas! pauvre femme!

SUFFOLK. Dieu veuille la délivrer heureusement et sans douleur, et puisse-t-elle gratifier votre majesté d'un héritier!

LE ROI HENRI. Il est plus de minuit, Charles; allez vous mettre au lit, et n'oubliez pas de prier pour ma pauvre femme. Laissez-moi seul, car les pensées qui m'occupent ont besoin de solitude.

SUFFOLK. Je souhaite à votre majesté une nuit paisible, et je n'oublierai pas ma bonne maîtresse dans mes prières.

LE ROI HENRI. Adieu, Charles.

Suffolk sort.

Entre SIR ANTONY DENNY.

LE ROI, *continuant.* Eh bien! qu'y a-t-il?

DENNY. Sire, je vous ai amené mylord l'archevêque, comme vous me l'avez commandé.

LE ROI HENRI. Ah! Canterbury?

DENNY. Oui, sire.

LE ROI HENRI. C'est vrai. Où est-il, Denny?

DENNY. Il attend les ordres de votre majesté.

LE ROI HENRI. Amène-le-moi.

Denny sort.

LOVELL, *à part.* Il s'agit sans doute de l'affaire dont l'évêque m'a parlé : je suis venu ici fort à propos.

Rentre DENNY avec CRANMER.

LE ROI HENRI. Videz la galerie. (*A Lovell, qui fait mine de vouloir rester.*) Ah! — J'ai dit. — Partez.

Lovell et Denny sortent.

CRANMER, *à part.* Je tremble : pourquoi ce visage sombre? Tel est son aspect quand il est irrité. Quelque chose va mal.

LE ROI HENRI. Eh bien! mylord? Vous désirez savoir pour quel motif je vous ai envoyé chercher?

CRANMER, *mettant un genou en terre.* C'est mon devoir d'être aux ordres de votre majesté.

LE ROI HENRI. Relevez-vous, je vous prie, mon bon et gracieux lord de Canterbury. Venez, nous allons, vous et moi, faire un tour de promenade ; j'ai des nouvelles à vous apprendre ; venez, venez, donnez-moi votre main. Ah ! mon cher lord, je vous parle avec douleur, et ce que j'ai à vous dire m'afflige sincèrement. J'ai récemment, et bien à contre-cœur, entendu articuler contre vous, mylord, de nombreuses plaintes, de la nature la plus grave. Après les avoir examinées, j'ai décidé, de concert avec mon conseil, de vous faire, ce matin, comparaître devant nous. Pour vous laver d'une manière satisfaisante des charges sur lesquelles vous aurez à répondre, il est nécessaire qu'avant toute poursuite ultérieure, vous vous résigniez à faire de la Tour votre résidence. Nous sommes obligé de procéder ainsi envers un collègue [1], sans quoi, aucun témoin n'oserait déposer contre vous.

CRANMER. Je remercie humblement votre majesté ; et je me félicite de cette occasion qui se présente de me vanner à fond, afin de séparer mon bon grain de mon ivraie ; car je sais que jamais homme ne fut plus en butte que moi, chétif, aux attaques de la calomnie.

LE ROI HENRI. Relève-toi, mon cher Canterbury. La conviction de ta loyauté et de ta sincérité est enracinée dans notre cœur, le cœur de ton ami : donne-moi ta main ; relève-toi ; promenons-nous, je te prie. Par Notre-Dame, quel homme es-tu donc ? Je m'attendais que tu m'allais demander de te mettre en présence de tes accusateurs et d'entendre ta justification, sans te faire subir un emprisonnement préalable.

CRANMER. Mon redouté souverain, l'espoir sur lequel je me fonde, c'est ma loyauté et ma probité ; si ces appuis me font défaut, je suis prêt à me joindre au triomphe de mes ennemis contre ma personne, dont je ne fais plus le moindre cas, si ces vertus lui manquent. Je ne redoute rien de ce qu'on peut avancer contre moi.

LE ROI HENRI. Ne sais-tu pas quelle est ta position dans le monde ? Tes ennemis sont nombreux et puissants ; leurs attaques doivent nécessairement être redoutables ; ce n'est pas toujours la justice et le bon droit qui triomphent. Combien n'est-il pas facile à des cœurs corrompus de se procurer contre toi le témoignage de misérables tout aussi corrompus ? Ces choses-là se sont vues. L'hostilité de tes adversaires est puis-

---

[1] Un membre du conseil dont nous faisons partie.

santé, et leur perversité ne l'est pas moins. Espères-tu donc, en fait de faux témoins, être mieux partagé que le divin Maître dont tu es le ministre, alors qu'il vivait sur cette terre coupable? Va, va, tu prends un précipice pour un passage qu'on peut franchir sans danger, et tu cours à ta perte.

CRANMER. Que Dieu et votre majesté protégent mon innocence, ou je tomberai dans le piége qu'on m'a tendu!

LE ROI HENRI. Prends courage; leur triomphe n'ira que jusqu'où je voudrai. Rassure-toi; ne manque pas, ce matin, de comparaître devant eux. Si à la suite des accusations articulées contre toi, ils décident ton arrestation, fais valoir contre cette mesure les raisons les plus convaincantes, les motifs les plus forts que ton éloquence te fournira : si toutes tes instances sont inutiles, remets-leur cet anneau, (*il détache son anneau et le lui donne.*) et déclare que tu en appelles à nous-même. — Voyez, il pleure, l'excellent homme! Il est plein de loyauté, sur mon honneur. Sainte mère de Dieu, son cœur est pur et intègre, je le jure; — va, et fais ce que je t'ai ordonné.

Cranmer sort.

LE ROI, *seul, continuant.* Les larmes lui ont coupé la parole.

Entre UNE VIEILLE DAME.

UNE VOIX, *du dehors.* Revenez. Que demandez-vous?

LA VIEILLE DAME. Je ne veux point retourner sur mes pas; la nouvelle que j'apporte servira d'excuse à mon infraction à l'étiquette. — (*Au Roi.*) Que les anges du ciel planent sur votre tête royale et couvrent votre personne de l'ombre sainte de leurs ailes!

LE ROI HENRI. A ta mine, je devine ton message. La reine est-elle délivrée? Dis oui, et ajoute que c'est d'un garçon.

LA VIEILLE DAME. Oui, oui, sire; et d'un charmant garçon encore! Dieu la bénisse maintenant et à toujours! — C'est une fille qui nous promet des garçons plus tard. Sire, la reine désire vous voir et vous faire faire connaissance avec la nouvelle venue; elle vous ressemble comme une cerise à une cerise.

LE ROI HENRI, *appelant.* Lovell!

Entre LOVELL.

LOVELL. Sire!

LE ROI HENRI. Donne-lui cent marcs. Je vais voir la reine.

Le Roi sort.

LA VIEILLE DAME. Cent marcs! Par cette lumière, j'en veux

davantage ; c'est un cadeau bon tout au plus pour un valet : j'aurai davantage, ou nous saurons pourquoi. Est-ce donc pour si peu que je lui ai dit que sa fille lui ressemble ? J'aurai davantage, ou je rétracte mon compliment ; allons battre le fer pendant qu'il est chaud.

Ils sortent.

SCÈNE II.

L'antichambre de la salle du conseil.

DES DOMESTIQUES et UN HUISSIER de service. Entre CRANMER.

CRANMER. J'espère que je ne suis pas arrivé trop tard ; et cependant celui qui m'a été envoyé de la part du conseil m'a prié de me hâter. Tout est fermé ? que veut dire ceci ? — Holà ! Qui est ici de service ? — (*A l'Huissier.*) Vous me connaissez, je pense ?

L'HUISSIER. Oui, mylord ; et cependant je ne puis vous laisser entrer.

CRANMER. Pourquoi ?

L'HUISSIER. Il faut que votre éminence attende qu'on l'appelle.

Entre LE DOCTEUR BUTTS.

CRANMER. Fort bien !

BUTTS, *à part, en apercevant Cranmer confondu parmi les valets.* C'est un méchant tour qu'on lui joue là. Je suis bien aise d'être venu aussi à propos : le roi va en être instruit à l'instant même.

Butts sort.

CRANMER, *à part.* C'est Butts, le médecin du roi : en passant devant moi, avec quel sérieux il m'a regardé ! Dieu veuille qu'il n'ait pas pressenti ma disgrâce ! Sans nul doute, c'est un affront arrangé à dessein par quelques-uns de ceux qui me haïssent. — Dieu veuille changer leurs cœurs ! Je n'ai rien fait pour mériter leur haine ; — autrement ils rougiraient de faire attendre à la porte un collègue, un conseiller, parmi des laquais. Mais que leur volonté s'accomplisse ; j'attendrai avec patience, il le faut.

A une fenêtre qui donne sur l'antichambre[1] *on voit paraître LE ROI et BUTTS.*

BUTTS. Je vais montrer à votre majesté le spectacle le plus étrange.

---

[1] Dans beaucoup d'anciennes constructions, on voit encore de ces fenêtres intérieures qu'avait inventées la jalouse surveillance de nos pères.

LE ROI HENRI. Qu'est-ce que c'est, Butts?

BUTTS. Voilà une chose que votre majesté a vue souvent, je pense.

LE ROI HENRI. Quoi? de quel côté?

BUTTS. Là-bas, sire. Voyez la haute considération qu'on témoigne à son éminence de Canterbury, qu'on fait attendre à la porte, parmi les poursuivants, les pages et les valets.

LE ROI HENRI. Ha! c'est lui, en effet. Voilà donc les égards qu'ils ont les uns pour les autres! Il est fort heureux qu'il y ait encore quelqu'un au-dessus d'eux. J'aurais pensé qu'il y avait parmi eux assez d'honneur, ou tout au moins de savoir-vivre, pour ne pas souffrir qu'un homme de son rang, placé si avant dans notre faveur, fût aux ordres de leurs seigneuries, et attendît à la porte, comme un courrier porteur de dépêches. Par sainte Marie, Butts, il y a de la méchanceté là-dessous. Laissons-les et tirons le rideau; tout à l'heure nous en verrons davantage.

Ils quittent la fenêtre.

SCÈNE III.

La chambre du conseil.

Entrent LE LORD CHANCELIER, LE DUC DE NORFOLK, LE DUC DE SUFFOLK, LE COMTE DE SURREY, LE LORD CHAMBELLAN, GARDINER et CROMWELL. Le lord Chancelier se place au haut bout de la table, à gauche; au dessus de lui, il reste un siége vide, celui de l'archevêque de Canterbury. Les membres du conseil se placent en ordre à sa droite et à sa gauche; à l'autre bout de la table s'assied Cromwell en qualité de secrétaire.

LE LORD CHANCELIER. Monsieur le secrétaire, appelez l'affaire pour laquelle le conseil est assemblé.

CROMWELL. Sous le bon plaisir de vos seigneuries, l'objet principal de cette réunion concerne son éminence de Canterbury.

GARDINER. Lui en a-t-on donné connaissance?

CROMWELL. Oui.

NORFOLK. Qui attend dans la pièce voisine?

L'HUISSIER. Dans l'antichambre, mes nobles lords!

GARDINER. Oui.

L'HUISSIER. Mylord l'archevêque. Il est là depuis une demi-heure, attendant vos ordres.

LE LORD CHANCELIER. Qu'il entre.

L'HUISSIER. Votre éminence peut entrer.

CRANMER entre et s'approche de la table du conseil.

LE LORD CHANCELIER. Mon cher lord archevêque, je suis

affligé d'être assis à la place que j'occupe, et de voir ce siége resté vide ; mais nous sommes tous des hommes faibles et fragiles par notre nature ; et parmi ceux qui sont revêtus de cette chair mortelle, bien peu sont des anges ; par suite de cette fragilité, de ce défaut de sagesse, vous qui étiez plus capable que personne de nous donner des leçons, vous avez gravement failli contre le roi d'abord, puis contre ses lois, en propageant dans tout le royaume, par vos prédications et celles de vos chapelains,— car nous en sommes informés,— des opinions nouvelles très-dangereuses, de véritables hérésies, qui, s'il n'y était pas porté remède, pourraient avoir les plus pernicieuses conséquences.

GARDINER. Ce remède doit être prompt et immédiat, mes nobles lords ; ceux qui veulent dresser des chevaux rétifs ne se bornent point à les faire aller au pas, en les menant à la main, pour les rendre dociles ; ils leur bâillonnent la bouche d'un mors vigoureux, et leur donnent de l'éperon jusqu'à ce qu'ils soient devenus obéissants. Si par notre faiblesse et une compassion puérile pour l'honneur d'un seul homme, nous laissons se répandre ce mal contagieux, adieu tous les remèdes. Et quels seront les résultats ? des commotions, les soulèvements et l'infection de tout le royaume, comme peut nous l'apprendre la récente et coûteuse expérience de nos voisins de la haute Allemagne[1], dont les malheurs sont encore tout frais dans notre mémoire.

CRANMER. Mylords, jusqu'à ce jour, dans tout le cours de ma vie, et dans l'exercice de mon ministère, j'ai fait en sorte, — et j'y ai mis la plus vive sollicitude, — de mettre d'accord, mon enseignement avec les actes de mon autorité ; mon but a toujours été de bien faire ; et, je le déclare, mylords, dans toute la sincérité de mon cœur, il n'y a personne au monde qui, dans son for intérieur et dans ses actes officiels, abhorre et combatte plus franchement que moi les perturbateurs de la paix publique. Fasse le ciel que le roi ne trouve nulle part des cœurs moins fidèles que le mien ! Les hommes qui font de l'envie et de la haine hypocrite leur aliment habituel, ne craignent pas de s'attaquer à ce qu'il y a de plus vertueux. Je demande à vos seigneuries que, dans cette cause, mes accusateurs, quels qu'ils soient, soient confrontés avec moi, et produisent ouvertement leurs accusations.

[1] Allusion à l'hérésie récente et à la levée de boucliers de Martin Luther.

SUFFOLK. Non, mylord; cela ne se peut pas; vous êtes membre du conseil; et dans votre position, personne n'oserait se porter votre accusateur.

GARDINER. Mylord, comme nous avons des affaires plus importantes à traiter, nous serons brefs avec vous. La volonté de sa majesté, d'accord avec notre avis, est que, pour donner à votre jugement plus de garantie d'impartialité, vous soyez renfermé à la Tour. Là, redevenu simple particulier, vous verrez un grand nombre d'accusateurs se présenter hardiment, plus, je le crains, que vous n'êtes en mesure d'en réfuter.

CRANMER. Ah! mylord de Winchester, je vous rends grâce; vous êtes toujours mon affectionné ami; si l'on vous écoutait, je trouverais tout à la fois dans votre seigneurie un juré et un juge, tant vous êtes sensible et miséricordieux : je vois quel est votre but; c'est ma perte. La charité et la douceur, mylord, conviennent à un prêtre plus que l'ambition : ramenez par la modération les âmes qui s'égarent; n'en repoussez aucune. Quel que soit le fardeau que vous imposiez à ma patience, je me justifierai; j'ai à cet égard aussi peu de doute que vous mettez peu de scrupule à multiplier vos iniquités de chaque jour : j'en pourrais dire davantage, si le respect que j'ai pour votre ministère ne m'imposait le devoir de la modération.

GARDINER. Mylord, mylord, vous êtes un sectaire; voilà la vérité toute pure. Sous le vernis dont vous vous couvrez, les hommes qui savent vous comprendre aperçoivent le vide de vos raisons et de vos paroles.

CROMWELL. Mylord de Winchester, avec votre permission, vous me semblez par trop rigoureux; des hommes aussi considérables, quelque répréhensibles qu'ils soient, ont droit d'exiger qu'on respecte en eux ce qu'ils ont été : c'est une cruauté que d'accabler un homme à terre.

GARDINER. Monsieur le secrétaire, permettez-moi de vous le dire, de toute cette assemblée, vous êtes le dernier à qui puisse convenir un tel langage.

CROMWELL. Pourquoi, mylord?

GARDINER. Est-ce que je ne vous connais pas pour un fauteur de la nouvelle secte? Vous n'êtes pas pur.

CROMWELL. Je ne suis pas pur?

GARDINER. Vous ne l'êtes pas, vous dis-je.

CROMWELL. Plût à Dieu que vous fussiez la moitié seulement

aussi irréprochable ! Vous seriez alors béni des hommes, au lieu d'être leur effroi.

GARDINER. Je me rappellerai cet audacieux langage.

CROMWELL. Vous le pouvez; rappelez-vous aussi le scandale de votre vie.

LE LORD CHANCELIER. C'en est trop ; fi donc, mylords, contenez-vous.

GARDINER. J'ai fini.

CROMWELL. Et moi aussi.

LE LORD CHANCELIER, *à Cranmer*. Revenons à vous, mylord ; nous décidons, à l'unanimité, je pense, que vous serez conduit prisonnier à la Tour, pour y rester jusqu'à ce que le roi nous ait fait connaître sa volonté ultérieure. — Êtes-vous de cet avis, mylords?

TOUS. Nous le sommes.

CRANMER. N'ai-je rien à attendre de votre merci ; et faut-il absolument que j'aille à la Tour, mylords?

GARDINER. Quelle merci attendriez-vous? Vous êtes étrangement importun. Qu'on fasse venir quelques-uns des gardes.

Entre UN GARDE.

CRANMER. Pour moi? Veut-on que je sois conduit à la Tour comme un traître?

GARDINER. Emmenez-le ; et veillez à ce qu'il soit conduit sûrement à la Tour.

CRANMER. Arrêtez, mylords; j'ai encore deux mots à vous dire. — (*Il leur montre l'anneau du roi.*) Regardez ceci, mylords. Par le privilége de cet anneau je retire ma cause des griffes d'hommes cruels, et je la remets dans les mains du plus noble des juges, le roi, mon maître.

LE LORD CHANCELIER. C'est l'anneau du roi.

SURREY. Ce n'est pas une contrefaçon.

SUFFOLK. Par le ciel, c'est l'anneau véritable ; je vous avais tous avertis, quand nous avons commencé à rouler cette pierre dangereuse, qu'elle retomberait sur vous.

NORFOLK. Croyez-vous donc, mylords, que le roi veuille souffrir qu'on fasse le moindre mal à cet homme?

LE LORD CHANCELIER. Cela n'est que trop vrai. Nous voyons tout le prix qu'il attache à sa vie ! Plût à Dieu que je fusse tiré de ce mauvais pas !

CROMWELL. Quelque chose me disait qu'en cherchant des motifs d'accusation contre cet homme, dont le diable et ses disciples peuvent seuls haïr la loyauté, vous allumiez un feu qui vous brûlerait vous-mêmes. Vous avez ce que vous méritez.

LE ROI entre, jette sur eux un regard courroucé, et s'assied.

GARDINER. Redouté souverain, combien nous devons, chaque jour, remercier le ciel de nous avoir donné un prince non-seulement bon et sage, mais éminemment religieux, un prince qui, humble et soumis, fait de l'Église le plus cher objet de sa sollicitude, et qui, pour ajouter encore à la force de ce pieux devoir, dans son respect pour elle, vient lui-même en personne siéger dans la cause qui s'agite entre elle et ce grand coupable.

LE ROI HENRI. Vous avez toujours eu un art merveilleux pour improviser des compliments, évêque de Winchester; mais sachez que je ne suis pas venu pour m'entendre adresser en ma présence de pareilles flagorneries; leur tissu est trop chétif et trop mince pour cacher des actes qui m'offensent. Votre astuce ne peut arriver jusqu'à moi; vous jouez le rôle d'épagneul, et vous pensez me séduire en remuant la langue; je ne sais pour qui vous me prenez, mais ce dont je suis certain, c'est que vous avez l'âme cruelle et sanguinaire. — (*A Cranmer.*) Homme de bien, asseyez-vous. (*Cranmer s'assied à la place qui lui était destinée.*) Que le plus fier d'entre ces hommes ait l'audace de vous menacer seulement du bout du doigt : par tout ce qu'il y a de sacré, mieux vaudrait pour lui qu'il se laissât mourir de faim, que d'avoir seulement la pensée que cette place ne vous sied pas.

SURREY. S'il plaisait à votre majesté, —

LE ROI HENRI. Non, monsieur, il ne me plaît pas. Je croyais avoir dans mon conseil des hommes intelligents et sages; mais je n'en trouve pas un seul. Était-il convenable et décent, mylord, de laisser cet homme, cet homme de bien, — peu d'entre vous méritent ce titre, — de laisser, dis-je, cet honnête homme se morfondre à la porte, comme un vil laquais? Et un homme qui est votre égal? C'est véritablement honteux! Mes instructions vous enjoignent-elles de vous oublier à ce point? Je vous avais autorisé à le juger, comme un membre du conseil, et non pas comme un valet. Il en est parmi vous, je le vois, qui, mus par un sentiment de haine, plus que d'intégrité, ne demanderaient pas mieux que de déployer contre lui les dernières rigueurs, s'ils en avaient le pouvoir; mais vous ne l'aurez jamais, tant que je vivrai.

LE LORD CHANCELIER. Très-redouté souverain, que votre majesté me permette de nous disculper tous. La mesure de son emprisonnement, s'il y a quelque bonne foi dans le cœur des hommes, n'a pas été dictée par un sentiment de haine; elle avait pour but d'assurer à l'accusé les moyens d'une justification complète au yeux du monde : j'en réponds du moins en ce qui me concerne.

LE ROI HENRI. Fort bien, fort bien, mylords, respectez-le; donnez-lui votre estime et traitez-le bien; il le mérite. Je le déclare franchement, si jamais prince eut des obligations envers un sujet, j'en ai envers lui, en raison de son dévouement et de ses services. Allons, sans plus de façon, embrassez-le tous. Allons donc, mylords, soyez amis. — Mylord de Canterbury, j'ai une faveur à vous demander; il faut que vous me l'accordiez; une jeune et charmante enfant demande le baptême; il faut que vous soyez son parrain, et que vous répondiez pour elle.

CRANMER. Le plus grand monarque de la terre ambitionnerait un tel honneur : comment pourrais-je en être digne, moi votre chétif et humble sujet?

LE ROI HENRI. Allons, allons, mylord, vous voulez épargner vos cuillers [1]. Vous aurez deux nobles marraines, la vieille duchesse de Norfolk, et la marquise de Dorset; vous conviennent-elles? — Je vous le répète, mylord de Winchester, je vous ordonne d'embrasser et d'aimer cet homme.

GARDINER, *embrassant Cranmer.* Je le fais de grand cœur et avec l'affection d'un frère.

CRANMER, *les larmes aux yeux.* Le ciel m'est témoin combien cette assurance m'est chère.

LE ROI HENRI. Homme vertueux, ces larmes de joie témoignent de la sincérité de ton cœur; et tu confirmes la vérité de ce mot qui a parmi le peuple acquis l'autorité d'un adage : « Faites à mylord de Canterbury un méchant tour, et soyez sûr qu'il sera pour toujours votre ami. » Venez, mylord; nous perdons ici le temps : il me tarde que nous fassions de cette petite une chrétienne. Je vous ai réconciliés, mylords; restez amis; j'en serai plus fort, et vous plus honorés.

Ils sortent.

---

[1] En vertu d'une coutume bien antérieure à Shakspeare, le parrain devait faire cadeau à l'enfant d'une ou plusieurs cuillers en vermeil.

SCÈNE IV.

La cour du palais.

Bruit et tumulte à l'extérieur. Arrivent LE CONCIERGE et son VALET.

LE CONCIERGE. Je vais vous faire cesser ce vacarme, coquins! Prenez-vous la cour pour le *Jardin de Paris*[1]? vile canaille, finissez vos hurlements.

UNE VOIX, *du dehors.* Monsieur le concierge, j'appartiens à l'office.

LE CONCIERGE. Appartiens au gibet, et va te faire pendre, coquin! Est-ce ici un lieu pour un tel tintamarre? Qu'on aille me chercher une douzaine de gourdins, et qu'ils soient forts; ceux-ci ne sont que des houssines. Je vais vous chatouiller la tête. Ah! vous voulez voir des baptêmes; vous attendez-vous à ce qu'on vous donne ici de l'ale et des gâteaux, grossiers manants?

LE VALET. Un peu de patience, monsieur, je vous prie; à moins de balayer ces gens-là à coups de canon, il est aussi impossible de les écarter de la porte, que de les faire dormir le matin du premier mai, ce qu'on ne verra jamais. On ne peut les faire bouger; autant vaudrait entreprendre de faire reculer Saint-Paul.

LE CONCIERGE. Comment sont-ils entrés, coquin?

LE VALET. Hélas! je n'en sais rien. Comment la marée entre-t-elle? Autant qu'un robuste gourdin de quatre pieds — vous en voyez les restes, — a pu distribuer de coups, je ne les ai pas épargnés, monsieur.

LE CONCIERGE. Tu n'as rien fait.

LE VALET. Je ne suis pas un Samson, un sir Guy, ou un Calbrand[2], pour les abattre devant moi comme une herbe fauchée; mais si j'ai fait grâce à quiconque avait une caboche bonne à frapper, jeune ou vieux, homme ou femme, cocufié ou cocufieur, puissé-je ne voir de ma vie une tranche de bœuf, et c'est ce que je ne voudrais pas quand on me donnerait une vache, avec tout le respect que je lui dois.

UNE VOIX, *de dehors.* Dites donc, monsieur le concierge!

---

[1] C'était le nom d'une place de Londres, ainsi nommée de Robert de Paris, qui, sous le règne de Richard II, y possédait une maison et un jardin.

[2] Guy de Warwick et Calbrand le Danois sont les noms de héros fabuleux, célébrés dans les romans de chevalerie du moyen âge.

LE CONCIERGE. Je vais venir à toi dans l'instant, monsieur le drôle! — (*A son Valet.*) Tiens la porte fermée.

LE VALET. Que voulez-vous que je fasse?

LE CONCIERGE. Ce que je veux que tu fasses? que tu les renverses par douzaines. Sommes-nous ici à Moorfields pour y venir parader [1]? ou vient-il d'arriver ici, à la cour, quelque Indien bien étrange, pour que les femmes nous assiégent ainsi? Dieu me bénisse, quel amas de fornications se passe à la porte? Sur ma conscience de chrétien, ce baptême en occasionnera mille : et l'on trouvera ici père, parrain, et tout ensemble.

LE VALET. Il n'y en aura que plus de cuillers, monsieur. Il y a tout près de la porte un certain drôle qui doit être un forgeron [2], à en juger par la mine; car il porte sur sa trogne tous les feux de la canicule; tous ceux qui se trouvent dans son voisinage sont sous la ligne, et n'ont pas besoin d'autre pénitence [3]. J'ai trois fois frappé sur la tête de cette salamandre, et trois fois sa trogne a jeté feux et flammes contre moi. Il se tenait là comme un mortier prêt à nous bombarder. Il y avait auprès de lui la femme d'un mercier, assez mal partagée du côté de l'intellect; elle m'a débité des injures, jusqu'à ce qu'enfin son bonnet est tombé de sa tête, en punition du tintamarre qu'elle faisait. Il m'est arrivé une fois de manquer mon météore [4], et de frapper la commère, qui s'est mise à crier : « Au secours! » J'ai vu alors accourir à son aide une quarantaine de gourdins, la fleur du Strand [5], où elle est domiciliée; ils se sont avancés, j'ai tenu bon; enfin ils se sont mis à jouer avec moi du bâton : je continuais à leur tenir tête, lorsque derrière eux, une troupe d'enfants, lâchés en tirailleurs, ont fait voler contre moi une telle grêle de cailloux, que force m'a été d'abriter ma vaillance et d'abandonner la position. Je crois, ma foi, que le diable était de leur bande.

LE CONCIERGE. Ce sont ces jeunes vauriens qui font tapage au théâtre, et se battent pour attraper une pomme mordue; si

---

[1] C'était sur la place de Moorfields que s'exerçait la milice bourgeoise de la cité.

[2] Il y a dans le texte *brasier*, qui signifie tout à la fois *braisière* et *ouvrier sur métaux*; Shakspeare a voulu jouer sur ce mot.

[3] Peut-être l'auteur fait-il ici allusion au baptême de la ligne.

[4] Le forgeron; c'est encore un jeu de mots.

[5] L'une des principales rues de la cité.

bien qu'aucun auditoire, s'il n'appartient à la canaille du quartier de la Tour, ou à la clique de Limehouse [1], sa digne rivale, ne peut les tolérer. J'en ai fait loger quelques-uns dans les *limbes des patriarches* [2], et ils y danseront sans doute ces trois jours de fêtes, sans compter le dessert que le fouet leur prépare.

Arrive LE LORD CHAMBELLAN.

LE LORD CHAMBELLAN. Merci de moi, quelle foule! Elle grossit encore! Ils accourent de toutes parts, comme si l'on tenait ici une foire! Où sont donc les portiers, ces lâches coquins? — Vous avez fait là quelque chose de beau, drôles que vous êtes! Vous avez laissé entrer une jolie canaille! Tous ces gens-là sont-ils vos fidèles amis des faubourgs? Assurément, il nous restera grand'place pour les dames lorsqu'elles vont passer à leur retour du baptême.

LE CONCIERGE. Sous le bon plaisir de votre seigneurie, nous ne sommes que des hommes, et tout ce que nous pouvions faire à nous tous, sans être mis en pièces, nous l'avons fait. Une armée ne pourrait pas les contenir.

LE LORD CHAMBELLAN. Sur ma vie, si le roi m'en fait des reproches, je vous fais tous mettre aux ceps, immédiatement, et vous ferai payer de grosses amendes pour vous punir de votre négligence. Vous êtes de paresseux drôles; et vous êtes là occupés à vider les barils de bière, quand vous devriez faire votre service. Ecoutez; les trompettes sonnent; voilà déjà qu'on revient du baptême. Pénétrez à travers la foule, frayez un chemin pour laisser passer librement le cortége, où je vous ferai mettre en prison pour deux mois.

LE CONCIERGE, *fendant la foule.* Faites place pour la princesse.

LE VALET, *à un spectateur.* Grand drôle, range-toi, ou je vais te caresser la nuque.

LE CONCIERGE, *à un autre.* Toi, l'habit de camelot, à bas des barrières, ou je t'empale sur l'un des pieux.

Ils s'éloignent.

[1] Le quartier de la Tour et Limehouse sont à Londres ce qu'est à Paris le faubourg Saint-Marceau, l'antipode des quartiers fashionables.

[2] En prison. Les limbes des patriarches sont l'endroit où les patriarches sont supposés attendre le jour de la résurrection.

SCÈNE V.

Le palais.

On voit s'avancer des trompettes jouant une fanfare ; puis, deux Aldermen, le Lord Maire, LA JARRETIÈRE, CRANMER, LE DUC DE NORFOLK, avec son bâton de maréchal, LE DUC DE SUFFOLK, deux Lords portant deux grands calices pour les présents du baptême ; puis quatre Lords, portant un dais sous lequel s'avance LA DUCHESSE DE NORFOLK, marraine, portant l'enfant enveloppé dans un riche manteau ; une Dame soutient la queue de sa robe ; puis, viennent LA MARQUISE DE DORSET, l'autre marraine, et plusieurs Dames. Le cortège défile sur la scène ; puis, La Jarretière prononce d'une voix solennelle ces paroles :

LA JARRETIÈRE. Ciel, dans ta bonté infinie, accorde une vie prospère, longue et fortunée, à la haute et puissante princesse d'Angleterre, Élisabeth [1].

Fanfare. Entrent LE ROI et sa Suite.

CRANMER, *mettant un genou en terre*. Mes nobles commères et moi, voici la prière que nous adressons au ciel pour votre majesté, et notre bonne reine : — tout le bonheur, toute la félicité que le ciel tient en réserve pour les parents qu'il aime, puissiez-vous les trouver chaque jour dans cette charmante enfant !

LE ROI HENRI. Je vous rends grâces, mon cher lord archevêque. Quel est son nom ?

CRANMER. Élisabeth.

LE ROI HENRI. Relevez-vous, mylord. (*Il embrasse l'enfant.*) Avec ce baiser, reçois ma bénédiction. Que Dieu te protége ! c'est dans ses mains que je remets ta vie.

CRANMER. Ainsi soit-il.

LE ROI HENRI, *aux deux Marraines*. Mes nobles commères, vous avez été trop libérales : je vous remercie cordialement ; cette jeune fille fera de même, quand elle saura assez d'anglais pour cela.

CRANMER. Permettez-moi de parler, sire ; car le ciel me l'ordonne ; dans les paroles que je vais prononcer, que nul ne voie de la flatterie ; l'événement les confirmera. Cette royale enfant, — que le ciel veille toujours sur elle, — bien qu'elle soit encore au berceau, promet à ce pays mille et mille bénédictions que le temps doit mûrir. Elle sera, — mais parmi

---

[1] Ce sont les paroles textuelles prononcées au baptême d'Élisabeth.

ceux qui vivent aujourd'hui, il en est peu qui verront briller ses vertus,—elle sera le modèle de tous les princes de son temps, et de tous ceux qui leur succéderont. La reine de Saba ne fut jamais plus avide de sagesse et de vertus que ne le sera cette âme pure. Toutes les grâces souveraines que le ciel départit aux grands rois, avec toutes les vertus qui sont l'apanage des bons princes, seront doublées dans sa personne. La vérité l'élèvera dans son giron; les saintes et célestes pensées nourriront son esprit. Les siens la béniront. Ses ennemis trembleront comme des épis battus, et pencheront leur tête attristée. Le bien va grandir avec elle : durant son règne, chacun mangera en sûreté, sous sa vigne, les fruits qu'il aura plantés, et chantera à ses voisins des cantiques de paix : Dieu sera connu et adoré comme il veut l'être ; ceux qui vivront auprès d'elle, apprendront d'elle à marcher avec perfection dans les voies de l'honneur; et c'est là et non dans la naissance qu'ils placeront leur grandeur. Cette paix ne finira pas avec elle; lorsque l'oiseau merveilleux, le phénix vierge, vient à mourir, il en renaît un autre de ses cendres aussi admirable que le premier; de même, quand le ciel la rappellera de ce séjour de ténèbres, elle transmettra ses dons et ses vertus à un successeur qui, des cendres sacrées de sa gloire, s'élèvera tel qu'un astre brillant, héritera de sa renommée, et la conservera. La paix, l'abondance, l'amour, la vérité, la terreur, qui étaient les ministres de cette enfant chérie, seront aussi les siens, et s'attacheront à lui comme la vigne à l'ormeau. Partout où brillera l'astre éclatant du ciel, sa gloire et la renommée de son nom se feront jour et fonderont des nations nouvelles : il fleurira, et pareil au cèdre des montagnes, il étendra ses vastes rameaux sur toutes les plaines d'alentour. Les enfants de nos enfants verront tout cela, et béniront le ciel.

LE ROI HENRI. Vous nous annoncez des prodiges.

CRANMER. Cette enfant, pour le bonheur de l'Angleterre, atteindra un long âge; elle verra luire bien des jours ; et il ne s'en écoulera pas un qu'un acte méritoire ne l'ait signalé. Hélas! plût à Dieu que mon regard prophétique ne pénétrât pas plus loin ! Mais elle doit mourir; il le faut; il faut que les saints la possèdent; cependant elle mourra vierge ; elle passera sur la terre comme un lis pur et sans tache ; et l'univers sera dans le deuil.

LE ROI HENRI. O lord archevêque! tu viens maintenant de

faire de moi un homme; tout ce que je possédais, avant d'avoir cette heureuse enfant, n'était rien. Cet oracle fortuné m'a tellement ravi que, lorsque je serai dans le ciel, le désir me prendra de voir ce que fait cet enfant, et je bénirai mon créateur. — Recevez, tous, mes remercîments. — Je vous suis sincèrement obligé, mon cher lord maire, ainsi qu'à vos dignes collègues. Je m'estime très-honoré de votre présence, et vous me trouverez reconnaissant. — Ouvrez la marche, mylords : il faut que vous visitiez tous la reine, et qu'elle vous remercie, sans quoi elle serait malade. Aujourd'hui, personne ne doit avoir affaire chez lui; tous resteront avec moi : cette enfant fera de ce jour un jour de fête.

Ils sortent.

ÉPILOGUE.

Il y a dix à parier contre un que cette pièce ne plaira pas à tous ceux qui sont ici présents. Il en est qui viennent pour prendre leurs aises et dormir pendant un acte ou deux; ceux-là, je crains que nous ne les ayons éveillés par le bruit de nos fanfares : ils ne manqueront donc pas de dire que la pièce ne vaut rien. D'autres viennent pour entendre injurier les bourgeois de la cité, et s'écrier : « Comme c'est spirituel ! » Or, nous n'avons rien fait de pareil; en sorte que, je le crains fort, tout le bien que nous entendrons dire de cette pièce, aujourd'hui, nous le devrons à l'indulgence des femmes vertueuses; car nous leur en avons montré une de ce caractère [1]. Si elles sourient et disent : « Cela peut passer, » en moins de rien nous aurons pour nous tout ce qu'il y a de mieux en hommes; car nous jouerions de malheur, s'ils s'obstinaient à rester froids quand leurs femmes leur commandent d'applaudir.

[1] Dans le rôle de Catherine.

FIN DU TOME SEPTIÈME ET DERNIER.

TABLE.

Henri VI (1re partie).	1
— (2me partie).	78
— (3me partie).	166
Richard III.	252
Henri VIII.	357

AVIS AU RELIEUR POUR LE PLACEMENT DES GRAVURES.

Portrait de Shakspeare, au titre du tome 1er.
Les deux gentilshommes de Vérone, tome 1er, page 116.
La méchante mise à la raison, tome 2, page 108.
Macbeth, tome 2, page 170.
Hamlet, tome 2, page 304.
Imogène, tome 3, acte III, scène VI.
Juliette, tome 4, acte III, scène II.
Roméo et Juliette, tome 4, acte III, scène IV.
Le roi Lear, tome 4, page 237.
Comme il vous plaira, tome 4, page 407.
Jules César, tome 5, page 155.
Antoine et Cléopâtre, tome 5, page 223.
Hotspur et lady Percy, tome 6, page 170.
A Shakspeare, au titre, tome 7.

Imprimerie de Mme Ve Dondey-Dupré, rue Saint-Louis, 46, au Marais.

Bibliothèque d'Élite de Charles GOSSELIN. 3 fr. 50 le vol. jésus in-18.

Théologie et Morale.

Abailard et Héloïse. Lettres, trad. nouv. par le bibl. Jacob ... 1 vol.
Calvin. Œuvres françaises recueill., par le même. 1 vol.
*Luther. Œuvres choisies, traduites pour la première fois ... 1 vol.
Madame de Lambert. Œuvres sur l'Éducation, avec notice par mad. L. Collet ... 1 vol.
Francklin. Mémoires et Œuvres, trad. par Séb. Albin ... 1 vol.
Kératry. Introductions morales et physiologiques. 1 vol.
*Jacques Voragine. La Légende dorée ou la Vie des Saints, trad. nouv ... 2 vol.
*Sainte Thérèse. Le Chemin de la perfection. 1 vol.
*Madame de La Vallière. Réflexions sur la Miséricorde de Dieu ... 1 vol.

Philosophie et Politique.

Montaigne. Œuvres, avec notice par Christian. 2 vol.
Vanini. — Traduites par Rousselot. 1 vol.
Leroux (Pierre.) Réfutation de l'Éclectisme. 1 vol.
Erasme. Éloge de la Folie, précédé du Travail littéraire de M. Nisard ... 1 vol.
Machiavel. Œuvres politiques ... 1 vol.
André Chénier. Œuvres en prose, avec notice par le bibl. Jacob ... 1 vol.
*Thomas Morus. Utopie, ou idée d'une République ... 1 vol.

Sciences et Arts. — Livres de genre.

Michel Chevalier. Des Intérêts matériels en France ... 1 vol.
C. Pecqueur. Des Améliorations matérielles ... 1 vol.
L. Bourdon. La Physiognomonie et la Phrénologie. 1 vol.
*Du même. Lettres à Camille, sur la Physiologie 1 vol.
Emeric David. Hist. de la Peinture au moyen âge 1 vol.
Chaudes-Aigues. Les Écrivains modernes ... 1 vol.
*Pierre Arétin. Œuvres choisies ... 1 vol.
*Saint-Hyacinthe. Le chef-d'œuvre d'un Inconnu. 1 vol.
*Mirabeau. Lettres à Sophie ... 1 vol.

Épopées. — Poésie française et étrang.

Homère. L'Iliade et l'Odyssée, tr. prince Le Brun. 1 vol.
Dante. La Divine Comédie, trad. par Florentino, avec une notice ... 1 vol.
Tasse. Jérusalem délivrée, trad. prince Le Brun. 1 vol.
Camoëns. Lusiades, tr. par Ort. Fournier et notice par Ferd. Denis ... 1 vol.
Ossian. Poésies gaéliques, notice par Christian. 1 vol.
Sébastien Albin. (Trad. de) Chants populaires de l'Allemagne ... 1 vol.
Milton. Paradis perdu, trad. par Châteaubriand. 1 vol.
Young. Les Nuits, traduction par Letourneur. 1 vol.
Th. Moore. trad. par mad. Louise Belloc. ... 1 vol.
Leroux de Lincy. (Rec. et p. p.) Recueil de Chants français du treizième au dix-huitième siècle. 3 vol.
Charles d'Orléans. Poésies, publiées par Marie Guichard ... 1 vol.
*François 1er. Poésies ... 1 vol.
La Monnoye. Noëls bourguignons ... 1 vol.
La Fontaine. Contes et Nouvelles, avec notes du bibl. Jacob ... 1 vol.
Alph. de Lamartine. La Chute d'un Ange ... 1 vol.
Id. Recueillements poétiques. 1 vol.

Romans français et étrangers.

*Ant. de La Salle. Chroniq. du Petit Jehan de Saintré et de la Dame des belles Cousines ... 1 vol.
*Cervantès. Don Quichotte, trad. de Filleau de Saint-Martin, avec notice de Prosper Mérimée. 2 vol.
Scarron. Roman comique, avec notice ... 1 vol.
Goldsmith. Le Vicaire de Wakefield, traduction par Charles Nodier ... } 1 vol.
Sterne. Voyage sentimental, trad. nouvelle. }
Frédéric Soulié. Mémoires du Diable ... 4 vol.
— Les Deux Cadavres ... 1 vol.

Frédéric Soulié. Le Conseiller d'État ... 1 vo.
— Le comte de Toulouse ... 1 vo.
— Le vicomte de Béziers ... 1 vo.
— Sathaniel ... 1 vo.
— Le Magnétiseur ... 1 vo.
Eugène Sue. Plick et Plock ... 1 vo.
— Atar-Gull ... 1 vo.
— La Salamandre ... 1 vo.
— Arthur ... 2 vol.
— La Vigie de Koat-Ven ... 1 vol.
— La Coucaratcha ... 2 vol.
Madame Ancelot. Gabrielle ... 1 vol.
G. de Beaumont. Marie ou l'Escl. aux États-Unis 1 vol.
Saintine. Picciola, avec introd. par le bibl. Jacob. 1 vol.
Charles Didier. Rome Souterraine ... 1 vol.
Bulwer. Eugène Aram, trad. par Defauconpret. 1 vol.
Arnould et Fournier. Struensée ... 1 vol.
J. Fiévée. Dot de Suzette, Frédéric, et Nouvelles, notice par M. J. Janin ... 1 vol.
Alexandre Dumas. Jacques Ortis ... 1 vol.
*De Salvandy. Don Alonzo, ou l'Espagne ... 1 vol.

Conteurs anciens et modernes.

Marguerite de Valois. L'Heptaméron ou Histoire des Amants fortunés, avec notes et notice par le bibl. Jacob ... 1 vol.
Bonav. des Périers. Les Contes et Nouvelles Récréations, avec notice par Ch. Nodier ... 1 vol.
Idem. Le Cymbalum mundi et autres Œuvres, notes de M. Éloy Johanneau et du bibl. Jacob. 1 vol.
Noël du Fail. Propos rustiques, Baliverneries et Contes d'Eutrapel, avec notice de M. Guichard. 1 vol.
Boccace. Décaméron ou les dix Journées galantes. 1 vol.
Hoffmann. Contes fantastiques ... 1 vol.
Beroalde de Verville. Le moyen de parvenir, comm. pour la prem. fois par le bibl. Jacob. 1 vol.
Galtan. Les Mille et Une Nuits, Contes Arabes. 2 vol.
Adr. de Sarrazin. Le Caravansérail, et autres Contes orientaux ... 1 vol.
Michel Masson. Contes de l'Atelier ... 2 vol.
Scribe. Proverbes et Nouvelles ... 1 vol.
Perrault. Contes et autres Œuvres, avec notice de M. Walckenaer et P. Lacroix (bibl. Jacob). 1 vol.

Théâtre.

Calderon. Chefs-d'œuvre, trad. par Damas-Hinard. 2 vol.
Lope de Vega. Chefs-d'œuvre, trad. par le même. 2 vol.
La Célestine. Traduction de G. Delavigne. 1 vol.
Shakspeare. Œuvres complètes, trad. par Benjamin Laroche ... 7 vol.
Gœthe. Les Deux Faust, trad. par Gérard ... 1 vol.
Shéridan. Œuvres, trad. par Benjamin Laroche. 1 vol.
Alexandre Dumas. Théâtre complet ... 5 vol.
Madame Ancelot. Théâtre complet ... 1 vol.

Mémoires. — Voyages. — Histoire.

Thomas Hope. Anastase, ou Mémoires d'un Grec à la fin du dix-huitième siècle ... 1 vol.
Mistress Trollope. Mœurs domestiques des Américains ... 1 vol.
Alex. Dumas. Impressions de Voyage ... 2 vol.
Idem. Quinze Jours au Sinaï ... 1 vol.
A. de Lamartine. Voyage en Orient ... 2 vol.
G. de Beaumont. L'Irlande sociale, polit. et relig. 2 vol.
Alex. Dumas. Gaule et France ... 1 vol.
Ph. de Ségur. Histoire de Napoléon et de la Grande Armée en 1812 ... 1 vol.
Guizot. Washington ... 1/2 vol.
*Théod. Burette. Hist. de la Révolution française, du Consulat, de l'Empire et de la Restauration, précédée d'une Introduction, publiée en o séries. o vol.
*De Salvandy. La Pologne sous Jean Sobieski 1 vol.
— Histoire de Russie ... 1 vol.
— Histoire de Napoléon ... 1 vol.
*Alex. Dumas. Histoire de Jeanne d'Arc ... 1 vol.
*Crétineau-Joly. Histoire de la Vendée militaire. 4 vol.
*Lucas. Hist. philosop. et litt. du théâtre français. 1 vol.

Les ouvrages précédés d'une astérisque sont sous presse, pour paraître successivement.

www.ingramcontent.com/pod-product-compliance
Lightning Source LLC
Chambersburg PA
CBHW060934230426
43665CB00015B/1940